GOLDMANN
VERLAG

Karfreitag 1958: Ein Skandal erschüttert die Filmstadt Hollywood bis in die Grundfesten. Cheryl Crane, die vierzehnjährige Tochter des Leinwandstars Lana Turner, hat mit einem riesigen Küchenmesser den Liebhaber ihrer Mutter umgebracht!

Dreißig Jahre nach der Tat erzählt Cheryl Crane endlich die Hintergründe dieser Tragödie, die für sie nur der Anfang einer ganzen Reihe schrecklicher Erlebnisse war. Sie erzählt von ihrem trostlosen Leben als »Star-Baby«, von zahlreichen unglücklichen Ehen und Liebschaften ihrer berühmten Mutter, von ihren eigenen schrecklichen Erfahrungen: Vergewaltigung durch den Stiefvater, Drogen, Selbstmordversuche, geschlossene Anstalt. Aber auch, wie sie es schaffte, aus dem Sumpf wieder nach oben zu kommen und das zu werden, was sie heute ist: eine erfolgreiche, selbstbewußte Frau, der es schließlich auch gelungen ist, ein liebevolles Verhältnis zu ihrer berühmten Mutter aufzubauen.

Cheryl Crane
und Cliff Jahr

Auf Abwegen

Eine Hollywood Story

Aus dem Amerikanischen übertragen
von Mischa Lentz

Goldmann Verlag

Titel der Originalausgabe: Detour. A Hollywood Story
Originalverlag: Arbor House, William Morrow and Company, Inc. New York

Deutsche Erstveröffentlichung

Der Goldmann Verlag
ist ein Unternehmen der Verlagsgruppe Bertelsmann

Made in Germany · 12/88 · 1. Auflage

Umschlaggestaltung: Design Team, München
Satz: Fotosatz Glücker, Würzburg
Druck: Presse-Druck Augsburg
Verlagsnummer: 9225
Lektorat: Ursula Walther · UK
Herstellung: Martin Strohkendl
ISBN 3-442-09225-6

Inhalt

Für ihre Unterstützung und Mithilfe möchte ich mich bedanken bei: Eden Collinsworth, Owen Laster, Floria Lasky, Lou Valentino und zwei Freunden, die leider nicht mehr unter uns weilen: John Dodds und Stan Kamen.

Für ihre Freundschaft und ihre Erinnerungen möchte ich mich bei Clinton B. Anderson, Del Armstrong, Nicky Blair, Sybil Brand, Charles William Brooks, William Crane (Onkel Bill), Evelyn Lane Danker, Charles Graham, M.D., Herman Hover, Carol Kennoy, Jeanette Muhlbach, Robert Osborne, Joe Perrin, Bob Perry, Liz Smith, Gene Stavis und Bob Westbrook. Für ihre Cooperation bin ich folgenden Instutitionen dankbar: der Academy of Motion Picture Arts and Sciences Library, der Doheny Library der University of Southern California, der Kemper Military Academy, dem Los Angeles Herald Examiner, Viacom International Inc. und der Woodstock Public Library.

Meinen besonderen Dank möchte ich meinem Verleger Allan Mayer aussprechen, für seinen ausgezeichneten Geschmack, die Titelsuche und die Hilfe bei den letzten zwei Kapiteln.

Schließlich möchte ich meiner Mutter für ihr Verständnis danken. Und natürlich Josh, die mit mir die guten und schlechten Zeiten beim Schreiben dieses Buches geteilt hat und der ich mein jetziges Glück verdanke.

CHERYL CRANE
SAN FRANCISCO
JULI 1987

1
Karfreitag

1

In der von uns gemieteten Limousine, die sich Meter für Meter mühsam durch den Verkehr auf dem Sunset Boulevard quälte, war es sehr still. Der Stau kam nicht von ungefähr. Die Wagen vor und hinter uns hatten dasselbe Ziel.

Mutters Hände zuckten in scheinbar unkontrollierbarer Nervosität wie die Beine eines Jagdhundes, der im Traum einem Kaninchen nachläuft. Ich hatte Mutter noch nie zittern sehen. Ich starrte auf ihre Hände und war ärgerlich, den Grund ihrer Unruhe nicht zu kennen.

Ein winziges spöttisches Lächeln kräuselte plötzlich ihre Lippen, und sie drückte die halbgerauchte Benson & Hedges aus, um sich sofort eine neue anzuzünden. Ich ignorierte das ungeduldige Schnappen ihres goldenen Feuerzeuges, während sie verstört nach draußen sah. Seit sie vor einer Woche aus Acapulco zurückgekommen war, rauchte sie eine nach der anderen, inhalierte tief, als müsse sie ihre armen Lungen bestrafen.

Ich verstand weder ihre Unruhe, noch wußte ich, warum sie so viel rauchte. Ich beobachtete sie. Mit Mutter stimmte etwas nicht. Aber was?

Welchen Grund mochte ihr merkwürdiges Verhalten haben? Natürlich war der heutige Tag, der 24. März 1958, einer der Höhepunkte ihrer Karriere. Wir waren alle aufgeregt, vielleicht sogar ein bißchen nervös, sie und ich und meine Großmutter, die zwischen uns saß, denn wir waren auf dem Weg zur Oscar-Verleihung. Zum ersten Mal war Mutter nominiert worden – als beste Hauptdarstellerin in dem Film *Glut unter Asche (Peyton Place)*. Sollte sie tatsächlich den Oscar verliehen bekommen, rückte ihr Name wieder im Vorspann *vor* den Titel des Films, wie das zwölf Jahre zuvor bei Joan Crawford geschehen war, als sie den begehrten Preis gewann. Für das Comeback der Crawford in *Solange ein Herz schlägt (Mildred Pierce)* war der Produzent Jerry Wald verantwortlich, und genau der hatte auch *Glut unter der Asche* produziert. Aber es war unwahrscheinlich, daß Mutter tatsächlich den Oscar bekam, und sie wußte das.

Mutter sollte die Nominierungen für den besten Nachwuchsschauspieler bekanntgeben, und ich konnte ihr nachfühlen, daß sie sich davor fürchtete, bei der Oscar-Verleihung den Preis übergeben zu müssen, denn obwohl sie neununddreißig Filme gedreht hatte, verabscheute sie Fernseh-Life-Übertragungen. Über fünfzig Millionen Menschen saßen heute abend vor ihren Fernsehern und verfolgten dieses große Ereignis. Kein Wunder also, daß sie Lampenfieber hatte, denn es gab kein Script, an das sie sich halten konnte.

Andererseits war Mom ein Profi und selbst die Tatsache, daß sie improvisieren mußte, war kein Grund zu zittern wie Marie Antoinette auf dem Weg zum Schafott. Als sie als böse Lady de Winter in *Drei Musketiere (Three Musketeers)* zu ihrer Exekution schritt, hatte sie mehr Gelassenheit ausgestrahlt als heute.

Und so saßen wir nun in unserer goldenen Kutsche, die drei »Turner girls« – frisiert, geschminkt und aufgetakelt, schwebten eher auf unseren Sitzen, damit die Kleider keine Falten bekamen, und waren vorsichtig darauf bedacht, unsere wirklichen Gefühle nicht zu zeigen. Wenn wir drei zusammen waren, war dennoch jede für sich allein. In dieser Familie gab man seine wahren Empfindungen nicht preis.

Niemals hätte ich gewagt, meine Mutter zu fragen, was sie so verwirrte. In meinen Augen hatte sie jeden Grund glücklich zu sein. Sie war der Star des erfolgreichsten Films des Jahres 1957, sie war für den Oscar nominiert, sie war eine anerkannte Schauspielerin und eine wunderschöne Frau. Die sechs Wochen mit ihrem Freund in Mexiko hatten ihr gutgetan. Sie war braungebrannt und sah wunderbar aus.

Gleich würde sie etwas sagen. Ihr forschender Blick, mit dem sie mich betrachtete, war mir nicht entgangen. Seit ihrer Rolle in dem Film *Glut unter der Asche*, in dem sie die Mutter eines problembeladenen Teenagers darstellte, spielte sie auch im Alltag die besorgte Mutter.

»Baby«, begann sie und faltete ihre Hände, damit ich das Zittern nicht bemerkte, »du vergißt nicht, worüber wir gesprochen haben, nicht wahr? Wenn die Fotografen bei der Party nachher an unseren Tisch kommen, möchte ich keine Zigarette in deiner Hand sehen.«

»Ja, Mutter.«

»Auch keine Drinks. Ich möchte nicht, daß Bilder veröffentlicht werden, auf denen Gläser auf dem Tisch stehen.«

»Ja, Mutter.«

»Vergiß das nicht. Nicht einmal Ginger Ale. Du bist vierzehn Jahre alt, und du weißt, wie das wirken würde.«

Mit der Fingerspitze drückte sie eine Falte über ihren Augenbrauen glatt.

»Mach dir keine Sorgen, Mutter«, beruhigte ich sie in einem Ton, der erwachsen klingen sollte.

Es machte mir Freude, das Image eines Stars aufrechtzuerhalten. Mutter, Mickey Rooney und Judy Garland hatten gemeinsam die ›high school‹ bei M-G-M besucht; dort wurde ihnen beigebracht, wie ein Kinderstar sich in der Öffentlichkeit zu benehmen hatte: kein Alkohol, keine Zigaretten, keine Flüche, kein ordinäres Lachen – immer nur freundlich lächeln. Alle drei machten ihren Weg, dabei war es wahrscheinlich nicht so wichtig, ob sie sich an diese strengen Regeln hielten, dessen war ich sicher, aber Mutter unterzog mich ebenfalls diesem Training – vermutlich aus rein egoistischen Gründen.

Die Meinung der Öffentlichkeit war ihr sehr wichtig. Auch jetzt noch, mit achtunddreißig Jahren. Lieber verlor sie einen wertvollen Ohrring, als ohne Make-up gesehen zu werden. Fotos, die ihre Vorliebe für Wodka verraten hätten, durften nicht erscheinen.

Und ich als ihre Tochter mußte mich natürlich so verhalten, daß keine Gerüchte oder Skandalmeldungen über das Leben der großen Schauspielerin durch die Presse gingen. Oft war es mir zuwider, nur als Anhängsel meiner berühmten Mutter angesehen zu werden, und dann befolgte ich ihre Anweisungen nicht. Gewiß, ich genoß die Privilegien, die ihr Reichtum und ihr Ruhm mit sich brachten, ich war die Tochter eines Filmstars, eine Hollywood-Prinzessin, aber tief in meinem Inneren wollte ich auch *ich selbst* sein.

Trotz meiner entsetzlichen Kindheit war ich wohl ein ganz normaler Teenager. Ich haßte und bewunderte meine Mutter gleichermaßen, ich wollte sein wie sie und doch ganz, ganz anders – auf jeden Fall viel, viel besser. Wenn ich ihre Hilfe brauchte, nahm ich es ihr übel, daß sie sie mir nicht zuteil werden ließ. Das Hauptproblem war, daß sie mir nicht oft genug half oder zu spät auf die Idee kam, daß ich sie brauchte.

Obwohl wir uns in vielem ähnlich waren, wie das bei Müttern und Töchtern so ist, waren wir rein äußerlich sehr verschieden. Seit meiner Geburt war ich aus Reklamezwecken gemeinsam mit ihr fotografiert worden. Die erstaunte Bemerkung »Sie sieht wohl ihrem Vater ähnlich?« war mir geläufig. Wenn ich aufrecht neben ihr stand, was ich, wenn möglich, vermied, war ich größer als sie, wirkte aber im Vergleich zu ihr flachbrüstig und mausgrau. Ich war lang aufgeschossen und hatte hohe Backenknochen – Dinge, die mir zu jener Zeit eher nachteilig erschienen, da man versuchte, diese Merkmale zu kaschieren, indem man mich immer noch in Kinderkleider mit Rüschen und Bändern steckte. Wahrscheinlich wirkte ich trotzdem ganz anziehend, aber ich war außerordentlich scheu und gehemmt, und genau das wollte ich jetzt mit vierzehn ändern.

Die Oscar-Verleihung bot mir dazu eine gute Chance. Zum ersten Mal hatte meine Mutter keine Möglichkeit, mich an der Hand festzuhalten, wenn wir der Welt-Presse gegenübertraten. Heute abend war ich kein kleines Mädchen mehr, sondern eine Frau. Und ich hatte mir sogar einen neuen Namen zugelegt: Cherie. Meine Familie mußte mir versprechen, mich von nun an so zu nennen. Französisch geschrieben (eine Sprache, die ich zwar nicht beherrschte), aber englisch ausgesprochen: Sherry! Ich plante meinen großen Auftritt als Cherie Crane, als erwachsene Dame, und dementsprechend hatte ich mich auch hergerichtet.

Meine Lieblingsfarbe zu jener Zeit war ein grelles Grün. Mutters Schneider hatte für mich ein Chiffon-Kleid in dieser Farbe genäht. Offiziell wurde behauptet, daß meine Mutter den Schnitt entworfen hat, und wie immer waren wir uns nicht einig. Ich bestand auf einem trägerlosen Oberteil, sie auf Ärmeln. Unser Kompromiß war: eine Korsage. Mutter gefiel das zwar nicht, aber sie amüsierte sich dann doch darüber, wie wenig der eingenähte Büstenhalter im Endeffekt zu stützen hatte.

Als Mutter bei Warner Brothers anfing, nannte man sie das ›Sweater Girl‹, das Pullover-Mädchen. Ihr wurde jedoch schnell klar, wie kurzlebig so ein Spitzname sein konnte, und bevorzugte daher maßgeschneiderte, hochgeschlossene Kleider, die ihren Busen nicht sonderlich betonten, aber ihre perfekten Proportionen und ihren herrlichen Po, auf den sie sehr stolz war, ins beste Licht rückten.

Heute abend zeigte sie besonders viel Nachsicht und Fingerspitzengefühl, um mir nicht die Freude an meinem ersten »Erwachsenen-Kleid« zu verderben, obwohl sie ein Stirnrunzeln nicht verbergen konnte, als sie mich darin zum ersten Mal sah. Für meine hochhackigen Schuhe aus Satin in der passenden Farbe zum Kleid befürchtete ich das Schlimmste. Die Schuhe waren der letzte Schrei, die Erfindung ein Wunder der Statik, denn sie hatten weder hinten, noch an den Seiten etwas, was dem Fuß hätte Halt geben können. Man mußte die Zehen einrollen, um die Dinger anzubehalten. Den ganzen gestrigen Tag hatte ich in Großmutters Wohnung Gehversuche unternommen, was Großmutter fast in den Wahnsinn trieb und mir rote Zehen einbrachte.

Ich muß einen merkwürdigen Anblick geboten haben. Zu dem grellgrünen Kleid trug ich eine weiße Hermelin-Stola, ein Relikt aus meiner Kindheit, denn die Stola war ursprünglich ein Wintermantel gewesen, den ich als Dreijährige geschenkt bekommen hatte. Jahrelang hing er in Mutters Pelzkammer. In einem Anfall ungewohnter Sparsamkeit holte sie den Mantel hervor und ließ ihn zur Stola umändern.

»Nun, Lana, meine Liebe«, seufzte Gran und sah auf den Hollywood Boulevard hinaus – wir fuhren eben an Grauman's Chinese Theater vorbei, wo die Handabdrücke ihrer Tochter im Zement verewigt waren –, »ob du gewinnst oder verlierst heute abend, du kannst wirklich stolz auf dich sein. Vielleicht bekommst du ja den Oscar.«

Großmutter räusperte sich und ließ ihren stets wachen Blick über Mutters unruhige Hände wandern. Auch Gran macht sich Sorgen, dachte ich.

»Ach, du weißt ganz genau, daß Joanne Woodward den Preis bekommen wird. Jeder weiß das.« Ein reizendes Lächeln stahl sich in Mutters Gesicht. »Sie war einfach sensationell in dem Film *Eva mit drei Gesichtern (The three Faces of Eva)*, Mom. Die Rolle ihres Lebens. Joanne verdient wirklich einen Oscar dafür.«

Ihre Stimme klang vielleicht ein wenig zu kameradschaftlich. Sie spielte die gute Verliererin, und Gran merkte es. Vielleicht übte sie schon, denn heute abend würde sie gezwungen sein, diesen Blödsinn hundertmal zu wiederholen.

Wir gehörten zu den letzten, die vor dem Plantages Theater vorfuhren. Die Fans auf den billigen Plätzen pfiffen und johlten: »Lana! Lana!« Mutter schwebte ins Theater. Direkt hinter uns kam Gregory Peck.

Dieses Spektakel war die dreizehnte, einmal im Jahr stattfindende Academy Award Show – ein Ereignis, an das man sich noch lange erinnern würde. Es war eine Homage an das gute, alte Hollywood, und nie zuvor waren so viele Berühmtheiten versammelt gewesen wie an diesem Abend. Zum letzten Mal fand die Preisverleihung in einem alten, pompösen Kinopalast statt, und es war die einzige Fernsehübertragung einer solchen Show, in die keine Werbung eingeblendet wurde.

Den Auftakt bildete ein Aufgebot an Stars, die die mit einem Oscar ausgezeichneten Lieder zum Besten gaben. Mae West trat auf. Sie thronte auf einem weißen Seiden-Diwan und sang »Baby, it's cold outside«. Sie sang das Lied für Rock Hudson. Er war dreiunddreißig, sie sechsundsechzig. Es war ihr erster und letzter TV-Auftrit. Ich hatte eine Gänsehaut.

Danach mußte Mutter moderieren. Kurz bevor sie aufstand, um hinter der Bühne zu verschwinden, verlor sie einen ihrer hochhackigen Schuhe, und ich mußte kichern. »Willst du meine haben?« flüsterte ich.

Ihr Auftritt war einmalig. Jimmy Stewart sagte sie an, und sie schwebte ins Rampenlicht, eine »Meerjungfrau« im hautengen weißen Spitzenkleid, das mit Seide unterlegt war. Gezwungenermaßen mußte sie ganz kleine Schritte machen, wobei ihr langes Kleid wie ein »Fischschwanz« aussah. Ohne nackte Haut zeigen zu müssen, wirkte sie ungeheuer sexy, das war typisch für Lana Turner. Das Geschenk ihres dritten Mannes, Bob Topping, ein Diamantenhalsband, paßte wundervoll zu diesem Abendkleid. Als er ihr dieses Geschenk machte, hatte er es um den Hals meines Hundes geschlungen.

Das kurzgeschnittene lockige Haar glänzte silbern und erhöhte die Wirkung ihres sonnengebräunten Teints. Der Applaus war herzlich, wenn auch nicht so stürmisch wie bei einem Comeback. Neugierig war das Publikum jedoch allemal, sie nach mehr als einem Jahr wiederzusehen. Um mich herum wurde viel geflüstert. Vielleicht hat sie auch zu irgendwelchem Klatsch Anlaß gegeben, dachte ich bei mir.

»Ich danke dir vielmals«, wandte sie sich mit zitternder Stimme an Stewart.

»Well ...«, sagte dieser und wandte sich zum Gehen.

»Oh, Jimmy, bitte geh nicht weg.«

»Warum? Bist du nervös?«

»Nein«, log sie. Und nach einer schier endlosen Pause fügte sie kokett hinzu: »Es ist nur ... weil ich dich gern mag.«

»Well ...«, meinte Jimmy wieder und schluckte. »Jetzt bin *ich* nervös!«

So unwichtig dieser Dialog scheinen mag, für Mutter war er die Rettung. Ich konnte ihr ihre Erleichterung ansehen. Ihre Hände zitterten zwar noch, als sie das Kuvert öffnete, um den Namen des besten Nachwuchsdarstellers bekanntzugeben, aber ihre Stimme klang fest und deutlich. Es war Red Button, für seine Rolle in *Sayonara*. Mit einer tiefen Verbeugung gingen die beiden ab. Der nächste Präsentator war der sechsundvierzigjährige Ronald Reagan.

Natürlich bekam Joanne Woodward den Oscar für ihre Leistung in *Eva mit drei Gesichtern*. Als ihr Name verkündet wurde, setzte Mutter ein glückliches Lächeln auf – für fünfzig

Millionen Fernsehzuschauer und für das Publikum im Saal des Kinos. Als die Woodward den Preis entgegennahm, stammelte sie: »Davon habe ich geträumt, seit ich neun Jahre alt war.« Deborah Kerr, Anna Magnani und Liz Taylor, die ebenfalls nominiert worden waren, glänzten durch Abwesenheit. Elizabeth Taylors Mann, Mike Todd, war vor sechs Tagen bei einem Flugzeugabsturz ums Leben gekommen.

Die anschließende Party fand im Hilton statt. Da Mutter es sich abgewöhnt hatte, von Tisch zu Tisch zu gehen, kam man zu ihr. Ich war überglücklich, daß Cary Grant wie auch Clark Gable – der Mutters Partner in vier Filmen war – behaupteten, daß ich inzwischen sehr erwachsen geworden war. Für mich waren Filmstars etwas ganz Normales, denn diese Leute gingen bei uns ein und aus. Auf der Leinwand allerdings hatte ich noch nie Stars gesehen, weil es mir bis vor kurzem untersagt war, etwas anderes als Zeichentrickfilme anzuschauen. Der einzige richtige Film, den ich kannte, war *Ausgestoßen (Odd Man Out)* mit James Mason, den ich bewunderte. Den ganzen Abend hoffte ich, er würde an unserem Tisch vorbeikommen. Er tat es nicht.

Statt dessen saß der siebenundzwanzigjährige Sean Connery bei uns. Im vergangenen Herbst hatte Mutter einen Film gedreht, in dem er als »romantische Verzierung« mitwirken durfte, seither kannte ich ihn. Ich war glücklich, mit ihm tanzen zu dürfen. Seine muskulösen Schultern und sein breiter Rücken erinnerten mich daran, daß er mir erzählt hatte, 1952 im Mr.-Universum-Wettbewerb gewonnen zu haben.

Auf mich wirkte Sean in seinem Smoking wie ein sehr freundlicher Riese, ein Schelm mit sanfter Stimme, die nur ein ganz klein bißchen den Schotten verriet. Kaum zu glauben, daß er nur fünf Jahre später als James Bond in *Doctor No* begeistern würde. Jedenfalls gefiel er mir, und eigentlich hätte ich gern mit ihm geflirtet – aber wir waren nur Freunde.

Man sagte ihm eine Romanze mit meiner Mutter nach, wenn auch eine sehr kurze, weil er jünger als sie war. Mutter war neuerdings, was ihr Alter betraf, sehr empfindlich. Sie wurde bald vierzig, und das bedeutete in jenen Tagen das Ende einer

Karriere. Sie vermied deshalb alles, was auf diese Tatsache hinweisen konnte. Eine erwachsene Tochter war ebenso peinlich wie eine der Liebschaften, die üblicherweise von Mai bis September hielten, weil die Presse diese Beziehungen in der Öffentlichkeit breit trat. Zum Glück war ihr jetziger Freund fünf Jahre älter als sie.

Das Orchester spielte nun die Melodie aus dem Film *Brücke am Kwai (The Bridge on the River Kwai)*, dem großen Gewinner des heutigen Abends. Sean und ich wanderten an den Rand der Tanzfläche.

»Cheryl, Liebes«, flüsterte er in mein Ohr, »sieh dir nur deine Mutter an. Sie ist ein wirklicher Star.«

Mutter hielt Hof an ihrem Tisch und sprühte vor Lebhaftigkeit, sie schnitt Grimassen, sie hörte interessiert zu. Freunde wanderten vorbei, küßten die Luft neben ihren Wangen, und sie warf ihren Kopf nach hinten und lachte, als sei etwas besonders Lustiges gesagt worden.

Joanne Woodward erschien auf der Bildfläche. Mit ihrem Oscar in der Hand umarmte sie Mutter – ein gefundenes Fressen für die Fotografen. In ihrer Begleitung befand sich Paul Newman, ihr neuester Ehemann. Ganz in der Nähe plauderten Gregory Peck, seine Frau Veronique und John Wayne miteinander.

Mutter war nicht der berühmteste Star im Saal, auch nicht die schönste und beliebteste Schauspielerin, doch sie stand eindeutig im Mittelpunkt, obwohl das »neue Hollywood« mit Kim Novak, der Woodward, Sophia Loren und Joan Collins vertreten war. Ihre liebsten Rivalinnen, Rita Hayworth und Ava Gardner, die sich bald vom Filmgeschehen zurückziehen würden, saßen zu Hause vor dem Fernseher.

Dieser Abend war für Mutter ein denkwürdiger Erfolg. Sie war der Inbegriff von Hollywoods Glamour, und jeder wußte das. Ihre Hände zitterten übrigens nicht mehr.

»Ich habe sie noch nie so glücklich gesehen«, sagte ich zu Sean.

Fünfundzwanzig Jahre mußten vergehen, bevor ich sie wieder so sah.

2

Die Dunkelheit war von dem Duft des blühenden Jasmins erfüllt, als Mutter und ich uns spät in dieser Nacht durch den Garten des Bel Air Hotels schlichen. Ich durfte heute bei ihr in ihrem Bungalow schlafen.

Wir waren barfuß. Die hochhackigen Schuhe, Ursache unserer schmerzenden Zehen, trugen wir in den Händen. Ich war ein bißchen beschwipst, weil ich ab und zu an Mutters Champagner genippt hatte. Wir kicherten und stellten uns vor, was jemand denken würde, der uns so sah – zwei leicht angetrunkene, offensichtlich verrückte Frauen, aufgetakelt und mit Schmuck behängt wie Christbäume.

Übermütig schmissen wir die Schuhe in eine Ecke, sobald wir den Bungalow betreten hatten. Ich blieb noch einen Augenblick stehen, schloß die Augen und atmete die köstliche Nachtluft ein, während Mutter schon in den Salon vorausging.

Es war sehr still. Die kleine Lampe, die sie am frühen Abend angezündet hatte, brannte immer noch, und ich hörte sie erleichtert seufzen. Ich schloß die Tür und sah ihr zu, wie sie sich ein letztes Glas einschenkte, ihr Kleid öffnete und sich in einen riesigen Polstersessel in der Nische beim Fenster kuschelte. Ich machte es mir zu ihren Füßen bequem und legte meinen Arm auf ihr Knie. Die Stimmung konnte nicht besser sein für ein intimes Gespräch zwischen Mutter und Tochter. Solche Unterhaltungen führten wir so gut wie nie, obwohl ich mich häufig danach sehnte. Heute abend fühlte ich mich ihr besonders nahe. Als bei der Preisverleihung Joanne Woodward auf die Bühne gerufen wurde, um den Oscar in Empfang zu nehmen, und nicht Lana Turner, meine Mutter, hätte ich am liebsten geweint.

»Na, welcher deiner beiden Freunde ist diese Woche Favorit?« neckte sie mich liebevoll. Die Tatsache, daß ich gleichzeitig zwei Freunde hatte, bewog sie zu der Annahme, daß ich ihren hoffnungslosen Hang zu romantischen Abenteuern geerbt hatte. Meine beiden »Verehrer« waren sehr unterschiedlich. Der eine kam sich vor wie Pat Boon, der andere imitierte James Dean. Meine Fähigkeit, sowohl den einen, einen Nonkonformisten, wie auch den anderen, einen sehr direkten Jungen, zu mögen, ließ die Schatten- und Lichtseite meiner Natur erahnen, aber das wußte ich zu diesem Zeitpunkt noch nicht. Mir machte es einfach Spaß, verliebte Jungen zum Narren zu halten. Mutters Augen glänzten, wenn ich ihr von meinen Erlebnissen erzählte, und das verleitete dazu, manches auszuschmücken, um ihr noch mehr Freude zu machen.

»Peter und ich sind wieder zusammen«, berichtete ich lachend. »Ziggy hat mich letzte Woche entsetzlich gelangweilt mit seinem Spleen für Leder und Ketten. Aber im Grunde ist er ein ganz lieber Junge, und ich halte ihn, glaube ich, ziemlich in Atem.«

»Ah ja?«

»Ich denke schon. Er leidet sehr, wenn ich ihm erzähle, daß ich mit Peter reiten war. Auf *unseren* Pferden. Und er ist wütend, weil er zu jung ist, um Motorrad fahren zu dürfen, und deshalb mit mir keine Spritztour unternehmen kann.«

»Baby«, sagte Mutter und tätschelte meine Hand, »letztes Jahr hast du dir ein paar Knochen gebrochen, weil du vom Pferd gefallen bist ...« Sie unterbrach sich und blickte unruhig zu ihrer Schlafzimmertür. Nichts war zu hören, aber sie dämpfte dennoch ihre Stimme und fuhr fort: »Einen Motorradunfall können wir jetzt wirklich nicht gebrauchen, oder? Du sagst, Ziggy mag Lederzeug und ... und Ketten? Na ... ich glaube, Peter gefällt mir von Tag zu Tag besser.«

Wir unterhielten uns noch eine ganze Weile. Über Jungen, über Pferde, über die Schule und wen wir alles bei der Oscar-Verleihung getroffen hatten. Mutters Arbeit war bisher ein Tabu gewesen, aber nun erzählte sie mir, daß sie vielleicht gemeinsam mit Jimmy Stewart vor der Kamera stehen würde, in einem Film von Otto Preminger, der *Anatomie eines Mordes (Anatomy of Murder)* heißen sollte. Sie liebäugelte mit dieser Idee, weil die Rolle ein wenig der ähnelte, die sie in *Im Netz der Leidenschaften (The Postman Always Rings Twice)* gespielt hatte.

Das ganze Showbusiness war etwas, von dem ich keine Ahnung hatte. Ehrlich gestanden, es interessierte mich auch nicht besonders, und an diesem Abend hatte ich auch noch mit dem Champagner zu kämpfen – oder er mit mir. In dem weichen Licht der kleinen Lampe löste sich das sonnengebräunte Gesicht meiner Mutter auf und verschmolz mit der getönten Tapete hinter ihr, die Diamanten an ihrem Hals funkelten und brannten in meinen Augen. Ich sah ihre sinnlichen Lippen, die sich bewegten, als sie über Premingers strenge Art den Schauspielern gegenüber, über Billy Holden, der sie heute abend offensichtlich auf besondere Weise umarmt hatte, und vieles andere plauderte.

Das ist meine Mutter, dachte ich. Und hier sitzen wir beide. Mutters Gesicht lächelte von der Wand – die ganze Welt bestand aus Lana Turner. Auch meine Welt. Ich schloß die Augen und konnte sie immer noch sehen. Ich öffnete sie wieder und versuchte ein Gähnen zu unterdrücken. Dieser verdammte Champagner machte müde.

»Oh, ich habe ganz vergessen, dir zu sagen, daß ich ein wunderschönes, großes Haus am Bedford Drive gemietet habe«, sagte Mutter eben und berührte meinen Arm.

»Beverly Hills?« erkundigte ich mich schläfrig.

»Ja. 730, Bedford Drive, an der Ecke Lomitas. Von da fährt man nur drei Minuten mit dem Auto zu Grans Wohnung, und zu Vaters Restaurant braucht man auch nicht länger. Dein Schlafzimmer, Liebling, stell dir nur vor, hat einen Kamin, und ein eigenes Telefon hast du auch. Ich bin sicher, das Haus wird dir gefallen.«

Ich wußte genau, warum sie mit dieser Neuigkeit erst jetzt herausrückte. Ihr war klar, daß ihre Tochter gar nicht bei ihr leben wollte. Erst im letzten Jahr war ich ihr fortgelaufen, durchgebrannt – einfach so. Seitdem sprach sie mit mir häufiger als früher über Entscheidungen, die auch mein Leben betrafen.

Wollte ich bei ihr leben? Zumindest hatte es den Vorteil, daß ich nicht mehr ins Internat zurückmußte, in das sie mich zur Strafe gesteckt hatte. Andererseits verabscheute ich die Vorstellung, gewisse Freiheiten aufgeben zu müssen, und dazu gehörten gelegentliche Wochenenden bei Gran. Wahrscheinlich würde ich bei ihr unter strengerer Aufsicht stehen und auf Schritt und Tritt kontrolliert werden, vielleicht hatte sie sogar eine neue Erzieherin engagiert, die sich um mich kümmerte, wenn sie bei den Dreharbeiten war. Vermutlich würde unsere Beziehung zueinander auch nicht besser oder liebevoller als bisher sein.

Ich stellte mir die Frage, ob ich wohl immer noch so darauf versessen war, daß sie mich liebte. Möglich, vielleicht auf eine andere Art. Die entsetzlichen Erlebnisse der letzten vier Jahre waren Vergangenheit. Ich wurde langsam erwachsen – sie vielleicht auch. War sie heute abend nicht freundlich und herzlich zu mir gewesen? Hatte sie mich nicht fast wie eine Erwachsene behandelt? Und dann, ein eigener Kamin im Schlafzimmer war nicht so ohne weiteres zu verachten, oder?

»Wann ziehst du denn ein?« fragte ich.

»Am ersten April, also in etwa einer Woche.« Sie leerte ihr Glas und stand auf. »Ich werde John bitten, deine Sachen bei Gran abzuholen. Aber jetzt ist es höchste Zeit für uns, ins Bett zu gehen. Du lieber Gott, schon drei Uhr, Baby. Um acht müssen wir aufstehen.«

Ich bedauerte, daß dieser schöne Abend zu Ende war. Gran hatte mich gezwungen, am Nachmittag zwei Stunden zu schlafen, trotzdem war ich müde. Mutter öffnete mir noch den Reißverschluß meines Kleides und gab mir dann einen Gutenachtkuß. Ich verschwand am anderen Ende des Flurs in meinem Schlafzimmer.

»Vergiß nicht dein Make-up zu entfernen, Cherie«, rief Mutter mir noch nach. »Egal wie müde man ist, das Zeug muß runter, da hilft alles nichts. Träum schön.«

Ich lächelte schläfrig. M-G-M-Training, dachte ich, aber Mutters Ton hatte richtig kameradschaftlich geklungen. Ein Jammer, den herrlichen grünen Lidschatten entfernen und in ein Schulmädchen-Nachthemd schlüpfen zu müssen.

Ich kletterte ins Bett und starrte auf die Schatten, die die großen Bananenblätter an die Decke warfen. Vielleicht wurde doch noch alles gut – vielmehr besser. Zeit fürs Nachtgebet.

»Bitte, lieber Gott, mach, daß alles besser wird! Segne Gran, Daddy, Mutter, Helen, Johnny, Gypsy, Tinkette ...«

»Du Miststück!« hörte ich eine Männerstimme in Mutters Schlafzimmer. »Du wagst es, mich hinauszuwerfen? Wer, zum Teufel, glaubst du eigentlich, daß du bist?«

Etwas Schweres donnerte gegen die Wand. Glas zerbrach. Ich setzte mich auf und zog die Decke bis zum Kinn hoch. Stille. Wahrscheinlich horchten sie, ob mich der Lärm aufgeweckt hat.

»Ich will, daß du auf der Stelle gehst«, sagte Mutter. »Was fällt dir ein, mir meinen Abend zu verderben!«

»Du bist ein verdammtes Biest ... du gehst mit dem Kind und deiner alten Dame zu der Verleihung, und mich läßt du zu Hause!«

Der Mann in Mutters Schlafzimmer war ihr Liebhaber John. Sie stritten, das war nicht zu überhören. Und ich nahm an, daß sie immer noch verliebt wie die Turteltauben waren. Ich wußte, daß er mit ihr zu der Oscar-Verleihung gehen wollte, Mutter jedoch war hart geblieben. Aber diese wütende Stimme am anderen Ende des Flurs erinnerte nur noch entfernt an den John, den ich kannte. Johnny Stompanato sprach normalerweise ruhig und überlegt – wie John Garfield. Doch jetzt klangen seine Worte grob, brutal und eiskalt.

Die beiden stritten weiter. Er war verletzt und außer sich. Sie war ungehalten, und als sie merkte, daß sie damit keinen Erfolg hatte, wurde ihre Stimme richtig schneidend.

»Wenn du nicht auf der Stelle das Haus verläßt, rufe ich den Manager ...«

»La-na ... so kriegst du mich nicht los. Trau dich und faß das verdammte Telefon an ...«

»Lieber Gott, was soll ich nur machen ...?« Sie begann zu weinen. Ich starrte auf das Telefon neben meinem Bett. Sollte ich? Johnny war zu mir immer nett und hilfsbereit, auch dann, wenn Mutter ihn wie einen Dienstboten behandelte. Er hatte mir Rowena, ein Pferd, zur Verfügung gestellt, und im vergangenen Sommer hatte ich in seinem Laden gearbeitet. Ich starrte weiter unentschlossen auf das Telefon.

Es war nicht das erstemal, daß ich Streitereien zwischen Mutter und ihren Liebhabern mitanhörte. Die Wortfetzen, die zu mir herüberdrangen, klangen mir seltsam vertraut. War es nicht mit Papa, mit Onkel Fernando, mit Po ebenso gewesen? Eine wütende Auseinandersetzung, knallende Türen – am nächsten Tag waren sie fort – kein Wort des Abschieds für mich. In Mutters Leben tauchten die Männer plötzlich auf und verschwanden ebenso plötzlich wieder. Das einzige, worauf ich zu achten hatte, war, daß ich sie nicht liebgewann. Mutter würde sich nie ändern. Und nun war eben Johnny dran. Arme Cheryl – arme Rowena. Auch für uns bedeutete das die Trennung. Ich zog das Kissen an die Ohren. Ich wollte nichts mehr hören.

»Neeiin!« schrie Mutter. »John, bitte!«

Ihr Geschrei drang durch die Kissen. Plötzlich stand sie am Fußende meines Bettes.

»Cheryl, bist du wach?«

Ich hielt den Atem an. Ich lag da wie tot. Nach einer Ewigkeit hörte ich sie gehen. Leise schloß sie die Tür.

Ihre Art, sich zu lieben, war laut und wild. Ich wußte, was ich zu tun hatte: schlafen, schlafen, schlafen ...

Als ich am nächsten Morgen aufstand, war ihre Schlafzimmertür noch zu. Ich lauschte. Nichts. Abgemacht war eigentlich, daß sie mich zu Vater fuhr, dessen Chauffeur mich ins Internat zurückbringen sollte.

Wenn Mutter nicht arbeitete, stand sie selten vor dem Mittagessen auf. Ich kann mich nicht erinnern, ihr Gesicht je im frischen Licht eines Morgens gesehen zu haben. Hatte sie verschlafen? War alles in Ordnung mit ihr? Und John – hatte er das Haus verlassen? Ich fragte mich, ob ich die Auseinandersetzung der letzten Nacht vielleicht nur geträumt hatte. Jedes andere Kind hätte vermutlich ganz einfach an die Schlafzimmertür geklopft. Ich konnte es nicht. Seit meiner frühesten Kindheit war mir eingetrichtert worden, Mutter auf gar keinen Fall zu stören.

Angezogen, die gepackte Tasche neben mir, lümmelte ich

mich auf das Sofa im Salon und wartete. Weil mir nichts Besseres einfiel, kaute ich auf einem belegten Brötchen herum. Plötzlich öffnete sich die Schlafzimmertür. Mutter trug eine Sonnenbrille und ein weißes Seidenkopftuch, ihre Standardausrüstung, um unerkannt zu bleiben.

»O Baby, jetzt müssen wir uns aber beeilen. Wir sind ziemlich spät dran!« rief sie munter.

In ihrem weißen Kabrio fuhren wir zu Vater. Kein Wort wurde über die Ereignisse der letzten Nacht verloren, aber ihre Hände zitterten wieder, und das Technicolor-Make-up wirkte bei Tageslicht einfach grauenvoll.

»Na, wie hast du geschlafen?« fragte sie.

»Prima, Mom.«

Gegen Ende der Woche, kurz vor den Osterferien, rief sie mich in der Schule an, um mit mir über den Umzug zu reden. Ihre Stimme klang sehr fröhlich. Zu fröhlich. Ich merkte es sofort. Seit *Glut unter der Asche* spielte sie auch mir gegenüber häufig Theater. Ich sah sie vor mir: in ihrem Bel-Air-Bungalow, am Telefon in ihrem Schlafzimmer, mit gekreuzten Beinen rauchte sie nervös eine Zigarette. Ich riskierte die Frage, die mich am meisten interessierte.

»... und John?«

»Es geht ihm gut.« Ich hörte, wie sie den Rauch ausstieß. Sie dachte nach. »Wieso, hast du irgendwas von ihm gehört?«

»Nein ... es ist nur, wann kommt er, um mein Zeug abzuholen?«

»Montag mußt du zum Zahnarzt, Baby, da geht es nicht. Aber Dienstag. So um elf herum. Okay?«

Mutter tat, als sei nichts passiert. Auch recht. Vielleicht hatte ich mir in meinem Champagner-Schwips alles auch nur eingebildet.

Der erste April war ein Montag. Großmutter war beschäftigt, Chauffeur hatten wir keinen mehr, also fuhr Mutter mich zum Zahnarzt, ein Besuch, der dringend notwendig war. Als wir zu Großmutters Wohnung am Charleville Boulevard, eine ruhige, baumbewachsene Straße in Beverly Hills, zurückkamen, steckte Mutter mich ins Bett, weil ich von den Medikamenten ganz schläfrig war. Ich weiß nicht, wieviel Zeit verging, bevor ich ihr Geschrei hörte. Diesmal kam es aus dem angrenzenden Wohnzimmer, und ich mußte wohl oder übel alles mitanhören.

»Hast du verstanden, du Miststück?!« schimpfte er. »So etwas tust du mir *nie* mehr an! *Nie* mehr, hörst du! Wenn du irgendwohin mußt, komme ich mit. Vergessen wir die Sache mit der Preisverleihung ... aber nächstes Mal ...«

»Faß mich nicht an. Nimm deine Hände weg. Und hau ab!«

»Mutter, was ist los?« schrie ich. »Ist John da?«

Ich weiß nicht, woher ich den Mut nahm, mich bemerkbar zu machen. Mutter kam zu mir herein. »Verdammt noch mal, jetzt hast du das Kind geweckt!« brüllte sie ihn an.

»Ich habe Stimmen gehört. Ist etwas nicht in Ordnung?«

»Nein, nein Baby, alles ist gut. John kam vorbei, um Hallo zu sagen, aber er muß schon wieder weg.« Das sagte sie so laut, daß er es hören mußte. Eine ihrer Wangen war stark gerötet und wirkte geschwollen. Ihre Hände zitterten.

»Schlaf jetzt, Liebling«, flüsterte sie und ließ mich allein.

Ich fiel in meinen Dämmerzustand zurück, aber nicht lange.

»Du mieses Flittchen, du tust, was ich sage, oder ich zerschneide dir deine hübsche Visage. Vielleicht können das auch andere für mich erledigen. Jedenfalls wird dich nie mehr jemand ansehen wollen.«

»Mom, warum streitet ihr?« Ich versuchte aufzustehen.

»Es ist schon in Ordnung«, rief sie mir zu. »John geht gerade.«

John fluchte und schrie.

»Bitte, geh jetzt. Das Kind kann dich hören. Geh jetzt!«

Die Haustür fiel ins Schloß. Ich bat Mutter, zu mir zu kommen.

»Bitte, sag mir, was passiert ist?« flehte ich, aber sie blieb mir eine Erklärung schuldig.

»Ich kann nicht. Ich kann es dir nicht sagen.«

»Mutter ...«

»Wirklich, ich kann nicht ...«

»Hat er dich geschlagen?«

Sie sah mich an, und in ihren Augen glänzte es feucht. Sie holte ein Taschentuch aus der Tasche und warf sich neben mich aufs Bett.

»Baby ... zwischen John und mir ... steht es nicht zum Besten ... Ich weiß nicht, was ich tun soll.«

»Verlasse ihn ... wirf ihn raus ...«

»Das geht nicht ... siehst du ... die Wahrheit ist, ich fürchte mich vor ihm. Er hat mir gedroht. Wenn ich ihn verlasse, tut er mir etwas an. Er kennt Leute, die mir mein Gesicht verunstalten, mich vielleicht sogar töten ... Was soll ich denn bloß tun? Du mußt mir helfen, Baby, bitte ... willst du?«

Großaufnahme. Sehr gut. Schnitt. Ich schluckte. Mag sein, daß sie tatsächlich in Gefahr war, aber ich war überzeugt davon, daß achtzig Prozent dieser Szene Theater war. Sie verwechselte das Studio mit dem Leben. Die Situation, in der sie sich befand, war zugegebenermaßen scheußlich, aber ich begriff, daß sie die ganze Auseinandersetzung dramatisierte, um sich die Flucht leichter zu machen. Mich bat sie um Hilfe. Eine Vierzehnjährige!

Ich hatte etwas ähnliches schon einmal erlebt. Sie übertrug ihre persönlichen Probleme auf andere, die sie dann für sie lösen mußten. Bevor ihr M-G-M-Vertrag vor zwei Jahren auslief, gab es unzählige Angestellte, die große und kleine Schwierigkeiten von ihr fernzuhalten hatten. Zudem kümmerten sich Anwälte, Agenten, Manager, Friseure, Liebhaber und Gran um ihr persönliches Wohl. Sparmaßnahmen hatten sie gezwungen, ihre Angestellten zu entlassen. Nun war es an mir, ihr zu helfen.

»Warum rufst du nicht die Polizei?«

»Um Himmels willen, nein. Du kennst doch die Presse. Das ist ein gefundenes Fressen für die Journalisten. Das kann ich mir nicht leisten.«

»Und warum rufst du nicht Inspektor Anderson an? Ich bin sicher, er versteht dich.

Clinton P. Anderson, Chef des Beverly-Hills-Kommissariats, war ein Freund der Familie und häufig Gast im Restaurant meines Vaters am Rodeo Drive. Manchmal, am Sonntag, aßen wir zu dritt dort, und ich redete ihm dann immer so lange zu, bis er für sich einen Irish Coffee bestellte, ein Getränk, das ihn ungeheuer lustig machte.

»Nein, das geht auch nicht. Die Zeitungen würden auf jeden Fall davon Wind bekommen. Ich kann mir keinen Skandal leisten. Niemand darf von diesen Vorkommnissen erfahren, Baby. Besonders dein Vater darf nichts davon wissen.«

Ich hatte das Gefühl, mit jemandem zu reden, der keinen Verstand besaß.

Durch die Jalousien fiel die Nachmittagssonne auf ihr Gesicht. Mit fahrigen Händen zerknüllte sie das Taschentuch, während sie sich eine Zigarette nach der anderen anzündete. Ihre Romanze mit Johnny Stompanato näherte sich ihrem Ende.

Sie hatten sich im vergangenen Jahr kennengelernt, erinnerte ich mich. Doch erst drei Monate später wurde ihr klar, daß er »Freunde hatte, vor denen sie sich fürchtete«. Viel später erfuhr ich, daß sie damit den Gangster Mickey Cohen meinte, für den Johnny als Leibwächter gearbeitet hatte.

Mr. Stompanato stellte sich ihr als angesehener Geschäftsmann vor, der Inhaber einer Geschenk-Boutique war. Als Freunde ihr die Wahrheit hinterbrachten und sie ihn damit konfrontierte, war er die Reue selbst. »Wenn du es gewußt hättest, hätte ich keine Chance bei dir gehabt«, jammerte er und fügte hinzu, daß er schon lange nichts mehr mit Gangstern zu tun habe. »Ich sehe keinen von der Bande mehr – ehrlich.« Mutter glaubte ihm, denn sie war in ihn verliebt.

Bald fühlte er sich so sicher, daß er ihr gegenüber sogar damit prahlte, daß er als Leibwächter »den Leuten oft ein bißchen Feuer unter dem Arsch gemacht hatte«. Er bat sie um Geld für seine Spielschulden, und innerhalb von sechs Wochen machte er sie zu seinem »Besitz«. Sie gehörte ihm allein. Er besuchte sie bei Dreharbeiten in England und war halb wahnsinnig vor Eifersucht. Er prügelte sich mit Sean Connery, der ihn kurzerhand k.o. schlug.

Als Mutter sich in der darauffolgenden Auseinandersetzung weigerte, ihn für ihren nächsten Film als geschäftsführenden

Produzenten zu engagieren, schlug er sie bewußtlos. Ihr Visagist, der zufällig davon erfuhr, rief Scotland Yard an, und John mußte England binnen vierundzwanzig Stunden verlassen. Wenn Mutter etwas nicht ertragen konnte, dann war es Einsamkeit. Deshalb fuhr sie, gleich nachdem der Film abgedreht war, mit ihm für sechs Wochen nach Acapulco.

Und wieder wurde John gewalttätig. Eines Tages schlug er sie so heftig, daß sie blutete. Er bedrohte sie sogar mit einem Gewehr. Er war außer sich, weil sie sich weigerte, ihn in ihre Karriere miteinzubeziehen. Eine der wenigen Regeln, die sie konsequent mit all ihren Männern durchhielt, war, daß sie Privatleben und Beruf trennte. Johns schlechten Rufes wegen hatte sie wenig Lust, sich mit ihm in der Öffentlichkeit zu zeigen, aber in Mexiko zwang er sie, gemeinsam mit ihm Plätze zu besuchen, an denen sich »alle Welt« traf.

Als ihr Agent sie anrief, um ihr mitzuteilen, daß sie für ihre Rolle in *Glut unter der Asche* nominiert worden war, witterte John seine Chance, endlich ein geachtetes Mitglied der High-Society zu werden. Mit allen ihm zur Verfügung stehenden Mitteln versuchte er zu erreichen, daß er sie zur Oscar-Verleihung begleiten durfte. Doch wenn es um ihre Karriere und ihr öffentliches Ansehen ging, war mit Mutter nicht zu spaßen. Sie bestand darauf, bei diesem wichtigen Ereignis mit ihrer Mutter und ihrer Tochter aufzutreten.

Nach jenem Abend erwartete er sie im Dunkel ihres Schlafzimmers. Er lag auf ihrem Bett, eine Zigarette im Mund, die Arme vor der Brust verschränkt, und aus seinen Augen sprach unverhohlener Haß.

Den ganzen Abend über hatte sie geahnt, daß es zu dieser Konfrontation kommen würde. Deshalb hatten ihre Hände so gezittert, als wir zum Kino fuhren.

»Er schlug mich«, berichtete sie mit heiserer Stimme. »So fest und brutal, daß der Ohrring meine Wange zerkratzte. Er zog mich an den Haaren, und seine Fäuste trafen mich überall. Plötzlich hielt er mir eine Rasierklinge vors Gesicht. Ich schrie nicht um Hilfe, weil ich nicht wollte, daß du aufwachst und man im Hotel etwas merkt ...«

Sie brach in Tränen aus, und ich nahm sie in die Arme. Arme Mutter. Ich weinte nun ebenfalls. Ich war verwirrt, ich fürchtete mich, und gleichzeitig fühlte ich mich schuldig. Zum ersten Mal im Leben hätte ich ihr damals helfen können, statt dessen hatte ich mich unter meinem Kissen verkrochen.

Meinen Vorschlag, die Polizei anzurufen, lehnte sie kategorisch ab. Hier lagen wir auf dem Bett, Mutter und Tochter, und weinten uns die Augen aus. Welch seltsame Verdrehung der Dinge. Wer war hier die Erwachsene und wer das Kind?

»Baby, was soll ich nur machen?« murmelte sie hilflos.

3

Am nächsten Morgen erschien Johnny Stompanato in der Wohnung meiner Großmutter in Beverly Hills. Grinsend stieg er aus seinem Thunderbird-Kabrio und winkte mir zu, als er mich am Fenster entdeckte. Ich hatte keine Ahnung, wie ich mich verhalten sollte. Ich winkte zurück und lächelte vage. Das Beste schien mir, mich neutral zu geben und so zu tun, als wüßte ich von nichts.

»Hallo Johnny«, rief ich deshalb fröhlich, während ich auf ihn zurannte. »Hast du mein neues Zimmer schon gesehen? Ist es schön? Ich bin furchtbar gespannt.«

»Dann nichts wie los. In drei Minuten können wir dort sein, dann siehst du es mit eigenen Augen. Wo ist dein Gepäck?«

Wir packten das Auto voll und fuhren los. Es war ein kühler, aber sonniger Morgen. Johnny sah mich an und gab Gas. Er wußte, daß ich Geschwindigkeit liebte. Das war schon so, als ich erst acht Jahre alt war. Zu jener Zeit durfte ich manchmal auf dem Schoß meines Vaters sitzen und seinen großen Cadillac lenken. »Schneller, Daddy, schneller«, rief ich aufgeregt.

Hinter meiner Sonnenbrille versteckt, betrachtete ich verstohlen den Mann am Steuer. Bisher hatte ich ihn mir nie so genau angesehen. Er sah gut aus, wenn auch auf eine etwas schmierige Art. Er wirkte wie ein Schauspieler zweiter Garnitur. In B-Filmen hätte er ohne weiteres mitspielen können. Er war nicht sehr groß, aber kräftig gebaut – der typische Leibwächter eben. Seine Stimme wirkte eher weich, und er sprach in kurzen Sätzen, damit niemand bemerkte, daß er nicht sehr gebildet war. Er lächelte oder lachte sehr selten, wirkte aber meistens gutgelaunt. Seinen aufmerksamen Blicken entging nichts, auch wenn er desinteressiert tat. Er wirkte eher verschlossen, und man fragte sich oft, was in seinem Kopf vorging. Mir allerdings waren seine Gedanken egal. Für mich war er der neueste Liebhaber meiner Mutter – nicht mehr und nicht weniger. Ich nannte ihn Johnny, entgegen Mutters Wunsch, die es gern hatte, wenn ich ihre »Begleiter« mit liebevollen Spitznamen ansprach. Mir gegenüber war John freundlich, hilfsbereit und sogar großzügig. Aber ich hatte aufgehört, Gefühle zu entwickeln, denn Mutter wechselte ihre Ehemänner und Liebhaber häufig, und eines Nachts waren sie dann verschwunden. Außerdem war mir klar, daß John sich um meine Gunst bemühte, weil er hoffte, Mutter eines Tages zu heiraten.

Seine Art, sich zu kleiden, gefiel mir. Er trug weite Hosen, seidene Hemden, schmale Gürtel mit echten Silberschnallen und Schuhe aus Eidechsenleder. An seinem Handgelenk glänzte ein schweres goldenes Kettchen, ein sehr teueres Geschenk von Mutter. An der Innenseite war es graviert: »Lanita« stand da.

War das der Mann, der sie so furchtbar angeschrien hatte? War er wirklich fähig, sie zu schlagen? Ich kannte niemanden, der Mutter tatsächlich schlecht behandelt hätte – im Gegenteil, sie wurde geachtet, gefürchtet und wie ein Star behandelt. Sie beherrschte die Menschen – und niemand traute sich, ihr seinen Willen aufzuzwingen. Im Grunde ging es auch Johnny nicht anders. Er war ihr Laufbursche, er erledigte Botengänge, half ihr in den Mantel, chauffierte ihre Tochter hierhin und dorthin. Alles ist so verflixt kompliziert, dachte ich unglücklich.

Das neue Haus gefiel mir auf den ersten Blick. Ein großzügiger Bau mit Seitenflügeln im Kolonialstil, schwarzen Fensterläden und einer eindrucksvollen Auffahrt. Laura Hope Crews hatte es seinerzeit für sich bauen lassen, und sie hatte ihre gesamte Gage, die sie mit der Rolle als Tante Pittypat in dem

Film *Vom Winde verweht (Gone With The Wind)* verdient hatte, investiert.

Während Johnny das Gepäck in den ersten Stock hinaufschleppte, zeigte mir Mutter das Haus und den Garten, zu dem auch ein Tennisplatz gehörte.

Von der Eingangshalle führte eine Treppe in den ersten Stock, dort gab es zwei riesige Schlafzimmer, die durch einen Flur miteinander verbunden waren, der zur Halle hin offen war, während sich auf der anderen Seite ein Balkon befand. Wenn der Flur nachts erleuchtet war, konnte man vom Garten aus sehen, wenn jemand von einem Schlafzimmer zum anderen ging.

Nach dem Rundgang durchs Haus standen Mutter und ich im Wohnzimmer. Ich berührte ihren Arm. »Alles in Ordnung?« erkundigte ich mich.

»Alles in Ordnung«, nickte sie, ohne mich dabei anzusehen. Das Thema war abgehakt. Was geschehen war, schien vergessen zu sein.

Die nächsten zwei Tage vergingen wie im Flug. Ich richtete mich in meinem Zimmer häuslich ein, wir gingen einkaufen, und ich besuchte meinen Vater, der in Beverly Hills ein berühmtes polynesisches Restaurant, das Luau, besaß. Ich verbrachte Stunden mit seiner Verlobten Helen, die mir so gut gefiel, daß ich sie zu meinem Vorbild erkor. Sie war nach der allerneuesten Mode gekleidet, vierundzwanzig, ich vierzehn, und sie behandelte mich wie ihre Schwester. Mutter nahm ihr sehr übel, daß sie mir modische Tips gab. »Das ist doch sicher wieder so eine Spinnerei von Helen«, schimpfte sie erbost und betrachtete angewidert meinen neuen Rock.

Wenn ich manchmal unerwartet zu Hause auftauchte, fiel mir die gespannte Atmosphäre zwischen Mutter und John auf, die einem Waffenstillstand gleichkam, der vermutlich eingehalten werden sollte, bis Mutter sich in ihrem neuen Heim eingerichtet hatte. John hatte eine eigene Wohnung, aber einige seiner Sachen schleppte er doch in unser neues Haus. Seine Bemühungen hielten sich jedoch in Grenzen. Wahrscheinlich war meine Anwesenheit dafür verantwortlich, und ich bin fast sicher, daß meine Mutter unter anderem deswegen beschlossen hatte, daß ich bei ihr wohnen sollte.

Donnerstag abend gingen Mutter, John, Großmutter und ich zu Mario, einem italienischen Restaurant in Westwood, das für seine ausgezeichneten Spaghetti bekannt war. Im Gegensatz zu anderen Abendessen, die wir immer in der für uns reservierten Nische einnahmen, wollte keine fröhliche Stimmung aufkommen. Mutter unterhielt sich mit Gran und mir über Nebensächlichkeiten, während John mit finsteren Blicken in die Runde schaute und stumm dabeisaß.

Später erfuhr ich, daß Mutter nach dem Krach am Montag Gran ihr Herz ausgeschüttet hatte, und die Großmutter hatte Anderson von der mißlichen Lage, in der sich ihre Tochter befand, in Kenntnis gesetzt. Er war voller Anteilnahme, deutete jedoch unmißverständlich an, daß eine Anzeige bei der Polizei von der Person erfolgen müsse, die sich bedroht fühlte. »Mildred«, sagte er, »sorge bitte dafür, daß Lana mich anruft.« Natürlich hat Mutter sich nicht bei ihm gemeldet.

Ich starrte aus dem Fenster meines Schlafzimmers auf die regennasse Auffahrt. Es war Karfreitag. Gestern abend hatte ich das Kaminfeuer angezündet und träumend davorgesessen. Inzwischen war die Asche erkaltet. Mutter kam einmal kurz herein, aber sie war in verdrießlicher Stimmung.

So verlockend es war, den Kamin wieder zu entzünden, es lohnte sich nicht, denn ich hatte an diesem Tag viel vor. Ich war erst mit einer Freundin in der öffentlichen Bibliothek verabredet, und danach wollte ich mit Dad zu Mittag essen.

An diesem Nachmittag erledigten John und Mutter Einkäufe in der Stadt. Um halb fünf kamen sie nach Hause. Mutter hatte zwei Freunde auf einen Drink eingeladen – sie warteten bereits seit einer Stunde.

Del Armstrong war seit fünfzehn Jahren ihr Maskenbildner. Er war es übrigens gewesen, der vier Monate zuvor dafür gesorgt hatte, daß John England verlassen mußte. John hatte davon keine Ahnung. Bill Brooks war ein Geschäftsmann aus Hawaii, ein früherer Flirt von Mutter. Er war Junggeselle und sah ein bißchen wie Tyrone Power aus.

Die beiden Männer saßen in der Bar im Wohnzimmer, mit einem Drink in der Hand, als John und Mutter schließlich hereinstürmten. Bevor sie die Männer miteinander bekanntmachen konnte, wandte sich John an Bill: »Hallo, Ananas!«

Bill lachte. »Ach ja, ich erinnere mich. Stompanato, richtig? John und ich haben gemeinsam die Kemper Military Academy in Missouri besucht«, erklärte er Mutter. »Ich war der einzige Kadett aus Hawaii. Daher mein Spitzname Ananas.«

In der folgenden Unterhaltung zwischen den beiden stellte sich heraus, daß sie während ihrer Studentenzeit sogar die gleichen Mädchen verehrt hatten. Mutter und Del beobachteten die beiden amüsiert, und als John das bemerkte, lachte er verlegen und zog Brooks ans Fenster, wo sie ungestört miteinander sprechen konnten.

Mutter mixte sich einen Wodka-Tonic, stützte sich auf der Bartheke ab und beobachtete über den Rand ihres Glases hinweg mit schmalen Augen die einstigen Schulfreunde. »Wußtest du das?« fragte sie Del leise.

John sprang plötzlich auf. »Ich bringe nur schnell die Sachen in die Reinigung«, verkündete er. Über seiner Schulter baumelten Kleiderbügel mit Anzügen.

Die Stille im Raum, die auf seinen Weggang folgte, war seltsam. Nur das Geräusch der Regentropfen, die gegen die Fenster klatschten, war zu hören.

»Lana, wie, zum Teufel, bist du an einen solchen Typen geraten?« fragte Brooks schließlich.

Mutter ignorierte seine Frage. »Wie alt bist du, Bill?« fragte sie statt dessen.

»Ich werde nächste Woche fünfunddreißig.«

»Wie kommt es dann, daß ihr gemeinsam in die Schule gegangen seid? Er ist doch ein paar Jahre älter als du.«

»Älter?« Bill lachte. »Ich war ihm zwei Klassen voraus. Er kann höchstens dreiunddreißig sein. Und eines kann ich dir sagen, Lana, dieser Kerl ist eine Schlange. Schon in der Schule war er bösartig, frech und hinterlistig. Kein Mensch wollte mit ihm etwas zu tun haben. Ich auch nicht. Aber er hat es immer irgendwie geschafft, Gesellschaft zu haben.«

»Dreiunddreißig«, wiederholte Mutter und sah Del traurig an. »Merkwürdig, mir hat er geschworen, er ist *dreiundvierzig*.«

Eine Weile später hatte der Regen aufgehört, und das Haus wirkte düster, weil die Dämmerung hereinbrach. John war noch nicht zurück, und Mutter saß noch immer mit ihren Gästen an der Bar. Die Männer von der Telefongesellschaft waren heute mit ihrer einwöchigen Arbeit fertig geworden. In meinem Zimmer stand der neue Apparat. Ich rannte nach oben, um mein Telefon auszuprobieren.

Ich rief ein paar Freundinnen an. Dann allerdings fiel mir ein, daß ich noch Hausaufgaben machen mußte. Biologie war mein Lieblingsfach, und ich mußte noch einen Aufsatz über das Blutsystem schreiben. Mutter rief mich nach unten. Die Gäste waren gegangen, und sie brauchte jemanden, mit dem sie reden konnte. Als ich das Wohnzimmer betrat, ging sie nervös rauchend auf und ab.

»Stell dir vor, gerade habe ich herausgefunden, daß John mich wieder einmal belogen hat«, wütete sie. »Er ist nicht dreiundvierzig, sondern dreiunddreißig! Ich bin also fünf Jahre älter als er. Verdammte Scheiße. Was bin ich für eine dumme Person.«

Nun, das überraschte mich, obwohl ich es mir nicht anmerken ließ.

»Großer Gott, das ist furchtbar. Wenn die Presse das erfährt, wird man mich wie eine Verrückte hinstellen, die sich junge Männer kaufen muß, nur weil er mir etwas vorgemacht hat. Das geht einfach zu weit. Ich ertrage seine Lügen nicht mehr. Er hat den Bogen überspannt. Ich mache Schluß mit ihm.« Dramatisch ließ sie sich aufs Sofa fallen und bedeckte ihr Gesicht mit den Händen.

Ich schlang meine Arme um sie und wiegte sie wie ein Baby. »Weine nicht, Mutter.«

»Ich muß ihn loswerden. Heute abend noch. Ich weiß nur noch nicht, wie. Es wird nicht leicht werden, weißt du? Er will mich nicht verlassen. Es kann sehr unangenehm werden.«

Ich wußte nicht, was ich antworten sollte. »Vielleicht wird

es ja nicht so schlimm, wie du es dir vorstellst«, sagte ich schließlich.

»Auf keinen Fall will ich mit ihm allein im Haus sein.«

»Ich bin ja da, Mutter. Es kann dir nichts passieren.«

»Ach, Baby, es tut mir so leid ... eigentlich will ich nicht, daß du solche Dinge erlebst ... es ist mir unangenehm, wenn du zuhören mußt, wie er ... wenn er ...«

Ganz plötzlich befreite sich Mutter aus meiner Umarmung. An der Tür stand Armenda, Mutters Haushaltshilfe, mit einem Hut auf dem Kopf und einem alten Mantel ihrer Chefin. Sie wollte sich verabschieden, weil sie über Ostern freihatte. Da die beiden sicher viel zu besprechen hatten, ging ich wieder nach oben.

Ich duschte lang und ausgiebig, um mich ein wenig zu beruhigen. John konnte jeden Augenblick zurückkommen. Ich schlüpfte in meine pinkfarbenen Pantoffeln und in einen alten Bademantel, kuschelte mich in einen Sessel und widmete mich wieder meiner Biologie-Arbeit. Ich glaubte damals, daß ich besser arbeiten könnte, wenn der Fernseher lief.

Auf Kanal Zwei lief die Serie *Sergeant Bilko*. Der Hauptdarsteller Phil Silvers war ein alter Freund von Mutter. Der gute Bilko war gerade einer großen Versuchung ausgesetzt; der reiche Neffe seines Chefs, Colonel Hall genannt, war verstorben und hinterließ fünftausend Dollar in bar. Bilkos Nasenflügel zitterten nervös. Gleichzeitig las ich: *Blutgefäße sind die direkt mit dem Herzen verbundenen Gefäßbahnen, die alle Organe und Gewebe des Körpers, mit Ausnahme der Knorpel und der Horngebilde, durchsetzen und Blut enthalten. Man unterscheidet Arterien und Venen ...*

Die Haustür fiel ins Schloß. Das mußte John sein. Mutter stellte ihn zur Rede, erst neckend, dann ärgerlich, zuletzt ausgesprochen wütend. Was sie genau sagte, konnte ich nicht hören, weil ich den Fernseher lauter stellte.

Bilko hat das Geld seines Chefs gewaltsam an sich gebracht ... *Die Arterien führen sauerstoffreiches Blut vom Herzen zu den Organen und teilen sich dabei in immer feinere Zweige, die zuletzt in die winzigen Haargefäße ...*

»Na und, verdammt noch mal ...«, brüllte John.

»Das ist genau eine Lüge zuviel. Es reicht mir jetzt.« Beide waren wütend, aber Mutter übte sich in Selbstbeherrschung. Plötzlich war ich neugierig. Vorsichtig schlich ich zum Flurgeländer.

»Mutter?« rief ich hinunter. »Was ist los? Ist John nach Hause gekommen?« Er sollte wissen, daß ich im Haus war.

»John geht gerade. Mach deine Hausaufgaben, Baby.«

»Hallo, Johnny«, rief ich und ging in mein Zimmer zurück. Ich war es gewöhnt zu gehorchen. Außerdem hatte ich wirklich keine Lust, diese Auseinandersetzung, die mich ohnehin schon ganz durcheinanderbrachte, hautnah mitzuerleben.

Bilko sitzt in der Patsche. Er hat das gesamte Geld bei der Börse verspekuliert. Entweder er liefert die Summe von fünftausend Dollar bis um drei Uhr bei der Bank ab, oder er wandert ins Gefängnis.

Die Venen befördern das an Sauerstoff arme Blut wieder zum Herzen...

»Du mieses Flittchen, glaubst du, du kriegst mich so leicht los? Erst polier ich dir noch deine Fresse ...«

Ich rannte wieder auf den Flur und sah nach unten. Mutter wollte gerade die Treppe hinauflaufen. Als sie beide in mein Zimmer stürmten, saß ich schon wieder über meinen Hausaufgaben. John stand mit verschränkten Armen hinter Mutter. »John geht jetzt«, erklärte sie unnötigerweise.

»Nun mal langsam«, knurrte er böse und hatte dabei einen brutalen Zug um den Mund. Überrascht starrte ich ihn an. Noch nie hatte ich ihn so gesehen. Er haßte sie, das war klar zu erkennen. Noch beherrschte er sich, aber die Adern an seinem Hals traten hervor, und sein Atem ging sehr kurz. Seine Hände krallten sich an die Seitennaht seiner Hose. Mich schien er nicht zu bemerken. Sein haßerfüllter Blick fixierte Mutters Profil. Sie stand zwischen uns.

»So leicht wirst du mich nicht los, das habe ich dir doch schon gesagt, Miss Cinema.«

»Ich möchte nicht in Gegenwart des Kindes mit dir streiten«, erwiderte sie.

»Warum nicht? Sie soll ruhig die Wahrheit über dich erfahren – alles«, bellte er zurück.

»Wir sollten das Kind wirklich nicht belasten, unsere Auseinandersetzung geht Cheryl nichts an.« Sie erkannte Phil Silver auf dem Schirm und fragte: »Wie kannst du arbeiten, wenn der Fernseher läuft?« Dann wandte sie sich wieder an John. »Ich habe so lange kein amerikanisches Fernsehen mehr gesehen ... ich glaube, ich bleibe einen Augenblick hier und schaue mir die Serie an.«

Sein Blick sprach eine deutliche Sprache. Vergiß es, lautete der Befehl, der sie stumm erreichte. »Liebling, John geht jetzt, ich werde mir unten einen Drink machen, und dann komme ich wieder zu dir herauf, ja?«

»Ja«, murmelte ich völlig verwirrt. John war kurz vor dem explodieren. *Bitte, John, geh doch endlich,* flehte ich innerlich.

»Bis gleich, Baby.«

Ich nickte.

Aufrecht verließ sie mein Zimmer. John folgte ihr auf den Fersen. »Du hast gesagt, du wolltest ins Kino gehen, heute abend«, sagte er vorwurfsvoll, während sie vor ihm die Treppe hinunterging. »Dann hast du deine Meinung geändert. Und jetzt betrinkst du dich ... du trinkst viel zuviel ...«

Ob ihr Geschrei auf der Straße zu hören war? An diesem Osterwochenende war es sehr ruhig draußen.

Mutter schloß sich in ihr Schlafzimmer ein. »Du machst sofort auf«, schrie er und warf sich gegen die Tür. Sekunden später ließ sie ihn herein.

Ich nahm allen Mut zusammen und klopfte bei ihr an. »Bitte, Mutter, kann ich dich einen Moment sprechen?« Sie bat mich einzutreten. John vermied es, mich anzusehen. »Scheiße«, murmelte er und verzog sich in die Ecke beim Kamin.

Mutter stand neben dem ungemachten Bett. Es fiel mir auf, weil das die einzige Arbeit war, die sie sofort nach dem Aufstehen erledigte. Sie machte jeden Morgen ihr Bett selbst.

Ich nahm ihre eiskalte Hand in die meine und zog sie mit mir. In meinem Badezimmer umarmten wir uns. »O Baby, das wird eine furchtbare Nacht.«

»Warum sagst du ihm nicht einfach, daß er gehen muß? Du bist feige.«

»Das verstehst du nicht. Ich habe furchtbare Angst vor ihm.« Sie sah in den Spiegel, betastete mit zitternden Fingern leichte Schwellungen unter ihren Augen. Vielleicht hatten sie miteinander gekämpft, das würde das zerwühlte Bett erklären. Plötzlich drehte sie sich zu mir um. »Ich gehe jetzt in mein Zimmer und werfe ihn hinaus. Wahrscheinlich gibt es eine grauenvolle Szene. Wirst du das ertragen können, Baby?«

»Keine Sorge, Mutter ...«, murmelte ich, während sie mein Zimmer verließ. Ich hatte Angst. Was würde passieren? Bewegungslos wartete ich auf mein Stichwort. Idiotischerweise mußte ich daran denken, daß dies vielleicht Mutters allergrößter Auftritt war. Helen Rose, ihre Kostümbildnerin, hätte ihr allerdings nie erlaubt, ihn in legeren langen Hosen vorzuführen.

Stompanato stand immer noch am Kamin. Er versuchte einen Blick von ihr aufzufangen. Wie beiläufig nahm sie ihr Glas in die Hand, das sie vorhin abgestellt hatte, und sagte sehr ruhig: »So kann es nicht weitergehen. Unsere Diskussionen sind sinnlos und führen zu nichts. Ich habe ein neues Haus, ich mache einen neuen Anfang. Deshalb möchte ich, daß du verschwindest. Bitte, geh jetzt.«

»Glaubst du, daß du mich einfach so herumkommandieren kannst? Du wirst gefälligst tun, was ich sage. Ab jetzt gebe ich hier die Befehle.« Mit einem brutalen Griff zog er sie zu sich und schüttelte sie. »Hast du mich verstanden?«

Im Dunkeln schlich ich zu ihrer Tür. »Laß mich in Ruhe«, schrie Mutter. »Und wage nicht, mich noch einmal anzufassen.« Mit einer geschickten Bewegung, die viel Kraft erforderte, riß sie sich los. Dann entdeckte sie mich. Mir war übel.

»Bitte, Cherie, bitte hör nicht auf das, was hier gesprochen wird. Geh wieder in dein Zimmer.«

Ich sah sie fragend an.

»Bitte, Liebes, geh hinauf ... es wird alles gut.«

Rasch schloß sie die Tür. »Na wundervoll! Das arme Kind ist vollkommen durcheinander. Rühr mich nicht an ... es ist aus zwischen uns ... hau endlich ab ... auuuuh!« Sie weinte. Meine Knie zitterten. »Du bist schrecklich ... nein ... nein ... ich kann nicht ...«

»O doch ... oder willst du lieber, daß ich die Rasierklinge hole?«

Schweigen. »Cherie?« schrie Mutter plötzlich. »Bist du noch da? Ich kann dich hören.« Hastig öffnete ich den Verschluß meines Armbandes mit den Anhängern, die aneinanderklickerten, und ließ es auf den Boden gleiten.

»Du kannst nicht vor mir weglaufen. Wo immer du hingehst, ich finde dich. Weißt du, was ich immer sage? Wenn jemand seine Hände dafür benötigt, um seinen Lebensunterhalt zu verdienen, dann muß man sie ihm brechen. Du bist auf dein Gesicht angewiesen, also werden wir es verunstalten. So einfach ist das. Oder kannst du dir eine wirksamere Strafe vorstellen? Du wirst nie wieder arbeiten können. Was deine Mutter und das Kind betrifft ... auch da könnte man etwas machen. Ich kenne Jungs, die das für mich erledigen.« Er lachte höhnisch.

Panische Angst ergriff mich, ich rannte die Treppe hinunter. Irgend etwas mußte ich unternehmen, aber was? Die Polizei verständigen? Du lieber Himmel, nein. Wen könnte ich sonst anrufen? Angenommen, da oben passierte etwas, während ich hier unten war. Was sollte ich nur tun? Ich rannte in die Küche. Auf der Anrichte glänzte ein Fleischmesser. Das war's. Ich mußte ihm Angst einjagen. Ich nahm das Messer und lief wieder nach oben.

»Verschwinde, verschwinde, so verschwinde doch endlich«, schluchzte Mutter.

»Nein, mein Engel, diesmal bist du dran. Mit mir springt man so nicht um, laß dir das gesagt sein.«

»Mutter«, schrie ich. »Laß mich rein, ich will mit euch beiden reden.« Ich hämmerte verzweifelt an die Tür.

»Wenn du glaubst, das ist das Ende, dann täuschst du dich gewaltig. Das Ende wirst du nämlich gar nicht erleben!« Johns Stimme klang gemein und brutal.

»Bitte, Johnny, laß Mutter in Ruhe«, schrie ich und pochte wieder an die Tür.

»Ich habe dich satt ... so satt ...«, kreischte sie.
»Halt den Mund, du Biest ... du bist schon so gut wie tot!«
»Mutter, bitte!«
»Raus! Verschwinde aus meinem Leben!«
Ich umklammerte das Messer. Die Tür schwang auf. Mutter stand vor mir, die Hand auf der Türklinke. John näherte sich ihr von hinten. Sein Arm war zum Schlag erhoben. Ich machte einen Schritt vorwärts und hielt das Messer vor mich. Er rannte direkt hinein. Die Klinge verschwand bis zum Schaft. Erstaunt sah er mich an. »Cheryl, warum ... hast du das getan?« Mit einer unendlich langsamen Bewegung wich er zurück. Sein ungläubiger Blick war auf mich gerichtet. Warum? fragten seine Augen. Im Todeskampf verdrehten sich seine Augäpfel zur Decke hin. Er wußte, daß er sterben mußte.

Das Messer war noch in meiner Hand, rotes Blut glitzerte auf der Klinge. Ich schrie, ließ die Waffe fallen und rannte in mein Zimmer. Was passierte, wenn er mir nachkam? Ich mußte mich verstecken. Ich lauschte. Das Geräusch des Regens an meinem Fenster. Im Fernseher sprach Edward R. Murrow mit Anna Maria Alberghetti. Ich lauschte wieder auf Schritte. Nichts. Niemand.

Mir wurde bewußt, daß das kein Krimi im Fernsehen war, es war die furchtbare Realität. Trockene Schluchzer brannten in meinem Hals.

»Cheryl! Komm schnell! Du mußt mir helfen. Ich brauche dich. Cheryl!« Die Stimme meiner Mutter klang hohl aus der Dunkelheit.

Ich schüttelte den Kopf und wischte meine Tränen ab. Nein, ich konnte nicht dorthin zurück.

»Cherie, ich brauche dich!« Es klang entsetzlich hilflos. War er noch da? Zitternd kroch ich den Flur entlang.

Mutter beugte sich über Johnnys Körper. In der Hand ein blutiges Handtuch. Unter seiner rechten Brustwarze die Wunde. Ein blutender Schnitt. Ich versuchte nicht hinzusehen. Seine Haut war grau. Unter den halbgeschlossenen Lidern sahen seine Augen aus wie Halbmonde. Aus seinem Mund quoll ein undefinierbares Geräusch. Dann war es wieder still.

»John, so sag doch was.« Mutter schlug ihm auf die Wangen. »John!«

Er versuchte es, aber der Unterkiefer fiel ihm herunter.

»O Mommy, es tut mir so leid!«

Sie sah mich scharf an. »Hol ein nasses Handtuch aus dem Bad. John!«

Das blutige Messer lag im Waschtisch. Sie mußte es da hineingeworfen haben. Ich wich schockiert zurück und verwendete das zweite Becken. Mit dem nassen Handtuch lief ich auf Mutter zu. »Es tut mir so leid. Ich wollte es nicht tun. Wirklich nicht«, schluchzte ich.

»John, sag etwas. Bitte, sprich mit mir«, schrie Mutter und wischte ihm über die Stirn. »Baby, hilf mir.« Sie beugte sich über ihn, renkte den Kiefer ein und begann Mund-zu-Mund-Beatmung.

Ich glaubte, mein Hirn würde jeden Augenblick platzen. Voller Panik rannte ich in mein Zimmer. Mit zitternden Fingern wählte ich die Nummer meines Vaters.

»Guten Abend. Hier ist das Luau ...« Ich erkannte seine Stimme.

»Daddy, komm schnell ...«

»Was ist los, Baby? Was ist passiert?«

»Etwas Furchtbares. Es ist John. Komm schnell.«

Ich legte den Hörer auf. Meine Hände zitterten immer noch. Ich legte mich aufs Bett und verkroch mich unter der Decke.

Ich versuchte mich zu beruhigen. Nichts war geschehen. Ich weinte. Schluchzend wiegte ich mich hin und her. Meine Hände verfingen sich in meinem Bademantel. Er hatte ein Loch. Darunter, auf meinem Bein, war ein frischer Schnitt. Als John und ich aneinander gerieten, muß das Messer ...

Am nächsten Morgen konnte ich mich an nichts mehr erinnern. Ich wunderte mich über einen Kratzer am Bein, ebenso über die Gefängniszelle. Die Nacht über waren meine Schuldgefühle so stark geworden, daß ich mich nach einer Bestrafung sehnte. Mein Verstand war blockiert, und ich hätte keine Auskunft mehr geben können, warum ich bestraft werden wollte.

Selbst heute noch, wenn Mutter und ich uns über die entsetzliche Tragödie unterhalten, verwenden wir die Umschreibung »der Paragraph«, denn jede Pressenotiz über uns, die sich auf das Ereignis am Karfreitag 1958 beruft, erscheint uns nur dann vollständig, wenn die Tat anhand eines Paragraphen erklärt wird. Obwohl ich die nächsten Jahre in Fürsorgeheimen, Besserungsanstalten, Jugendgefängnissen und geschlossenen Krankenabteilungen verbringen mußte, weigerte sich mein Verstand, die Vergangenheit noch einmal heraufzubeschwören und jene entsetzliche Nacht wiederzuerleben.

Siebenundzwanzig Jahre mußten vergehen, bevor ich in der Lage war, mich mit meiner Tat auseinanderzusetzen. Die Zeit heilt alle Wunden, und deshalb verstehe ich heute, warum ich damals – jung, privilegiert und mit den besten Chancen – nur auf dem Umweg durch die Hölle erwachsen werden konnte.

2

Judy und Joe

4

Mag sein, daß die Bezeichnung »Hollywood-Prinzessin« von vielen als Klischee empfunden wird, aber tatsächlich beschreibt dieser Ausdruck am besten das Leben, das ich bis ins Teenageralter führte.

Ich wurde 1943 geboren, als Tochter von Lana Turner, einer der berühmtesten Filmschönheiten Hollywoods. Mein Vater, Steve Crane, war ein charmanter und energiegeladener, aber verarmter Geschäftsmann, der später allerdings als Restaurantbesitzer Furore und viel Geld machte. Vater wie Mutter waren sehr starke und dominante Persönlichkeiten – eitel, talentiert, egoistisch und exzessiv. Ohne Zweifel liebten mich beide. Jeder auf seine Weise und wie es seinem Charakter entsprach, aber für beide waren die eigenen Interessen das wichtigste. Dies bedeutete in der Realität, daß ich ohne die zärtliche Zuwendung meiner Eltern aufwuchs und oft in meinem goldenen Käfig allein war.

Während des Zweiten Weltkrieges und während der vierziger Jahre war Lana Turner, die Königin des Films, bei Metro-Goldwyn-Mayer unter Vertrag. Noch bis Anfang 1960 war ihre Beliebtheit so groß, daß ein Film, in dem sie mitwirkte, volle Kassen garantierte. In ihrer dreiunddreißigjährigen Karriere drehte sie siebenundvierzig Filme. Für das Publikum war sie das Symbol des ausschweifenden Lebens und des unvergleichlichen Glamours Hollywoods. In ihrem Privatleben ging es ebenso turbulent zu wie in den melodramatischen Filmen, in denen sie agierte.

Ihre Karriere begann in den Kriegsjahren, als der Goldenen Ära des Films das Ende drohte. Als Sexgöttin trat sie an die Stelle der 1936 verstorbenen Jean Harlow, um diesen Status, Anfang der fünfziger Jahre, an Marilyn Monroe abzutreten. Natürlich gab es zu jener Zeit noch eine ganze Reihe anderer Stars. Ava Gardner, die unvergleichlich schöner war als Mutter; Rita Hayworth, atemberaubend und verführerisch; Katharine

Hepburn, die weitaus bessere Schauspielerin; Betty Grable, deren Beliebtheitsgrad nicht zu übertreffen war. Trotzdem war Mutters Karriere als blonde Venus von Hollywood nicht aufzuhalten, fast zehn Jahre lang beschäftigte sie die Presse und viele Schlagzeilen waren ihr gewidmet.

Schon die Geschichte ihrer »Entdeckung« sorgte für Aufsehen. Wahrscheinlich beflügelt sie noch heute hoffungsvolle Schauspieler, wenn sie im unteren Stadtteil Hollywoods aus dem Bus steigen. Der zur Legende gewordenen Anekdote nach wurde sie von einem »Talentsucher« in einem Drugstore entdeckt, wo sie an einem Soda nippte. Auf die Frage, ob sie nicht Filmschauspielerin werden wolle, antwortete sie: »Da muß ich meine Mutter fragen.«

Ihre braunen Haare wurden rot gefärbt, aus Julie Jean (Judy) wurde Lana, man steckte sie in einen superengen Pullover und gab ihr eine erste kleine Rolle. Ihr Auftritt wurde enthusiastisch gefeiert, und am nächsten Tag war sie ein Star.

Von kleinen Übertreibungen abgesehen, sind das die Tatsachen. Seitdem die Studios ihren Schauspielern keine Langzeitverträge mehr geben, kann sich eine solche Geschichte leider nicht mehr wiederholen.

Laut Pressemeldungen war sie in Schwab's Drugstore am Sunset und Laurel entdeckt worden. In Wirklichkeit spielte sich die Geschichte, ungefähr eine Meile entfernt, im Top Hat Soda Shop ab, gegenüber von der Hollywood High School, in der sie sich in jenem Oktoer 1935 als Fünfzehnjährige aufhielt. Sie schwänzte an diesem Tag den Schreibmaschinenunterricht. Erst sechs Wochen zuvor war sie mit Großmutter aus San Francisco hierher gezogen. Sie teilten sich mit Gladys Heath, einer Freundin von Gran, eine Wohnung mit zwei Schlafzimmern. Gran stammte aus bescheidenen Verhältnissen, hatte keine Schulbildung und hatte mit sechzehn einen Tunichtgut geheiratet. Als sie Witwe wurde, mußte sie den Lebensunterhalt für sich und ihre Tochter verdienen. Sie war nicht die einzige, die es westwärts zog. Hübsche Verkäuferinnen und gutaussehende Bauernjungen überschwemmten die Stadt, um Arbeit beim Film zu finden. Ob Gran hoffte, ihre Tochter in diesem

Geschäft unterzubringen, sei dahingestellt; Mutter streitet es ab.

Gran jedenfalls war fest entschlossen, in Südkalifornien Fuß zu fassen. Trotz ihrer Armut sorgte sie dafür, daß sie wie auch ihre Tochter immer sehr gut gekleidet waren und sich tadelloser Manieren befleißigten. Aussehen und Auftreten bedeutete in jener Zeit endloser Schlangen vor den Geschäften alles.

Das große Buch der Etikette von Emily Post, aus dem sie sich abends gegenseitig vorlasen, vermittelte ihnen, *wie* man sich *wann* benahm. Um modisch *up to date* zu sein, studierten sie die Vogue und betrachteten die Garderobe der Schauspielerinnen. Für die Kleidung ihrer Tochter stürzte sich Gran in enorme Unkosten; sie selbst besaß nur drei gute Kleider, die sie immer wieder geschickt umänderte und mit neuen Accessoires versah. So waren sie zu jeder Gelegenheit richtig angezogen.

Gran war gelernte Friseuse. Im Dezember fand sie in einem Salon in der Nähe der M-G-M-Studios Arbeit. Sie bekam zwölf Dollar die Woche, mußte allerdings eine lange Busfahrt auf sich nehmen. Die anderen Fahrgäste hielten sie vermutlich wegen ihres adretten Aussehens und guten Benehmens für eine reiche Dame bester Herkunft. Kein Wunder, daß ihre Tochter ihr Leben lang Wert auf hübsche Kleider und damenhaftes Auftreten legte.

Der schnurrbärtige »Talentsucher«, der Mutter damals ansprach, war zum Glück *echt*. Er hieß Billy Wilkerson und war der Verleger des *Hollywood Reporter.* Auf sein Anraten hin mußte Judy, wie sie damals noch hieß, immer wieder die großen Studios wie RKD, Paramount und Twentieth Century-Fox abklappern; in Begleitung verschiedener Agenten und manchmal in einer Gruppe anderer erfolgversprechender Starlets.

In den darauffolgenden neun Monaten bekam sie nur einen Job – in der 1937 gedrehten Version von *Ein Stern geht auf (A Star is Born)* durfte sie als Statistin auftreten. Mutter streitet das ab; sie behauptet steif und fest, nie als Statistin gearbeitet zu haben. Der Titel kam einer Vorsehung gleich, denn bald darauf engagierte sie Marvyn Le Roy, ein Produzent der Warner

Brothers, für eine kleine Rolle in seinem Film *They Won't Forget*. Sie hatte nur achtzehn Zeilen Text, aber ihr Auftritt erregte Aufsehen.

Der sehr geschickte Le Roy steckte sie in einen engen Pullover und einen strammsitzenden Rock, um die für die Rolle nötige erwachende Sexualität einer High-School-Jungfrau zu unterstreichen. Zu Beginn des Films sitzt sie in einem Café, steht dann auf und rennt die Straße hinauf. Zwei Kameras, eine von vorn und eine von hinten, fangen ihre in Bewegung geratenen Kurven ein. Wenige Augenblicke später wird sie vergewaltigt und ermordet, aber das sieht der Zuschauer nicht.

Als Begleitmusik spielte ein Blasorchester eine Dixie-Version. »Ich habe die Musik genau auf das Wippen unter ihrem Pullover abgestimmt«, erklärte Le Roy. In den Filmen von damals wurden meistens wattierte Büsenhalter getragen – Mutter trug nur ein dünnes Nichts aus Seide.

Le Roy, dem die Reaktion des männlichen Publikums nicht entgangen war, verwendete das Pullovermädchen als Werbung für seinen Film, der im Grunde eine frühe Kampagne gegen den Rassismus war und zu den zehn besten Filmen zählte. Das war der Anfang von Mutters Karriere.

Le Roy gab ihr einen Vertrag, der ihr fünfundsiebzig Dollar die Woche garantierte, und kümmerte sich um ihre Publicity.

Er wie sie behaupten, den Namen Lana erfunden zu haben. Mutters Erzählungen zufolge hatte Gott sie eines Tages inspiriert und ihr den Namen geradezu aufgedrängt. *Lana* war das spanische Wort für Wolle, dieses warme und weiche Material, aus dem der schicksalsträchtige enge Pullover bestand. Le Roy dagegen besteht darauf, den Namen erfunden zu haben, weil eine seiner früheren Freundinnen Donna hieß und Mutter sehr ähnlich sah. Er ging das ganze Alphabet durch, um einen ähnlich klingenden Namen zu finden.

Wenn man im Filmgeschäft von Mutter sprach, dann hieß es »das neue Mädchen von Le Roy«. An ihn wandten sich die Produzenten, die sie haben wollten. So auch unter anderem Samuel Goldwyn, Hollywoods »Wortverdreher«, der Le Roy gegenüber sein Interesse kundtat, diese »Lily, Lani, Looni –

wie heißt sie noch schnell?« zu engagieren. Der clevere Goldwyn tat natürlich nur so, als kenne er ihren Namen nicht, um sie billiger einkaufen zu können!

Mutter machte einen Goldwyn-Film. Eine Schaumschläger-Komödie mit Gary Cooper: *Abenteuer des Marco Polo (The Adventures of Marco Polo).* Sie spielte eine Eurasierin in einer Liebesszene mit einem mongolischen Kriegsherrn. Wie bei solchen Szenen üblich, war der Text minimal. Man rasierte ihr die Augenbrauen, um sie durch gemalte orientalische zu ersetzen. Ihre echten wuchsen nie mehr nach. Der magenkranke Goldwyn kommentierte ihre Leistung in der für ihn typischen trockenen Art: »Wenn man ihr den Pullover auszieht, was bleibt dann noch?«

Im folgenden Jahr wechselte Le Roy von Warner zu Metro-Goldwyn-Mayer, wo er sechstausend Dollar pro Woche verdiente, und brachte seinen Schützling mit, der inzwischen nicht mehr rote, sondern hellbraune Haare hatte. Als Mutter ihren Vertrag im Februar unterzeichnete, war M-G-M, dank eines Rekordumsatzes von vierzehn Millionen Dollar, gut bei Kasse. Metro war die größte und beste Filmgesellschaft, das »Tiffany der Studios«. Greta Garbo, Clark Gable, Joan Crawford, Spencer Tracy, die Barrymores, die Marx Brothers und mehr als dreihundert andere Schauspieler waren bei Metro unter Vertrag. Als Le Roys persönlicher Schützling geriet Mutter nicht in die Gefahr, in diesem Staraufgebot unterzugehen, und Le Roy wiederum stand in der Gunst des legendären Studiobosses Louis B. Mayer.

Mutter besuchte nunmehr das berühmte *Little Red School House* auf dem Studiogelände. In ihre Klasse gingen Mickey Rooney, der mit seinen sechzehn Jahren bereits zwei Dutzend Filme gedreht hatte, und Judy Garland, die fünfzehn war und im darauffolgenden Jahr *Das zauberhafte Land (The Wizard of Oz)* machen sollte. Mutter sah mit ihren siebzehn Jahren weitaus älter aus als ihre Klassenkameraden. Mayer gab ihr eine Rolle in *Love Finds Andy Hardy* neben Mickey Rooney und Judy Garland. Dies war der vierte – und wie manche sagen der beste – von insgesamt zwölf Andy Hardy Filmen, eine sentimentale Familien-Saga, deren enormen Erfolg Mayer für sich persönlich buchen konnte.

Er hatte einen guten Riecher für das Bedürfnis der Amerikaner nach moralischen Werten. Neben dem Babyface Rooney sah Mutter allerdings leider uralt aus. Sie war, wie in vielen Metro-Produktionen, eine Fehlbesetzung. Eine der wenigen Ausnahmen war *Im Netz der Leidenschaften*. Ansonsten paßt sie schlecht in das Schema der dort hergestellten Filme, die für »die ganze Familie« gedacht waren. Ihre etwas schwüle Ausstrahlung, ihr Sex-Appeal eignete sich nicht für blumige Kostümdramen. Den Kritikern war eigentlich klar, daß sie besser in mutigeren Filmen, wie sie zum Beispiel Warner Brothers drehte, eingesetzt werden sollte.

Als Mayer ihr die Rolle in dem Hardy-Film gab, wußte er, daß Mutter bereits Spaß daran hatte, ihre Abende in Nachtclubs zu verbringen. Er gab strikte Anordnung, daß sie weder mit einem Cocktail noch mit einer Zigarette fotografiert werden durfte. Den Ärger mit Teenager-Stars war er gewöhnt. Judy Garland nahm zu viele Aufputschpillen, und Mickey Rooney hing ständig am Telefon, um Wetten abzuschließen.

Le Roy behielt Mutter im Auge. Während der nächsten drei Jahre spielte sie in acht Filmen. Je blonder sie wurde, desto größer und interessanter wurden auch ihre Rollen. Im Studio beobachtete man mit Anteilnahme ihre Entwicklung. Sie war nicht auffallend schön, aber sie hatte das gewisse Etwas. Und das erregte Aufsehen.

Metro entschloß sich daher, sie als zukünftiges dramatisches Talent zu fördern und ihren Sex-Appeal und Glamour einzusetzen. Sie war eine hervorragende Tänzerin, konnte aber nicht singen. Außerdem fehlte ihr das Komische einer Carol Lombard oder Jean Harlow. Letztere war acht Monate, bevor Mutter bei Metro unterzeichnete, gestorben. Twentieth Century-Fox war stolz auf die gutmütige Alice Faye und Betty Grable, aber die Blondinen, die das Publikum wirklich ins Kino lockten, waren merkwürdigerweise Sonja Henie und Shirley Temple. Eine wirkliche Sexbombe gab es zu dieser Zeit nicht. Mayer war sich fast sicher, daß Mutter es werden konnte.

Ihr Anfangsgehalt bei M-G-M waren hundert Dollar die Woche – der Durchschnittsamerikaner verdiente damals zwanzig Dollar. Mutter beschwor Gran, ihre Arbeit im Salon aufzugeben. »Ich verspreche dir, daß du nie wieder arbeiten mußt.« Mutter kaufte einen roten Roadster und mietete ein Haus mit drei Schlafzimmern in Laurel Canyon für sich und Gran, die sich von da an um den Haushalt kümmerte.

Um unbeobachtet Besuch empfangen zu können, gab es einen eigenen Eingang für Mutter. Bisher hatte sie eine mädchenhafte Scheu an den Tag gelegt, aber das änderte sich mit der Vertragsunterzeichnung bei Metro, und sie gestand: »Als ich erst einmal meinem Kokon entschlüpft war, hatte ich ein ungeheures Nachholbdürfnis.« Zu den Menschen, mit denen sie sich umgab, gehörten Mickey Rooney, Judy Garland, Linda Darnell, Robert Stack, Ann Rutherford und unzählige gutaussehende junge Männer.

1940 blühte das Nachtleben in Hollywood wieder auf. In Europa tobte der Krieg, was zur Folge hatte, daß die südkalifornische Flugzeug- und Munitionsindustrie einen Boom erlebte, und das bedeutete wiederum, daß die Stadt in Geld schwamm. Auf dem Sunset Strip war die Hölle los. Im Ciro, Trocadero und im Coconut Crove trafen sich die Nachtschwärmer. Ab Mitternacht durfte kein Alkohol mehr ausgeschenkt werden, aber die meisten Gäste waren geschickt genug, sich im letzten Augenblick noch einen Doppelten zu bestellen. Mutter war meist unter den letzten, wenn die Clubs um zwei Uhr morgens schlossen. Bereits um sechs Uhr wurde sie geweckt. Zudem war sie noch nicht volljährig, aber darum kümmerte sich Mutter wenig. Die Presse gab ihr den Spitznamen »Nachtklub-Königin«.

Gran regte sich furchtbar über Mutters Benehmen auf, aber das nützte wenig. Der einzige, auf den sie hörte, war Louis B. Mayer. Der Film-Mogul war so verärgert über ihr Verhalten, daß er Gran und Mutter zu sich in sein cremefarbenes Büro bat, um ihr die Leviten zu lesen. Er hielt ihr einen langen Vortrag, in dem er ihr von ihrer brillanten Zukunft vorschwärmte und sie mit Tränen in den Augen bat, vernünftig zu sein. Plötzlich aber erhob er sich hinter seinem hufeisenförmigen Schreibtisch und schrie: »Das einzige, woran du denkst, ist die Liebe!«

Mayer und der Verleger William Randolph Hearst waren geschäftlich liiert, und deshalb erschien in fast zweihundert Zeitungen, die zur Hearst-Gruppe gehörten, ein Artikel der Klatschkolumnistin Louella Parsons, in dem es unter anderem hieß: »Wenn Lana Turner sich am Riemen reißt und nicht völlig abgleitet, hat sie eine grandiose Zukunft vor sich.«

Louella hielt Mutter »für die bezauberndste Schauspielerin seit Jean Harlow, die jedoch unglücklicherweise ein Faible fürs ausschweifende Nachtleben hat«. Sie wies auf die Ähnlichkeit zwischen Lana Turner und dem unglücklichen »It«-Mädchen der zwanziger Jahre, Clara Bow hin: »Beide sind entzückend und liebenswert, aber sie folgen nicht der Stimme der Vernunft, sondern ihrem Herzen. Lana war bisher noch in keinen Skandal verwickelt, aber sie handelt meist überstürzt und ihren eigenen Vorstellungen entsprechend, statt auf die Ratschläge ihres Studios zu hören.«

Mutter aber wollte ihren Spaß haben, und keiner konnte sie daran hindern. Weder Gran noch Mayer, noch Le Roy, noch Louella. Lana war jung und schön und auf dem besten Wege, reich und berühmt zu werden. Von ihrer Vergnügungssucht abgesehen war sie ein Arbeitstier und kooperierte aufs beste mit der Presseabteilung von Metro. Sie drehte erfolgreiche Filme, und es bildeten sich Lana Turner Fan-Clubs.

Instinktiv erkannte sie, daß es ihrem Ruf keineswegs schadete, wenn sie sich über die allgemein gültigen Regeln hinwegsetzte, es animierte im Gegenteil die jüngere Generation dazu, sich ihre Filme anzusehen. Ein bißchen war es auch der Tenor der Zeit. Das Ende des Krieges stand unmittelbar bevor. Die »Jitterbug-Generation« konnte sich mit ihrem Sinn für Ausgelassenheit identifizieren. Ihr Image als Party-Mädchen, ihre Schönheit, ihr Glamour repräsentierten die Jugend jener Zeit.

Zwar wurde sie von der Presse häufig angegriffen, andererseits steigerten ihre Affären die Auflage. Gespannt verfolgten die Leser ihre amourösen Abenteuer. Sie hatte eine Vorliebe für gutaussehende berühmte Schauspieler. »Ehrlich gestanden, fasziniert mich das gute Aussehen eines Mannes«, erklärte sie. »Wenn man dann noch sein Herz und seine Seele kennenlernt, dann ist das wie Schlagsahne auf einem Kuchen.«

Kurzlebige Romanzen hatte sie mit George Raft, Victor Matura, Robert Hutton und vielen anderen. »Ich mag die Jungen, und die Jungen mögen mich«, sagte sie zu einem Reporter. »Ein Mädchen, das abstreitet, Männer aufregend zu finden, ist entweder eine Dame ohne Blutkörperchen oder eine Statue.«

Der erste Mann, für den sie sich wirklich interessierte, war Greg Bautzer, ein etwa dreißigjähriger Junggeselle, der als Anwalt in Hollywood sehr schnell Karriere machte. Er wurde als angenehmer Begleiter geschätzt, zuletzt von Joan Crawford. Mutter gibt zu, daß er der erste Mann war, mit dem sie geschlafen hat. Sie war entsetzlich verliebt in ihn und trug seinen Verlobungsring, »bis die Haut darüber wuchs«.

Zu ihrem zwanzigsten Geburtstag wollte Bautzer sie und Gran zum Abendessen ausführen, sagte jedoch wegen einer Magenverstimmung in letzter Minute ab. Mutter war wütend. Wenig später läutete wieder das Telefon. Es war Artie Shaw, der Klarinettist und Bandleader, der in dem Film *Dancing Co-ed* sich selbst spielte. Dieser Film war der erste, in dem Mutters Name im Vorspann an erster Stelle genannt wurde. Während der Dreharbeiten konnten sich die beiden nicht ausstehen, aber Monate später, als sie sich zufällig wiedertrafen, flirtete Mutter mit ihm. Der zweimal geschiedene Shaw lud Mutter an diesem Abend ein.

In dieser Nacht, als sie im offenen Wagen im Mondenschein den Pacific Coast Highway entlangfuhren, schütteten sie sich gegenseitig ihr Herz aus. Shaw wollte nichts mehr mit Jitterbug und dem Musikgeschäft zu tun haben. Mutter haßte das morgendliche Aufstehen um sechs Uhr und die Studio-Bosse. Was sie beide wirklich wollten, war ein richtiges Zuhause und Kinder. Mutter gibt zu, daß ihr außerdem danach war, »Greg eins auszuwischen«. Als Shaw daher vorschlug, daß sie heiraten sollten, stimmte sie ohne nachzudenken zu.

Noch in dieser Nacht brannten sie nach Las Vegas durch, und am nächsten Tag tat Greg Bautzer der Presse kund, daß Lana ihm »das Herz gebrochen habe«. Betty Grable und Judy Garland empfanden insgeheim dasselbe. Shaw hatte ihnen weh getan. Das Fußkettchen, das Betty auf ihren berühmten Pinup-Fotos trug, war ein Geschenk von ihm.

Zehn Wochen später, nach dreizehn Filmen, war Mutter endlich ein Star. In *Ziegfeld-Girl* spielte sie, nunmehr sehr blond, ein in Brooklyn geborenes Showgirl, das sich bis zum Star hocharbeitet und dann die Karriereleiter wieder hinunterfällt. Die noch heute berühmte Szene, in der Mutter ohnmächtig wird und die Treppe herunterschliddert, machte sie »über Nacht« berühmt.

Zur gleichen Zeit reichte sie die Scheidung ein – ihr Anwalt war Greg Bautzer. Als Grund gab sie an, daß Shaw und sie keinerlei Gemeinsamkeiten hätten, außer ihrer Vorliebe für den Mondschein. Shaw dagegen beschwerte sich, daß Mutter zwei Frauen in sich vereine: Zu der einen sprach man, mit der anderen schlief man. Außerdem bedrückte ihn die Tatsache, daß weder Freud noch Nietzsche ihr Interesse fanden.

Mutter behauptet, daß Shaw hoffte, sie würde seine kleine Hausfrau. Doch aufgrund ihres gewaltigen Arbeitspensums und einem Einkommen von viertausend Dollar die Woche, dachte sie gar nicht daran, zu kochen und zu putzen.

Das Leeren von Aschenbechern und das Machen ihres Bettes sind die einzigen Hausarbeiten, die ich Mutter je habe verrichten sehen.

Um ihre gescheiterte Ehe zu vergessen, buchte Mutter eine Schiffsreise nach Hawaii, auf der sie entdeckte, daß sie schwanger war. Mayer höchstpersönlich hatte Shaw im Hinblick auf Mutters Karriere gebeten, Verhütungsmittel zu verwenden, doch Shaw hatte ihn nur ausgelacht. Nun stritt er die Vaterschaft ab, worauf Mutter das Kind abtreiben ließ. Nur einen Monat zuvor hatte Betty Grable ebenfalls ein Kind von Shaw abtreiben lassen.

Mutter kehrte zu ihrem aufregenden Leben zurück. Sie traf sich mit Victor Mature, Robert Stack, Howard Hughes, Greg

Bautzer, den Schlagzeugern Gene Krupa und Buddy Rich, Frank Sinatra und Tommy Dorsey. Mit dem Sänger Tony Martin ließ sie sich auf eine Romanze ein.

Aufgrund des Riesenerfolgs von *Ziegfeld-Girl* gab Metro ihr einen neuen Vertrag, und sie verdiente jetzt tausendfünfhundert Dollar die Woche. Zugnummern des Studios waren Spencer Tracy und Clark Gable. Mit dem ersteren spielte sie in *Dr. Jekyll and Mr. Hyde*, mit letzterem in *Toller Bursche (Honky Tonk)*.

Mutter kaufte ein größeres Haus in Brentwood und begann Parties zu geben. Manche davon waren organisiert, oft aber traf man sich bei ihr und improvisierte Feste. Ciro schloß um zwei Uhr morgens, aber wenn es Lana danach war, heuerte sie den dort angestellten Pianisten an oder lud andere Musiker ein, die bei ihr zu Hause bis in die frühen Morgenstunden jazzten.

Eines Samstags brachten ihre Freunde Tommy und Jimmy Dorsey fast die gesamte Band mit, und sie spielten vom frühen Morgen bis in den Sonntagnachmittag hinein. Ebenfalls anwesend waren Sinatra und Buddy Rich. Mutter gelang es meistens, mit alten Liebhabern weiterhin befreundet zu bleiben.

Die Stimmung war ausgezeichnet. Plötzlich marschierte Gran mit einem Koffer in der Hand ins Zimmer. Sie kam von einem Wochenendausflug zurück und hatte, im Gegensatz zu den Anwesenden, Nachrichten gehört. »Die Japaner haben Pearl Harbor bombardiert!« erzählte sie aufgeregt.

Von diesem Tag an änderte sich alles. Stars wie Jimmy Stewart und Clark Gable gingen zur Armee, in den Studios wurden nur noch Filme gedreht, die die Männer zu den Waffen riefen oder sich mit einer Phantasiewelt beschäftigten. Mutter fuhr in die Frontgebiete und verkaufte ihre Küsse im Wert von fünfzigtausend Dollar als Kriegsleistung.

Eines Abends geschah etwas für sie völlig Unerwartetes. Sie aß in einem neuen Club, der sich Mocambo nannte, und traf dort einen gutaussehenden Fremden. Dieser Fremde war der Mann, der mein Vater werden sollte.

5

Fest steht, daß Mom und Dad sich 1942 kennengelernt haben, über das exakte Datum und die näheren Umstände gehen die Meinungen jedoch auseinander. Einig sind sich alle nur, was den Schauplatz des Geschehens betrifft: das Mocambo, der eleganteste Nachtclub westlich von Manhattan's El Morocco.

Das Mocambo hatte erst ein Jahr zuvor am Sunset Boulevard eröffnet. Der Club war eine ausgesprochene Bereicherung, da das Nachtleben Hollywoods seit dem Ende der Goldenen Ära der dreißiger Jahre eher langweilig geworden war. Während des Alkoholverbots gab es in Los Angeles natürlich trotzdem sichere Zufluchtsstätten, in denen unerlaubterweise alkoholische Getränke ausgeschenkt wurden und sich Hollywoods Nachtschwärmer treffen konnten. Erst mit Abschaffung des lästigen Alkoholverbots wurde das Nachtleben wieder zum Vergnügen. Im Herzen der Stadt wurden eine Reihe von Clubs und Restaurants eröffnet. Noch heute träumen viele von jener zur Legende gewordenen Epoche, und ich schließe mich da keineswegs aus, denn ich hatte von meinen Eltern eine gewisse Schwäche für diese Art Amüsement geerbt. Zu den Top-Etablissements gehörten das Colony, der Clover Club, Versailles, Don the Beachcomber, Brown Derby, Palladium Ballroom und Earl Carrol's. Auf dem Höhepunkt jener Epoche, kurz vor dem Zweiten Weltkrieg, waren Ciro und Trocadero die berühmtesten Plätze.

Ciro wie auch das ›Troc‹ wurden von Billy Wilkerson aufgemacht, jenem Mann, der Mutter entdeckt hatte. War dies der Grund, warum Mutter die beiden Clubs zu ihren Lieblingsrestaurants erklärte? Ich weiß es nicht. Sicher ist, daß die Reporter ihr bei ihren nächtlichen Vergnügungen auf Schritt und Tritt folgten, und als das Mocambo schließlich im Januar 1941 eröffnete, war Lana in Hollywood längst als »Königin der Nacht« bekannt.

Das Mocambo bot das ideale Ambiente für eine neue Romanze. Die Einrichtung war elegant, das Dekor auffallend: surrealistische Wandmalereien, riesige Sonnensegel, Käfige mit seltenen Vögeln. Und all das war in farbenprächtiges Licht getaucht.

Dad liebte das Mocambo. Für einen jungen Mann, der fest entschlossen war voranzukommen, war es der ideale Platz. Dad zog 1940 nach Los Angeles und gehörte bald zu der Gruppe von Schauspielern und Möchtegern-Playboys, die Nacht für Nacht die Bars bevölkerten, auf der Suche nach geschäftlichen Kontakten oder romantischen Abenteuern.

Mutter hatte es sich zur Gewohnheit gemacht, mindestens einmal die Woche im Mocambo zu dinieren und zu tanzen. Meistens erschien sie in Begleitung irgendeines berühmten Schauspielers. Ihr Erscheinen erregte jedesmal großes Aufsehen. Die Anwesenden verrenkten die Köpfe, die Gespräche verstummten. Ohne nach rechts und links zu schauen, schwebte sie zu dem für sie reservierten Tisch. Erst wenn sie sich dort niedergelassen hatte, sah sie sich in Ruhe um. Mit einem leichten Nicken des Kopfes und einem bezaubernden Lächeln begrüßte sie Freunde. Ihre Kleider waren elegant, oft geradezu exzentrisch. Sie bevorzugte weiße oder schwarze Kleider, manchmal allerdings waren sie rot oder silbern, was darauf hindeutete, daß sie in besonders fröhlicher Stimmung war. Gelegentlich überkam sie eine geradezu unwiderstehliche Lust auszugehen, und wenn sich gerade kein Mann fand, der sie begleitete, was sehr selten vorkam, nahm sie Gran oder jemanden von der Presse mit. Jahre später durfte in solchen Fällen sogar ich sie begleiten.

Eines Abends, als Tony Martin bereits begonnen hatte, sich für Carole Landis zu interessieren, folgte Mutter einer Einladung des Agenten Johnny Hyde und traf sich mit ihm und seinen anderen Gästen im Mocambo.

Im Laufe dieses Abends erschien ein großer und schlanker Mann an ihrem Tisch und sprach sie an. Offensichtlich bat er sie, mit ihm zu tanzen, was aber nicht zu verstehen war, weil gerade da die Musik einsetzte. Johnny Hyde stellte den Fremden als Steve Crane vor. Mutter fühlte sich sofort zu ihm hingezogen, und Augenblicke später schwebte sie in seinen Armen über die Tanzfläche. Als der Club schloß, erlaubte sie ihm, sie nach Hause zu bringen. Später gab sie zu, sich sofort Hals über Kopf in ihn verliebt zu haben.

Ihrer Erzählung zufolge waren sie drei Wochen später verheiratet. Dad dagegen behauptet, die Hochzeit habe erst drei Monate nach ihrem ersten Treffen stattgefunden. Wie dem auch sei, im Vergleich zu den fünf Stunden, die sie und Arti Shaw gebraucht hatten, um vor dem Friedensrichter zu erscheinen, dauerte es geradezu lange.

Mutters zweite Heirat in zwei Jahren erregte Aufsehen, schon deshalb, weil es sich bei dem Ehemann um einen völlig Unbekannten handelte. Stephen *wer*?

Um die Neugierde ihrer Fans zu befriedigen, erschienen in den Zeitungen einige Artikel, die hauptsächlich auf Studio-Informationen und Vermutungen basierten. Persönliche Interviews mit Dad erbrachten keine nennenswerten Details, zudem erzählte er die Geschichte jedesmal anders. Er behauptete, Mutter schon im Palladium und im West-Side-Tennisclub getroffen zu haben, bevor sie sich im Mocambo näherkamen. »Es war sehr merkwürdig«, erzählte er einem Reporter, »weil wir einander eigentlich nie offiziell vorgestellt wurden. Ich erinnere mich nicht, daß jemand gesagt hat: ›Miß Turner, das ist Mr. Crane.‹« In einer anderen Version schilderte er, daß er einen Freund um ihre Telefonnummer gebeten habe und sie sich aufgrund seines Anrufs getroffen hätten. Die nächsten drei Monate hätten sie ihre Liebe geheimgehalten.

Einem anderen Zeitungsartikel nach stand Vater mit einem Freund an der Bar im Mocambo, und sie schlossen eine Wette ab, in der es darum ging, ob es Dad gelänge, mit Lana Turner zu tanzen. Dad inszenierte daraufhin einen Vorfall, bei dem er gegen ihren Stuhl stieß und sie, eine Entschuldigung stammelnd, auf die Tanzfläche zog.

Bevor sie sich scheiden ließen, erfand er eine neue Version, weil er wohl sich selbst schmeicheln wollte. Sie dinierten beide im Mocambo, allerdings an verschiedenen Tischen, wobei sie in sehr intensiven Augenkontakt gerieten. Schließlich steckte ihm der Kellner einen Zettel zu, auf dem er zu seinem Erstaunen las: »Ich würde Sie gerne kennenlernen. Rufen Sie mich an?« Darunter stand die Telefonnummer.

Mag sein, daß sich die Geschichte so abgespielt hat. Dad war ein gutaussehender Mann, dem die Frauen zu Füßen lagen. Mutter war immer bereit, sich in neue Liebesaffären zu stürzen. Welche Version auch immer der Wahrheit entsprach, die unzähligen Geschichten festigten Mutters Ruf als neue Harlow, eine Tatsache, die von Metro dankbar registriert wurde, da die Filmgesellschaft sie ohnehin als »Sexbombe mit dem Engelsgesicht« verkaufte.

Mit nunmehr zweiundzwanzig Jahren hatte Mutter bereits einige Affären und eine Ehe hinter sich gebracht. Und nun war sie schon zum zweiten Mal verheiratet. Die Öffentlichkeit nahm regen Anteil an ihrem turbulenten Privatleben.

Die Kolumnistin Dorothy Kilgallen bezeichnete sie als wirklichen Star, »denn sie ist privat dieselbe wie auf der Leinwand. Manch einer unserer Stars vermittelt auf Zelluloid eine magnetische Ausstrahlung, ist in Wirklichkeit aber ein unscheinbares Nichts. Nicht so Lana. Keiner, der sie in ihren Filmen bewundert, wäre enttäuscht, wenn sie ihm in Fleisch und Blut gegenüberstünde...«

L. B. Mayer beunruhigte der Klatsch. Er fürchtete einen Rückgang der Zahl von Kinobesuchern. Schließlich glorifizierten die meisten Metrofilme, fünfzig wurden pro Jahr herausgebracht, das Gute im Menschen.

Mutter aber setzte ihr ausschweifendes Leben fort, wie es ihr paßte. Als ihre Heirat mit Dad Schlagzeilen machte, hielt sie sich mit Äußerungen zurück. Später allerdings, als sie sich schließlich scheiden ließen, erklärte sie es so: »Es gibt niemanden, der so charmant ist wie Steve Crane – wenn er charmant sein will. Ich fühle mich sehr einsam, wenn ich nicht jemanden habe, den ich lieben kann: Da traf ich Steve und habe ihn geheiratet.«

Die Welt, in die ich hineingeboren wurde, war eine Scheinwelt. Ich nehme an, daß ich deshalb erst vor kurzem in der Lage war, mehr über Vaters Background herauszufinden. Nach der Hochzeit kursierte das Gerücht, daß er, J. Stephen Crane III., der Erbe einer großen Tabak-Dynastie aus Indiana, an der Butler Universität mit Auszeichnung promoviert und dann in New York und Chicago als Börsenmakler gearbeitet habe, außerdem teile er sich ein Haus am Strand von Malibu mit dem Kaufhauserben Alfred Bloomingdale, was wiederum erkläre, warum er in Hollywood so gut wie unbekannt sei. Dieses Gerücht war natürlich Unsinn. Die Wahrheit ist im Grunde viel lustiger.

Dad wurde 1917 geboren. Er war eine »Stadtfrack-Type«, der sich in Crawfordsville, einer Kleinstadt in Indiana mit 12 000 Einwohnern, lebendig begraben fühlte. Seinem Vater gehörte in der Nähe des Gerichtsgebäudes ein Billardsaal, in dessen vorderem Teil Zigarren und Fruchteiscreme verkauft wurden, während man hinten illegalem Glücksspiel mit Penny-Einsätzen frönen konnte. Am Wochenende drängten sich fünfundsiebzig Fabrikarbeiter und Schweinezüchter um die sechs mit grünem Filz bezogenen Tische. Sie spielten, lachten und fluchten, und ab und zu hörte man ein merkwürdiges Geräusch, dann nämlich, wenn ihre bernsteinfarbene Spucke in einem der zu diesem Zweck aufgestellten Messinggefäße landete.

Unter achtzehn war der Eintritt verboten. Wenn eine Frau, auf der Suche nach ihrem Ehemann, in dem verqualmten Raum erschien, läutete eine Schiffsglocke, worauf jeglicher Lärm verstummte. Sobald die Frau wieder verschwand, läutete die Glocke erneut, und die Männer nahmen ihre Unterhaltung wieder auf.

Mit seinem Zigarrenhandel machte Großvater gute Geschäfte. Er verkaufte Philly Panatellas, für fünf Cent das Stück. Mehr hatte Dad mit Tabak nicht zu tun.

Das heißt allerdings nicht, daß der Stephenson & Crane Zigarrenhandel keine Gewinne abwarf. An jedem Zahltag, von 1920 bis in die vierziger Jahre hinein, drängten sich die Kunden um die Theke, an der man Baseballtickets erwerben und mit einem Einsatz von fünf oder zehn Cents sein Glück herausfordern konnte. Allerdings muß man sagen, daß es sich hierbei um kein sehr ergiebiges Geschäft handelte, weil die einheimische Gerichtsbarkeit hin und wieder Razzien durchführen ließ, was zur Folge hatte, daß Großvater gelegentlich schließen mußte.

Dad war nicht J. Stephen Crane III. Er hieß schlicht Josef Stephanson Crane und war der erste und einzige. Freunde nannten ihn Joe. Ursprünglich hieß die Familie O'Cryan, weil sie aus Irland stammte. Dads Großvater mütterlicherseits trug zur Erinnerung an Wilhelm von Oranien Orange und nicht wie die Nationalgesinnten Grün. Ich erinnere mich an einen St. Patrick's Tag, an dem Dad mit einer orangenen Nelke im Knopfloch bei mir erschien. Ich war damals acht und von Kopf bis Fuß in Grün gekleidet. Er betrachtete mich erst stirnrunzelnd, lächelte dann aber und sagte: »Besser, ich wechsle die Farbe, sonst können wir zwei nicht gemeinsam essen gehen.«

Dads Großvater war, wie viele andere Iren, während der entsetzlichen Hungersnot 1850 nach Amerika ausgewandert. Er wurde Dockarbeiter in Philadelphia und sparte fleißig, um seine katholische Freundin aus Südirland nachkommen zu lassen. Henrietta Eldridge war gezwungen, sich nachts von zu Hause fortzustehlen, da ihre Eltern ihre Zustimmung zu dieser Ehe verweigerten. Großvater heiratete Henrietta, und sie nahmen den englisch klingenden Namen Crane an. Sie siedelten sich in Indiana, im County Montgomery an, wo sie es als Farmer zu bescheidenem Wohlstand brachten.

Dads Vater, William Eldridge Crane, war der jüngste ihrer vier Söhne. Er wurde der Besitzer des besagten Billardsaales. Es gab noch einen zweiten in der Stadt, der aber nicht so gut besucht war. Als er in den Stadtrat gewählt wurde, gab er es auf, selbstgebrautes Bier zu verkaufen.

Ich habe Dads Eltern nie kennengelernt. Großvater soll ein ungehobelter Kerl gewesen sein, der gerne Witze machte, selbst aber fast nie lächelte, weil seine Zähne vom Nikotin braun verfärbt waren. Er galt als handfester Trinker und Naturbursche. Für die Wachteljagd hielt er sich fünf englische Setter.

Dad bewunderte seine Mutter. Kathryn Stephenson Crane war eine stille Frau mit volkstümlichem Charme. Ihre einzige Leidenschaft war das Bridgespiel. Ihre Familie war von England nach Amerika emigriert, wo sie sich im County Hamilton niederließ und sich dem Pferdehandel widmete. Sie brachte drei Kinder zur Welt: eine Tochter, die sehr früh starb, dann Vater und vier Jahre später einen zweiten Sohn. In ihren eigenwilligen Ältesten war sie völlig vernarrt.

Dad war eine Leseratte. Als Student erschien er mindestens einmal in der Woche in der öffentlichen Bibliothek von Crawfordsville, um sich naturwissenschaftliche Bücher oder Klassiker auszuleihen. Er verbrachte viele Nächte lesend und kam eines Tages zu der Erkenntnis, daß es nur zwei Dinge gab, die im Leben wirklich zählten – Frauen und Geld. Er wurde ein Schürzenjäger. Die Mädchen, die er verführte, stammten meist aus den Nachbarstädten Lebanon und Frankfort; auf diese Weise vermied er den Klatsch der Nachbarn. Er hatte großen Erfolg beim weiblichen Geschlecht. Die Mädchen fielen wie reife Früchte in seine Arme, oft auf dem Rücksitz seines roten Plymoth. Seinem eigenwilligen Charme konnten nur wenige Frauen widerstehen.

Mit fünfzehn war er bereits so groß wie Jimmy Stewart und ebenso liebenswert. Er imitierte dessen Gang, indem er lange Schritte machte, und sein Aussehen, indem er bauschige Flanellhosen und Ripskrawatten trug. Er hatte braune Augen, ein schmales Gesicht, ein aufrichtiges Lächeln und dichtes schwarzes Haar. Auf Fotografien sah er nie so gut aus wie in Wirklichkeit. Bei Faustkämpfen war ihm zweimal die Nase gebrochen worden, und ihre etwas krumme und bucklige Form gab seinem allzu jungenhaften Gesicht etwas Interessantes. Dank seines auffälligen Geschmacks und seiner guten Manieren hielten ihn die Frauen für unwiderstehlich.

Dad träumte davon, dem Mief dieser Kleinstadt zu entfliehen. »Das alles hier ist doch stinklangweilig«, erklärte er seinem jüngeren Bruder Bill. Sein größter Wunsch war es, als Erfolgsmensch eines Tages zurückzukommen und den Einwohnern von Crawfordsville zu zeigen, wer er wirklich war. Im Zentrum der Stadt gab es ein riesiges herrschaftliches Haus, das Lew Wallace, General im Bürgerkrieg und Autor von *Ben Hur*, hatte bauen lassen. »Paß auf«, sagte er zu seinem Bruder, »eines Tages kommen wir hier wieder her und kaufen das Ding. Jeden Sonntagnachmittag sitzen wir dann auf der Veranda und trinken unser Bier.«

Dad wollte eigentlich auf der Universität studieren. Doch dieser Plan wurde durch den Tod seines Vaters vereitelt. Statt dessen besuchte er das lokale Wabash College. Um seine Mutter, seine Großmutter und seinen Bruder finanziell unterstützen zu können, kümmerte er sich, mit Hilfe eines Geschäftsführers, um das Billardsaal-Unternehmen.

Nach seinem Collegeabschluß 1937 entschloß er sich, mit seinem Bruder nach Mexiko City zu fahren, um »mal richtig den Dampf abzulassen«. Bills Spitzname war »Beezer«, weil er als Kind mit den bloßen Händen Bienen fing und ihnen die Flügel ausriß. Auf der Rückfahrt kamen sie nach Oklahoma City, als Dad einen überraschenden Vorschlag machte: »Laß uns doch nach Hollywood fahren!« Wie lange er schon mit dieser Idee geliebäugelt hatte, ist nicht festzustellen, jedenfalls machten die beiden den enormen Umweg.

In Hollywood mietete Dad eine Wohnung mit spanischem Innenhof oberhalb des Hollywood Boulevards. Seinen Bruder Bill schickte er ins Kino, um sich in Ruhe den Vergnügungen Erwachsener widmen zu können. Er fuhr einen roten Ford Phaeton Roadster, der ihn sechshundertsiebenunddreißig Dollar gekostet hatte, trug einen in Chicago gekauften Anzug und war damit für seine Abenteuer doppelt gut ausgerüstet. Langsam fuhr er den Sunset Strip auf und ab, um die in Frage kommenden Clubs auszumachen. Mit sicherem Instinkt fand er das Troc, Don the Beachcomber und Florentine Gardens.

Dads nächtliche Clubbesuche überraschten seinen Bruder. »Er tat sehr geheimnisvoll«, erinnerte sich Onkel Bill. »Wenn ich ihm vorschlug, ins Kino zu gehen oder eines der großen Studios zu besuchen, hatte er immer andere Pläne: ›Geht nicht, ich muß jemanden treffen‹ oder ›Ich habe eine Verabredung mit wichtigen Leuten‹. Mit was für Leuten, fragte ich mich.

Er kannte keine Menschenseele in Kalifornien. Andererseits war er einer von der schnellen Sorte!«

Los Angeles war nie eine Stadt, in der sich das Leben auf der Straße abspielte, aber zu jener Zeit lungerten vor dem Plaza in der Vine Street Möchtegern-Agenten, Schauspieler, Schriftsteller und Journalisten herum. Dad gesellte sich zu ihnen, und aus mancher dieser Straßenbekanntschaften wurde eine Freundschaft, die bis an sein Lebensende hielt.

Dad war beeindruckt, welche Möglichkeiten man in Hollywood hatte, und wäre am liebsten gleich dageblieben. Da er sich aber für diesen Herbst an der Butler Universität in Indianopolis für Rechtskurse eingeschrieben hatte, ging das leider nicht. Wieder zu Hause, muß er Hollywood aus seinem Gedächtnis gestrichen haben, denn er konzentrierte sich auf sein Studium, ließ sich auf neue geschäftliche Abenteuer ein und heiratete sogar.

Bei einem Burschenschaftsfest traf er eines Abends die braunäugige und schwarzlockige Carol Ann Kurtz, die die Indiana Universität im nahen Bloomington besuchte. Carol war unternehmungslustig, richtete sich gern her und liebte es, tanzen zu gehen. Das entsprach genau Dads Vorstellungen von einem Mädchen. Später erzählte er der Presse, Carol habe zur besseren Gesellschaft von Indianopolis gehört. In Wirklichkeit war sie die Tochter eines Pharma-Vertreters. Ihre Hochzeit fand an Neujahr in einem fürchterlichen Schneesturm statt.

Dad gab sein Studium auf und zog wieder nach Crawfordsville, wo er und Carol sich eine Wohnung in der Nähe des Billardsaales einrichteten.

In den nächsten Jahren zogen sie dreimal um. Die Umzüge waren meist geschäftlich bedingt.

Dad realisierte, daß die Gewinne des Billard-Unternehmens variierten, während das Zigarrengeschäft gleichmäßig lief. Aus diesem Grund ließ er sich Fünf-Cent-Stumpen herstellen, die seinen Namen trugen. Obwohl sich die Fabrik in Chicago befand und die Tabakmischung aus Indiana kam, nannte er die Zigarren ›Crane's Imported‹. Frank Kurtz, sein Schwiegervater, arbeitete als Verkaufsleiter bei ihm.

Nach einem Jahr ungeheuren Einsatzes lagen Tausende von Crane's Imported in den Kaufhäusern und vertrockneten ungeraucht. Teure Pokertische, die Dad gekauft und im ersten Stock über dem Billardsaal aufgestellt hatte, verstaubten, weil die Gerichtsbarkeit von seinen illegalen Plänen Wind bekommen hatte. 1939 engagierte er sich geschäftlich an einem Theater in Chicago, aber auch das war ein Reinfall.

Enttäuscht, weil er es nicht geschafft hatte, an das große Geld zu kommen, frönte er einer anderen Nebenbeschäftigung. Es dauerte nicht lang, und Carol fand heraus, daß es sich dabei um Frauen handelte. In diesem Sommer kamen sie überein, sich zu trennen. Dad machte eine Stippvisite in New York, um Reportern zu erzählen, er habe an der Börse gearbeitet. Tatsächlich war er Taxifahrer, spekulierte aber an der Börse.

Irgendwie kam er plötzlich zu zehntausend Dollar. Den Ursprung dieses Geldes kannte niemand, Dad hat sich zu diesem Thema nie geäußert. Vielleicht war es noch ein Teil seiner Erbschaft, vielleicht aber stammte es aus dunklen Machenschaften. Ganz offensichtlich war Dad kein Mensch, der sich immer an das Gesetz hielt.

Dad sprach nie von dieser frühen Zeit, auch nicht, als wir später einen herzlichen Kontakt zueinander hatten. Ich begriff sehr schnell, daß es keinen Sinn hatte, ihm Fragen zu stellen. Vieles, was ich heute über ihn weiß, fand ich bei Durchsicht seiner Papiere heraus; außerdem stöberte ich in Zeitungsarchiven, befragte Freunde und Freundinnen, wie auch seine Familie. Meiner Meinung nach wollte Vater nicht, daß gewisse Dinge ans Licht kamen. Er wollte unbedingt Erfolg haben, und er nahm sicher jede Chance wahr, die sich ihm bot – auch wenn nicht immer alles ganz legal war.

Es mag noch einen anderen Grund gehabt haben, warum er sich über seine Vergangenheit in Indiana ausschwieg. Wie er schon bei seinem Besuch mit Beezer 1937 feststellen konnte, war Hollywood der beste Platz für einen jungen Mann mit wenig Geld, um neu anzufangen. In dieser Stadt, wo immer etwas los war, wo Zelluloid-Träume wahr wurden, hatten sich Archibald Leach in Cary Grant und Spangler Arlington Breugh in Robert Taylor verwandelt. Warum sollte Joe Crane nicht ebenfalls ein neues Leben beginnen? Als J. Stephen Crane III., Erbe eines Tabak-Vermögens und Bonvivant ...

6

Im Spätsommer 1939 fuhr Dad in einem gelben Buick-Kabrio Richtung Westen und war fest entschlossen, zu Ansehen und Ruhm zu gelangen.

Am Doheney Drive, nahe beim Sunset, mietete er im dritten Stock eines kleinen Hauses eine Wohnung, die nur wenige Minuten von den Clubs entfernt war. Da er fürchtete, bald zum Militär eingezogen zu werden, bemühte er sich erst gar nicht um eine Arbeit. Statt dessen erneuerte er die Kontakte, die er bei seinem Besuch zwei Jahre zuvor geknüpft hatte. Er verliebte sich in eine langbeinige brünette Tänzerin namens Levonne, die in Earl Carroll's Varietes auftrat. Jede Nacht wartete er auf sie am Bühnenausgang, wo er sich die Zeit bis zum Ende der zweiten Show damit vertrieb, mit ebenfalls wartenden Verehrern anderer Mädchen herumzualbern.

Dank seiner guten Manieren fiel er niemals unangenehm auf. »Steve hatte Klasse«, erklärte einer der Show-Produzenten, »er konnte sich gut unterhalten, besaß einen Wagen, ein bißchen Geld und eine geschmackvolle Garderobe. Er war vorsichtig in seinen Äußerungen und achtete auf guten Umgang.«

Bei dem Versuch, sein Image zu verbessern, tauschte er seinen Buick gegen einen neuen Lincoln Continental. Außerdem entschloß er sich für eine kosmetische Operation, da ihn sein etwas fliehendes Kinn wie auch die zweimal gebrochene Nase störte. Eine Schönheitsoperation war zu jener Zeit etwas Außergewöhnliches und keineswegs gang und gebe. Die kosmetische Chirurgie wurde meist nur bei Soldaten angewendet, die verunstaltet aus dem Krieg zurückkamen. Gerüchten zufolge hatte allerdings auch Marlene Dietrich einen solchen Eingriff vornehmen lassen, was ihr jugendliches Aussehen noch im hohen Alter erklären könnte.

Dad verbrachte viel Zeit damit, einen Chirurgen zu finden, der sich bereit erklärte, diese Operation, die nicht ohne Risiko war, vorzunehmen. Das damit verbundene finanzielle Problem löste er rasch. Freunden erklärte er, daß er sich an der »Nasenscheidewand« operieren lassen müsse. Später wurden viele Nasenverschönerungen mit dieser Ausrede vertuscht. Aber er erzählte niemandem, daß sein Kinn mit Hilfe eines Hüftknochens verändert worden war.

Nach der Operation fuhr er nach Crawfordsville zurück, um dort in Ruhe den Rückgang der Schwellungen abzuwarten. Es war Weihnachten. Ursprünglich hatten er und Carol beschlossen, einen Versuch zu unternehmen, ihre Ehe zu retten. Obwohl sich die gemeinsam verbrachten Ferien als Desaster herausstellten, begleiteten Carol wie auch seine Mutter ihn im Januar nach Hollywood und lebten bei ihm in seiner Wohnung. Die häufigen Anrufe von Damen, die nach »Stevie« fragten, verärgerten Carol derart, daß sie eine Versöhnung nicht mehr in Betracht zog.

Carol und Steve trennten sich erneut, unterzeichneten die offizielle Scheidungsurkunde allerdings erst am 17. Januar 1942, also ein Jahr später. Das Datum war insofern wichtig, da Carol, um eine kalifornische Scheidung erreichen zu können, ein Jahr von ihrem Mann getrennt leben mußte.

Nach ihrer Trennung arbeitete Carol als Designerin für Sportkleidung und als Statistin beim Film. Etwas später eröffnete sie gegenüber vom Trocadero ihre eigene Boutique. Kathryn Crane mietete sich eine eigene Wohnung, kehrte aber nach einem Jahr, weil es ihr in Kalifornien nicht gefiel, nach Indiana zurück.

Obwohl der kosmetische Eingriff Dads Profil – meiner Meinung nach – nur unwesentlich verändert hat, hatte er selbst jetzt das Gefühl, wie ein Filmstar auszusehen. Mit grenzenloser Selbstsicherheit kümmerte er sich in den nächsten zwei Jahren darum, seine Kontakte zu den »richtigen« Leuten zu pflegen. Er war nicht gezwungen zu arbeiten, denn sein Geschäftsführer kümmerte sich um das Geschäft, das jetzt *Stephen Crane Cigar Store* hieß. Aus angeborenem Mißtrauen kontrollierte er lediglich die Bücher, ansonsten kassierte er den Anteil seines Gewinns.

Da er das Geld auf nicht legale Weise verdiente, bekam er es bar ausgezahlt. Manchmal bekam er tausend Dollar die Woche, die er in kleinen Scheinen nach Kalifornien schmuggeln mußte.

Schon nach kurzem erkannte er die Bedeutung der Presse, ohne deren Hilfe man in der Film-Metropole keinen Erfolg haben konnte. Mit ungeheuerlicher Geschicklichkeit erwarb er die Gunst der meisten Kolumnisten. Harrison Carroll, dessen Klatsch-Kolumne täglich im *Los Angeles Examiner* erschien, mochte Dad besonders gern, unter anderem wahrscheinlich auch deswegen, weil er ihn mit Informationen versorgte. An Freitagabenden saß Carroll am Tisch Nr. 7 im neueröffneten Ciro, eine Art Stammtisch, an dem auch Dad zu sitzen pflegte, weil er auf diese Weise die Möglichkeit hatte, wichtigen Persönlichkeiten vorgestellt zu werden und Insider-Informationen aufzuschnappen. Außerdem mußten die Getränke nicht bezahlt werden. »Aber das hat er nie ausgenützt«, erinnert sich einer der Geschäftsführer, »er bestellte nur einen Drink. Steve war ein netter junger Mann. Ich mochte ihn.«

Die Clubbesitzer waren ohne weiteres bereit, Kredit zu gewähren, ein Angebot, das Dad manchmal nutzte, aber letztendlich bezahlte er alle seine Rechnungen. Dank seines guten Aussehens und seiner fabelhaften Manieren war er ein gerngesehener Gast. Als er im Lauf der Zeit immer häufiger in Begleitung Prominenter auftauchte, war er erst recht willkommen. Eine seiner Freundinnen war der französische Filmstar Simone Simon, deren katzenhafte Schönheit 1942 in dem klassischen Horrorfilm *Katzenmenschen (Cat People)* die Zuschauer begeisterte.

Dad bemühte sich ebenfalls um die Freundschaft Prominenter, die häufig Parties gaben. Eine der bekanntesten Gastgeberinnen war Sonja Henie, die norwegische Eisläuferin, die bei den Olympischen Spielen eine Goldmedaille gewonnen hatte. Ihre Eislauf-Filme bei Twentieth Century-Fox waren ein überraschender Publikumserfolg, und ihre hohen Gagen ermöglichten es ihr, kostspielige Feste zu geben, zu denen auch Dad eingeladen wurde.

Obwohl er inzwischen mit der Idee spielte, sich als Schauspieler zu versuchen, war er darüber hinaus entschlossen, ein Metier zu erlernen, das ihm finanzielle Sicherheit bieten konnte. Seit seiner Kindheit träumte er davon, ein Restaurant zu besitzen. Da er ein praktisch denkender Mensch war, suchte er von Anfang an die Freundschaft von Clubbesitzern, Gastronomen und berühmten Gastgebern, wie zum Beispiel Miss Henie.

Der erste konkrete Schritt in diese Richtung waren seine regelmäßigen sonntäglichen Nachmittagseinladungen, bei denen er als beliebter Gastgeber passionierten Kartenspielern die Möglichkeit gab, ihrer Leidenschaft zu frönen. Während sich die Männer an zwei Tischen dem Spiel widmeten, kümmerten sich »die Mädels« um Getränke und belegte Brötchen.

Die Mädels waren Freundinnen, Starlets und Damen des leichten Gewerbes. Die männlichen Gäste waren Schauspieler, Sportler, Immobilienhändler, Playboys, Geschäftsmänner und Staatsbeamte. Es kamen sogar einige Gangster, freilich die manierliche Sorte, an jenen Nachmittagen, um ein Spielchen zu wagen. Das war nicht weiter außergewöhnlich, weil sich damals die einflußreiche Unterwelt ohnehin mit der Filmkolonie vermischte. Man konnte ohne weiteres gesellschaftlichen Umgang mit Gangstern haben, solange es das Publikum nicht bemerkte. Es war sicher nicht ohne Reiz, einen richtigen Gangster zu kennen. Die meisten der großen Studio-Bosse waren stolz, wenn sie sich im Besitz »gewisser« Telefonnummern glaubten, und gaben nicht selten damit an. Selbst Walt Disney, die Güte in Person, fand es amüsant, diesen oder jenen Unterweltler zu kennen.

Zu Dads Bekannten gehörte Bugsey Siegal, einer der Bosse des Syndikats der Westküste. Siegal, ein gutaussehender Mann, war tief in verbrecherische Machenschaften verwickelt. Heroinhandel und arrangierte Morde waren seine Spezialität. Später hielt man ihm zugute, daß er aus einem verschlafenen Nest in Nevada das berühmte Las Vegas gemacht hatte, indem er das

Flamingo Hotel baute, das ihn sechs Millionen Dollar kostete. Siegal gab vor, aus guter Familie zu stammen, und er verschaffte sich in Hollywood sehr schnell Respekt. Man erzählte sich, daß den besten Tisch in jedem Restaurant immer der »King« bekam – das war Clark Gable – außer, Bugsey erschien als erster.

Siegals Freundin hieß Virginia Hill. Am Arm eines Staatsbeamten erschien sie eines Tages zu einem »Spielchen« in Dads Wohnung, und sie befreundete sich mit meinem Vater. Virginia war ein rothaariges Mädchen aus Alabama, das bis zum vierzehnten Lebensjahr keine Schuhe besaß und einer Filmkarriere wegen nach Hollywood gekommen war. Sie spielte, soviel ich weiß, nur in einem einzigen Film mit, avancierte dann aber zur »erstklassigen Geliebten«. Ihre traurige Geschichte wurde in einem Fernsehfilm dokumentiert.

Als »Königin der Mafia« besaß sie kostbare Juwelen, Autos, Häuser, und obwohl sie jeden kannte, lebte sie wie ein Vogel im Goldkäfig. Mit Syndikatsgeldern arrangierte sie die aufwendigsten und ausgefallensten Feste der Stadt, und nicht selten gehörten auch Frank Costello und Lucky Luciano zu ihren Gästen. Eine solche Party im Mocambo kostete damals siebentausend Dollar. Bugsey Siegal wurde eines Nachts im Jahr 1947 von einem Unbekannten erschossen, während er auf ihrem Wohnzimmersofa sitzend Zeitung las.

Dad empfand eine gewisse Sympathie für Virginia. Sie lachte gern und wollte auf keinen Fall etwas verpassen. Wenn Siegal außerhalb zu tun hatte, begleitete er sie deshalb in das Colony oder in den Cover Club, um »einen draufzumachen«. Ihr gemeinsames Auftreten wurde von den Klatschkolumnisten zwar erwähnt, doch jeder wußte, daß es eine rein platonische Beziehung war. Sie war Bugseys Mädchen, und ein Kerl, der verrückt genug gewesen wäre, mit ihr anzubändeln, setzte sein Leben aufs Spiel. Respektable Bürger wie Vater pflegten ihre Beziehung zu den Großen der Unterwelt aus mehreren Gründen, und nicht zuletzt, um Gefälligkeiten zu empfangen und zu gewähren. In der Tat war es Virginia, die Vater das Geld für seine kosmetische Operation lieh.

Während ihrer Ehe machte es Mutter großen Spaß, mit Dad zu den Festen von Virginia zu gehen. Bei solchen Gelegenheiten war reichlich Prominenz vertreten, und nur wenige Gäste kamen aus den »gewissen Kreisen«. »Bugsey war ein großartiger Tänzer«, erinnert Mutter sich. Sie mochte Virginias lustige Art. Sie machte sich nichts daraus, wenn sie beide zusammen fotografiert wurden.

M-G-M zeigte weniger Toleranz. Die Studiobosse lasen ihr die Leviten und wiesen sie auf die Gefahr hin, die ihre Beziehung zur Unterwelt mit sich bringen konnte. L. B. Mayer war besonders über ihren Leichtsinn verärgert, denn er fürchtete um ihren Ruf. Nach ihrem großen Erfolg in *Ziegfeld-Girl* war sie nun, 1942, wie auch Rita Hayworth von der Columbia, Anwärterin auf Betty Grables Platz als *Pinup-Girl Number One*. Ava Gardner war noch nicht so weit, die Harlow war tot und Alice Faye hatte sich ins Privatleben zurückgezogen. Mutter hatte große Chancen, und deshalb behielt Mayer sie im Auge.

Es ist nicht ganz klar, wann und unter welchen Umständen Mutter und Dad sich trafen, sicher ist jedoch, daß sie am 17. Juli 1942 in Las Vegas heirateten.

Der Verlobungsring war ein dreikarätiger Diamant, der Dads Mutter gehört hatte. Als die beiden an jenem schicksalhaften 16. Juli, einem Dienstag, ein Diner gaben, bemerkte niemand, daß sie ihn trug.

Mit von der Partie waren die Schauspielerin Linda Darnell und der Publizist Alan Gordon. Mutter stellte Dad als »Stevie« vor, und er nannte sie »Lanabelle«.

Nach einem Tanz teilte Mutter zum Erstaunen der Freunde mit, daß sie mit Dad übereingekommen war, ihre heimliche Hochzeit auf den nächsten Tag vorzuverlegen. »Warum sollen wir bis Sonntag warten?« meinte sie übermütig. Die Freunde erboten sich, als Trauzeugen zu fungieren.

Um sechs Uhr morgens flogen sie nach Las Vegas. Der Friedensrichter war derselbe, der Mutter und Artie Shaw zwei Jahre zuvor getraut hatte. »Machen Sie es so, daß es diesmal hält, Richter«, witzelte Mutter. Nach der kurzen Zeremonie nahmen sie ein deftiges Frühstück mit Eiern und Speck in einem Café ein.

Am Abend waren sie wieder in Hollywood. Großmutter hatte mit Hilfe von Judy Garland und deren neuem Ehemann, dem Dirigenten David Rose, in Mutters Haus am MacCulloch Drive in Brentwood einen kleinen Empfang vorbereitet.

Am darauffolgenden Tag zog sie in Dads Wohnung, die sich – schon ihrer Garderobe wegen – als viel zu klein erwies. Deshalb übersiedelten beide in Mutters Haus. Fälschlicherweise nahm Mutter an, daß Dad die Hälfte der Haushaltskosten übernehmen würde, aber sein ohnehin unregelmäßiges Einkommen war im Vergleich zu ihren Einnahmen ein Pappenstiel. Obwohl er jetzt häufig beim Spiel und bei Pferdewetten gewann, konnte und wollte er Mutters aufwendigen Lebensstil nicht finanzieren.

Mutter nahm diese Tatsache gelassen hin. Sie war es gewöhnt, für sich selbst aufzukommen, ja, sie war in gewisser Weise sogar stolz darauf, ihre Häuser und Autos selbst zu bezahlen. Während ihrer sieben Ehen war es hauptsächlich ihr Geld, von dem sie Juwelen, Pelze und Kleider kaufte.

Da Dad bei seiner Werbung um sie keinerlei Kosten gescheut hatte, war sie sicherlich überrascht, als sie herausfand, daß er im Grunde sehr wenig verdiente und zudem noch geizig war. Nur selten zückte er sein Scheckheft; mag sein, daß er sie damit zur Sparsamkeit anhalten wollte. »Jeden Pfennig, den sie verdient, muß sie auch ausgeben. Sie wird ihr Leben lang pleite sein«, vertraute er damals einem Freund an.

Im September 1942 begannen die Dreharbeiten zu einer Komödie. *Nothing Ventured* sollte ein wichtiger Film in Mutters Karriere werden, weil der Publikumserfolg diesmal von ihr allein abhing und sie nicht wie in den drei vorangegangenen Filmen als Co-Star die männlichen Spitzenreiter Spencer Tracy, Clark Gable oder Robert Taylor an ihrer Seite hatte. Robert Young war ihr Partner in *Nothing Ventured*, doch sie spielte die tragende Rolle und mußte ihr Bestes geben.

Wenn sie morgens um sechs aufstand, kam Dad häufig erst

von einem seiner Nachtausflüge zurück. Blieb er einmal zu Hause, ging sie früh zu Bett, weil sie von ihrer anstrengenden Arbeit erschöpft war. Wenn sie gemeinsam ausgingen, was selten vorkam, fiel auf, daß sie sich offensichtlich miteinander langweilten. Näherten sich allerdings Fotografen, spielten sie das glückliche Ehepaar. Gerüchte, daß sie Probleme hätten, stritt Mutter empört ab.

Wie hätte diese Ehe, die die beiden aus Opportunismus eingegangen waren, funktionieren sollen? frage ich mich. Die tatsächlich auftretenden Probleme wären voraussehbar gewesen. Mutter war eigenwillig und gewohnt, ihren Willen hundertprozentig durchzusetzen; dies widersprach Dads kleinstädtischer Vorstellung von einer Ehefrau. Für sie rangierte ihre Karriere an erster Stelle; er war arbeitslos, und es schien ihm nicht einmal etwas auszumachen. Sie verdiente traumhafte Gagen; er hielt sich mühsam über Wasser. Sie war berühmt; er ein Unbekannter. Stephen *wer*?

Natürlich sonnte sich Dad in ihrem Ruhm, der quasi über Nacht auch aus ihm ein Mitglied der oberen Zehntausend machte. Im Ciro hieß sogar ein mit Zunge belegtes Sandwich nach ihm. Aber bald erkannte er, daß das Leben an ihrer Seite kein Honigschlecken war. »Ich lebe wie ein Goldfisch in einem Kristallgefäß«, äußerte er der Presse gegenüber. Mag sein, daß das der Wahrheit sehr nahe kam.

Nach fünf Monaten war alles vorbei. Die Ehe endete am 8. Dezember 1942 mit einer Ankündigung, die Schlagzeilen machte. Durch die Presseabteilung von Metro erfuhr man, daß Mutter schwanger war. Louella Persons berichtete, daß sie sich einen Sohn wünsche, zu Hause aber sprach Mutter immer von einem Mädchen, was Dad über alle Maßen aufregte. »Sprich nicht immer von ›ihr‹ – es wird ein Junge!« behauptete er wütend.

Eines Tages im November sah Dad sich gezwungen, ihr gegenüber mit offenen Karten zu spielen. »Lana, ich weiß nicht, wie ich es dir beibringen soll ...« begann er auf seine sanfte Art. Dann erklärte er ihr, daß ihn Carol Kurtz Crane telefonisch von einem kleinen Problem in Kenntnis gesetzt habe. Die Scheidung von Carol war noch nicht rechtsgültig, da die vorgeschriebene Trennungsfrist von einem Jahr noch nicht verstrichen war. Es fehlten noch zwei Monate. Das bedeutete, daß er und Carol dem Gesetz nach noch verheiratet waren – und die Ehe mit Mutter war ungültig.

Mutter fiel fast in Ohnmacht. Sie konnte die Schlagzeilen förmlich vor sich sehen: »Lana, die unverheiratete Mutter«, und »Mayer erleidet einen Nervenzusammenbruch«.

Am nächsten Morgen kam es zu einer unerfreulichen Zusammenkunft in Carols Wohnung. Mutter beschuldigte sie, diese brisante Eröffnung absichtlich so lange geheimgehalten zu haben, um die Bombe nun, da alle Welt wußte, daß Mutter schwanger war, platzen zu lassen. Was wollte sie, Carol, damit erreichen? Geld? Dad saß dabei wie ein Hund, der ein schlechtes Gewissen hat. Er gab zu, daß er selbst an die gesetzlich festgelegte Trennungsfrist hätte denken müssen, und er machte den Vorschlag, daß Mutter und er so bald wie möglich noch einmal heiraten sollten.

Mutter warf ihn aus dem Haus, ließ die Türschlösser auswechseln. Ihr Anwalt erreichte in knapp einem Monat, daß die Ehe annulliert wurde. Der Richter sprach das ungeborene Kind der Mutter zu und erklärte, daß meine »Legitimität« durch die Annulierung geschützt sei. Mir ist das allerdings nicht ganz klar, denn die Ehe wurde für ungültig erklärt, da sie unter falschen Voraussetzungen geschlossen worden war. Eine Wiederverheiratung kam wohl kaum in Frage, da Mutter, eigenwillig wie sie war, sich weder von Dad noch von den Fans, den Kolumnisten oder Metro zwingen lassen wollte, »des Kindes wegen« Dad erneut zu heiraten. Sie war unglücklich mit ihm gewesen. Der Zufall hatte sie von ihm befreit, und das war ihr ganz recht.

Am Valentinstag besuchten sie gemeinsam das Mocambo – Mutter hatte ihre Meinung geändert. Den Reportern gegenüber legten sie trotzdem eine gewisse Scheu an den Tag. »Ich kann im Moment nicht viel dazu sagen«, meinte Dad vorsichtig, »aber vielleicht werden wir eines Tages doch noch glücklich miteinander.«

Liebte er sie immer noch? Oder hatte er einfach Angst, aus dem elitären Kreis der Filmkolonie ausgestoßen zu werden? Er konnte mit Sicherheit damit rechnen, daß sich die vor kurzem bereitwillig geöffneten Türen ebenso bereitwillig wieder schlossen. Er bliebe zwar bekannt, und man würde sich noch lange an ihn erinnern, aber er wäre bestimmt kein angesehener Mann mehr gewesen. Wenn Lana eine ledige Mutterschaft der Wiederverheiratung mit dem Vater des Kindes vorzog, mußte man ihn zwangsläufig für einen miserablen Kerl halten.

Mutters Bereitwilligkeit, die sie noch im Mocambo gezeigt hatte, hielt nicht lange vor. »Tut mir leid, Liebling«, erklärte sie ihm kurzerhand am darauffolgenden Abend, »ich kann dich im Augenblick nicht heiraten.« Dad schluckte daraufhin eine Handvoll Schlaftabletten und versuchte, sich mit dem Auto in eine Schlucht zu stürzen, das Lincoln-Coupé blieb jedoch im dichten Unterholz hängen.

Die Scheinwerfer leuchteten in Mutters Schlafzimmer. Dad hatte zwar den Tod gesucht, blieb jedoch unverletzt. Sein dramatischer Liebesbeweis ließ Mutter kalt. Hedda Hopper, die zum Ort des Unfalls geeilt war, beschrieb das Ganze als »ungeheuren Schwindel«.

Wegen der Tablettenvergiftung wurde Dad ins Krankenhaus gebracht. Mutter eilte an seine Seite und blieb bei ihm, bis ihm der Magen ausgepumpt und er außer Gefahr war. Der Presse gegenüber sprach Dad von einem Nervenzusammenbruch, Mutter äußerte sich zurückhaltender: »Es ist schrecklich, und wir sind alle sehr unglücklich«, seufzte sie gekonnt.

Im März endlich, sie war nun im sechsten Monat und Dads Einberufung stand kurz bevor, gab Mutter ihren Widerstand auf. Heimlich fuhren sie nach Tijuana und ließen sich trauen.

Aus welchem Grund hatte Mutter schließlich doch nachgegeben? Sie erzählte mir später, sie habe sich entsetzlich einsam gefühlt, besonders in ihrem Zustand. Die Schwangerschaft erwies sich als sehr schwierig, und sie mußte zahlreiche Bluttransfusionen über sich ergehen lassen. Außerdem spielte Dads bevorstehende Einberufung eine gewisse Rolle. Amerika befand sich in einer Art patriotischem Kriegswahn, und der Vater ihres Kindes würde voraussichtlich an irgendeinem verdammten Kriegsschauplatz den Tod finden. Das Motto jener Tage war: Alles für unsere Soldaten. Zudem dachte sie sehr praktisch. Ihr Publikum würde es ihr mit Sicherheit übelnehmen, wenn sie sich dem Wunsch eines in den Krieg ziehenden Soldaten, dem Kind seinen Namen geben zu wollen, widersetzte.

In Wirklichkeit war Dads Kriegseinsatz ausgesprochen ungefährlich. Weil er ein Fuß- und Rückenleiden hatte, kam er nie nach Übersee, sondern wurde im nahen Fort MacArthur stationiert, wo er beschränkten Dienst leistete und nach sechs Monaten in Ehren entlassen wurde.

Carol Kurtz bekam von Mutter fünftausend Dollar, damit sie Dad nicht wegen Bigamie verklagte. Allerdings war damit nicht ihr Stillschweigen erkauft, und einige Zeitungen berichteten über die Hintergründe von Mutters Ehe und auch manche Geschichten über Dad. Laut Carol war Dad im Mai des vergangenen Jahres – etwa um die Zeit, als er Mutter zum ersten Mal traf – zu ihr gekommen, um ihr zu sagen, daß er erstens pleite sei und zweitens dabei war, sich freiwillig zu melden. Unter diesen Umständen ließ sie sich dazu überreden, ein Dokument zu unterzeichnen, in dem sie Verzicht auf seine monatlichen Zahlungen leistete. Zwei Monate später las sie, daß er einen Filmstar geheiratet habe. »Steve hat tausend verschiedene Gesichter!« kommentierte sie die Frage, warum sie sich auf eine solche Abmachung eingelassen habe.

In gewissem Sinne hatte sie ja recht. Ihr Joe Crane aus Indiana war nicht Steve Crane, der Bonvivant. Geschickt ließ sie bei ihren Interviews einfließen, daß sie selbst eine Filmkarriere anstrebe.

Die Uraufführung von *Nothing Ventured* stand kurz bevor. Das Studio war inzwischen der Ansicht, daß der ursprüngliche Titel schlecht zu einem Lana Turner-Film paßte, und nannte ihn *Lawless – Gnadenlos gehetzt*. Dieser Titel mußte allerdings auch wieder geändert werden, als Mutters Ehe endlich rechtsgültig wurde. Schließlich hieß der Film *Slightly Dangerous*, obwohl es sich um eine eher harmlose Komödie handelte.

Die Titeländerungen kamen nicht von ungefähr; das Studio wußte genau, was es tat. Das Publikum wollte, daß die Lana Turner auf der Leinwand der privaten Lana ähnelte, über deren Affären und ausgefallenen Parties man jeden Tag in der Zeitung lesen konnte. Für ihre Fans war sie der verführerische Vamp, dem die Männer zu Füßen lagen – sie war wirklich eine »nicht ungefährliche Frau«. In späteren Jahren drehte sie viele Filme, die auf Episoden aus ihrem Privatleben basierten.

Ihre Entdeckung in dem kleinen Drugstore war zum Beispiel eine der Szenen, die in sechs ihrer Filme vorkommt. Sie spielte den Vamp, so verführerisch und sexy, wie es die damalige Zensur erlaubte. Sie spielte zu Herzen gehende Szenen im Gerichtssaal, und nie war ihre Beliebtheit größer, als zu jener Zeit, in der sie Mütter schwieriger Teenager darstellte. Ihr Privatleben auf der Leinwand und Schauspielerei im Alltag. Meiner Meinung nach machte Mutter selbst keinen Unterschied mehr.

Das Hollywood jener Tage war chaotisch. Eine Scheinwelt, in der Lebenslust und Selbstzerstörung dicht beieinander lagen, in der sich Illusionen mit der Realität vermengten, in der die Wahrheit nur mit Zuckerguß angeboten wurde.

3
Das Baby

7

Am 25. Juli 1943 kam ich im Hollywood-Krankenhaus zur Welt. Meine Geburt war ein Kampf auf Leben und Tod, und erst nach knapp zwei Monaten war sicher, daß ich überleben würde.

Ich war eines der blassesten Babies, das die Schwestern seit langem gesehen hatten, denn mein Blut vertrug sich nicht mit dem meiner Mutter; ihr Rhesusfaktor war negativ, meiner dagegen positiv. Das bedeutete, daß mein gesamtes Blutsystem über Wochen mit Hilfe von Transfusionen, die alle vier Stunden vorgenommen wurden, gereinigt werden mußte. Die Venen eines Neugeborenen sind so klein und schwach, daß diese Prozedur nur mit Dutzenden feinster Nadeln vorgenommen werden kann. Da Mutter noch sehr schwach war, verheimlichte man ihr die für mich lebensnotwendige Behandlung. Durch Zufall sah sie mich nach einer solchen Tortur, kurz nachdem die Nadeln entfernt worden waren und ich aussah wie ein zerstochenes leeres Stecknadelkissen. Meine noch heute unüberwindbare Angst vor Nadeln führe ich auf damals zurück.

Vater war zur Zeit meiner Geburt bei einem Boxkampf, weil ihm die Warterei zu langweilig geworden war. Er war überzeugt, einen Knaben zu bekommen und diesen Stephen IV taufen zu können. Folglich kam er mit einem Fußball, Boxhandschuhen und einem Baseballschläger ins Krankenhaus. Später erschien es ihm wichtig hervorzuheben, daß er mir einen riesigen Teddybären gebracht habe; allerdings gab er zu, enttäuscht gewesen zu sein, daß er eine Tochter und nicht den ersehnten Sohn bekommen hatte.

Ursprünglich hatten Mutter und er sich auf den Namen Stephanie geeinigt, sollte es wirklich ein Mädchen werden, aber Mutters Freunde, die Schauspielerin Joan Bennett und der Produzent Walter Wanger hatten gerade ihre vor einem Monat geborene Tochter auf diesen Namen getauft. Da man in Hollywood stets bemüht war, exklusiv zu sein, kam dieser Name natürlich nicht mehr in Frage. Den Rufnamen Christina erhielt ich nicht, weil, wie jeder in Amerika wußte, Joan Crawford zwei Jahre zuvor ihr erstes Adoptivkind so genannt hatte. Als zweiter Name mochte Christina angehen.

So wurde ich Cheryl getauft, ein Name, von dem Mutter behauptet, er sei ihr im Traum eingefallen, und den ich bis heute verabscheue. Viel später, als aus mir ein »notorischer Fall« geworden war, konnte es sich die Presse leisten meinen Nachnamen einfach wegzulassen: *Cheryl wieder frei!* hieß es dann ganz einfach. Einer der für mich zuständigen Richter schlug mir vor, meinen Namen zu ändern und eine neue Identität anzunehmen, was ich aber nicht tat. Ich war und bin Cheryl Christina Crane.

Zwei Jahre nach meiner Geburt, über die die gesamte Presse berichtete, nannte Georgia Holt, ein Fan von Mutter, ihre Tochter Cherlyn. Cherlyn war klug genug, ihren Namen zum richtigen Zeitpunkt auf Cher zu kürzen. Sonst hätte das berühmte Duo Sonny und Cherlyn heißen müssen.

Man behielt mich zwei Monate im Krankenhaus, erst dann konnten mich meine Eltern nach Hause holen. Vierzehn Tage später reiste Mutter zu Rundfunkterminen nach New York. Dad war immer noch in Fort MacArthur, erreichte aber, sie begleiten zu dürfen. Er plante, auf dem Rückweg mit Mutter Crawfordsville zu besuchen, um dort Eindruck zu schinden. Wahrscheinlich ahnte er, daß seine Tage an Mutters Seite gezählt waren. Demzufolge bedeutete es kein Risiko, sie mit seinem bescheidenen Zuhause zu konfrontieren.

Mutters Kindheit war alles andere als schön, doch im Gegensatz zu ihm war sie immer ehrlich genug, dies zuzugeben. Daher war es allgemein bekannt, daß sie aus ärmlichen Verhältnissen stammte, ihr Vater ermordet und sie in Pflegeheime abgeschoben wurde, in denen sie viel gelitten hatte. Dad hingegen war ein Schaumschläger, der kaum je die Wahrheit sagte und wenn, dann beschönigte er sie auf seine Art.

Es war Mitte Oktober, als sie auf dem Rückweg von New York nach Crawfordsville fuhren, wo ein Aufenthalt von fünf Tagen im Haus der Cranes in der Pike Street geplant war. Nach

Dads Beschreibungen glich das Haus der herrschaftlichen Villa von General Wallace, die er einmal kaufen wollte – in Wirklichkeit war das Cranesche Haus einfach und sehr bescheiden, mit einer durch das Wetter arg mitgenommenen Veranda, auf der einige kaputte Schaukelstühle standen. Mutter war überrascht.

Stolz wie ein Pfau führte Dad die ihm angetraute Filmdiva herum, ohne zu merken, wie enttäuscht sie war, weniger der Einfachheit wegen, sondern weil Dad sie belogen hatte. Für die kleine Stadt war Lana Turners Besuch ein Ereignis, über das die Lokalzeitung *Journal & Review* auf der ersten Seite berichtete.

Dad zeigte Mutter das Familienunternehmen, seine alte Schule und das College. Trotz ihrer angegriffenen Gesundheit und ihrer Enttäuschung lächelte Mutter tapfer, als die Nachbarn am ersten Tag erschienen, um sie zu begutachten. Im Grunde aber war sie wütend. Wütend, weil sie Lügen verabscheute. Hatte Dad sie nicht schon einmal mit einer Unwahrheit in Schwierigkeiten gebracht?

Früh am nächsten Morgen verließen die Cranes unter dem Vorwand, Mutter sei sehr erschöpft und krank, Crawfordsville. In der Zeitung erschien trotzdem ein Bericht über ihren Besuch des lokalen Waisenhauses, wo sie Bonbons verteilt hatte.

In Kalifornien stürzte sich Mutter erneut in die Arbeit. Metro drehte eine romantische Komödie mit einem für Mutters Situation ironischen Titel: *Marriage is a Private Affair.* Mutter sprach oft von Scheidung, und schließlich einigten Dad und sie sich darauf, daß sie sich, ohne großes Aufsehen zu erregen, trennen wollten.

Dad versuchte das Beste aus seinen letzten Tagen als Prinzgemahl zu machen. Die meisten jungen Schauspieler dienten dem Vaterland, und die Studios waren auf der Suche nach gutaussehenden Darstellern. Es kam nicht darauf an, ob sie talentiert waren oder Erfahrung hatten. Dad war in seinem Leben zweimal schauspielerisch tätig gewesen. Einmal, im Alter von vier, als er an einem *Tableau vivant* mitwirkte und es verdarb – weil er sich an der Nase kratzte. Das zweite Mal spielte er Jahre später einen Piraten-Boß in einer Schulaufführrung. Er selbst bezeichnete sich als schlimmsten Schauspieler der Welt. Aber er hatte einen gewaltigen Vorteil: Er sah aus wie ein Schauspieler, und was fast noch wichtiger war – er hatte Beziehungen.

Ohne Mutters Hilfe gelang es ihm, bei M-G-M einen Termin für Probeaufnahmen zu arrangieren, bei denen er entweder durchfiel oder vielleicht sogar gar nicht erschien. Kurz darauf war in den Klatschkolumnen zu lesen, daß er einen Filmvertrag abschließen wollte. Dad fand einen Agenten, dem es gelang, das Interesse eines Talentsuchers von Columbia zu wecken. Im Februar 1944 wurde er in einer Szene mit Janet Blair getestet, worauf Dad eine winzige Rolle bekam und einen Sieben-Jahres-Vertrag unterzeichnete, der ihm ein Anfangsgehalt von zweihundertfünfzig Dollar die Woche garantierte. Dad spielte einen GI und war als Neunter in der Besetzungsliste aufgeführt – vor Shelly Winters. Die Hauptdarstellerin des Films war Rita Hayworth, zu jener Zeit die ernstzunehmendste Rivalin von Mutter in der Beliebtheitsskala. Schon aus diesem Grund war Mutter natürlich nicht sehr glücklich.

Außerdem hatte sie das Gefühl, ausgenützt zu werden. Viele hatten angenommen, als sie Dad heiratete, daß er mit ihrer Hilfe beim Film unterkommen wollte, aber er hatte ihr immer wieder glaubwürdig versichert, daß er an einer Schauspielerkarriere nicht interessiert sei. Auch als er nicht mehr bei ihr lebte, besuchten sie weiterhin gemeinsam Nachtklubs. Nach ein paar Wochen jedoch hatte sie ihn endgültig satt und reichte offiziell die Scheidung ein.

Diese Neuigkeit nahm Columbia merkwürdigerweise zum Anlaß, Dad zu fördern. Das Studio bezog sich auf schamlose Weise auf seine Verbindung zu Mutter, indem man hervorhob, daß Steve Crane strikte Anweisung gegeben habe, es nicht zu tun. Es war ein sehr geschickter Schachzug. Wenn Dad in Interviews auf die bevorstehende Scheidung angesprochen wurde, sagte er: »Ach wissen Sie, eine dieser verfahrenen Situationen. Und ich bin sehr eigensinnig. Wahrscheinlich liegt die Schuld genauso bei mir wie bei Lana.« Oder:

»Ich habe immer davon geträumt, abends mit meiner Frau

beim Kamin zu sitzen, aber wenn man mit einem Filmstar verheiratet ist...« Über seine nunmehr zehn Monate alte Tochter Cheryl sagte er: »Sie ist das Wichtigste in meinem Leben.«

Diese letzte Bemerkung hatte einen besonderen Grund. Dad wollte erreichen, daß das Gericht ihm das Sorgerecht für mich einräumte. Dies wiederum war nur möglich, wenn er beweisen konnte, daß es unverantwortlich wäre, mich der Obhut von Mutter anzuvertrauen. »Wie kann eine Frau eine gute Mutter sein, wenn sie den ganzen Tag bei Dreharbeiten ist?« wandte er sich an eine Gruppe von Reportern und fügte hinzu, daß es auch nach ihrer zweiten Heirat wieder zu Streitigkeiten gekommen sei. »Ich möchte nicht ins Detail gehen ... Vielleicht wissen Sie, was sich abspielte. Ich muß aber betonen, daß der jetzige Kampf sich ausschließlich auf meine kleine Tochter bezieht. Wenn mir Cheryl Christina Crane zugesprochen wird – und ich denke, so wird es ausgehen –, dann wird meine Mutter herkommen und sich um sie kümmern. Im Augenblick sorgt Lanas Mutter für sie ... ich meine, wenn es schon eine Großmutter sein muß, die sich um das Kind kümmert, dann ist meine Mutter ebensogut geeignet wie Lanas ...«

Rita Hayworth hatte ihr großes Musical *Es tanzt die Göttin (Cover Girl)* noch nicht abgeschlossen, daher wurde die Produktion des Films, in dem Dad mitspielen sollte, verschoben. In der Zwischenzeit wirkte er in einem Horrorfilm mit, den die Columbia produzierte. *Der Schrei des Werwolfs* war ein typischer Schnellschuß der B-Sorte. Die Dreharbeiten begannen am 8. Mai. Großmutter schickte ihm in meinem Namen ein Telegramm. »Liebster Daddy, Mama hat mir von deinem Film erzählt. Die Engel haben versprochen, dich zu beschützen. In Liebe – Cheryl.« Das war einer ihrer vielen Versuche, die Ehe zu kitten.

Großmutter fand ihren Schwiegersohn sympathisch und sein höfliches Benehmen unwiderstehlich, außerdem glaubte sie, daß er eine gewisse Stabilität in das verrückte Leben ihrer Tochter bringen könnte. Sie war außer sich, als sie erfuhr, daß Mutter bereits vor der Scheidung nächtelang mit anderen Männern herumzog. Sie wußte allerdings auch, daß sie nichts dagegen tun konnte. In beruflichen, finanziellen und romantischen Dingen war Mutter ihr eigener Herr.

Trotzdem konnte Großmutter es sich nicht abgewöhnen, nachts aufzubleiben und auf die Rückkehr ihrer Tochter zu warten. Mutter hatte sie deswegen gebeten, sich abends in ihren Teil des Hauses zurückzuziehen. Manchmal jedoch hielt sich Großmutter nicht an diese Anweisung, und Mutters Begleiter waren mehr als überrascht, wenn sie sie in einem Stuhl sitzend, mit vor der Brust verschränkten Armen, vorfanden.

Die Scheidungsverhandlung im August dauerte fünf Minuten. Zum zweitenmal wurde ich Mutter zugesprochen. Dad hatte sich in letzter Minute entschieden, nicht um das Sorgerecht zu streiten. Er akzeptierte die Abmachung, mich zu gewissen Zeiten besuchen zu dürfen; als ich älter wurde, konnte ich Wochenenden und Ferien bei ihm verbringen. Er habe volles Vertrauen, meinte er im Widerspruch zu früheren Andeutungen, daß »für das Kind bestens gesorgt würde«.

Was gibt es noch über diese verrückte Ehe zu sagen, deren Resultat ich war? Vielleicht war die Hochzeit nicht mehr als eine Kurzschlußhandlung, zu der die damalige Zeit verführte. Das Auseinandergehen der beiden hatte, glaube ich, viel damit zu tun, wie Dad Frauen behandelte. Seiner Meinung nach waren Geschöpfe weiblichen Geschlechts dazu bestimmt, den Männern zu dienen – so wie die Mädels bei seinen sonntäglichen Spielnachmittagen, die sich um die Getränke und die belegten Brote kümmerten. Demzufolge nahm er damals wahrscheinlich an, daß es Mutters Pflicht sei, ihm den Weg für seine Karriere zu ebnen, seine maßgeschneiderten Uniformen zu bezahlen und sich von ihm in seiner Heimatstadt herumzeigen zu lassen.

Fünf Jahre später sollte Hedda Hopper, die keine besondere Sympathie für Mutter hegte, Dad als »tragisches Beispiel« bezeichnen: »Er gehört zu der Gruppe von Männern, deren Sex-Appeal Lana leider nicht widerstehen konnte.«

Andererseits war Mutter mit all ihrer Aggressivität und Selbstbehauptung, mit ihrer Einstellung zu ihrer eigenen Sexualität, fast so etwas wie eine frühe Feministin. Eine Ehe zwischen einem Chauvinisten und einer Bienenkönigin konnte nicht gutgehen.

Merkwürdigerweise behauptete Dad immer, das Scheitern seiner Ehe nicht verstehen zu können. »Warum hat sie das nur getan?« lamentierte er Freunden gegenüber. »Warum hat sie mich verlassen?«

Mutter dagegen resümierte: »Es ist mir unverständlich, warum etwas, was bei Mondschein hervorragend funktioniert, bei Tageslicht keinen Sinn mehr ergibt!«

Noch bevor die Scheidungsurkunde ausgestellt war, flirtete Mutter mit einem türkischen Schauspieler namens Turhan Bey. Eines Abends besuchte sie mit ihm eine Party im Haus von Ann Rutherford in Beverly Hills, zu der über zweihundert Gäste eingeladen waren. Während eines Tanzes mit dem gutaussehenden Türken erschien plötzlich Dad, um ihr vorzuwerfen, daß sie noch immer den Diamanten seiner Mutter trage, den er ihr zur Verlobung geschenkt hatte. Er verlangte den Ring zurück, da es sich um ein Familienerbstück handle. Daraufhin bat Bey ihn auf die Terrasse, wo er Dad ein blaues Auge verpaßte, selbst aber nur einige Kratzer im Gesicht abbekam. Mutter, die dem Kampf der beiden Männer in ihren weißen Dinner-Jackets mit Bestürzung zusah, zog den Ring von ihrem Finger und warf ihn ins Gebüsch. Der Vorfall machte natürlich Schlagzeilen. Laut Zeitungsberichten wurde der Ex-Mann von Lana, Amerikas Traumfrau Nr. 1, dabei beobachtet, wie er auf Händen und Knien durchs Gebüsch robbte, um den Ring zu suchen.

Zehn Tage später lancierte Columbia Pressenotizen, die besagten, daß Dad Boxunterricht nähme. Das war natürlich erstunken und erlogen. Dad hätte seine neue Nase und sein korrigiertes Kinn niemals solchen Gefahren ausgesetzt. Wahr ist allerdings, daß er den Boxsport liebte; sechs Jahre später war er zur Hälfte an den Gewinnen eines italienischen Schwergewichtlers beteiligt.

Mutter nahm nun den Bungalow A auf dem Metro-Studio-Gelände für sich in Anspruch. Sie bekam jetzt viertausend Dollar in der Woche. Rita Hayworth war der Star bei Columbia. Während der Dreharbeiten hatte Dad keine Chance, Ritas Bekanntschaft zu machen, da sie keine gemeinsamen Szenen hatten. Aber inzwischen war er mit einigen wichtigen Leuten aus der Chefetage befreundet. Einer von ihnen war ihm offensichtlich besonders wohlgesinnt, denn er informierte Dad davon, daß Cohn, der allmächtige Studio-Boß, vorhabe, Rita nach New York zu schicken, um dort eine Werbekampagne für *Es tanzt die Göttin* zu starten. Wäre es nicht eine wunderbare Idee, wenn Dad mit demselben Zug reiste, um Rita *zufällig* kennenzulernen, was nicht weiter schwierig sein dürfte, da sie ja einen Film zusammen gemacht hatten. Dad war von diesem romantischen Vorschlag hingerissen.

Und es passierte genau das, was der Wohltäter vorausgesehen hatte. Rita und Dad hatten eine heftige Affäre miteinander, die bis zu ihrer Rückkehr nach Hollywood dauerte. Rita wußte von Anfang an über Dads Vorhaben Bescheid, das allerdings erfuhr Dad nicht. Da sie seinen Ruf als Romeo kannte und er ihr auch sonst gefiel, stimmte sie dem Plan freudestrahlend zu.

Wieder in Hollywood machte Dad, offensichtlich auf den Geschmack gekommen, allen berühmten Damen den Hof: Deanna Durbin, Olga San Juan, Nina Foch, Sonja Henie – um nur einige zu nennen. Er tat dies mit so großem Eifer, als hoffe er, Mutter damit eifersüchtig machen zu können. Auch mit ihr ging er manchmal noch aus. Einer der Besitzer von Ciro erinnert sich, daß Dad an drei aufeinanderfolgenden Abenden mit Mutter, Ava Gardner und Rita Hayworth im Klub aufgetaucht sei. »Stellen Sie sich vor, mit den drei Top-Stars von Hollywood. Das soll ihm erst mal einer nachmachen!«

Mutter sorgte dafür, daß er seinen Film *Werwolf* bei uns zu Hause ansehen konnte. Sie wollte ihn davor bewahren, ausgepfiffen zu werden. Dads Reaktion war überraschend: Bei der Vorführung lachte er schallend. Auf ihren freundlichen Vorschlag hin, sich ein anderes Metier auszusuchen, zuckte er nur mit den Achseln.

Die Kritiken waren verheerend. Die *New York Times* fand den Film »einfallslos und ohne jede Spannung«, zitierte aber eine Zeile des Dialogs, in dem jemand Dad fragt: »Was gibt es

Neues im Leichenhaus?« Ab und zu kann man den Film in einer Spätvorstellung sehen. Ich muß dabei immer herzlich lachen. Aber – ich liebte ja auch den Hauptdarsteller!

Dads dritter Film hieß *Crime Doctor's Revenge*. Die *Times* bescheinigte dem Hauptdarsteller »ein ganz gutes Aussehen«.

Eines Abends besuchte Dad eine Geburtstagsparty, zu der einige Fotomodelle, die für die Modezeitschrift *Cover Girl* arbeiteten, aus New York eingeflogen wurden. Er flirtete heftig mit einer polnischen Tänzerin, die daraufhin den Rest der Nacht in seiner Wohnung und in seinem Bett verbrachte.

Am nächsten Tag zitierte ihn Harry Cohn zu sich, und empfing ihn mit bösen Blicken, während er seine dicke Zigarre von einem Mundwinkel in den anderen schob. »Raus!« schrie er und deutete auf die Tür seines Büros. »Raus!«

Unglücklicherweise war die Polin Cohens neue Freundin. Dads Vertrag mit Columbia wurde aus naheliegenden Gründen nicht mehr verlängert.

8

Die aufregende Zeit bis zur Scheidung meiner Eltern schlief ich selig und unbehelligt. Man sagt, ich sei ein zufriedenes und gutgelauntes Baby gewesen, das häufig lächelte.

1945, ein Jahr nach der Trennung, lebte ich bei Mutter in ihrem Haus, von dessen Fenster aus man das neunte Loch des Golfplatzes sehen konnte, der zum Bel Air Country Club gehörte. Eine Amme hatte meine Mästkur begonnen und eine Kinderschwester hatte sich bemüßigt gefühlt, sie zu vervollständigen. Mutter verspürte nicht die geringste Lust, sich mit Windeln wechseln oder füttern zu beschäftigen. Kaum war das Sorgerecht geregelt, widmeten sie und Dad sich wie ehedem ihren Dreharbeiten und Nachtclubbesuchen.

Dies war in Hollywood absolut üblich. Es war keineswegs ungewöhnlich, daß sich ein Filmstar wenig, um nicht zu sagen gar nicht, um seinen Nachwuchs kümmerte. Bis 1950, als das Fernsehen alles änderte und die herkömmlichen Systeme der

Studios zusammenbrachen, drehte ein Star oft bis zu drei Filme im Jahr. Da blieb nicht viel Zeit, um sich mit der Erziehung von Kindern zu befassen. Diese Aufgabe wurde meist Ammen, Kinderschwestern, Erzieherinnen und später Internaten übertragen. Eine echte Beziehung zwischen Eltern und Kindern kam auf diese Weise nicht zustande. Ich bin gewiß nicht die einzige, die auf eine privilegierte, aber lieblose Kindheit zurückblicken kann.

Wenn man in Hollywood tonangebend war, oder zumindest vorgab, es zu sein, engagierte man eine englische Kinderschwester. Ein gewisser Snobismus spielte dabei sicher eine große Rolle. Die meisten Stars, wie auch viele in der Filmindustrie Beschäftigte, stammten aus einfachsten Verhältnissen – wie Mutter auch – und glaubten darum, den Kindern einen besonderen Beweis ihrer Liebe zu erbringen, indem sie für die beste Erziehung sorgten, die gegen Barzahlung garantiert wurde. Die beträchtlichen Kosten beruhigten wahrscheinlich das schlechte Gewissen jener, die, aus welchen Gründen auch immer, versäumten, sich selbst ihrer Kinder und deren Probleme anzunehmen. Mutter jedenfalls sah das so, und dementsprechend wurde ich wie eine englische Prinzessin erzogen.

Da Ausnahmen die Regel bestätigen – meine erste Kinderpflegerin stammte aus Schottland. Eine leichte Abweichung vom Üblichen, wie es für Mutter so typisch war, die von Hollywoods Vorkriegsetablishment nie ganz akzeptiert wurde.

Mary Margret MacMurry, die ich sehr mochte, kam aus Edinburgh und war eine Witwe in den Siebzigern. Sie war eine zierliche, aber kräftige Person mit blauen Augen und einem eigentümlichen Akzent. Ich hatte das Gefühl, daß sie mich von Herzen liebhatte und ihre Zuneigung keineswegs nur berufsbedingt war.

Ich bin von Natur aus liebesbedürftig. Kurz bevor ich schlafen mußte, bekam ich von ihr meine Streicheleinheiten, auf die ich mich immer besonders freute. »Träum schön, Süße«, flüsterte sie und hauchte mir einen Kuß auf die Stirn.

Zu ihrer langärmeligen weißen Uniform gehörte eine Schürze, die war so gestärkt wie eine Nonnenhaube, und wenn ich mich an ihren Busen preßte, knisterte es. Ich sehnte mich danach, sie zu umarmen und zu küssen, aber in ihrer britischen Reserviertheit förderte sie dergleichen Zärtlichkeiten nicht. Die einzige, die mit mir schmuste, war Gran.

Mary war, zu Mutters Freude, entschlossen, mir eine Erziehung angedeihen zu lassen, wie sie in den besten Kreisen Englands üblich war.

Dazu gehörte vor allen Dingen Sauberkeit. Zu der Standardausrüstung, die sie überall mit hinschleppte, gehörte eine Flasche mit Seifenlauge. Wenn ich mich im Park schmutzig machte oder meine weißen Mary-Janes-Schuhchen staubig waren, konnten diese Fehler auf der Stelle behoben werden. Für ernsthafte Fälle hatte sie sogar immer weiße Schuhcreme dabei! Bei uns im Garten gab es eine Rutschbahn, die ich aber nicht benutzen durfte, weil ich mir sonst mein Kleid im Gras hätte schmutzig machen können. Auf dem gepflegten, kurzgeschnittenen Rasen wurden heruntergefallene Blätter jeden Tag vom Gärtner mit einem Spezialsauger entfernt.

So besessen Mary in puncto Sauberkeit war, die Haare wusch sie mir nur einmal in der Woche, weil sie gelernt hatte, daß man sich dabei leicht erkälten konnte. Im feuchten England mag das ja so sein, in unserem sonnigen Kalifornien bestand diese Gefahr eigentlich nicht. Meine Korkenzieherlocken wurden jeden Morgen und jeden Abend mit hundert Bürstenstrichen malträtiert. Die Bürste wurde zu diesem Zweck in ein Seidentuch gewickelt, und diese Behandlung tat ziemlich weh. Dann rollte Mary die Locken über ihre Finger und verzierte das Ganze mit Bändern. Alles in allem dauerte die Prozedur eine halbe Stunde. Noch bevor ich richtig sprechen konnte, wußte ich, daß Locken weh taten und endlose Pflege erforderten. Ich haßte meine Locken.

Mutters strengen Anweisungen zufolge durfte ich nie ohne Aufsicht sein; auch nicht in meinem Zimmer. Mary widmete sich mir vierundzwanzig Stunden am Tag. Ausnahmen bildeten lediglich die Dienstage und gelegentlich ein Sonntag, wenn Gran auf mich aufpaßte. Mary schlief sogar bei mir im Zimmer, auf einem harten, schmalen Krankenhausbett. Während ihrer

Nachtwache las sie im diffusen Licht der mit einem Tuch bedeckten Lampe Dreigroschenromane und hörte leise Radio.

Bis zu meinem neunten Lebensjahr war es mir nicht erlaubt, die Badezimmertür hinter mir zu schließen. Eine Regel, der ich mich, fünfzehnjährig, für kurze Zeit wieder unterwerfen mußte. Ich war das »Baby«, das man nicht eine Sekunde aus den Augen lassen durfte. Obwohl ich schon als Teenager größer als Mutter war, blieb ich für sie bis zu meinem vierzigsten Lebensjahr das ›Baby‹.

So unwahrscheinlich es klingen mag, aber ich erinnere mich vage an meinen zweiten Geburtstag. Als meine Torte hereingebracht wurde, ließ ich meine Hand in der Mitte des weichen Gebildes verschwinden. »Nein, Süße«, sagte Mary freundlich, aber bestimmt und holte ihr Seifenwasser.

Ich erinnere mich an Tauben auf dem Dach, die in der Freiheit des Himmels entschwanden; an Billy, unsere schneeweiße Dogge, auf der ich manchmal reiten durfte.

Die Decke meines Schlafzimmers war mit phosphoreszierenden Sternen und einem Mond dekoriert, der wie ein Zitronenschnitz aussah. Gemalte kleine Engel saßen auf Wolken und winkten mir freundlich zu. Wenn ich meine Augen schließe, sehe ich genau die Farben vor mir.

Es gibt Dinge, an die ich mich gern erinnern würde. An die Spazierfahrten in dem riesigen Kinderwagen zum Beispiel, die Mary, ob es regnete oder die Sonne schien, mit mir unternahm; an unsere Nachbarin Greta Garbo, die mich oft aus dem Wagen hob und mit mir schmuste.

Mutter behauptet, daß ich Tyrone Power, der kurz mit ihr verlobt war, besonders gern mochte. Er war der einzige, der mit mir spielte, aber leider kann ich mich seiner nicht entsinnen, obwohl die stürmische Liason andauerte, bis ich fast vier Jahre alt war. Woran ich mich ebenfalls beim besten Willen nicht erinnern kann, ist Mutter selbst.

Ich habe mir Fotos von ihr aus jenen ersten Nachkriegsjahren angesehen, die ich in alten Zeitungen fand. Auf diesen Fotos hält sie mich zärtlich in ihren Armen oder meine kleine Hand liegt vertrauensvoll in der ihren, während ich die ersten unsicheren Schritte mache. Aber diese Situationen sind meinem Gedächtnis gänzlich entfallen.

Meistens war Mutter nicht zu Hause. Entweder sie drehte, oder sie machte Ferien. Metro machte zwei Filme pro Jahr mit ihr, wofür sie rund zweihunderttausend Dollar bekam. Sie gehörte damit zu den zehn bestbezahlten Frauen des Landes. Wenn sie nicht arbeitete, vergnügte sie sich in New York, in Rio oder in Palm Springs. Manchmal durfte ich sie mit Mary nach New York begleiten. Meist dann, wenn sie in eine neue Romanze verstrickt war und ich als Alibi herhalten mußte. Ich sah sie aber auch nur sehr selten, wenn sie nicht auf Reisen war.

Ich schlief, wenn sie morgens um halb sieben zum Studio fuhr, und ich schlief bereits wieder, wenn sie heimkam. An drehfreien Tagen stand sie selten vor Mittag auf, weil sie dann das Nachtleben Hollywoods genoß.

Es war mir verboten, an ihre verschlossene Schlafzimmertür zu klopfen, zu lauschen oder Geräusche zu machen, die sie wecken konnten. Gelang es mir manchmal, Mary zu entwischen, stand ich vor dieser Tür, still und einsam, in der Hoffnung, sie würde sich öffnen und mir damit einen Blick auf die Märchenprinzessin erlauben. Für mich war Mutter die schönste Frau der Welt, ein unerreichbarer Traum.

Nur manchmal saß sie an meinem Bett, das waren Augenblicke, die viel zu schnell vergingen. Der Duft ihres Parfums umhüllte mich wie eine unsichtbare Wolke, auch wenn sie das Zimmer längst verlassen hatte und ich verträumt meinen Zitronenmond betrachtete.

Mutters ganz in Weiß eingerichtetes Schlafzimmer war für mich tabu, aber wenn sie verreist und Gran im Haus war, kroch ich manchmal zwischen ihren Kleidern und Pelzen herum, um ihren Geruch zu erschnuppern.

Einmal probierte ich das, als ich sie bei Dreharbeiten besuchen durfte; ich schlüpfte in die Falten ihres schwarzen Chiffonrockes und war sehr glücklich dabei, denn ich war in diesem Augenblick ein Teil von ihr.

»Komm her, Süße, komm sofort raus!«

»Mommy's Kleid! Baby!«

Eine Mutter, die für ihr Kind unerreichbar war, paßte natürlich nicht zu dem Image, das Metro von Lana Turner aufgebaut hatte. Ursprünglich hatte das Studio angenommen, daß meine Geburt sich nachteilig auf ihre Karriere auswirken könnte. Ein Sexsymbol mit Kind?! Es passierte aber genau das Gegenteil. Eine Flut von Fanpost erreichte das Studio. 1944 bekamen Mutter und Judy Garland innerhalb von neun Monaten fast zweihunderttausend Briefe. Greer Garson rangierte an dritter Stelle.

Als Mutter »des Kindes wegen« einen in den Krieg ziehenden GI heiratete, ließ die Presse andeutungsweise durchblicken, daß sie es aus Patriotismus tat. Für das Publikum war sie danach nicht nur ein Sexsmbol, sie hatte auch etwas von einer Madonna. Die Folge davon war, daß das Studio mit Geschenken für Baby Cheryl überschwemmt wurde: Kleider, Puppen, Spielzeug, Lätzchen und vieles andere. Die Sachen wurden an Waisenhäuser weitergegeben. Ein einziges Geschenk durfte ich behalten: eine handgemachte Puppe, die genauso aussah wie Mutter und etwa meine Größe hatte. Das blonde Haar war ebenso echt wie die winzigen Perlenknöpfe und die Ohrringe, die mit Diamantsplittern besetzt waren. Sie trug ein silbernes Kleid und hochhackige Schuhe, die ich ihr ausziehen konnte. Allerdings hatte sie kein Unterhöschen an, wie ich erstaunt feststellte. Da die Puppe kostbar und sehr zerbrechlich war, durfte ich nicht mit ihr spielen, aber sie stand auf dem Bücherregal neben meinem Bett und lächelte mir zu.

Die vielen Briefe und Geschenke veranlaßten die Presseabteilung von M-G-M, Mutter ein neues Image zu geben: die hingebungsvolle Mutter. Gemeinsam mit Marlene Dietrich wurde sie von einer nationalen Frauenvereinigung zu »Amerikas schönster Mutter« gekürt. In den Frauenmagazinen erschienen Berichte, in denen es hieß: »Sobald Lana nach Hause kommt, entfernt sie jegliches Make-up, um mit ihrem Baby schmusen zu können.«

Diese Art der Berichterstattung hatte mit der Wirklichkeit nichts zu tun. Mit vier durfte ich sie manchmal am Drehort besuchen oder mich im Salon aufhalten, wenn Gäste da waren.

Bei meinen Auftritten mußte ich immer bestimmte Regeln befolgen, die mir vorher eingetrichtert worden waren. Sie küßte und umarmte mich, aber das war keine herzliche Geste. Wir berührten uns kaum dabei. Selbst zu Hause war sie immer perfekt geschminkt und elegant gekleidet. Das erste Gebot hieß für mich: Du darfst Mommy nicht anfassen! Weder ihr Gesicht oder ihre Frisur noch ihr Kleid. Es fiel mir sehr schwer zu verstehen, warum ich ihr herrliches goldenes Haar, ihre zarte Haut nicht berühren durfte. Aber ich gehorchte. Wie immer.

Lana als Mutter war im Grunde eine Fehlbesetzung, eine Rolle, die das Leben ihr vorgeschrieben hatte, mit der sie aber nichts anzufangen wußte, obwohl sie gelegentlich einen Versuch unternahm. Eines Sonntags, Mary hatte frei, wollte sie mich baden. Ich war etwa ein Jahr alt. Und zum erstenmal war sie mit mir allein. Bereits diese Tatsache versetzte sie in Panik. Sie erinnert sich, daß sie mich von oben bis unten einseifte, wogegen ich mich schreiend und strampelnd wehrte. Sei es aus Ungeschicklichkeit oder aus Ungeduld – mit ihren Händen drückte sie mir plötzlich die Kehle zu.

»Als ich das begriff«, schreibt sie in ihrer Autobiographie *Lana*, »legte ich Cheryl sofort auf den Wickeltisch, dann preßte ich sie eng an mich, obwohl sie pitschnaß war. ›Baby, das wollte ich nicht‹, stammelte ich. Fast wie eine Erwachsene entwand Cheryl sich meiner Umarmung, sah mir direkt ins Gesicht und lachte.«

Etwas Ähnliches passierte, als ich vier war. Mutter nahm mich mit zu Saks, ihrem Lieblingskaufhaus in Beverly Hills. Die Verkäuferinnen kannten sie natürlich und waren entzückt, Baby Cheryl endlich einmal zu sehen. Bei dieser Gelegenheit entdeckte ich einen riesigen mit Blumen geschmückten Hut und blieb wie angewurzelt stehen.

»Kann ich den haben, Mommy?«

»Nein, das ist ein Damenhut. Nichts für dich. Komm.«

»Ich möchte ihn aber.«

»Ich sagte doch nein!«

Ich riß mich los und fiel dabei auf den Fußboden, wo ich

wie eine umgekippte Schildkröte liegenblieb. Verkäuferinnen scharten sich um mich, Mutters Lächeln gefror. Ich inszenierte einen Jähzornanfall, hielt die Luft an und strampelte mit hochrotem Kopf, dem Ersticken nahe, mit den Beinchen in der Luft. Ärgerlich und verlegen klaubte Mutter mich vom Boden auf und floh mit mir aus dem Kaufhaus. Es war unser erster gemeinsamer Ausflug – und für lange Zeit der letzte.

Die Jähzornanfälle waren meine Art, mich zur Wehr zu setzen. Bis dahin war ich das gehorsamste Kind der Welt. Mutters Freunde hielten mich für das typische Einzelkind: scheu, höflich und ernst. »Sie wirkt schon viel zu erwachsen«, sagten sie. Fotos von mir als Zweijähriger und später zeigten ein kleines unsicheres Mädchen, das niemals lächelte. Noch heute höre ich die Stimmen der Erwachsenen: »Lächle, Baby, warum lächelst du denn nicht?«

Man brachte mir bei, höflich zu sein und den Erwachsenen die Hand zu schütteln. Ich selbst mußte immer schneeweiße Handschuhe tragen – in Marys Handtasche befand sich stets ein Reservepaar.

»Guten Tag«, sagte ich artig, wenn ich jemandem vorgestellt wurde. »Danke, mir geht es gut.«

»Guten Tag, Sir. Mein Name ist Cheryl.«

Das Studio erfand Geschichten, um unsere heile Familienwelt glaubhaft darzustellen. Demzufolge erschienen Artikel wie: »Metro hat sich entschlossen, an den Tagen, an denen die Kinderschwester frei hat, nicht mit Lana zu drehen. An jenen Tagen kümmert sie sich ausschließlich um Cheryl. Kein noch so hoher Bonus kann sie dazu verleiten, darauf zu verzichten.«

In Wirklichkeit war genau das Gegenteil der Fall. Wenn Mutter zu Hause war, hatte sie trotzdem keine Zeit, zu mir ins Zimmer zu kommen. Manchmal wurde ich in den Salon gebracht, im frisch gestärkten Kleid und mit diesen fürchterlichen Locken.

Die Quelle jener Mutter-Kind-Artikel war wahrscheinlich meine geliebte Großmutter, die mir als einzige Wärme und Geborgenheit vermittelte. Sie liebte mich, und ich liebte sie – welches Glück für mich!

9

Meine Großmutter gehörte zu jener Gruppe von Frauen, die in Hollywood schlicht als »Star-Mütter« bezeichnet wurden. Sie war Mitglied eines Clubs gleichen Namens, der übrigens noch heute existiert. Als Mutter von Lana Turner profitierte sie zwar vom Reichtum und der Berühmtheit ihrer Tochter, gleichzeitig jedoch war sie gezwungen, ihre eigene Identität aufzugeben. Im Grunde war sie eine sehr einsame Frau, da sie, als sie einunddreißigjährig mit ihrer Tochter in Los Angeles ankam, den Augenblick verpaßte, sich ein eigenes Leben aufzubauen.

Als ihr klarwurde, daß sie immer weniger Einfluß auf Mutter ausüben konnte, konzentrierte sie sich auf mich. Auf diese Weise mag sie das Gefühl gehabt haben, nicht gänzlich nutzlos zu sein; zudem war ich wahrscheinlich das einzige, was die beiden Frauen noch miteinander verband.

Ohne Zweifel war Gran diejenige, die mich während meiner Kindheit und meines Heranwachsens am meisten formte, und ich schätze mich noch heute glücklich, einige ihrer Qualitäten geerbt zu haben. Großmutters Vorfahren stammten aus Irland und Schottland. Sie emigrierten Mitte des neunzehnten Jahrhunderts nach Amerika. Eine französische Linie soll ebenfalls existieren, aber leider gibt es darüber keine Aufzeichnungen. Ist meine Sturheit in gewissen Dingen auf irische, meine auffallende Sparsamkeit auf schottische Ursprünge zurückzuführen? Verdanke ich meine Schwäche für schöne Kleider, gutes Essen und stilvolles Dekor meinen französischen Ahnen? Vielleicht.

Sobald Mutter Erfolg hatte und sie und Gran zum elitären Kreis der Filmkolonie gehörten, wurde die Familiengeschichte aufpoliert. Da war plötzlich von französischen Aristokraten die Rede, die Freunde der einfachen Familie wurden als Doktoren bezeichnet, und Großmutters Vater, ein simpler Lokomotivführer, avancierte zum Ingenieur. Später versuchte ich die Wahrheit herauszufinden, aber Gran sprach offensichtlich nicht gern über gewisse Abschnitte ihres Lebens; vielleicht war die Erinnerung daran zu schmerzvoll für sie.

Fest steht, daß sie in entsetzlicher Armut aufwuchs, und ihr Weg von Oklahoma bis Hollywood glich einer Odyssee. Viele Menschen fielen, da sie nicht wußten, wohin sie eigentlich gehörten, wie ein Heuschreckenschwarm in Kalifornien ein.

Gran war eine sehr stolze Frau und bestand daher auf ihrer Version der Geschichte. Demzufolge war sie auf Anraten ihres Arztes in das Land der Zitronen gekommen. Da sie an Atembeschwerden litt, war das milde Klima lebensnotwendig für sie. Ich bezweifle, daß dies der Wahrheit entsprach. Meiner Meinung nach kam sie nach Los Angeles wie viele andere arme Leute auch, um in der Film-Metropole Arbeit zu finden. Auch sie konnte sich der Faszination Hollywoods und seiner Stars nicht entziehen. Gran hatte sogar die gleiche Frisur wie Kay Frances, der sie ein wenig ähnelte und die bei Warner Brothers unter Vertrag war, und meine Mutter, damals noch ein Teenager, schwärmte für die berühmte Norma Shearer. Beide gingen sehr häufig ins Kino und kopierten anschließend die Garderobe ihrer Lieblingsschauspielerinnen.

Mutter behauptet bis heute, daß sie nicht Schauspielerin, sondern Modedesignerin hatte werden wollen. »Dieser ganze Starrummel interessierte mich überhaupt nicht!« Mit dieser Bemerkung will sie zu verstehen geben, daß sie selbst nichts dafür getan hatte, ein Star zu werden, sie war sozusagen erfolgreich, ohne je Erfolg angestrebt zu haben.

Wie dem auch sei, im August 1937 erreichten Gran und Mutter, nach sechzehn Jahren, die sie in Untermietszimmern in den verschiedensten Kleinstädten verbrachten, an deren Bahnhöfen allenfalls der Bummelzug hielt, schließlich Los Angeles. Ohne einen Pfennig Geld, in einer dreckigen alten Blechkiste, auf deren Dach Strohkoffer festgezurrt waren, fuhren sie zum erstenmal den Sunset Boulevard entlang. Innerhalb der nächsten sechs Monate wurde ein amerikanischer Traum Wirklichkeit: Mutter hatte einen Filmvertrag, und Gran war nicht mehr gezwungen, im Friseursalon zu arbeiten.

Gran wurde 1904 als Mildred Frances Cowan in Lamar,

Arkansas, geboren. Ihre Mutter starb bei der Geburt, und sie wurde von einer älteren Großtante aufgezogen. Ihr Vater, Henry Cowan, heiratete noch dreimal. Er zeugte zwölf Kinder, die von seinem Gehalt als Eisenbahner ernährt werden mußten.

Gran war ein immer kränkelndes Kind, das entweder einen Beutel mit verfault riechenden Kräutern oder Senfpflaster um den Hals tragen mußte – eine gewiß seltsame Art, Atembeschwerden kurieren zu wollen. Krankheit, Armut, ein Vater, der nie da war, eine ältliche Großtante als Mutterersatz – keine besonders schöne Kindheit. Liebe muß ein abstrakter Begriff für sie gewesen sein.

Schließlich traf sie als Fünfzehnjährige in Picher, einer Kleinstadt in Oklahoma, den neun Jahre älteren John Virgil Madison Turner, einen kleinwüchsigen, stämmigen Burschen, der dank seiner blonden Haare verhältnismäßig gut aussah. »Mr. Turner«, wie sie ihn immer nannte, war holländischer Abstammung und in Alabama geboren. In dem einzigen überdachten Biergarten der Stadt, in den sie ihr Vater mitgenommen hatte, bat Virgil, vor kurzem aus der Infanterie als Unteroffizier mit Auszeichnung entlassen, sie um einen Tanz, bei dem es wohl zwischen ihnen funkte.

Ein anderes Mal allerdings erzählte sie mir, sie habe Virgil in eben jenem Biergarten auf der Bühne bewundert, wo er eine Art Negertanz zum Besten gab. Nach der Vorstellung trafen sie sich am Bühnenausgang und waren von diesem Augenblick an unzertrennlich. Ihr Vater sträubte sich des Altersunterschieds wegen gegen eine Heirat, aber Gran war zum erstenmal verliebt und daher fest entschlossen, ihren Willen durchzusetzen. »Ich konnte Mr. Turner nicht widerstehen«, gestand sie mir und errötete dabei wie ein junges Mädchen. Zwei Tage vor ihrem sechzehnten Geburtstag heirateten die beiden heimlich in Wallace, Idaho, einer Kleinstadt im Nordwesten des Staates. Die Hochzeitsnacht mit dem grobschlächtigen Burschen verdarb der damals völlig unaufgeklärten Gran jegliche Freude an Sex.

Meine Mutter, Julia Jean Turner, genannt Judy, wurde im ersten Jahr ihrer Ehe geboren. Virgil gab zwar seine Tanzerei auf und wurde Grubenarbeiter, aber die Turners waren trotzdem nicht glücklich. Gran war im Grunde selbst noch ein Kind und ihren Aufgaben als Ehefrau, Mutter und Heimchen am Herd keineswegs gewachsen. Virgil bestand darauf, daß sie sich ihm trotz ihrer Abneigung weiter hingab, worauf sie zum zweitenmal schwanger wurde, das Kind aber verlor.

Während der zwanziger Jahre zogen die Turners von einer Stadt zur anderen. Ab und zu machte Virgil den Versuch, in einem anderen Beruf zu arbeiten, unter anderem war er, glaube ich, Versicherungsagent, aber er endete immer wieder unter Tage, wo er es schließlich bis zum Vormann brachte. Manchmal mußten sie seiner hohen Spielschulden wegen die Stadt von heute auf morgen verlassen und unter einem falschen Namen weiterziehen. Auch seine kläglichen Versuche, Alkohol zu schmuggeln, endeten meist damit, daß ihm die Polizei auf die Schliche kam, ein weiterer Grund, warum die Familie nie lange an einem Platz bleiben konnte.

Virgil war ein leidenschaftlicher Spieler. Beim Karten- oder Würfelspiel gewann er selten; meist verlor er die Summe, die nötig gewesen wäre, um die Miete zu bezahlen. Schon sehr früh brachte er seiner Tochter Poker bei, und bis zum heutigen Tag beherrscht Mutter dieses Kartenspiel mit all seinen Finessen. Virgil war eine Frohnatur: Er trank und tanzte gern und war immer mit von der Partie, wenn es etwas zu feiern gab – wenn es keine Gründe gab, erfand er welche. Seine Familie hatte oft unter seiner Leichtfertigkeit zu leiden.

Zu Mutters schönsten Erinnerungen gehörte ein Erlebnis, auf das vielleicht ihre Tanzleidenschaft zurückzuführen ist. *You are the Cream in My Coffee* war ein bekannter Schlager, und ihre Eltern tanzten eines Tages fröhlich zu dieser Melodie. Etwas später nahm ihr Vater die kleine Judy in die Arme und wirbelte mit ihr herum, bis sie vor Vergnügen quietschte. Virgil war ein ausgezeichneter Tänzer; er konnte sogar ganz gut steppen.

Ein anderer Vorfall dagegen stürzte sie in tiefste Verwirrung. Einmal wohnten sie in einem kleinen Haus, an dessen winzigem Hinterhof die Eisenbahn vorbeiführte. Gran nahm ihre kleine Tochter häufig auf den Arm, um den vorbeifahrenden

Zügen zuzuwinken. Eines Tages entdeckten sie eine Dame mit langen weißen Handschuhen am Fenster eines Abteils. »Winke ihr zu«, forderte Gran die Dreijährige auf. Judy gehorchte lustlos, und die Dame winkte zurück. Neugierig bestand das Kind auf einer Erklärung. »Das war«, sagte Gran schließlich, »deine richtige Mutter – ich passe nur auf dich auf.« Judy brach in Tränen aus. Gran nahm sie fest in die Arme und versicherte ihr, die Unwahrheit gesagt zu haben. Seit dieser Zeit war die kleine Judy sehr mißtrauisch ihrer Mutter gegenüber. Sie hat den Vorfall nie vergessen.

Gran war über sich selbst entsetzt, konnte kaum fassen, daß sie zu so einer grausamen Handlung fähig gewesen war. Ich nehme an, sie sehnte sich danach, ihrem tristen Dasein zu entfliehen. Dieser Drang wurde offensichtlich immer stärker, so gewaltig, bis sie ihm nicht mehr widerstehen konnte – sie lief Mr. Turner davon. Mit mühsam zusammengespartem Haushaltsgeld kaufte sie für sich und ihre Tochter hübsche Kleider, packte die Koffer und nahm den nächsten Zug. »Wir fuhren und fuhren, bis wir kein Geld mehr hatten. Dann habe ich zu Hause angerufen und gesagt: ›Wir sind in Yuma, Mr. Turner. Kommst du uns holen?‹ Und Mr. Turner kam. Er schimpfte zwar mit mir, aber ich konnte ihm nicht erklären, warum ich davongelaufen war. Ich wußte es selbst nicht. Armer Mann. Ich war wirklich nicht sehr nett zu ihm.«

Als Judy sieben Jahre alt war, lebten sie in San Francisco. Virgil und Millie trennten sich. Er fand Arbeit bei der *Pacific Coast Steamship Co.*, wo er beim Beladen von Schiffen half, was ihn aber nicht vom Spielen abhielt, und Gran wurde Kosmetikerin. Judy kam zu Pflegeeltern. Es waren die ersten, aber nicht die letzten.

Freunde von Gran, ein verheiratetes Paar in Modesto, versprachen, Judy für eine bestimmte Summe bei sich aufzunehmen und sie wie ihre eigene Tochter zu behandeln. Als Gegenleistung sollte Judy leichte Arbeiten verrichten. In Wirklichkeit mußte das Kind Essen kochen, samstags die gesamte Wäsche waschen und an den Sonntagen bügeln. Gran konnte ihre Tochter nur sehr selten besuchen, und Judy fühlte sich hoffnungslos verlassen. Mag sein, daß ich deshalb nie allein gelassen werden durfte.

Bei einem ihrer Besuche in Modesto entdeckte Gran, daß ihre Tochter mit einem Stock geschlagen worden war. Noch am selben Tag reiste Gran mit Judy nach San Francisco zurück. Damit endeten zwei entsetzliche Jahre, die das Kind schweigend über sich hatte ergehen lassen, weil man ihm drohte, es noch mehr zu schlagen, wenn es etwas verriet. »Deine Mutter kommt. Halt ja den Mund!«

Wenn Gran auf diesen Vorfall zu sprechen kam, kräuselte sich ihre Nase, und sie wandte den Blick ab, so als zweifle sie an der Wahrheit. Hatte Judy sich die Schrammen und blauen Flecken womöglich selbst zugefügt, um nicht mehr bei den Pflegeeltern bleiben zu müssen? Vielleicht versuchte Gran auch nur, mit ihren Zweifeln ihr eigenes Gewissen zu beruhigen, weil sie ihre Tochter weggegeben hatte. Oder erkannte sie schon damals Mutters Begabung, Dinge zu dramatisieren, wenn sie einen Vorteil für sich erhoffte?

Gran war fest entschlossen, ihre Tochter nun bei sich zu behalten. Doch ihre Versuche – kurze Versöhnungen mit Virgil, mit Freundinnen geteilte Wohnungen – brachten nicht die erhoffte Lösung. Als sie einmal schon seit drei Tagen nichts gegessen hatten, schickte Gran ihre Tochter zum Betteln. In mitleiderregendem Aufzug stand das kleine Mädchen vor den Kaufhäusern und bat um etwas zu essen. Irgendwie jedoch schafften sie es zu überleben.

Der größte Schock aber stand Judy noch bevor. Sie war gerade neun Jahre alt, da fand man eines Morgens Virgil Turner. Zusammengekrümmt gegen eine Häuserwand gelehnt, den Mantel über den blutig zusammengeschlagenen Kopf gezogen. Er war tot. Was war passiert? Am Abend war er im Erdgeschoß des *San Francisco Chronicle* in ein Spielchen verwickelt worden, bei dem er erstaunlicherweise ziemlich viel Geld gewann. Es war allgemein bekannt, daß er größere Gewinne in seiner linken Socke zu verstecken pflegte. Als er am nächsten Morgen gefunden wurde, fehlte seine linke Socke. In zehn Tagen war Weihnachten, und er hatte damit geprahlt, daß er seiner kleinen

Tochter ein Fahrrad kaufen würde. Sein Mörder wurde nie gefunden.

Mutter behauptet, sie habe seinen Tod geträumt. Als sie aber dann ihren Vater im Sarg liegen sah, geriet sie in Panik. »Möchtest du ihn zum letzten Mal küssen?« fragte Gran. Ängstlich faßte sie nach seiner Hand – sie war hart und eiskalt. Judy wich zurück und klammerte sich an ihre Mutter.

Ganz sicher hat Virgil Mutters spätere Einstellung Männern gegenüber beeinflußt. Er war ein lustiger Nichtsnutz, ein phantastischer Stepper und ein ewiger Träumer. Sie liebte ihn seiner magischen Ausstrahlung wegen, liebte ihn für das Gefühl der Wärme, das er ihr vermittelte, wenn er mit ihr tanzte. Andererseits war er ohne Zweifel ein Schurke. Ein Kerl ohne Verantwortung für seine Familie.

Es muß für Mutter verwirrend gewesen sein, daß er trotzdem auf dem Soldatenfriedhof nahe der Golden Gate Bridge begraben wurde. Das Begräbnis war das eines Helden – trotz seines mißratenen Lebens und seines gewaltsamen Todes. Sergeant Turner wurde mit Salutschüssen im Grab versenkt.

Der Verlust des geliebten Vaters war für Judy schwer zu verkraften. Sie war vielleicht die einzige, die um ihn trauerte. Studiomeldungen zufolge war er bei einem *Unfall* zu Tode gekommen. Erst 1951 war Mutter in der Lage, ihr Publikum mit der Wahrheit zu konfrontieren. »Ich war neun Jahre alt ...« schrieb sie in *Woman's Home Companion*, »... dieses schreckliche Erlebnis ist vielleicht dafür verantwortlich, daß ich heute bin, wie ich bin ...«

In dem Artikel – sie war inzwischen dreißig – gab sie auch zu, daß ihr Leben im Grunde die Suche nach etwas Nichtvorhandenem war. Diese Suche konnte wohl immer nur mit Enttäuschungen enden. »Ich führe Entschuldigungen an, ich weiß ...« fügte sie kokett hinzu.

Virgils Tod änderte nichts an Großmutters finanzieller Misere. Gran fand Arbeit in einem Friseursalon, und das hatte zur Folge, daß Judy wieder zu Pflegeeltern kam. Schließlich teilte sich Gran eine Wohnung mit ihrer Arbeitgeberin Chila Meadows und holte ihre Tochter zu sich. Nach dem Besuch von drei verschiedenen katholischen Schulen entschloß sich Mutter, Nonne zu werden. Als sie allerdings erfuhr, daß man sich den Kopf rasieren lassen müsse, änderte sie ihre Meinung. Bereits im Teenageralter war ihr ihr Aussehen sehr wichtig. Mit dem dichten braunen Haar, den grauen Augen, sinnlichen Lippen und einer bereits sehr weiblichen Figur war sie das schönste Mädchen der Klasse. Die Jungen begannen ihr nachzustellen. Sie liebte es, bewundert zu werden.

Eine Zeitlang hoffte sie, Karriere als Sängerin zu machen, doch bei ihrem ersten Vorsingen riet man ihr dringend ab.

Davon abgesehen interessierte sie sich am meisten für schöne Kleider. Wenn sie und Gran sich nicht der Lektüre des großen Benimmbuches von Emily Post widmeten, blätterten sie in Modejournalen oder schwelgten in Erinnerungen an irgendwelche phantastischen Kostüme, die sie im Kino gesehen hatten. »Oh, ich liebte diese Filmgarderoben!« erinnert sich Mutter. Dank ihrer Begabung und einer riesigen Portion Glück wurde sie später eine der bestangezogenen Frauen ihrer Zeit.

10

Das Nachkriegsjahr 1946 brachte familiäre Veränderungen mit sich, die mir meine Isolation im Kinderzimmer noch deutlicher bewußt werden ließ. Wir lebten immer noch in dem Haus nahe dem Golfplatz.

Mutter bestand darauf, daß Gran auszog. Ich nehme an, es mußte so kommen. Seit ihrem ersten Filmvertrag war die Beziehung zwischen Gran und ihrer Tochter eher gespannt. Grans selbstgewählte Funktion als Moralapostel mußte meiner freiheitsliebenden und vergnügungssüchtigen Mutter auf die Nerven gehen.

Zu jener Zeit gaben sich die Männer bei uns die Klinke in die Hand: Dad, Greg, Bautzer, Tony Martin, Peter Lawford, Frank Sinatra, Rex Harrison, Howard Hughes, Huntington Hartford. Einem Gerücht zufolge soll Mutter, erpicht darauf, Hughes zu heiraten, alle Handtücher im Haus bereits mit dem

Monogramm H. H. versehen haben. Als die Affäre plötzlich endete, sagte Hughes: »Dann heirate doch Huntington Hartford!«

Gran wartete jeden Abend, bis ihr Kind, nunmehr fünfundzwanzig und zweimal geschieden, nach Hause kam – auch wenn sie die ganze Nacht aufbleiben mußte. Was Mutter allerdings am meisten aufregte, war die Tatsache, daß Gran immer noch einen sehr engen Kontakt zu Dad hatte und ihn dazu ermutigte, mich so oft wie möglich abzuholen. In einem ihrer gelegentlichen Wutanfälle warf Mutter Gran aus dem Haus.

Kurz bevor sie für sechs Wochen nach Südamerika verschwand, wies sie Greg Bautzer an, das Haus zu verkaufen und ein kleineres zu suchen, in dem für Gran kein Platz mehr sein würde. Bautzer fand tatsächlich ein Haus am Crown Drive in Brentwood Heights, ja, er überbrachte sogar Gran die überraschende Nachricht, daß sie von nun an in Beverly Hills in einem Drei-Zimmer-Apartment wohnen würde. Natürlich zahlte Mutter die Miete. Gran war verletzt, aber so lange sie von Mutter finanziell unterstützt wurde, mußte sie sich mit dieser Tatsache abfinden. Als Mutter eines Stars konnte sie unmöglich in ihrem alten Beruf arbeiten. Erstens wurde der Job – Dauerwellen legen und Maniküre – ohnehin sehr schlecht bezahlt, und zweitens – die Publicity! Joan Crawfords Mutter verkaufte selbstgebackene Kekse, eine Nachricht, die das Publikum mit Empörung aufgenommen hatte.

Trotz der strengen Herrschaft meiner Kinderschwester in unserem Bel Air Haus, konnte mich Gran in meinem Schlafzimmer besuchen und mich mit Streicheleinheiten verwöhnen. In unserem neuen Heim sah ich sie nur noch an den Tagen, wenn Nana frei hatte.

Zudem vermißte ich meinen Sonntags-Vater, der sich inzwischen ins Geschäftsleben gestürzt und ein Restaurant gekauft hatte. Lucy's war ein renommierter gastronomischer Tempel, den die Filmkolonie häufig und gern besuchte. Das Restaurant befand sich an der Melrose Avenue, direkt gegenüber dem Haupteingang von Paramount. Auch Universal und RKO waren nicht weit davon entfernt, und manchmal erschienen die

Schauspieler in den Drehpausen in Kostümen und Make-up, um in dem hübschen, weinbewachsenen Steakhouse zu schlemmen. Zu den Stammkunden gehörten Humphrey Bogart, John Garfield, Ava Gardner und Robert Mitchum.

Nachdem Dad bei Columbia rausgeflogen war, brauchte er ein Jahr, um die Finanzierung für das Restaurant zu regeln – dank etlicher größerer Gewinne und einem Partner gelang es ihm schließlich. Sein Partner war Al Mathes, ein früherer Boxer und ein ebenso leidenschaftlicher Spieler wie Dad, dessen Eltern in der Bekleidungsindustrie zu Vermögen gekommen waren. Onkel Al, wie ich ihn nannte, blieb Dads Partner bis zum Schluß. Er galt als ruhig, scheu und clever.

Nach vier Jahren dubioser Berühmtheit war Dad nun endlich soweit, allein seinen Weg zu gehen. Sein unwiderstehlicher Charme kam ihm als Restaurantbesitzer zugute. Zudem hatte er nicht umsonst die Freundschaften mit Gastgebern, Klubbesitzern, Kolumnisten und Berühmtheiten gepflegt und gehegt – er hatte auch viel dabei gelernt. Er sprach niemals davon, daß er mit Lana Turner verheiratet war, aber jeder wußte es. Geschadet hat ihm diese Tatsache auf keinen Fall.

Die neue Rolle in Lucy's war Dad wie auf den Leib geschrieben: Wie ein geschickter Polizist regelte er den Verkehr der Prominenz. Seinem Charme verfielen das französische Sex-Kätzchen Corinne Calvet, Nina Foch – seine Partnerin in *Werwolf* – und Olga San Juan, eine südamerikanische Sexbombe, die bei Columbia unter Vertrag war.

An einem Mädchen schien er besonders interessiert zu sein. Kennengelernt hatte er sie bei Ciro, wo sie ihm Zigaretten verkaufte. Inzwischen hatte sie bei Metro einen Vertrag. Lila Leeds sah mit ihrem blondgefärbten Haar, den weißen Shorts und den hochhackigen Sandaletten aus wie eine gute Lana-Turner-Kopie.

Ich erinnere mich an mein erstes Schokoladeneis, das ich dreijährig, in einem weißen Seidenkleidchen, bei Lucy's schleckte. Ich genoß das sehr, weil mir zu Hause Süßigkeiten verboten waren.

Die Bezeichnung »Daddy« war irgendwie ein abstrakter

Begriff für mich, da ich eigentlich keine Vorstellung hatte, wie es in anderen Familien zuging – ich durfte nie mit anderen Kindern spielen. Die einzigen Kinder, die ich kannte, waren jene, die aus ähnlich merkwürdigen Filmstar-Familien stammten wie ich und denen ich bei gelegentlichen Geburtstagsfesten begegnete. Man mußte uns geradezu zwingen, miteinander zu spielen.

Der Mann, den ich »Daddy« nannte, war groß und freundlich. Er brachte mich zum Lachen, und ich fühlte mich in seiner Gegenwart geborgen. Er sprach mit mir wie mit einer Erwachsenen – ein alter Trick, um die Sympathie von Kindern zu gewinnen – mit einer tiefen Stimme, die mir Vertrauen einflößte. Ich liebte es, wenn er mich in die Luft warf oder Hoppe-Hoppe-Reiter mit mir spielte; es machte Spaß, mit ihm zusammenzusein. Es bedeutete Lachen und Geschenke, glückliche Zeiten in lauten Restaurants, Süßigkeiten, Zuneigung und Ausgelassenheit. Leider sahen wir uns sehr unregelmäßig – wenn er aber überraschend auftauchte, war es jedesmal wie ein kleines Wunder für mich.

Im Frühling 1946 eröffnete Dad sein Restaurant. Die Uraufführung von *Im Netz der Leidenschaften* stand kurz bevor. Der Film, eine Adaption des 1934 geschriebenen Bestsellers von James M. Cain, sollte einer der Höhepunkte in Mutters Karriere werden: Zum erstenmal wurde sie als Schauspielerin ernst genommen. Im Gegensatz zu ihren früheren eher romantischen Rollen, mit denen sie sich einen Namen gemacht hatte, spielte sie eine Schurkin mit außerordentlich erotischer Ausstrahlung; Metro fürchtete die Zensur – deshalb kamen Regisseur Tay Garnett und Produzent Carey Wilson überein, sie nur in jungfräulich weißer Garderobe auftreten zu lassen – und außerdem bestand die Gefahr, daß das Publikum sie ungern als unmoralische Kellnerin akzeptieren würde.

Deshalb wurde vor Anlaufen des Films eine Kampagne gestartet, in der Lana Turner als herzliche und liebevolle Mutter angepriesen wurde. Aus diesem Grund durfte ich sie eines Tages an ihrem Drehort, dem Laguna Beach, besuchen, um gemeinsam mit ihr fotografiert zu werden. Ich war außer mir vor Freude über die riesigen Wellen, die ich zum erstenmal sah, und überredete in meiner Begeisterung Mutter und ihren Partner John Garfield, mit mir ins Wasser zu laufen. Natürlich hatte ich keine Ahnung von dem wahren Grund dieser Fotoseance. Die Bilder waren nicht sehr gut, wurden aber der Presse zur Verfügung gestellt. Lana, die perfekte Mutter – dafür waren sie allemal gut genug.

Kurz vor der Premiere wurden Mutter und ich in vergißmeinnichtblauen Hüten bei der Oster-Parade auf der Fifth Avenue fotografiert.

Um Mutters Großzügigkeit hervorzuheben, veröffentlichte man ihre Weihnachtsgeschenkliste, auf der etwa fünfhundert Einkäufe vermerkt waren; unter anderem ein Hermelinmantel für mich und eine Diamanten-Saphir-Brosche für Gran. »Zwei Dutzend Kaschmirpullover, fünfunddreißig Dollar das Stück, für ihre jungen Freunde«, schrieb die Times, »und kostbare Brieftaschen mit Goldgravierung (›Eddie von Lana‹) für ihre älteren Freunde.«

Jede dieser Veröffentlichungen diente nur dem Zweck, die Zensoren zu beschwichtigen und ihr Image als perfekte Mutter zu unterstreichen. Unerwähnt blieb, daß ich nach den Auftritten sofort wieder in die Obhut meiner Kinderschwester Nana gegeben wurde.

Unser Besuch in New York zur Uraufführung verlief ohne Zwischenfälle. Auf der Fifth Avenue wurden wir zwar von Fans umschwärmt, aber sie verhielten sich respektvoll. Den Verkehr brachten wir jedenfalls nicht zum Erliegen, obwohl alle Medien über uns berichteten.

Ganz anders verlief unser zweiter Besuch. Nach dem Riesenerfolg vom *Im Netz der Leidenschaften* drehte Mutter einen Kostümfilm. Um für *Taifun (Green Dolphin Street)* die Werbetrommel zu rühren, fuhren wir ein zweites Mal nach New York. Mutter nahm mich mit, weil es gut für ihr Image war und weil sie mit meiner Gegenwart ein romantisches Rendezvous kaschierte.

Sobald wir im Sherry Netherland Hotel am Central Park

ankamen, versammelten sich Fans und Neugierige am Gehsteig vor dem Eingang. Nana gelang es trotzdem, jeden Tag mit mir in den Park zu gehen, wo ich schnell Freundschaft mit der berittenen Polizei schloß. Es machte mir ungeheuren Spaß, mit meiner kleinen Hand über die weichen Nüstern zu streichen und den Pferden Zucker zu geben.

Eines Tages entdeckten uns einige Fans, die mir, in bester Absicht, Luftballons am Handgelenk befestigten. Anfangs fand ich das sehr lustig, aber irgendwann hatte ich das Gefühl, von der Erde abzuheben. Was wollten diese Fremden von mir? Warum kannten sie meinen Namen? Nana rettete mich aus dieser ungewohnten Situation.

Am nächsten Tag packten wir, um nach Connecticut zu fahren, wo Mutter, wie sie mir sagte, einen »sehr netten Herrn« kennengelernt habe, der uns in seinem Haus, zu dem auch eine Farm gehörte, erwartete. Ich freute mich darauf, bei Mr. Topping mit Enten und Hühnern spielen zu dürfen.

Kurz vor unserem Aufbruch erschien ein sehr nervöser Hoteldirektor in unserem Zimmer. »Miß Turner«, sagte er, »es ist besser, Sie verlassen das Hotel durch den Hinterausgang.«

Mutter lächelte, er nahm mich auf den Arm, und wir fuhren im Lift nach unten. Nach einer endlosen Wanderung durch Gänge, Hallen, Bügelzimmer und Küchen standen wir schließlich am Lieferanteneingang, wo uns ein ohrenbetäubender Lärm empfing.

»Da ist sie!«

»Laaa-na!«

»Vorsicht!«

»Da ist auch das Kind!«

»Lana, schau hierher!«

»Cheryl!«

Fotoapparate klickten, meine berittenen Polizeifreunde versuchten die Menge zurückzuhalten. Niemand lächelte, niemand winkte. In hoch über den Köpfen ausgestreckten Händen steckten die spitzen Schreibinstrumente der Autogrammjäger. Die Masse verschluckte uns fast auf dem Weg zu den Autos.

»Zurück – so treten Sie doch zurück ...«

Die Polizisten verliehen ihren Aufforderungen mit Schlagstöcken Nachdruck. Hände grabschten nach meinem Mantel, nach meinem Haar. »Mommy«, schrie ich, »Mommy!« Aber Mutter war bereits in ihrer Limousine verschwunden. Jemand warf mich durch die Luft, und ich landete auf dem Rücksitz des zweiten Autos. Nana zwängte sich neben mich, die Türen fielen zu. Wütendes Getrommel auf dem Autodach, verzerrte Gesichter an den Scheiben. Endlich fuhr das Auto los. »Es ist alles in Ordnung, Liebling«, sagte Nana. »Jetzt kann dir nichts mehr geschehen.«

Mein linker Handschuh fehlte, mein Mantel war zerrissen, auf dem Kopf hatte ich eine Beule. Warum das alles?

»Oh, sieh mal, da ist der Zoo! Du kannst den Tieren zuwinken!« sagte Nana fröhlich. »Du magst doch Tiere so gern.«

Ich gehorchte. Ich winkte. Wie immer stellte ich keine Fragen.

4

Papa Topping

11

Mr. Toppings Anwesen in Connecticut war ein einziger Traum. Durch ein großes schmiedeeisernes Portal fuhren wir die endlos lange Auffahrt entlang. Die Luft roch nach Schnee, die Blätter der alten Eichen knisterten im Frost. Ich kam mir vor wie im Märchen.

Round Hill lag auf einer Anhöhe. Das Haus war ein roter Ziegelbau im Tudor-Stil; allein der Flügel, in dem das Personal untergebracht war, hatte zweiundzwanzig Zimmer. Zu dem Besitz gehörten fünfhundert Morgen bewaldeten Landes, ein See, ein Pool, Gartenanlagen, Stallungen und eine bewirtschaftete Farm. Mr. Topping hatte in England mehrere Häuser aus dem 16. Jahrhundert abreißen und Ziegel für Ziegel hierher bringen lassen.

Ich klammerte mich an Nana, die im Gegensatz zu mir völlig unbeeindruckt war, als wir die drei Stockwerk hohe Eingangshalle betraten. Neben zwei riesigen Marmorkaminen, in denen ein Mann aufrecht stehen konnte, führte jeweils rechts und links eine breite Treppe nach oben.

»Cherie, Liebling«, sagte Mutter sanft, »ich möchte, daß du meinen Freund, Mr. Henry J. Topping kennenlernst. Er ist unser Gastgeber. Du kannst Onkel Bob zu ihm sagen.«

Ich machte einen Knicks und wußte auf der Stelle, daß ich ihn mochte. Er war kugelrund und hatte eine rosige Haut. Sein Lächeln war ein Versprechen: Wir zwei werden gute Freunde. Ich hatte in letzter Zeit so viele ›Herren‹ kennengelernt; ich wäre nie auf die Idee gekommen, Onkel Bob könne mein neuer Vater werden. Noch hatte er Mutter keinen Antrag gemacht, aber ich wußte, daß sie sich in einem »kritischen« Zustand befand, finanziell und gefühlsmäßig.

Vor nur drei Monaten hatte sie für Tyrone Power, der sich für zwei Monate auf eine Weltreise begab, eine Abschiedsparty im Mocambo arrangiert, bei der Jimmy Dorsey mit seiner Band auftrat und Orchideenbäume aus Hawaii eingeflogen wurden. Die Party kostete Mutter zehntausend Dollar. Sie konnte natürlich nicht ahnen, daß er nur Wochen später in London die Schauspielerin Linda Christian kennenlernen würde, die er dann auch heiratete. Zur gleichen Zeit begann Sinatras Frau nervös zu werden und erzählte öffentlich von ihrem Unglück, an dem Lana schuld sei.

Bob Topping war zwar auch noch verheiratet, doch machte er Mutter, trotz all ihrer amourösen Abenteuer, seit einem Jahr auf seine ruhige Art den Hof. In der zweiten Dezemberwoche akzeptierte sie ein kostbares Geschenk – Diamanten-Ohrringe – sowie seine Einladung, Weihnachten mit mir bei ihm in Connecticut zu verbringen.

Zu Neujahr schenkte er ihr einen Verlobungsring mit einem fünfzehnkarätigen Diamanten, den sie in ihrem Martiniglas fand und ebenfalls annahm. Danach berichtete die Presse, sie heirate den Millionär nur, um Ty Power eins auszuwischen. Meiner Meinung nach trifft das nicht zu. Sie mochte ihn wirklich. Er war immer gutgelaunt und umgänglich, er kümmerte sich um sie, er war reich genug, um ihr ein abwechslungsreiches Leben bieten zu können, und er betete sie einfach an. Den ersten Schritt allerdings unternahm Mutter. Sie suchte einen Begleiter für eine Filmpremiere in New York, und da rief sie ihn kurzerhand an. Er wandte sich an seine Freunde, mit denen er gerade Poker spielte und sagte: »Ihr habt ja nicht daran geglaubt, daß es mit der Dame noch einmal klappt!«

Sein Großvater, Daniel G. Reid, hatte es im neunzehnten Jahrhundert zu Vermögen gebracht, indem er Konservendosen aus Weißblech herstellte, um dann das Familienvermögen mit Stahl, Eisenbahnen und Tabak auf hundertvierzig Millionen Dollar anwachsen zu lassen. Dan Topping, einer der beiden Brüder von Bob, gehörten die New Yorker Yankees – er hatte sich gerade von Sonja Henie scheiden lassen, was ihn viel Geld kostete. Bob selbst war noch mit der früheren Filmschauspielerin Arline Judge verheiratet, aber sie sprachen nicht mehr miteinander.

Die zwei Wochen in Round Hill gehörten zum Schönsten, was ich bisher erlebt hatte. Obwohl ich meine Mahlzeiten mit

Nana einnahm, durfte ich an den Nachmittagen mit Mutter zusammensein; wir machten Spaziergänge, fütterten Eichhörnchen und rösteten sogar Marshmallows im Feuer.

Die Heizkörper und Badewannen standen auf Füßen, was ich noch nie gesehen hatte. Auf der Farm gab es Ponies, Schafe und junge Enten, die ich streicheln durfte. Der Butler wurde mein Freund. Eines Tages nahm er mich sogar auf den Dachboden mit, wo Onkel Bobs Spielzeug, Federhüte und lustige Kostüme sowie ein alter Schlitten aufgehoben wurden.

Der frisch gefällte Christbaum war fast so hoch wie die Eingangshalle. Um ihn zu schmücken, mußten die Mädchen auf Leitern steigen. In meinem Schlafzimmer stand ein antikes Puppenhaus mit acht Zimmern – sogar dort war ein Miniatur-Christbaum.

Am 25. Dezember schneite es den ganzen Tag, und an der Ostküste wurde einer der schrecklichsten Stürme aller Zeiten registriert.

New York City war sechs Tage lang unter Schneemassen begraben, die Straßen blockiert. Wir merkten von all dem nichts, obwohl wir in unserem Märchenschloß weder Strom noch eine Heizung, noch frische Nahrungsmittel hatten. Im Haus brannten tausend Kerzen, die Kamine wurden Tag und Nacht in Betrieb gehalten. Der Koch bereitete über dem offenen Feuer die köstlichsten Mahlzeiten, indem er die Vorräte aufbrauchte, die für die Neujahrsparty gedacht waren – die wegen der Wetterverhältnisse abgesagt werden mußte. Es war eine sehr glückliche Zeit.

Als wir nach Kalifornien zurückkamen, mußte ich wieder auf Mutters Zuwendung verzichten. Sie drehte *Die Musketiere* mit Gene Kelly. Eines Tages eröffnete sie mir, daß sie Onkel Bob heiraten würde.

»Was ist das … Heirat?« fragte ich.

Sie zog mich näher an sich. »Nun, das heißt, daß wir alle zusammen leben werden … du, Nana, ich und Onkel Bob. Onkel Bob wird dein Daddy. Du weißt doch, was ein Daddy ist?«

»Natürlich. Ich habe ja einen Daddy.«

»Well ... von nun an hast du *zwei* Daddies, und einer davon wird die ganze Zeit bei uns sein.«

So richtig verstanden habe ich das damals nicht. Ich mochte Onkel Bob, andererseits hatte ich doch bereits einen wundervollen Vater. Natürlich hatte ich ihn in letzter Zeit nicht sehr oft gesehen, weil er sich um sein Restaurant kümmern mußte, aber ich war stolz auf ihn und wollte ihn auf jeden Fall nicht verraten. Mit der Zeit ließ ich mich aber dennoch von Mutter dazu überreden, Onkel Bob »Papa« zu nennen.

Vor allem aber hatte ich wohl Angst, Mutter ganz zu verlieren. Um auf mich aufmerksam zu machen, inszenierte ich erst den Zornanfall im Kaufhaus, und als ich merkte, daß das nicht mehr funktionierte, dachte ich mir im Laufe der Zeit weitere Untaten aus. Ich durfte weder allein das Grundstück verlassen noch auf Bäume klettern oder rasch laufen. Des weiteren war mir verboten, Freundschaften mit Kindern zu schließen, die in Mutters Augen »unpassend« waren – also alle Kinder, deren Eltern nicht zur Filmkolonie gehörten.

Am Crown Drive allerdings bot sich mir die Möglichkeit, diese Regel zu brechen. Im Nachbargrundstück wohnten zwei laute Jungen und ein kleines Mädchen in meinem Alter. Ich wußte ihre Namen nicht, aber wir begutachteten uns durch den Zaun, um ab und zu, wenn ich Großmutter entwischen konnte, zehn Minuten oder so miteinander zu reden. Einmal trug das kleine Mädchen Segeltuchschuhe, Cordhosen, ein T-Shirt und die Baseballmütze ihres Bruders. Ich hatte ein gestärktes Kleidchen und lange weiße Strümpfe an und wie üblich Bänder in meinen Haaren. Da einem immer gefällt, was man nicht hat, tauschten wir unsere Kleidungsstücke. Als Gran mich in diesem Aufzug sah, steckte sie mich zur Strafe ins Bett. Die Anziehsachen des kleinen Mädchens wurden gewaschen und gebügelt zurückgegeben. Meine Kleider durfte es behalten. Ich habe das Nachbarkind nie wiedergesehen.

»Ich habe gehört, was unlängst vorgefallen ist. Ich möchte nicht, daß dergleichen noch einmal vorkommt«, wies mich Mutter mit ernstem Gesicht zurecht.

Mutters Hochzeit mit Onkel Bob war im April geplant. Je

näher der Termin rückte, desto unruhiger wurde ich. Eines Tages klaute ich aus dem Barschrank im Salon zwei Pakete Fruchtgummi, die ich erst einmal unter meiner Matratze versteckte. Statt meinen Nachmittagsschlaf zu halten, kaute ich so lange auf der bunten Masse herum, bis sie schön weich und klebrig wurde, und ich mir damit meine Locken verzieren konnte. Gran fiel fast in Ohnmacht, als sie mich sah. Sie packte mich auf der Stelle in eine Limousine und verfrachtete mich zu M-G-M, wo der Friseur verzweifelt versuchte, mit Seife, Alkohol und Chemikalien das klebrige Zeug aus meinen Haaren zu entfernen. Letztendlich verpaßte er mir in seiner Verzweiflung einen Pagenschnitt, den ich einfach wundervoll fand.

Mutter war natürlich entsetzt. »Wie konntest du nur? Warum hast du das getan?«

»Ich weiß es nicht, Mommy«, antwortete ich. Und ich wußte es wirklich nicht.

Vielleicht hat mir aber auch mein Unterbewußtsein einen Streich gespielt. Bei der bevorstehenden Hochzeit wollte ich auf keinen Fall mit hüftlangen Locken erscheinen. Das Empirekleid, das ich würde tragen müssen, war schon schlimm genug.

Die Hochzeit fand am 26. April 1948 statt. Da sich unser Haus als zu klein erwies, war Billy Wilkerson so freundlich, seines zur Verfügung zu stellen. M-G-M sorgte dafür, daß es mit sechstausend Gardenien und Gladiolen geschmückt wurde. Die Zeremonie als solche wurde im Salon vor zwölf Zeugen vorgenommen. Danach fand eine Gartenparty statt, an der vierundsechzig berühmte Gäste teilnahmen. Später wurde die Presse dazugebeten; vierundsiebzig Fotografen und Journalisten, die – leider – als letzte gingen.

Es war Mutters vierte Hochzeit, und sie war eisern entschlossen, diesen Tag würdig zu begehen. Da sie ihre Karriere zum Teil der Presse verdankte, sorgte sie dafür, daß der Empfang bereits um zwei Uhr stattfand, damit den Journalisten bis Redaktionsschluß genügend Zeit blieb, ihre Artikel abzuliefern. Sie und ihr Ehemann fügten sich jedem Wunsch der Fotografen, der Ehrengastgeber war ein Verleger.

Trotz der Mühe, die sie sich in dieser Hinsicht gegeben hatte, waren die Berichte in den Zeitungen keineswegs so freundlich, wie sie sich das vorgestellt und gewünscht hatte. Die Zeremonie wurde als »sechs dramatische Minuten« beschrieben, nach denen »der Star so nervös war wie eine jungfräuliche Braut«. Die *Los Angeles Times* wunderte sich darüber, daß »die blonde Sexbombe, die den Männern auf der Leinwand ohne Erbarmen die Herzen brach«, bei ihrer eigenen Hochzeit offensichtlich »einem nervösen Zusammenbruch nahe war«. Ich wurde als ein »zitterndes kleines Mädchen in höchster Verwirrung« beschrieben.

Mein neuer Papa, der sich seine Scheidung drei Tage zuvor fünfhunderttausend Dollar kosten ließ, sagte zu Mutter: »Diesmal ist es für immer«, worauf sie antwortete: »Ja, Liebling.« *Life* machte daraus die Schlagzeile: »Lana Turners vierte und definitiv letzte Heirat« und fügte trocken hinzu: »Niemand mit etwas Sinn für Romantik konnte sich einer gewissen Rührung erwehren.« Mutter war darüber so erbost, daß sie dem Magazin jahrelang jedes Interview verweigerte.

Das Buffet war einer europäischen Landschaft nachempfunden; in den Flüssen schwammen echte Goldfische, die Berge bestanden aus Kaviar; das sich umarmende Brautpaar war aus Eis nachgeformt worden und schmolz langsam dahin.

In meinem türkisfarbenen Seiden-Empirekleidchen, mit übermüdetem und schon darum traurig wirkendem Gesicht war ich für die Fotografen ein gefundenes Fressen, um so mehr, weil sich das Brautpaar im ersten Stock versteckte, nachdem es meinte, seine Pflicht erfüllt zu haben. Seit dem schrecklichen Erlebnis in New York fürchtete ich mich vor Menschenmengen. Ich war müde, und der ganze Trubel war mir einfach zu viel.

Während Gran und Nana glücklich an ihren Champagnergläsern nippten, entwischte ich ihnen in den Garten. Die Sonne schien warm in jenem April, und ich verwünschte meine zu engen und kratzenden Lederhandschuhe. Ich glaube mich zu erinnern, daß ich einen Anstandsknicks vor Joan Crawford und Louella Parsons machte, aber die einzige Person, zu der ich sprach, war der Geistliche der presbyterianischen Kirche, der der Presse später mitteilte: »Das kleine Mädchen erzählte mir, daß es Missionarin werden wolle.« Ich habe das tatsächlich gesagt. Wahrscheinlich um Nana, die nahe bei uns stand, eine Freude zu machen, denn ich wußte aus ihren Erzählungen, daß sie eigentlich gerne nach Afrika gegangen wäre, um Kindern zu helfen. Natürlich hatte ich den Geistlichen angelogen, in Wahrheit wollte ich Billy the Kid werden.

Plötzlich fiel mein Blick auf die sechsstöckige Hochzeitstorte. Den Fotografen gefiel dieses Motiv. Als sie begannen, ihre Kameras auf mich zu richten, packte mich Gran am Handgelenk und verfrachtete mich in eine Ecke, in der Nana mit Grans alter Freundin und früherer Arbeitgeberin Gladdy Heath angeregt plauderte.

»Cheryl ist total übermüdet«, sagte sie zu Nana. »Sie muß zu Bett.«

»Ach, Millie, laß das Kind doch aufbleiben«, protestierte Gladdy.

»Sie muß zu Bett«, wiederholte Gran.

»Aber Millie! Es ist doch noch früh!« insistierte Gladdy beschwipst.

Beide griffen nach meinen Handgelenken, und ich brach in Tränen aus. Schließlich gab Gladdy nach, und ich wurde nach oben gebracht. Unten spielte das Zwölf-Mann-Streichorchester, und ich konnte natürlich nicht schlafen. Fälschlicherweise hatte Mutter angenommen, die Journalisten würden mit den anderen Gästen die Party verlassen und sie könne mit ihrem frischgebackenen Ehemann ihren Flitterwochen-Bungalow im Beverly Hills Hotel aufsuchen. Aber all diejenigen, die nicht in ihren Redaktionen erwartet wurden, labten sich an dem Kaviar, blockierten die Telefonleitungen und suchten nach Souvenirs, während Mutter im ersten Stück wütend auf eine Gelegenheit wartete, dem Rummel entfliehen zu können.

Als Mutter und Onkel Bob schließlich die Limousine bestiegen, entdeckten sie, daß jemand die Radkappen mit Schrauben gefüllt hatte.

12

Im Herbst nach der Hochzeit mußte ich mich wieder mit nur *einem* Daddy zufriedengeben. Mein richtiger Vater geriet in Schwierigkeiten und verschwand aus meinem Leben.

Am 1. September 1948 wurden in den frühen Morgenstunden vier Leute verhaftet, weil sie sich im Besitz von Marihuana befanden. Zu den Arretierten gehörten Robert Mitchum und Dads Verlobte Lila Leeds.

Die Presse fühlte sich bemüßigt, die amerikanischen Bürger darüber aufzuklären, daß sich die in Mexiko angebaute Droge leider in gewissen Kreisen Hollywoods größter Beliebtheit erfreute und mindestens so gefährlich war wie Heroin.

Nach dem Tod des rauschgiftsüchtigen Stummfilmstars Wallaca Reid im Jahr 1923, der Amerikas Kirchgänger zutiefst schockiert hatte, war die Filmindustrie mit den Medien übereingekommen, das Thema Rauschgift unerwähnt zu lassen. Daher ist es nicht verwunderlich, daß die Nachricht von der oben erwähnten Verhaftung einschlug wie eine Bombe. Mitchum war schließlich ein Topstar bei RKO, die Leeds als Starlet bei Warner Brothers unter Vertrag.

Mitchum hatte Lila zwei Jahre zuvor in Dads Restaurant kennengelernt. Gemeinsam mit einem Freund besuchte er eines Abends Lila und ihre Freundin im Coldwater Canyon. Mitchum sagte: »Let's get high, bedient euch«, und warf ein mitgebrachtes Päckchen auf den Tisch. In diesem Augenblick stürmten die Drogenfahnder, die das Haus beobachteten, zur Tür herein. Ironie des Schicksals: Mitchum sollte am nächsten Tag vor dem Rathaus eine Rede zum Beginn der Internationalen Jugendwochen halten.

Mein Vater liebte Lila, und die Nachricht ihrer Verhaftung erschütterte ihn, aber er war zu dieser Zeit selbst in einer äußerst schwierigen Situation. Nach dem plötzlichen Tod seiner Mutter sah er sich gezwungen, das Haus in Crawfordsville zu verkaufen, und er hatte Angst, den Billardsaal zu verlieren.

Am schlimmsten aber war vielleicht, daß sein Restaurant trotz aller Bemühungen ein monatliches Defizit aufwies.

Dad wußte, daß Lila Rauschgift nahm. Sie hatte vor drei Jahren bei einer Party mit dem Stan Kenton-Orchester damit angefangen, und manchmal übertrieb sie es – sie war oft »stoned«. Warner Brothers zog die Konsequenz und schmiß sie raus. Freunde machten Dad auf Lilas Problem aufmerksam, aber er war der Meinung, daß es ihn, der selbst gern Alkohol trank, nichts anging, was andere Leute taten, um sich auf Touren zu bringen. Da es aber bekannt war, daß sie ein Paar waren, fürchtete er nun, in den Skandal verwickelt zu werden.

Lila und er hatten sich kurz nach Vaters Scheidung kennengelernt. Ihre Ähnlichkeit mit Mutter war auffallend. Sie war irisch-schwedischer Abstammung und in Kansas geboren. Als Fünfzehnjährige kam sie mit ihrer Mutter nach Hollywood. Schon einen Monat später wurde sie von dem früheren Kinderstar Jackie Cooper auf der Straße angesprochen. »So ein Mädchen wie du muß zum Film«, sagte er, und verschaffte ihr erst einmal einen Job bei Ciro, wo die Chance bestand, daß »die vom Film« auf sie aufmerksam wurden. Dort lernte sie Dad kennen und wurde dann tatsächlich bald von M-G-M unter Vertrag genommen. In ihrem dritten Film spielte sie, welche Ironie, wie Mutter eine Eurasierin. Eine kleine Rolle in *Taifun* – ein Film mit Lana Turner.

Lila und Dad waren ein Paar, das irgendwie immer Aufsehen erregte. Dad schlug einen Mann, der sie im Restaurant Chanteclair beleidigt hatte, zusammen. Im März unternahm Lila einen Selbstmordversuch. Aber man sprach von Heirat, und Dad schenkte ihr jenen Ring, den er in Ann Rutherfords Garten unter den Büschen wiedergefunden hatte.

Dad fürchtete zu Recht, daß Lila verurteilt werden und ins Gefängnis wandern würde. Kurzentschlossen vermieteten er und sein Partner Al das Restaurant, unter der Bedingung, am Gewinn beteiligt zu werden. Außerdem beschloß Dad, nach Europa zu gehen.

Tatsächlich mußten Lila wie auch Mitchum für sechzig Tage ins Gefängnis. Lila klagte auf Schadenersatz, weil, so behauptete sie jedenfalls, Gefängnisinsassen sie verleitet hätten, Heroin zu nehmen, und nun sei sie süchtig.

Zwei Wochen nach ihrer Freilassung rammte sie um drei Uhr morgens am Sunset Strip ein bei Rotlicht wartendes Auto. Ihr Arm war gebrochen, und sie trug mehrere leichte Verletzungen davon. »Warum mußte das ausgerechnet mir passieren?« fragte sie, als sie aus dem Wrack kletterte. »Als ob ich nicht schon genug durchgemacht hätte!«

Als die Polizei erschien, war Lila verschwunden. Erst drei Stunden später stellte sich heraus, daß sie von jemandem mitgenommen worden war, der sie zu seinem Arzt brachte. Dieser jemand war Al Mathes. Vater, der für einen kurzen Besuch aus Europa gekommen war, hatte den Abend mit ihr verbracht. Lila war in ihrem Auto losgebraust, um eine Verabredung mit einem Dealer einzuhalten, auf dieser Fahrt passierte der Unfall.

Dad wurde telefonisch benachrichtigt. Um einen öffentlichen Skandal zu vermeiden, bat er seinen Partner: »Al, tu mir bitte den Gefallen.« Der Polizei erklärte Mathes, daß er zufällig vorbeigefahren sei und Lila neben dem demolierten Auto habe stehen sehen.

Robert Mitchum, der »Macho mit dem Schlafzimmerblick«, verbüßte seine Gefängnisstrafe und wurde danach vom Publikum wieder mit offenen Armen aufgenommen. Bis zum heutigen Tag ist er einer der beliebtesten Hauptdarsteller. Lila spielte noch in zwei Filmen mit: *Wild Weed* und *She Shoulda Said No*.

Um ihre spärlichen Finanzen aufzubessern, verkaufte sie den »berühmten Crane-Diamanten« für siebenhundertundfünfzig Dollar. In den siebziger Jahren lebte sie in Los Angeles und betätigte sich dort als Gesundbeterin für Suchtkranke.

Bevor Dad nach Frankreich abreiste, haben wir uns noch einmal gesehen. Bei der Erinnerung daran werde ich ganz sentimental. Dad wohnte mit Al in dem großen Haus des Kolumnisten Jimmy Fidler in Sherman Oaks. Sein Restaurant hatte er inzwischen aufgegeben und konnte deswegen einen ganzen Tag mit mir verbringen. Er hatte Freunde zu einem

Brunch am Swimmingpool eingeladen, trotzdem schenkte er mir seine ganze Aufmerksamkeit. Wir spielten mit seinen beiden Hunden Margo und Flynn im Wasser. Ich durfte auf seinen Schultern sitzen, während er vom Sprungbrett in den Pool sprang. Seine Freunde sahen uns zu und applaudierten. Ich durfte mit den Erwachsenen essen. Es gab keine Köstlichkeit, die man mir verboten hätte. Am besten schmeckte eine Erdbeereisbombe, auf der mein Name stand.

Nach dem Essen trug Daddy mich in sein Schlafzimmer im ersten Stock. Mit ungeheurer Zärtlichkeit zog er mich aus und wickelte mich in eine mit seinem Monogramm bestickte Schlafanzugjacke.

»Der Stoff ist so weich, Daddy.«

»Es ist Seide, mein Liebling.«

Er küßte mich auf die Lippen und steckte mich in das riesige Bett. Der Seidenbezug hatte dieselbe Farbe wie sein Pyjama: Apricot! Er zog die Vorhänge zu und sagte: »Ich liebe dich, Baby.« Ganz leise schloß er die Tür hinter sich. Ich seufzte. Ich wünschte, ich könnte immer bei Daddy leben.

Ich war zwar erst fünf Jahre alt, aber ich ahnte, daß dies unser letzter gemeinsamer Tag war. Dad verließ Amerika für immer. Er ging nach Paris, von wo ich erst vor ein paar Wochen zurückgekommen war.

Im Frühsommer waren Gran und ich nach Cannes gefahren. Dort verbrachten Mutter und Mr. Topping ihre Flitterwochen. Nana machte Ferien in Schottland. Gran und ich wohnten im Miramar Hotel. Ab und zu besuchten wir Mutter und Papa in einer Suite, die im oberen Stock lag. Von dort hatte man eine herrliche Aussicht aufs Meer. Dieser Sommer mit französischen Kellnern und Babysittern, mit Moskitonetzen und einem mit Rum getränkten Geburtstagskuchen gehörte zu meinen schönsten Erinnerungen.

Mutter sah ich nicht allzu häufig, und unglücklicherweise machte sich Gran nichts aus Sand, weshalb wir nur selten am Strand waren. Die Frischverheirateten mieteten eine Yacht, von der aus ich schwimmen ging; ich lernte, mit einem Schnorchel zu tauchen. Mutter versuchte es auch einmal, aber als sich ihre

Haare unter Wasser vor ihre Augenmaske schoben, bekam sie Angst und tauchte schreiend wieder auf. Es blieb bei diesem einen mißglückten Versuch.

Das Schiff, auf dem wir zurückfuhren, hieß *Ile de France*. Wir gerieten in einen entsetzlichen Sturm, der die Überfahrt um zwei Tage verlängerte. Alle außer mir wurden seekrank. Das war eine Chance, auf die ich lange gewartet hatte: Ich war frei und ohne jede Aufsicht. Ich lernte das Schiff von oben bis unten kennen; da ich das einzige Kind aus der ersten Klasse war, unternahm die Besatzung nichts gegen meine unendliche Neugier. Im Gegenteil, ich wurde nach Strich und Faden verwöhnt.

Zu meinen aufregendsten Erlebnissen gehört der Besuch des Kinosaals. Zum erstenmal sah ich einen richtigen Film: *Frau im Hermelin*. Am meisten war ich von den Kostümen beeindruckt. Betty Grable spielte die Hauptrolle. Ich wußte nicht, daß Miß Grable denselben Beruf ausübte wie Mutter. Erst neun Jahre später wurde mir erlaubt, Lana Turner auf der Leinwand zu bewundern.

Im Herbst desselben Jahres war Dad bereits in Paris, wo er sich als Kolumnist versuchte. Seine Klatschspalte hieß »Champagner und Essig«, und er hoffte, manche Stories an den *Los Angeles Herald* verkaufen zu können. Während Robert Mitchum auf seinen Prozeß wartete, schrieb Dad: » Mitchum sollte nach Paris kommen, denn hier gibt es einen kleinen Privatclub, in dem die Kellner an den Tisch kommen und Marihuana-Zigaretten für die Gäste rollen.« Drei Hollywoodstars hatten in der vergangenen Woche den Club besucht. Dad hatte erwartet, daß ihm seine Artikel die Türen zur High Society öffnen würden, aber sie erweckten kein allzu großes Interesse, und er wandte sich anderen Dingen zu.

Mutter und mein Stiefvater kehrten im September von ihren Flitterwochen zurück. Wenn sich das Ehepaar nicht gerade in Manhattan vergnügte, zog es sich nach Round Hill zurück. Mutter gefiel ihre Rolle als Mrs. Henry J. Topping, ja, sie gefiel ihr so gut, daß sie ernsthaft in Erwägung zog, ihren Beruf aufzugeben. Außerdem war sie schwanger, das Kind wurde im April oder Mai erwartet. Und sie nahm einige Pfunde zu, weil der französische Koch von Round Hill sie mit seinen Köstlichkeiten verwöhnte.

Nana brachte mir Schreiben bei; in Blockschrift schrieb ich von da an Mutter Briefe. »Liebe Mommy. Ich bin geimpft worden. Wann kommst du nach Hause? Ich vermisse dich. Deine Cheryl.« Ich erinnere mich nicht, je Antwort bekommen zu haben. Wahrscheinlich hatte sie keine Zeit, denn in Round Hill war immer etwas los. Die Topping-Brüder waren für ihre Feste und ihre Gastfreundschaft bekannt. Es gab zwölf Gästezimmer, die an den Wochenenden immer belegt waren. »Einige der Leute, die bei uns übernachteten, waren verheiratet«, erinnert sich Mutter in ihren Memoiren. »Andere waren es nicht – es schien keine Rolle zu spielen. Wenn am Morgen, dem Ritus des Hauses entsprechend, Bloody Marys in die Zimmer gebracht wurden, hatten die Pärchen meist ihre Partner getauscht.«

Ich war zu jener Zeit sehr einsam. Mutter war mit meinem neuen Papa unterwegs. Mein richtiger Vater hatte Amerika verlassen. Gran lebte in ihrem eigenen Apartment. Eine ältere Kinderschwester paßte auf mich auf. Mit dem Personal, den einzigen Menschen, die ich sah, durfte ich nicht sprechen.

Ich akzeptierte diese Isolation ohne Murren, weil ich annahm, daß sie zum Leben eines kleinen Mädchens gehörte. Vergleiche boten sich keine an. Gran, Nana und ich wurden schließlich schriftlich verständigt, daß wir Weihnachten in Connecticut verbringen würden.

Der Besuch dort dauerte sechs Wochen, und diese Zeit war noch schöner als der erste Aufenthalt. Zu Weihnachten ließ mein Stiefvater für mich eine Schlittenbahn anlegen, die etwa eine halbe Meile lang und sehr steil war. An ihrem unteren Ende lag der zugefrorene See. Die Rodelfahrten mit Mutter und Papa waren für mich ein riesiges Vergnügen.

Einmal aber raste der Schlitten mit Mutter, Papa und einem Freund von ihnen aus der Bahn und prallte gegen einen Felsen. Die drei landeten zum Glück in einer Schneewehe. Bei der plötzlichen Bremsung bohrte sich das Kinn meines Stiefvaters in Mutters Nacken. Eine Woche lang hatte sie furchtbare Schmerzen in der Wirbelsäule.

Eines Nachmittags spielte ich unter Nanas Aufsicht im Heuschober. Beim Versuch ins weiche Heu zu springen, verlor ich das Gleichgewicht und fiel nach hinten auf die harten Bohlen; dabei verstauchte ich mir das Handgelenk. Im Hospital wurde mir unter Narkose ein Gipsverband angelegt. Papa trug mich vom Auto ins Haus. Oben stand Mutter in einem Hausmantel, leidend wie Lady Macbeth.

»Baby, ich habe mir solche Sorgen gemacht!«

Papa trug mich die Treppe hinauf und überreichte mich ihr. »Oh, nimm sie wieder, ich glaube, ich werde ohnmächtig.« Wahrscheinlich roch ich noch nach Äther.

Später sagte sie mir noch Gute Nacht. »Übrigens«, teilte sie mir dabei mit, »Bob und ich werden den Frühling in Florida verbringen. Weißt du, Baby, es gibt einfach keinen Grund, nach Kalifornien zurückzukehren.«

13

Während meines Besuchs in Round Hill hatte Mutter eine Fehlgeburt. Tatsächlich gab es für sie keinen Grund, nach Kalifornien zurückzukehren. M-G-M wollte sie zwar für einen weiteren Kostümfilm, aber Mutter weigerte sich. Deshalb verbrachte das Ehepaar Topping fast fünf Monate in der Karibik, auf Papas Yacht *Snuffy*.

Ich kehrte in das leere Haus am Crown Drive zurück. Eine seltsame Freundschaft rettete mich aus meiner hoffnungslosen Einsamkeit. Meine neue Freundin hieß Elisabeth, und sie existierte nur in meiner Vorstellung. Sie war so alt und so groß wie ich. Elisabeth hatte kurzes naturgelocktes schwarzes Haar und blaue Augen. Sie war sehr hübsch, und vor allem konnte man ihr vertrauen. Ich unterhielt mich gern mit ihr.

Nana ignorierte die Existenz meiner Freundin. Nur Gran schien Elisabeth zu akzeptieren. »Elisabeth hat ihre Milch schon ausgetrunken«, sagte sie zum Beispiel, »richte ihr aus, daß ich mich darüber freue. Und was ist mit deiner Milch?«

Mutter telefonierte oder schrieb nur sehr selten. Gran kümmerte sich wieder mehr um mich, obwohl ihre Tochter sicher nicht damit einverstanden gewesen wäre, hätte sie davon gewußt. Um mich aufzuheitern, arrangierte sie Nachmittage, an denen ich mit Vana, der Tochter des Schauspielers Van Heflin, oder mit Joan Bennetts älterer Tochter Stephanie Wanger spielen durfte. Ich fürchtete mich jetzt nicht mehr so vor anderen Kindern – aber ich hatte ja auch Elisabeth.

Wie ich schon sagte, wurde ich wie eine Prinzessin erzogen. Der Tagesablauf war streng geregelt. Morgens um sieben wurde ich gebadet, dann angezogen und frisiert. Um Viertel nach acht gab es Frühstück in meinem Zimmer, Eier oder Porridge. »Guten Morgen, Köchin«, sagte ich. Mehr nicht, denn es war mir verboten, mit dem Personal zu plaudern oder etwa in die Küche zu gehen.

Um punkt neun begann die Schule. Um halb zwölf wurde mir das Mittagessen auf einem Tablett serviert. Danach eine Stunde Mittagsschlaf. Dem folgte ein langer Spaziergang den fast verkehrsfreien Crown Drive hinauf und wieder hinunter. Um vier Uhr gab es Tee – die gute englische Sitte –, danach durfte ich eine Stunde spielen. Zum Glück gab es Elisabeth! Das Abendessen fand für mich bereits um fünf Uhr statt, danach ein weiteres Bad, hundert Bürstenstriche und um halb sieben lag ich wieder in meinem Bett. Meistens lag ich noch sehr lange wach. Ich lauschte auf Hundegebell oder hörte der Musik aus Nanas Radio zu. Ich betrachtete die Puppe auf dem Regal neben meinem Bett – das Ebenbild meiner Mutter – oder die leuchtende Uhr, ein Geschenk von Gran, in der sich ein winziges Mädchen im blauen Kleid wie ein Pendel hin- und herbewegte. Bevor es Elisabeth gab, der ich natürlich in meinem Bett Platz machte, waren diese wachen Stunden das Schlimmste, denn ich mußte an Mutter denken und sehnte mich sehr nach ihr. Meine Augen wurden feucht in der Dämmerung, und in meinem Bauch hatte ich ein ganz merkwürdiges Gefühl.

Im Juni kehrten Mutter und Papa aus Florida zurück. Ihr Heimkommen beschrieb sie in einem Artikel, der in dem Magazin *Modern Screen* erschien:

»Cheryl schlief, als ich auf Zehenspitzen in ihr Zimmer schlich. Ich stand neben ihrem Bett und betrachtete sie lange. Ihr Haar war zerzaust und ihr kleines Gesicht die Unschuld selbst. Als sie aufwachte, rief sie: ›Mommy, gestern auf dem Spaziergang habe ich ein wunderschönes Pferd gesehen.‹ Dann kuschelte sie sich an mich. ›Bist du es wirklich? Endlich bist du wieder da! Du fährst doch nicht wieder weg, oder?‹

Nein, ich werde nicht mehr wegfahren. Ich möchte mich nie mehr von meinem kleinen Mädchen trennen – bis zu dem Tag, an dem Cheryl von sich aus geht.«

Ich erinnere mich sehr genau an jenen Abend. Sie erzählte mir, daß sie sich entschlossen habe, »ein richtiges Zuhause für uns zu schaffen«. Papa und sie seien auf der Suche nach einem größeren Haus. In der Zwischenzeit wohnten sie in einem Bungalow, der zum Bel Air Hotel gehörte.

Eines Tages fragte ich sie, warum sie so selten daheim war. »Die Mütter von den anderen Kindern in der Schule fahren nie weg.«

»Aber ich arbeite ...«

»Und warum?«

»Aber Baby, wer, glaubst du, bezahlt deine hübschen Kleider, deine Spielsachen, deine Reitstunden? Ich muß arbeiten und Geld verdienen.«

Ich hätte gern auf alles verzichtet – aber das sagte ich ihr nicht.

Neben der Bar im Salon stand neuerdings ein Fernseher. Zwischen vier und fünf durfte ich ihn anmachen, denn um diese Zeit wurden nur harmlose Sendungen gezeigt. Mein Liebling war Cowboy Lucky.

Als Mutter einmal zufällig vorbeikam, deutete ich auf mein Idol. »Sieh mal, Mommy, das ist Lucky.«

»Ja, ich kenne ihn«, antwortete sie in Gedanken. »Das ist Russell Hayden.«

»Du kennst ihn?« Ich wollte es nicht glauben.

»Natürlich.« Ich glaube, sie erklärte mir, daß sie aufgrund ihrer Arbeit eine Menge Schauspieler kenne. Aber ich war fünf Jahre alt und sicher, daß sie nur angab.

Einen Tag vor meinem sechsten Geburtstag kam sie zu mir ins Zimmer. »Liebling«, begann sie mit ernstem Gesicht. »Es tut mir schrecklich leid, aber ich habe vergessen, die Einladungen zu verschicken – dieses Jahr findet also keine Party statt.« Sie beobachtete mich, aber ich ließ mir meine Enttäuschung nicht anmerken. »Aber weißt du was, wir werden etwas anderes Lustiges unternehmen. Nach deinem Mittagsschlaf nehme ich dich zum Reiten mit.«

Am Nachmittag des folgenden Tages fuhren Mutter und ich, als zünftige Cowgirls verkleidet, zum Riviera Country Club in Brentwood. Papa begrüßte mich mit einem herzlichen Lächeln. »Happy Birthday«, sang er, und der winzige Boxer-Welpe in seinen Armen leckte mein Ohr.

Als wir um die Ecke des Hauptgebäudes bogen, um zu den Ställen zu gehen, entdeckte ich die mir von Geburtstagsparties bekannten Starkinder, die mir singend gratulierten. Und dann kam plötzlich ein Cowboy auf mich zugeritten, der ein schwarzes Pony am Halfter mit sich führte, in dessen Mähne Bänder geflochten waren. Es war Lucky, mein Idol. Mutter behauptet, daß ich ohnmächtig wurde.

»Alles Gute zum Geburtstag, Cheryl«, lachte Lucky, stieg von seinem Pferd und küßte mich auf die Wange. Mutter küßte meine andere Wange – die Fotografen waren zufrieden. Das schwarze Pony hieß Prinz Valiant. Es gehörte von nun an mir.

Mutter hatte die Geburtstagsparty mit größter Sorgfalt vorbereitet. Für mich und meine sechsundzwanzig Gäste gab es eine richtige Rodeo-Show und Indianer, die für uns tanzten. Ich wurde zur Prinzessin des Stammes erklärt. Der Häuptling war Iron Eyes Cody, heute als »weinender Indianer« aus dem Werbespot gegen die Umweltverschmutzung bekannt. Die Starkinder trugen Jeans, und es gab winzige Hot Dogs und Hamburgers.

Von diesem Tag an wußte ich, daß Mutter mich liebte, daß sie an mich dachte. Und sie war offensichtlich »allmächtig«, –

wie sonst hätte ich Lucky kennenlernen können! Später erfuhr ich, daß sie und Gran vor meiner Party einen Streit gehabt hatten. Sie beschuldigte die arme Gran, mich gegen sie aufgehetzt zu haben. »Bist du verrückt, Lana?« empörte sich Gran. »Weißt du nicht, daß deine Tochter, wenn du nicht da bist, in deinem Kleiderschrank herumkriecht, weil sie deinen Geruch so liebt. Cheryl betet dich an!« Mutter brach daraufhin in Tränen aus.

Im September fand Mutter ein neues Haus für uns. Es lag in Holmby Hills, einem exklusiven Viertel von Bel Air, und es gehörten vier Morgen Land zu dem Besitz. Das Haus hatte vierundzwanzig Räume, eine riesige Terrasse, einen Pool, einen Tennisplatz, einen Hundezwinger und ein Gewächshaus. Zehn Angestellte kümmerten sich um das Anwesen. In der Nachbarschaft lebten Humphrey Bogart und Lauren Bacall, Bing Crosby, Alan Ladd und unsere alte Freundin Sonja Henie.

Mutter hatte seit mehr als einem Jahr keinen Film mehr gedreht, trotzdem war sie zur beliebtesten Schauspielerin gewählt worden. Drei ihrer männlichen Kollegen, mit denen sie im Jahr zuvor gearbeitet hatte, waren ebenfalls auf der Top-Ten-Liste: Clark Gable, Spencer Tracy und Van Heflin.

Mutter hatte es geschafft. Metro zahlte ihr jetzt fünftausend Dollar in der Woche. Aber in dieser Zeit wies sie alle Drehbücher zurück, im Augenblick wollte sie ihr Leben genießen.

Die Zeit in Round Hill hatte sie geprägt. Unser Filmstar-Zuhause am South Mapleton Drive 120 füllte sich mit schönstem Kristall, feinstem Porzellan aus Limoges und Silbersachen mit Monogramm. Mutter bezahlte das Haus und die kostbare Einrichtung. Papa kämpfte im Moment mit großen Geldverlusten. Das Haus hieß Mapletop.

Eine sich nach oben hin verjüngende Freitreppe im Zuckerbäckerstil führte zum Eingang hinauf. In der Halle mit dem schwarz-weißen Marmorfußboden hing ein Kristallüster von der Größe eines Christbaums. In den geschnitzten Regalen in der Bibliothek befanden sich Tausende von Büchern – am Meter gekauft und von niemandem gelesen –, und an dem langen Eßzimmertisch konnten zweiunddreißig Gäste untergebracht werden.

Ich hatte ein eigenes großes Schlafzimmer, das durch zwei Bäder und zwei Ankleidezimmer mit dem von Nana verbunden war. Mein Zimmer war mit einem weißen Teppich ausgelegt, über dem Kopfende meines Bettes bauschte sich ein Vorhang aus feinstem Musselin. Die Wanne in meinem Badezimmer war in den Boden eingelassen und mit goldenen Delphin-Armaturen bestückt. Auf dem Bücherregal standen die einzigen Andenken an Crown Drive: die Puppe, die aussah wie Mommy, und die Uhr von Gran.

Mutters Absicht war es, mich in diesem Herbst in die exklusive katholische Mädchenschule Marymount in Beverly Hills zu schicken, der sie seit Jahren hohe Geldspenden zukommen ließ. Trotzdem teilte man ihr sehr höflich, aber bestimmt mit, daß die Schule prinzipiell keine Kinder aus geschiedenen Ehen aufnehme. Mutter war außer sich. Schließlich ging ich nach St. Paul the Apostle, in eine kleine Gemeindeschule in Westwood, die von den Kindern der dort ansässigen Arbeiter besucht wurde. Weder die Kinder noch deren Eltern hatten je eine Hollywood-Prinzessin gesehen. Und was mich betraf, so fühlte ich mich ja nicht als solche. Ich war zwar eine Prinzessin – die eines Indianerstammes nämlich – und so wollte ich gesehen werden.

Wie jedes andere Kind auch, hatte ich furchtbare Angst vor dem ersten Schultag. Eine Limousine mit Chauffeur brachte mich zur Schule. Nana, die mich begleitete, trug eine Uniform – ich weiße Handschuhe, außerdem die vorgeschriebene blaue Jacke und dazu eine Mütze mit Pompon, die unterstrich, daß ich größer war als alle anderen. Ich weinte als einzige. Die anderen Kinder hatten bereits gemeinsam den Kindergarten besucht. Ich war eine Fremde für sie. Eine Fremde mit langen Locken, zwei riesigen rosa Schleifen über beiden Ohren, tränenverschmiertem Gesicht und entsetzlich schüchtern.

Ich mußte in der ersten Reihe sitzen. Die Blicke meiner Mitschüler brannten in meinem Rücken. Am liebsten wäre ich gestorben. Meine Angst und Scheu wurden natürlich mißverstanden. Man hielt mich für arrogant, und es dauerte Wochen, bis endlich jemand mit mir sprach. Eines Tages kam in der Pause eine Gruppe von Mädchen auf mich zu.

»Wer ist jene Dame in Uniform?« fragte eines der Mädchen.

»Meine Kinderschwester.«

»Und warum kommt dich deine Mutter nicht abholen?«

»Ich weiß nicht ... weil sie arbeitet ...«

»Warum bleibst du nach der Schule nicht hier und spielst mit uns?«

»Weil ich nach Hause muß ...«

Die Mädchen zuckten mit den Achseln und ließen mich stehen.

An diesem Abend erzählte ich Gran, daß mich alle haßten. Sie nahm mich in die Arme und erklärte mir liebevoll, daß diese Anfangsschwierigkeiten ganz normal seien und die Probleme sich sicher mit der Zeit geben würden. So war es dann auch. Ich konnte bereits lesen, schreiben und rechnen, gab aber vor, es nicht zu können. Ich versteckte mein mitgebrachtes Mittagessen, das unser französischer Koch für mich zubereitete – die belegten Brote, von denen er die Rinde abgeschnitten hatte, und die feinen Servietten hätten nur für unnötiges Aufsehen gesorgt. Ich überredete sogar Gran dazu, mich in die Schule zu fahren. Allerdings tat sie das entweder in ihrem hellblauen offenen Cadillac oder – noch schlimmer – in einem der Wagen, auf dessen Holzleisten in goldenen Lettern das Wort Mapletop prangte.

Ich war bereits mehr als einen Monat in der Schule, als eines Tages ein kleines Mädchen in der Pause auf mich zukam. »Hallo. Ich heiße Edwina«, sagte sie, und mir wurde warm ums Herz. Sie war ziemlich dick, und die einzige, die außer mir Schleifen im Haar trug. Mit ihren schwarzen Locken sah sie ein bißchen aus wie Elisabeth Taylor, die öfter Gast in unserem Haus gewesen war. Edwinas Vater war Metzger, und im Geschäft ihrer Tante wurde meine Unterwäsche genäht. Wir freundeten uns an.

Dann gab es noch ein anderes Mädchen, das ich sehr nett fand. Charlene war sieben Jahre älter als ich, hatte langes blondes Haar und grüne Augen. Ich folgte ihr auf Schritt und Tritt, und manchmal durfte ich ihre Hand halten. Man nannte mich »Charlenes kleinen Schatten«.

Langsam begann ich mich in der Schule wohl zu fühlen. Ich gehörte dazu. Eines Tages jedoch umzingelten mich ein paar Mädchen im Schulhof.

»Wir wissen, wer deine Mutter ist...«

»Lana Turner... oder etwa nicht?«

»Nein, ist sie nicht... sie ist meine Mommy.«

»Sie ist es trotzdem... wir wissen es.«

»Es ist La-na Tur-ner!« riefen sie.

Es klang so, als sei dies etwas sehr Schlechtes, und ich kam mir vor wie eine Idiotin, denn ich hatte bis dahin nichts davon gewußt.

Am Nachmittag saß ich in unserer Veranda, von der aus man den Tennisplatz sehen konnte. Mutter stürmte herein, die Arme voller Pakete. Sie war einkaufen gewesen.

»Hallo, Lana Turner«, sagte ich.

»*Was* hast du gesagt?«

Ich wiederholte es mit nunmehr ängstlicher Stimme.

»Wo hast du das gehört?« fragte sie mit blitzenden Augen.

Ich brach in Tränen aus. Sie befreite sich von den Paketen, setzte sich aufs Sofa und zog mich auf ihren Schoß. Ich berichtete ihr von dem Vorfall in der Schule. Sie schien meine Verwirrung zu verstehen und erklärte mir liebevoll die Tatsachen. Sie war Lana Turner, aber sie war auch meine Mommy. Sie war Schauspielerin und inzwischen ein Star, und die Menschen interessierten sich nun einmal für alles, was ein Star tat. »Auf diese Weise verdiene ich Geld. Deswegen sind wir aber nicht anders als alle anderen Menschen.«

»Und wieso heiße ich dann nicht Turner?«

»Weil dein Vater Crane heißt«, sagte sie.

Warum, fragte ich mich immer wieder, sprachen die Kinder in diesem seltsamen Ton über Mutter? Was wußten sie über sie? Und wer konnte ihnen etwas erzählt haben? Es hatte irgend etwas mit Mutters Beruf zu tun, daß ich mich von den anderen Kindern unterschied.

Ich wollte aber dazugehören. Wenn ich Gran überreden konnte, ein Fest für einige der Mädchen zu geben, zum Beispiel am Valentinstag – vielleicht wurde dann alles besser. Überraschenderweise stimmte Gran zu. Nachmittage waren Nana und ich beschäftigt, aus rotem Filz Herzen auszuschneiden, mit denen wir das Frühstückszimmer schmückten. Wir hängten Luftballons und Bänder auf. Der Koch bereitete Sandwiches in Herzform, mein Kleid war ebenfalls mit Herzchen bedruckt. Ich lud sieben Mädchen ein, die mir etwas umgänglicher als die anderen erschienen. Aber auch sie kannte ich nicht sehr gut. Edwina war die einzige, die mich schon besucht hatte.

Ich war sehr aufgeregt. Mutter war zum Glück nicht da, aber Gran und Nana hatten versprochen, nach dem Essen mit uns zu spielen.

Als meine Mitschülerinnen ankamen, wurde mir auf der Stelle bewußt, daß diese Party keine gute Idee war. Die kleinen Mädchen betrachteten mit aufgerissenen Augen den Butler, den Kristallüster, den Treppenaufgang – und mich.

Beim Essen wurde ich mit Fragen überschüttet.

»Wer ist das?«

»Unser Mädchen.«

»Ihr habt ein Mädchen?«

»Hat sie die Sandwiches gemacht?«

»Nein«, antwortete ich, »das war der Koch.«

»Ihr habt einen Koch?«

»Kocht deine Mutter denn nicht selbst?«

»Wo ist sie überhaupt?«

»Ja, wo ist Lana Turner?«

Offensichtlich hatten ihre Mütter sie gebeten, auf jedes Detail zu achten und mich auszufragen, damit sie zu Hause alles erzählen konnten.

An diesem Abend dauerte es Stunden, bis ich einschlafen konnte. Ich schwor mir, nie wieder eine Party zu geben.

14

Eines Tages sah ich aus dem Fenster. Auf dem Mapleton Drive hielten eine Reihe Polizeiautos, aus denen Uniformierte sprangen und sich im Garten verteilten, als der Butler das Tor geöffnet hatte. Kurz danach erschienen Sicherheitsbeamte mit Pistolen und Wachhunden, die an ihren Leinen zerrten. Auch sie nahmen unser Grundstück in Augenschein. Den ganzen Tag ging das so. Am nächsten Morgen wurden am Zaun, der unser Grundstück umgab, Flutlichter angebracht. Ich beobachtete die Arbeiten. Als man mich entdeckte, stießen sich die Männer gegenseitig an, aber niemand erzählte mir, was eigentlich los war. Und ich stellte auch keine Fragen.

Erst später erfuhr ich den Grund für diese Aktivitäten. Ein Halbbruder von Gran hatte im Gefängnis vor seinem Zellenkumpel damit angegeben, daß er der Onkel von Lana Turner war. Dank dieser Information beschlossen einige Kriminelle, mich zu kidnappen und von Mutter ein Lösegeld zu fordern. Das FBI erfuhr durch Zufall von diesem Plan und informierte Mutter. Monatelang wurde daraufhin unser Grundstück von verkleideten Gärtnern bewacht und nachts in helles Flutlicht getaucht. Natürlich passierte nichts.

Vielleicht war die Angst vor einer Entführung unbegründet. Gran besuchte ab und zu den Cowan-Clan in Idaho, und sie schickte ihren Verwandten sogar Geld, obwohl sie sich das gar nicht leisten konnte. Mutter fand das heraus und löste daraufhin Grans Konto auf, zahlte ihre Rechnungen direkt und stellte ihr nur ein Taschengeld zur Verfügung.

Aber seit meiner Geburt hatte Mutter Angst vor einer Entführung. Wahrscheinlich wuchs ich deshalb so isoliert auf. Auch die nächsten sechs Jahre war es mir nicht erlaubt, das Grundstück allein zu verlassen. Stephanie wohnte nur drei Häuserblocks entfernt, trotzdem, wenn ich sie besuchen wollte, wurde ich von jemandem begleitet. Wenn ich Fahrrad fahren wollte, mußte ich dies auf unserem Tennisplatz tun, wo ich eine Runde nach der anderen drehte umd mir vorkam wie in einer Gefängniszelle. Einige Kinderfilme, wie *Bambi*, durfte ich mir im leeren Vorführraum bei Metro ansehen.

Zum Glück hatte diese Art zu leben auch etwas sehr Positives zur Folge: Mutter und ich kamen uns näher. Plötzlich lächelte ich auf den meisten Fotos, die von mir in jener Zeit gemacht wurden. Manchmal durfte ich sogar in ihr Schlafzimmer. Um ihr nicht auf die Nerven zu gehen, saß ich meist einfach nur da und sprach sehr wenig. »Du weißt doch, Baby, du kannst mir alles erzählen«, sagte sie manchmal. Aber das konnte ich natürlich nicht. Die kurzen Augenblicke des Zusammenseins waren mir zu wichtig, um mit ihr, zum Beispiel, über meine Einsamkeit zu reden. Ich hatte das Gefühl, damit würde ich mir alles verderben, und sie würde mich nicht mehr sehen wollen. Vielleicht fürchtete ich auch, weggeschickt zu werden wie Gran.

Wenn Papa und sie ausgingen, durfte ich dabeisein, wenn sie sich herrichtete. Oder sie kam in mein Zimmer, drehte sich um die eigene Achse, damit ich ihr Kleid bewundern konnte, und umarmte mich. »Baby, der Lippenstift«, mahnte sie allerdings, wenn ich versuchte, ihr einen Kuß zu geben.

Nachdem sie gegangen war, blieb ich in einer Wolke ihres Parfums zurück. Meistens gelang es mir, wach zu bleiben, bis sie mir vor dem Weggehen Gute Nacht gesagte hatte. Denn wenn ich schon schlief, schaute sie nur kurz herein und schloß dann leise die Tür hinter sich.

Im Gegensatz zu früher sah ich Mutter jetzt auch tagsüber. Kurz nach zwei kam ich aus der Schule, dann rannte ich die Hintertreppe hinauf und zog in Windeseile meine kratzende Schuluniform aus. Nana badete mich, ich zog etwas Hübsches an und bürstete meine Locken. Mutter verbrachte die Nachmittage oft in der gemütlichen Cocktail Lounge im Stil der fünfziger Jahre, wo sie mit Papa plauderte.

»Mrs. Topping, Ihre Tochter ist zu Hause«, gab Nana dann über das Haustelefon Bescheid, während ich den Atem anhielt. Wenn Mutter Gäste hatte oder schlechter Laune war, tröstete mich Nana: »Mutter hat leider Besuch, Süße.« Wenn sie mich aber sehen wollte, rannte ich ungeduldig nach unten. Mutters Lieblingsplatz war ein weißer Lederfauteuil neben dem filzbezogenen Kartentisch, auf dem sie ihren Drink stehen hatte. Wenn Gäste da waren, wurde ich vorgestellt und machte meinen Knicks. Dann kuschelte ich mich neben sie in den Sessel.

Da weder sie noch Papa arbeiteten, gingen sie abends oft aus, in das immer noch sehr beliebte Mocambo oder ins LaRue's gegenüber, das auch Billy Wilkerson gehörte, oder sie gaben große Einladungen bei uns zu Hause. Oft waren es hundertfünfzig Gäste, die sich bei den Klängen eines gemieteten Orchesters amüsierten.

Da Nana inzwischen ein eigenes Schlafzimmer hatte, gelang es mir manchmal, dem Treiben durchs Treppengeländer zuzusehen. Die meisten Gäste waren berühmt: Johnny Ray, Sammy Davis, Frank Sinatra und Judy Garland. Den Sänger Billy Daniels mochte Mutter besonders gern, aber Papas Eifersucht machte dieser Freundschaft ein Ende.

Mutter wußte nichts von meinen heimlichen Beobachtungen. Eines Abends jedoch stolperte Robert Wagner fast über mich, als er ein Badezimmer suchte. Ich bat ihn flehentlich, Mutter nichts davon zu erzählen, was er mir lachend versprach.

Mit Papa verstand ich mich gut, aber wir waren niemals allein. Es kränkte ihn, daß ich mich immer noch weigerte, ihn Daddy zu nennen. Ich hätte gern die Kinder aus seinen vorangegangenen Ehen kennengelernt, und er versprach: »Ja, natürlich, ich werde das arrangieren«, aber er hat es nie getan. Ich wollte so gern noch einmal nach Round Hill, denn ich wußte nicht, daß das Anwesen in der Zwischenzeit verkauft worden war. Die Unterhaltungskosten waren einfach zu hoch. Die Topping-Millionen waren zum größten Teil fest angelegt, und Papas Anteil war aufgebraucht, was auf seinen teuren Lebensstil, seine Liebe zu Rennwagen und schnellen Booten zurückzuführen war. Wieder einmal war es an Mutter, unseren Haushalt zu finanzieren.

Eines Morgens fand ich Papa am Swimmingpool, wo er, während er die Zeitung las, sein Frühstück einnahm. Er war allein.

»Ich muß dir etwas sagen, was dir sehr weh tun wird«, sagte er und deutete auf die Zeitung. »Dein Daddy hatte einen schrecklichen Autounfall.« Er deutete auf ein Foto. Das darauf abgebildete Auto ähnelte einer zusammengedrückten Konservenbüchse. Die Schlagzeile lautete: »Lanas Ex-Mann in Paris verunglückt.«

»Er kam dabei ums Leben, mein Schatz. Es tut mir so leid. Bitte sei tapfer und weine nicht. Er würde es nicht wollen.« Nach einer längeren Pause fügte er hinzu: »Jetzt bin ich dein einziger Vater ... jetzt kannst du mich Daddy nennen.«

Ich weiß nicht, ob ich weinte, aber mein Herz krampfte sich zusammen. Mein Daddy, mein geliebter Daddy! Mutter war nicht besonders auf ihn zu sprechen, das merkte ich, wenn wir uns über ihn unterhielten, was selten genug vorkam. Allerdings hatte sie mir vor sechs Monaten erzählt, daß er eine blonde französische Filmschauspielerin geheiratet habe und zornig hinzugefügt: »Ich schwör dir ... du wirst sie nie kennenlernen!« Hatte darum Papa und nicht sie mir die schreckliche Nachricht mitgeteilt?

Vor zwei Jahren hatte ich Daddy zum letzten Mal gesehen. Natürlich erinnerte ich mich an die glücklichen Zeiten mit ihm, an seine Liebkosungen, sein Lachen – aber die Zeit hatte ihn von mir entfernt.

In diesem Frühjahr des Jahres 1950 verlor ich auch Nana. Eines Nachmittags bat sie mich, sie nicht zu stören, weil sie Besuch habe. Stunden vergingen. Endlich hielt ich es nicht mehr aus. Nana saß auf ihrem Bett, zwei Damen waren bei ihr, überall standen offene Gepäckstücke. »Nana, wohin gehst du?« Sie erklärte mir, daß sie in ihr Heimatland zurückkehren würde. An diesem Abend weinte ich mich in den Schlaf.

Am nächsten Morgen weigerte ich mich, in die Schule zu gehen, bis Gran mir versprach, daß Nana noch da sein würde, wenn ich heimkam. Aber Nana war bereits abgereist. Meine neue Erzieherin erwartete mich, Miß Hulley, eine große Frau im Schneiderkostüm. Warum hatte Gran mich angelogen?

Mutter verließ ebenfalls die Stadt, weil sie einen neuen Film drehte. Und dann war da noch die Sache mit meinem Pony.

Prinz Valiant war von seinen früheren Besitzern mißhandelt worden und hatte wahrscheinlich aus diesem Grund die Stallburschen gebissen – das Pony war unberechenbar geworden und mußte eingeschläfert werden.

Auch wenn ich es damals nicht verstand, Nana hatte es mit ihren achtzig Jahren wirklich verdient, sich aus dem Berufsleben zurückziehen zu dürfen. Zudem war ich aus dem Alter heraus, in dem man eine Kinderschwester brauchte.

Irene Hulley, die neue Gouvernante, kam aus Arizona. Sie war Witwe, kinderlos und Anfang Vierzig. Ihre Vitalität und ihr modernes Aussehen – ein honigblonder Pagenkopf, schlank und braunäugig, proper wie eine Stewardeß – nahmen mich bald für sie ein. Sie bat mich, ihr meine Puppen zu zeigen, und brachte mich sogar dazu, ihr Elisabeth vorzustellen. Damit hatte sie gewonnen.

Bevor sie zu uns kam, war sie die Gouvernante von Gary Coopers Tochter Maria. Bei unseren Ausflügen in den Beverly Glen Park fiel mir auf, daß sie all die anderen Erzieherinnen und Kinderschwestern kannte, die ebenfalls dorthin kamen. Der Park diente ihnen als Treffpunkt, um Klatschgeschichten zu erzählen und Neuigkeiten auszutauschen.

So wußte man, daß Joan Crawford Schwierigkeiten mit Christina und Christopher hatte. »Es kann doch ganz interessant werden, was aus den beiden wird!« meinte Miß Hulley. Bing Crosby mißhandelte seine Kinder. Und in anderen Hollywood-Familien ging es auch nicht besser zu, nur hat die Öffentlichkeit das nie erfahren. Eine gute Kinderschwester erzählte natürlich ihren Arbeitgebern, was sie im Park erfahren hatte. So kam es, daß jeder in der Filmkolonie wußte, wie und warum dieser oder jener seine Kinder be- oder mißhandelte.

»Natürlich wußten wir alle über Joan Bescheid«, erzählte mir Mutter später, »aber man war gezwungen, sich passiv zu verhalten.« Ich wäre nicht einen Augenblick auf die Idee gekommen, daß es für die anderen genauso interessant war, zu erfahren, wie es bei uns zu Hause zuging.

Miß Hulleys beste Freundin war die Erzieherin von Fred MacMurrays Kindern Susan und Fred. Aus ihren Erzählungen entnahm ich, daß Fred MacMurray ein wundervoller Vater war. Er nahm sich immer Zeit, mit seinen Kindern zu spielen. Selbst nach einem anstrengenden Tag im Studio war er niemals zu müde, ihnen zuzuhören und auf ihre Fragen und Probleme einzugehen. Jahre später sah ich seine Serie *My Three Sons* im Fernsehen, und ich wußte, daß er einfach sich selbst spielte. Manchmal frage ich mich, ob wohl alles anders gekommen wäre, wenn ich die Chance gehabt hätte, so aufzuwachsen wie seine Kinder.

Als ich eines Morgens aufwachte, saß Gran an meinem Bett und lächelte mich freudestrahlend an. »Baby, ich habe eine wundervolle Nachricht für dich. Dein Vater kommt heute zu Besuch!«

15

Selbstverständlich verstand Gran nicht, daß ich aufgrund dieser Nachricht einen hysterischen Weinkrampf bekam. Erst nach längerer Zeit und nachdem sie mich beruhigt hatte, war ich in der Lage ihr zu erklären, daß Dad tot war.

»Wo hast du das denn gehört?« fragte sie mich.

»Papa hat es mir gesagt. Daddy ist bei einem Autounfall in Paris ums Leben gekommen.«

Gran nahm mich in ihre Arme und versicherte mir, daß ich Papa mißverstanden habe. Dad war bei diesem Unfall tatsächlich schwer verletzt worden – aber er war nicht tot.

Ich versuchte es zu glauben. Aber hatte Gran mich nicht auch schon angelogen? Warum logen die Erwachsenen immer? Eines aber war sicher: Ich hatte Papa *nicht* mißverstanden. Er *hatte* mir erzählt, daß Dad bei einem Unfall umgekommen war.

Bis zum heutigen Tag will ich, glaube ich, nicht wahrhaben, daß mich Bob Topping bewußt angelogen hat. Gewiß, er war eifersüchtig und wollte unbedingt, daß ich ihn als »Daddy« anerkannte. Damals jedenfalls stand für mich fest, daß den Erwachsenen nicht zu trauen war.

Unsicher und ängstlich, in einem Seidenkleidchen und mit rosa Schleifen im Haar, wartete ich auf dem Treppenabsatz auf meinen »toten« Dad. Dann klingelte es, das Mädchen öffnete die Tür, und ich sah ihn. Er war es. Es war tatsächlich Daddy – lachend und die Arme voller Pakete. Ich rannte die Treppe hinunter, er ließ die Pakete fallen und fing mich auf.

In seiner neuen Limousine fuhren wir zu einem Restaurant, wo wir zu Mittag aßen und uns unterhielten. Ich erfuhr, daß er wieder in Los Angeles leben würde und daß er hoffte, mich an den Sonntagnachmittagen abholen zu dürfen – das hing davon ab, ob Mutter sich an die zwischen ihnen getroffene Abmachung hielt.

Dad sah fabelhaft aus. Er trug ein seidenes Hemd und einen braunen Blazer mit Goldknöpfen. Sein Haar begann an den Schläfen grau zu werden, und beim Gehen zog er das eine Bein leicht nach. Tatsächlich war er bei dem Autounfall beinahe ums Leben gekommen, aber eben nur *beinahe*. Im Krankenhaus wurde ihm eine Silberplatte in die Schädeldecke eingesetzt, und noch Wochen danach befand er sich in höchst kritischem Zustand. Ich platzte fast vor Neugier, etwas über seine neue Frau zu erfahren, aber über dieses Thema schwieg er sich aus. Erst später fand ich heraus, was in seiner zweijährigen Abwesenheit geschehen war.

Als bekannten Hollywood-Gastronomen und reichen Ex-Mann von Lana Turner empfing man ihn in Europa mit offenen Armen. Als Playboy lebte er in Paris, an der französischen Riviera und an der nordafrikanischen Küste. Sein Charme war in Paris, wie auch in Kairo und Tanger bekannt. Zu seinen Freunden zählten Prinz Ali Khan, Prince Rainier von Monaco, Aristoteles Onassis, König Faruk und Barbara Hutton, die Kaufhauserbin. Miß Hutton besaß ein gastfreundliches Haus in Tanger, das als wahrer Sündenpfuhl bekannt war.

Um sich über Wasser zu halten und seine Spielleidenschaft zu finanzieren, stieg Dad ins Schmuggelgeschäft ein. Alkohol und Luxusartikel waren in Europa rar in jenen Jahren. Dad arbeitete mit dem Kopf, während Little Joe Green die eigentlichen Aktionen dann ausführte. Im Vergleich zu anderen illegalen »Geschäftsmännern« im Mittelmeerraum war Dad eine »kleine Nummer«.

Als er in Paris Martine Carol kennenlernte, war sie in Europa bereits als Star bekannt – Jahre später drehte sie *Lola Montez*. Die siebenundzwanzigjährige Blondine galt als französische Lana Turner; sie war traumhaft schön, und sie machte mit ihren Liebesaffären und ihrer Vergnügungssucht Schlagzeilen. Aufgrund einer unglücklichen Liaison versuchte sie nackt in selbstmörderischer Absicht in die Seine zu springen. Kurz danach heirateten Dad und sie in Monte Carlo, wo sie in der Nachbarschaft von Ali Khan und Rita Hayworth wohnten.

Im Oktober 1950 kamen Martine und Dad nach Amerika. Bei der Einreise fanden Zollbeamte wertvolle Juwelen in ihrem Gepäck, die sie vergessen hatten zu deklarieren. Letztendlich wurde der Vorfall vertuscht.

Dad schenkte mir unter anderem ein herzförmiges Rubinamulett und ein französisches Barett, das mir Mutter aber verbot zu tragen. Wenn er mich sonntags abholte, hoffte er ohne Zweifel, seine Ex-Frau zu sehen, über deren Leben er mich bis ins Detail ausgefragt hatte, aber er bekam sie nie zu Gesicht.

Er führte mich in schicke Restaurants zum Essen aus: ins LaRue's, Chasen's, Romanoff oder in die Polo Lounge, und häufig aßen wir in einem polynesischen Restaurant am Rodeo Drive, das sich Sugie's Tropics nannte. Pro Monat verbrachten wir etwa acht Stunden zusammen. Ich konnte ihm mein Herz ausschütten. Er hörte mir mit traurigen Augen zu, aber im Grunde konnte er mir nicht helfen.

»Daddy, kann ich nicht bei dir leben?«

»Liebling, das wäre phantastisch, aber ...«

»Bitte, Daddy!«

»Weißt du, Baby, ich habe nur eine winzige Wohnung ... außerdem bin ich viel unterwegs, wer würde sich dann um dich kümmern?«

»Miß Hulley.«

Er lächelte und wechselte schnell das Thema. Ich erzählte ihm nie, daß ich manchmal Magenweh bekam, weil ich so allein war. Nicht einmal ihm konnte ich dieses Geheimnis anvertrauen.

Einmal nahm er mich in seine neue Wohnung mit. Als wir ankamen, war dort eine Party im Gange.

»Stevie, Liebling«, flöstete die Schauspielerin Corinne Calvet.

»Warum hast du so lange gebraucht, Junge?« rief ein Mann, den ich nicht kannte.

»Und wer ist das?« erkundigte sich eine Frau mit roten Haaren.

Ich knickste und schüttelte Hände. Miss Calvet gab mir ein Sandwich und ein Glas Coke. Die Anwesenden konzentrierten sich wieder auf ihr Kartenspiel. Lesend verbrachte ich den Nachmittag in einem der Schlafzimmer.

Mutter begann mißtrauisch zu werden – wenn sie es nicht schon die ganze Zeit war. Geschickt fragte sie mich aus, bis ich mit der Wahrheit herausrückte. Sie war sehr wütend und beauftragte ihren Anwalt, Dad davon zu unterrichten, daß sie ihm das Besuchsrecht entziehen würde. Er mußte versprechen, mich nie mehr in seine Wohnung mitzunehmen, mich nicht mit seinen Freunden zusammenzubringen und mich nicht mit Kartenspiel und Trinkgelagen zu konfrontieren.

Dad erklärte sich einverstanden, und wir aßen wieder im Restaurant, wenn auch weniger häufig als früher. Mutter, in ihre eigenen Krisen verstrickt, bemerkte nicht einmal, daß wir seine Freunde und deren Geliebte auch weiterhin trafen – zwar nicht in seiner Wohnung, aber bei Boxkämpfen oder Fußballspielen. Natürlich erzählte ich ihr nichts davon.

Ein Immobilienhändler, der an Sonntagnachmittagen Poolparties veranstaltete, gehörte zu Dads engsten Freunden. Bei einer dieser Gelegenheiten lernte ich ein scheues Film-Starlet kennen, mit dem ich ganz kurz sprach. Noch heute kann ich mich daran erinnern – es war Marilyn Monroe, die gerade bei Twentieth Century-Fox anfing.

»Schätzchen«, sagte Mutter eines Abends zu mir, während sie sich im Dämmerlicht zu mir aufs Bett setzte. Diese Anrede bedeutete schlechte Nachrichten. »Schätzchen, ich muß dir etwas sagen ... Papa ist ausgezogen ...« Solche Dinge passierten zwischen Erwachsenen eben, meinte sie. Schon wieder hatte uns jemand verlassen. Dieses Kommen und Gehen machte mir angst.

Verschiedene Vorfälle wiesen darauf hin, daß es so weit kommen würde. Papa war jähzornig. Ich hatte durch Zufall sogar einmal gesehen, wie er meinen Boxer mit einem Stock schlug. Ein anderes Mal warf er Tinkette, meinen Pudel, wütend an die Wand. Kathryn Grayson entging mit knapper Not einer Kristallkaraffe, mit der er nach ihr schmiß. Glücklicherweise traf es nur den Spiegel an unserer Bar. Wenn er wütend war, konnte Papa sich nicht beherrschen. In letzter Zeit ging es zwischen Mutter und ihm sehr laut zu. Als ich jedoch an diesem Tag aus der Schule nach Hause kam, war alles ruhig. Nicht einmal der Boxer bellte bei meiner Ankunft. Papa war ausgezogen und hatte auch den Hund mitgenommen.

Am 11. September 1951 gab Metro bekannt, daß Mutter sich von Bob Tipping scheiden lassen würde. Eine sogenannte Bilderbuchehe war nach dreieinhalb Jahren zerbrochen. Spät abends weckte mich Miß Hulley. »Deiner Mutter geht es nicht gut«, flüsterte sie. »Ich bringe dich zu deiner Großmutter.«

Am nächsten Morgen erzählte sie mir, Mutter sei es in der Dusche schwindlig geworden, worauf sie gegen die Glastür gefallen und ihr Handgelenk zerschnitten habe. Als ich wieder zu Hause war, begutachtete ich die Tür. Sie war ganz.

Als Mutter aus dem Krankenhaus entlassen wurde, trug sie weiße Hosen, einen weißen Mantel und ein weißes Kopftuch – Dinge, die Gran ihr gebracht hatte. Natürlich wurde sie von Reportern erwartet und nach ihrem Selbstmordversuch befragt.

»Unsinn, ich bin überhaupt nicht der Typ für so etwas!« In den Zeitungen wurde erwähnt, daß auf der Tür ihres Wagens das dritte T in dem Monogramm LTT entfernt worden war.

Tatsächlich hatte Mutter versucht, sich mit Schlaftabletten zu vergiften und sich mit einer Rasierklinge die Pulsadern aufzuschneiden. Gran fand sie und benachrichtigte Benton Cole, der Mutters Geschäftsmanager war. Als es den beiden nicht gelang, die Blutungen zum Stillstand zu bringen, informierten sie den langjährigen Hausarzt Dr. John MacDonald. Der liebe, weißhaarige »Doktor Mac« wußte zu jenem Zeitpunkt nicht, was in den folgenden Jahren, im Zusammenhang mit Mutter und mir, noch alles auf ihn zukommen würde.

Mutter entspricht in keinster Weise einer Selbstmörderin, aber sie war wohl noch nie in ihrem Leben so verzweifelt wie eben jetzt. Ihr dritter Ehemann verließ sie einer Eislauftänzerin wegen. Ihre letzten beiden Filme waren erfolglos. Sie war fast dreißig Jahre alt und gezwungen, sich mit dem neuen Boß von M-G-M, Dore Schary, herumzuschlagen, der jüngere Frauen wie Liz Taylor bevorzugte und förderte.

Selbst im Haus merkte man, daß die finanzielle Situation nicht die beste war. Küchenchef Henri wurde als erster entlassen. Nicht, daß das für mich ein Unglück bedeutete. Ich bekam ohnehin spezielle Kindernahrung, die mir auf einem Tablett in meinem Zimmer serviert wurde. Nur einmal kam ich wirklich in den Genuß seiner Köstlichkeiten, als Mr. und Mrs. Topping verreist waren. Miss Hulley und ich aßen an dem riesigen Tisch im Eßzimmer.

Dann mußte der Chaffeur und einige Hausmädchen daran glauben. Die Einsamkeit nahm immer mehr zu. Ich bekam Ballett-, Tennis- und Schwimmstunden. Die Lehrer kamen ins Haus. Meine Freunde Vana und Stephanie sah ich kaum noch. Um mich zu beschäftigen, begann ich herumzuschnüffeln. Ich glaube, ich kannte jeden Zentimeter unseres Gartens und den Inhalt der meisten Schubladen und Schränke.

Unsere drei Gärtner, die mir freundlich gesinnt waren, konnte ich überreden, für mich und Elisabeth ein kleines Holzhaus zu bauen. Darum herum legten sie einen kleinen Garten an, in dem Zwerge standen, die ich Oskar, Pookey und Annie nannte. Dann wurden zwei der Gärtner entlassen, und auf meinen kleinen Freunden wucherte das Moos.

An der Ecke, an der Mapleton und Sunset aufeinandertrafen, war im Zaun ein etwa kopfgroßes Loch. Diese Entdeckung war aufregend für mich. Vor der Hecke von Alan Ladd entdeckte ich eine alte Dame auf einem Camping-Stuhl, deren geschwollene Beine in orthopädischen Schuhen steckten und die ein einfaches Hauskleid trug. Auf ihrem zerzausten weißen Haar thronte eine Baseballmütze und auf dem Tischchen neben ihr stand ein Schild: »Wo wohnt welcher Filmstar? – Karten zu verkaufen!«

Ich winkte ihr zu, und sie winkte zurück. Etwas später kam sie herüber.

»Hallo!«

Ich knickste und lächelte. »Darf ich fragen, was für Karten sie da verkaufen?«

»Oh, die sind für die Touristen«, sagte sie und kicherte. »Du hast ein hübsches Kleid an, Cheryl.«

Sie war wohl auch ein Fan von Mutter, aber sie war nett und tat mir irgendwie leid. Eine Zeitlang war sie meine heimliche Freundin, die erste Erwachsene, die ich allein kennengelernt hatte. Bei unseren kurzen Plaudereien erzählte ich ihr von meinen Hunden und von meinen Reitstunden. Sie steckte mir ab und zu Süßigkeiten zu und versuchte mich über Mutter auszufragen. Es war wenig genug, was ich ihr erzählen konnte. Eines Tages war sie verschwunden.

Anfang 1952 zogen Judy Garland und ihr Mann Sid Luft neben uns ein. Mutter und Judy waren gute Freundinnen, obwohl Mutter sich selten mit Frauen befreundete. Auch Helen Young, ihre Friseuse, und Virginia Grey, eine Nachwuchsschauspielerin, gehörten zu ihrem näheren Bekanntenkreis.

Judy war zwar auch ein Star, aber sie gehörte zu der angenehmen Sorte. Mutter und sie hatten viele Gemeinsamkeiten: ihre Schultage bei Metro, Rollen in denselben Filmen; es gab Männer, mit denen beide eine Affäre hatten; beide hatten zur Zeit kein Glück im Beruf, waren dreimal verheiratet, hatten vor kurzem einen Selbstmordversuch unternommen und kämpften mit heranwachsenden Töchtern.

Judys Tochter, Liza Minelli, war zwei Jahre jünger als ich. Um ihr Hallo zu sagen, kletterte ich einmal erst auf einen Holzstoß und dann über die hohe Mauer, die die beiden Gärten voneinander trennte. Dies war das erste Mal, daß ich mich unbeaufsichtigt außerhalb unseres Grundstücks befand.

Ich mochte Liza, die viel reifer als ich war, sehr gern. Wir wurden Freundinnen. Wie ich war sie das Kind eines bekannten Stars, wir hatten beide Sonntagsväter und berühmte, dementsprechend schwierige Mütter. Zum erstenmal konnte ich mit jemandem über meine Ängste und meine Einsamkeit sprechen. Liza verstand mich. Sie gestand mir, daß sie es haßte, auf ihre kleine Schwester Lorna aufzupassen, und erstaunte mich mit ihrem Wissen über die Karriere ihrer Mutter und deren persönliche Probleme. Sie hatte alle Filme von Judy gesehen.

Wenn wir den Erwachsenen entwischen konnten, trafen wir uns auf dem flachen Dach der Garage, die zu Judys Haus gehörte. Liza kannte alle Lieder ihrer Mutter und imitierte sie, indem sie sich ein Holzstückchen vor den Mund hielt, das ihr als Mikrofon diente. Wenn sie zum Beispiel »Button Up Your Overcoat« sang, lauschte ich ihr fasziniert und klatschte, bis mir die Hände weh taten. Oft bat sie mich, ebenfalls etwas zu singen, dann schüttelte ich lächelnd meinen Kopf. Ich kannte nicht nur kein Lied, ich war auch viel zu schüchtern.

Ich liebte Judy. Ich konnte sie umarmen und mit ihr schmusen, denn sie war niemals geschminkt und trug nie elegante Kleider. Sie lachte viel und gern, und ich bewunderte sie. Liza durfte sogar in Jeans und T-Shirt auf dem Mapleton Drive Fahrrad fahren.

Liza mochte Mutter. Sie war von deren Schönheit und Eleganz fasziniert. Daher beschlossen wir, unsere Mütter zu tauschen.

»*Was* wollt ihr tun?« fragte Mutter mich überrascht.

»Liza und ich haben ein Abkommen geschlossen. Sie will dich als Mutter haben, und ich nehme Judy.«

Die beiden Mütter steckten die Köpfe zusammen und entschlossen sich, die Sache mit Humor zu nehmen.

Unser Plan jedoch scheiterte an vielem. Für mich war schon der Anfang eine Riesenenttäuschung. Ich ging zu meiner neuen Mutter und fragte sie: »Mommy, darf ich auf dem Mapleton Drive Fahrrad fahren?«

»Nein«, sagte Judy und lächelte traurig.

[illegible] immer [illegible] gesagt [illegible] war sehr [illegible]
[illegible]. Wie ich war [illegible] das Kind [illegible] bekommen [illegible]
[illegible] und [illegible] schon [illegible]
[illegible] schwer [illegible], konnte ich [illegible]
[illegible] die [illegible] sprechen.
[illegible] Sie [illegible], [illegible] hatte [illegible] ihre
[illegible] Schwester [illegible], [illegible] erst [illegible] auch [illegible]
[illegible] Was [illegible] Sache [illegible] ihre Mutter und [illegible]
[illegible] die [illegible] von [illegible].

[illegible] von [illegible] zu [illegible] gewesen [illegible] konnten [illegible]
[illegible] auf dem [illegible]. [illegible]
[illegible] die [illegible] Mutter [illegible]
[illegible] und [illegible] von der Hand [illegible]
[illegible]. Wenn [illegible] Bruder [illegible]
[illegible] und [illegible]
[illegible] Mutter [illegible] nach [illegible]
[illegible] Liebe [illegible]
[illegible] so [illegible].

[illegible]
[illegible]
[illegible]
[illegible] auf [illegible]
[illegible].

[illegible] Mutter, [illegible] Ihren [illegible]
[illegible] Mutter [illegible]
[illegible].

[illegible] Mutter [illegible].
[illegible] ich [illegible]
[illegible] ich [illegible].

[illegible] der Mutter [illegible]
[illegible].

[illegible] der [illegible]
[illegible] der [illegible]
[illegible] ich [illegible] dem [illegible]
[illegible].

[illegible] Erklärung.

5

Der König des Dschungels

16

Wenn Mutter verliebt war, besserte sich die Stimmung im Haus merklich, und wir hatten es alle leichter. Gewisse Anzeichen verrieten, daß sie einen neuen Freund hatte. Plötzlich achtete sie wieder auf ihr Gewicht, sie war gutgelaunt und geduldiger als sonst. Nach Papas Auszug und ihrem Selbstmordversuch wurde es wieder allerhöchste Zeit für ein romantisches Abenteuer.

Der ›Neue‹ hieß Fernando Lamas. In dem Technicolor-Remake von *Die lustige Witwe (The Merry Widow)* war er Mutters Partner und spielte die männliche Hauptrolle.

Obwohl ihre letzten beiden Filme keinen Erfolg hatten, bekam sie von Metro wieder einen Siebenjahres-Vertrag, der ihr noch mehr Vergünstigungen und eine höhere Gage zusicherte. Dies war keineswegs selbstverständlich, da aufgrund des neuen Mediums Fernsehen mehr als zwanzig Prozent aller Kinos schließen mußten und die Studios aus Einsparungsgründen die Verträge ihrer Stars nicht mehr verlängerten. Andererseits gab es genügend Gründe für Metro, Mutter nicht einfach fallenzulassen: Sie stand immer noch hoch in der Gunst des Publikums; sie hatte bereits ihr Image und mußte nicht erst aufgebaut werden; sie war erst einunddreißig und verkörperte den Typ von Frau, der als ideale Besetzung für dramatische Stoffe und Kostümfilme galt – eines der Themen, mit denen das Schwarz-Weiß-Fernsehen nicht konkurrieren konnte, und die sich als große Kassenerfolge herausstellten.

Fernando Lamas war ein großer, gutaussehender und sehr lustiger Mann. In Südamerika war er bereits ein Star, doch sein großer Durchbruch kam erst, als er der Partner von Mutter wurde. Ich lernte ihn im Studio kennen, als die beiden eine Walzer-Szene drehten. Seine Höflichkeit und sein heiteres Wesen erinnerten mich ein wenig an meinen Daddy. Onkel Fernando lebte von seiner Frau getrennt, wie Mutter von Mr. Topping getrennt lebte. Da eine Scheidung in jenen Tagen nur unter bestimmten Voraussetzungen möglich war, mußten die beiden ihre Liaison geheimhalten.

Mutter, Miss Hulley und ich verbrachten unsere Sommerferien am Tahoe-See, da Mutter, um in Reno geschieden zu werden, einen sechswöchigen Aufenthalt in Nevada nachweisen mußte. Aus Angst, die Presse könne von Lamas' häufigen Besuchen in unserer am Ufer gelegenen Residenz Wind bekommen, wurde mir strikt untersagt, darüber zu sprechen.

Wenn Onkel Fernando gerade nicht dawar, erschien mir Mutter unruhig und nervös, weil sie nichts mit sich und mir anzufangen wußte. Miss Hulley kochte für uns, war ansonsten aber meistens in die Lektüre eines Buches vertieft.

Da es keine anderen Kinder gab, mit denen ich hätte spielen können, schloß ich mich Bobby Westbrook an, einem elfjährigen Jungen, der durch den Tod seiner Eltern Erbe eines enormen Vermögens war, das die Familie mit Öl gemacht hatte. Bobby besaß eine »Zigarette«, ein schlankes schnelles Rennboot, auf dem wir, da es keiner besonderen Fahrerlaubnis bedurfte, den tiefen Kratersee durchpflügten. Weder Mutter noch Miss Hulley wußten, daß Bobby mir erlaubte, das Boot zu steuern, sobald wir weit genug vom Ufer entfernt waren. Einmal nahmen wir Frank Sinatra mit, der nach kurzer Zeit leichenblaß darum bat, wieder ans Ufer gebracht zu werden.

Obwohl Mutter in diesem Sommer Zeit genug gehabt hätte, sich mir zu widmen, schien sie meine Anwesenheit völlig zu ignorieren. Wahrscheinlich um ihre Aufmerksamkeit zu erregen, legte ich ihr eines Abends »Junior«, eine etwa fünfzehn Zentimeter lange Schlange, ins Bett. Als sie wütend in mein Zimmer kam, gab ich vor zu schlafen, hatte allerdings Mühe, mein Kichern zu unterdrücken. Am nächsten Morgen war Junior weg.

Bevor Onkel Fernando auftauchte, hatte Mutter Louella Parsons gestanden, daß »sie sich nach einem friedlichen Zuhause sehnte, schon des Kindes wegen«. Louella behauptet, daß sie schon immer das Gefühl hatte, »daß sich Lana im Grunde ihres Herzens eigentlich immer ein intaktes Familienleben gewünscht hat«. Zur gleichen Zeit wurde Lamas in einer

Zeitschrift zitiert, der auf die Frage, wie sich ein südamerikanischer Liebhaber verhält, antwortete: »Wir halten das Mädchen am Nacken fest, zwicken es in die Arme, bis sich blaue Flecken zeigen, und zerreißen ihm die Kleider!«

Mutters nächster Film war *Stadt der Illusionen (The Bad and the Beautiful)*. Inzwischen hatte Onkel Fernando einen Schlüssel unseres Hauses am Mapleton Drive. Am Nachmittag sah ich ihn häufig an unserem Pool. Während ich dort eines Tages spielte, erschien er in einem plüschartigen Bademantel.

»Ich nehme an, du hast noch nie einen nackten Mann gesehen«, sagte er und zog den Mantel aus.

Ich schüttelte verneinend den Kopf. Onkel Fernando hatte in Argentinien an vielen Schwimmwettbewerben teilgenommen, und er hatte einen durchtrainierten, schlanken Körper. Grinsend beobachtete er, wie ich mit aufgerissenen Augen entdeckte, was bei männlichen Statuen unter einem Feigenblatt versteckt ist. Da ich ihn aber mochte, war mir der Anblick nicht unangenehm; mit der Erklärung, daß »Nacktheit etwas völlig Natürliches« sei, sprang er ins Wasser. Ich erzählte Mutter nichts von diesem Unterricht in männlicher Anatomie.

Mir war von Anfang an klar, daß Fernando nur vorübergehend zu unserem Haushalt gehören würde. Sein lateinamerikanisches Naturell entsprach nicht unbedingt Mutters Vorstellungen von einem Mann. Ihre Romanze endete mit einem Vorfall, an den man sich noch heute in Hollywood erinnert. Marion Davies gab in ihrem herrlichen Haus in Malibu eine Party, an der auch Mutter und Fernando teilnahmen. Sie saßen am Tisch von Esther Williams, deren erfolgreiche Filme auch bei M-G-M entstanden. Als Esther bemerkte, daß Mutter sich für einen gutaussehenden blonden jungen Mann interessierte, bat sie diesen an den Tisch. Es handelte sich um Lex Barker, den Tarzandarsteller, der von seiner Frau, der Schauspielerin Arlene Dahl, getrennt lebte. Lex setzte sich neben Mutter, die auf der Stelle ganz unverhohlen mit ihm zu flirten begann. Fernando bekam einen Eifersuchtsanfall und versetzte dem Rivalen einen heftigen Stoß, während er rief: »Warum zerrst du sie nicht einfach in die Büsche und vernaschst sie?«

Nach diesem Vorfall war es kaum verwunderlich, daß Mutter und Fernando sich zu Hause fürchterlich in die Haare bekamen. Am nächsten Tag war Fernando verschwunden. In ihrem gemeinsam geplanten Film *Serenade in Rio (Latin Lovers)* spielte ein anderer seine Rolle. Typisch Hollywood: Lamas heiratete Esther Williams, Barker dagegen Lamas' Freundin Lana.

Lex Barker war ein merkwürdiger Mann, hinter dessen Freundlichkeit ein übertriebenes Selbstinteresse verborgen lag. Seinen Erfolg verdankte er seinem guten Aussehen in einem Lendenschurz, seiner Geschicklichkeit, sich von einem Ast zum anderen zu schwingen, und seinem überzeugenden Tarzanschrei. Johnny Weissmüller hatte nach zehn Tarzanfilmen die Nase voll. Immerhin verstand es Barker als sein Nachfolger, die Rolle des Affenmenschen ziemlich glaubhaft zu verkörpern.

Lex war der einzige Sohn einer angesehenen Familie aus Rye, New York, der auf der Philipps Exeter Akademie und in Princeton studiert hatte. Um seinem Vater, der Ingenieur war, eine Freude zu machen, arbeitete Lex ein Jahr lang als Elektriker, Klempner und Maurer. Da er an diesen Arbeiten keinen besonderen Gefallen finden konnte, entschloß er sich, nach Hollywood zu gehen. Er spielte winzige Rollen, bis er als Tarzan entdeckt wurde. Als er Mutter kennenlernte, hatte er sechs Tarzanfilme abgedreht und war nun soweit, den Lendenschurz an den Nagel zu hängen und sich bessere Rollen auszusuchen.

Aus einer achtjährigen Ehe mit einer New Yorkerin hatte er zwei Kinder: eine Tochter namens Lynne und einen Sohn, der Alexander Crichlow Barker III genannt wurde. Er und seine frühere Frau hatten das gemeinsame Sorgerecht, da seine Geschiedene aber kurz vor einer Wiederverheiratung stand, wollte er die Kinder ganz zu sich nehmen. Sie sollten bei *uns* leben, wie mir sehr bald klar wurde.

»Du wirst meine Kinder mögen«, sagte er zu mir, während mich Mutter beobachtete. »Das Mädchen ist so alt wie du, und ihr könnt miteinander spielen.« Sein Arm umfaßte meine Taille, und er tätschelte meinen Popo. Mutter schien seine Art zu beeindrucken, sie sah ihn verliebt an.

Trotz der Gagenerhöhung bei Metro hatte Mutter finanzielle Probleme, unter anderem weil sie eine größere Steuernachzahlung leisten mußte. Die Folge war, daß nicht nur das Näh-, sondern auch das Wohn- und Eßzimmer, die Bibliothek und die Dienstbotenzimmer unbenutzt blieben. Wir hatten nur noch eine Tageshilfe, eine irische Köchin und natürlich Jeanne, von der sich Mutter nicht trennen konnte. Jeanne war ihre französische Zofe, die trotz aller Sparmaßnahmen weiter ein Spitzenhäubchen und eine gestärkte Schürze trug – tagsüber weiß, ab fünf Uhr nachmittags schwarz. Daß das Parterre nun nicht mehr bewohnt wurde, machte mir verhältnismäßig wenig aus. Ich war nur sehr selten unten.

Auch Mutters Schneiderin wurde nicht mehr beschäftigt. Wir kauften bei Saks von der Stange – bis das Kaufhaus plötzlich auf Barzahlung bestand. »Sie sind wohl verrückt geworden«, rief Mutter wütend. »Nie mehr betrete ich Ihren verdammten Laden!«

Aus Personalmangel erlaubte mir Mutter nun ans Telefon zu gehen, wenn es läutete. Ich mußte nach dem Namen des Anrufers fragen und Mutter ansehen: Wenn sie die Nase kräuselte, teilte ich dem Anrufer mit, daß sie nicht zu Hause sei.

Mutter hatte vor, Lex zu heiraten und nach London zu ziehen, um nun in Europa Filme zu machen. Wenn sie mehr als achtzehn Monate in Übersee arbeitete, mußten ihre ausländischen Gagen in Amerika nicht versteuert werden. Auch damit hoffte sie, Geld zu sparen. Ich sollte in einem Schweizer Internat untergebracht werden. Zumindest ahnte ich dergleichen, als sie von einer eventuellen Europareise mit Lex in diesem Sommer sprach.

Daddy heiterte mich bei einem unserer Sonntagsessen auf. Er war der Ansicht, daß mir der Aufenthalt in Europa guttun würde. Auch ihm habe diese Erfahrung sehr genützt, sagte er. Inzwischen war er von Martine Carol geschieden und genoß sein Junggesellenleben wie ehedem. Er flirtete mit Starlets wie Mamie Van Doren und umgab sich mit einflußreichen Leuten.

Er hatte sich genügend Kapital zusammengespart und plante, mit seinem alten Partner Al Mathes wieder ein neues Restaurant zu eröffnen.

Ostern 1953 schenkte Dad mir ein lebendiges Angorahäschen, obwohl er genau wußte, daß er damit bei uns im Haus eine Katastrophe heraufbeschwor – Mutter ärgerte sich ohnehin über das herzliche Vater-Tochter-Verhältnis. Ich dagegen war außer mir vor Freude. Ich hegte und pflegte das Häschen und führte es an einer Leine im Garten spazieren. Unsere irische Köchin behauptete manchmal beim Essen: »Du ißt gerade dein Häschen.« Sie muß sadistisch veranlagt gewesen sein. Entsetzt wollte ich nach draußen rennen, um mich zu überzeugen, daß das Häschen noch da war, aber das erlaubte Miss Hulley nicht.

Im Mai trat Mutter in aller Öffentlichkeit bei den Filmfestspielen in Cannes in der Begleitung von Lex Barker auf und löste damit einen Skandal aus. In jenen Tagen war es unmöglich, daß Unverheiratete im selben Hotelzimmer wohnten. Lex war es gelungen, in Italien mehrere Filmverträge abzuschließen, und Mutter entschloß sich, gemeinsam mit ihm Amerika zu verlassen. Sie drehte einige Filme in Rom und Holland. In den Sommerferien machte Gran sich mit mir auf den Weg nach Europa. Miss Hulley hatte den Sommer über frei.

Ich war jetzt fast zehn Jahre alt. Die meisten Mädchen meines Alters hatten flotte Frisuren, während ich immer noch diese verhaßten hüftlangen Locken mit mir herumtrug. Bevor wir nach England flogen, um dort Mutter zu treffen, überredete ich Gran, sie mir abzuschneiden. Mutter wartete in ihrer Suite im Dorchester in London auf uns. Kaum sah sie meine nunmehr schulterlangen Haare, die eine leichte Dauerwelle stützten, ging sie wütend auf die arme Gran los: »Wie *konntest* du meinem Baby das antun?«

Mit besonderem Vergnügen hatte ich meine abgeschnittenen Locken in der Toilette hinuntergespült. Was geschehen war, war geschehen, und auch Mutter konnte daran nichts ändern. Aber sie fand eine Möglichkeit, mir ihren Unmut zu zeigen. Das einfache und harmlose rote Kostüm, das Gran mir für die

Reise gekauft hatte, war am nächsten Tag spurlos aus meinem Schrank verschwunden.

Zwischen Mutter und Gran kam es zu Streitigkeiten, weil sie sich nicht einigen konnten, wie schnell ich erwachsen werden durfte. Ich war schon genauso groß wie Mutter, aber sie zwang mich immer noch, Kinderkleider, weiße Söckchen, Riemchenschuhe und ganz grauenvolle Schürzen zu tragen – ganz abgesehen von den weißen Handschuhen, ohne die ich nicht aus dem Haus gehen durfte. Jeans und T-Shirts blieben ein unerfüllter Traum.

»Aber alle anderen Kinder haben Jeans – sogar Liza!«

»Du bist aber nicht *andere* Kinder! Du bist *mein* Kind. Und ich möchte, daß du hübsch aussiehst.«

Wahrscheinlich hatte sie einfach Angst davor, durch eine erwachsen aussehende Tochter älter zu wirken. Viele Mütter mit heranwachsenden Töchtern haben dieses Problem.

»Lana«, mahnte Gran, »deine Tochter ist bald eine junge Dame.«

Mutter verstand den Wink mit dem Zaunpfahl. Ihr Versuch, mich aufzuklären, brachte mir nicht viel Neues. Ich erfuhr lediglich, was es mit der Menstruation auf sich hat, und daß ich eines Tages mit einem wundervollen Jungen »schlafen« würde, weil das zur Liebe zwischen Erwachsenen gehöre. Der Körper eines Mannes unterscheidet sich von dem einer Frau, wußte ich das?

»Natürlich«, entschlüpfte es mir, und ich biß mir schnell auf die Lippen. Nein, ich würde nichts von Fernando erzählen.

Um mich Großmutters verderblichem Einfluß zu entziehen, engagierte Mutter eine neue Gouvernante, eine strenge englische Jungfer, die mir Französischstunden gab und mich zu langen Spaziergängen im Hyde Park zwang. Wenn ich es wagte, nach Gran zu fragen, zwickte sie mich zur Strafe heftig in den Ellbogen, was ich nie hätte beweisen können, weil dort keine blauen Flecken entstanden.

Eines Morgens lernte ich in Mutters Suite ihre Freundin Ava Gardner kennen, die wenig später nach Afrika reiste, um dort *Mogambo* zu drehen, einen Film, den Mutter abgelehnt hatte.

Verliebt, wie sie war, drehte sie statt dessen *Flammende Sinne (The Flame and the Flesh)* in Rom, wo sich auch ihr Lex aufhielt. Ava und Lana eilten Arm in Arm davon, um Einkäufe zu erledigen.

Wie gern hätte ich die beiden begleitet! Aber seit meinem Wutanfall fünf Jahre zuvor nahm Mutter mich nur sehr selten mit. Das berühmte Kaufhaus Harrod's und den Tower lernte ich mit meiner neuen Gouvernante kennen.

Eines Tages blätterte ich in einem englischen Magazin, das ich auf dem Tischchen neben dem Sofa gefunden hatte. Durch Zufall fiel die Kopie eines Briefes heraus. »Miss Hulley war bei mir die letzten drei Jahre als Gouvernante meiner Tochter angestellt ...« Es war ein Empfehlungsschreiben. Mutter hatte Miss Hulley entlassen.

Aber es sollte noch schlimmer kommen. Gran durfte uns nicht nach Italien begleiten. »Lex und seine beiden Kinder erwarten uns«, tröstete mich Mutter nach dem herzzerreißenden Abschied von Gran kurz vor dem Abflug. »Es wird bestimmt ein herrlicher Sommer!«

Mutters Anwesenheit im Flugzeug erregte Aufsehen. Die gesamte Crew stand bewundernd im Mittelgang. Sogar der grauhaarige Pilot gesellte sich dazu und küßte sie charmant auf beide Wangen. Es war sehr lustig. Plötzlich wurde Mutter leichenblaß. »Du lieber Himmel!« rief sie entsetzt. »Und wer fliegt das verdammte Ding?«

17

Für unseren »Familienurlaub« hatte Lex eine Villa in der Nähe von Turin gemietet. Sie lag auf einem Hügel und überblickte ein Industriegelände, durch dessen braunen Smog sich der breite Po schlängelte.

Lex und seine beiden Kinder erwarteten uns an der Haustür. Lynne sah ihrem Vater sehr ähnlich. Sie musterte mich mit einem unruhigen und feindseligen Blick. Als ich ihr meine Hand entgegenstreckte, ignorierte sie diese Geste.

Ihr sechsjähriger Bruder Alexander, kurz Zan genannt, wirkte zerbrechlich und unsicher, aber zumindest war er höflicher als seine Schwester. Es war offensichtlich, daß ihn seine ältere Schwester unterdrückte. Er tat mir leid.

Schon am ersten Tag stellte sich heraus, wie dieser »Familienurlaub« verlaufen würde. Mutter vergaß, mir Gute Nacht zu sagen, als sie mit Lex in ihrem Flügel des Hauses verschwand. Eine italienische Gouvernante führte mich durch endlose Gänge zu meinem Schlafzimmer, das einem riesigen Verlies ähnelte. Als ich unter meiner Bettdecke lag, konnte ich meine Tränen nicht mehr zurückhalten und weinte bitterlich. Natürlich hörte mich Lynne in ihrem Zimmer, das neben meinem lag. Ab diesem Zeitpunkt nannte sie mich »Heulsuse«. Und damit war ich ihrer Herrschsucht hilflos ausgeliefert. Sie kratzte mich und trat mich gegen das Schienbein, wenn ich nicht das tat, was sie wollte. Als ich mich schließlich bei Mutter beschwerte, sagte diese nur: »Man petzt nicht!«

An Mutters Reaktion hätte ich erkennen müssen, wie verliebt sie war. »Cheryl«, verkündete sie eines Tages, »stell dir vor, Lex und ich heiraten! Du hast dann eine richtige Schwester und einen richtigen Bruder. Ist das nicht wundervoll?«

»Wann?«

»In einer halben Stunde«, sagte sie und zog sich noch mal die Lippen nach.

Vor dem eisernen Portal der Villa wimmelte es bereits von Reportern. Lynne, Zan und ich wurden zu einem Kino in der Nähe gefahren, wo wir uns *Die Größte Schau der Welt (The Greatest Show on Earth)* auf italienisch ansehen durften. Das sollte die Presse ablenken – wenn die Kinder im Kino sind, muß die Hochzeit verschoben worden sein –, es funktionierte nicht. Die Italiener verfolgten Mutter und Lex bis ins Rathaus, wo die Trauung stattfand.

Am Abend wurde in der Villa ein großes Dinner gegeben. Mutter schien sehr glücklich zu sein.

In der Absicht, aus uns eine große, glückliche Familie zu machen, begann Lex um meine Zuneigung zu buhlen. Er umarmte und küßte mich bei jeder sich bietenden Gelegenheit.

Er wollte, daß ich von nun an Cheryl Barker heißen sollte, aber in diesem Punkt war mit mir nicht zu reden. Ich liebte meinen richtigen Vater, auch wenn ich ihn nur selten sah. Eine Namensänderung kam für mich nicht in Frage.

Lex drehte zu jener Zeit bei Cinecittà ein episches Werk – eine Schwert- und Sandalen-Klamotte. Lynne und ich durften ihn bei Außenaufnahmen besuchen. Ungehindert rannten wir auf dem Studiogelände herum, wobei ich ein mutterloses graues Kaninchen fand, das ich glücklich in die Arme schloß.

Lex ging in die Hocke und streichelte die Ohren des Tieres. »Ich bin jetzt dein Vater, Cheryl«, sagte er. »Warum nennst du mich nicht ... Daddy oder Papa oder Pa, meinetwegen ...«

»Kann ich dich Po nennen?« fragte ich und blinzelte in die Sonne. Ich weiß nicht genau, wie ich auf dieses Wort kam, vielleicht weil ich den Fluß dieses Namens von meinem Schlafzimmerfenster aus sehen konnte.

»Klar. Warum nicht Po?!« rief er glücklich und hielt das Kaninchen an den Ohren in der Luft, so daß es ängstlich mit den Beinchen strampelte.

Im Herbst, kurz vor unserer Rückreise, informierte mich Mutter von ihren neuen Plänen. Sie und Po hatten beschlossen, daß ich bei ihnen in Paris wohnen sollte. Lynne und Zan dagegen sollten mit Gran in Mapletop leben.

»Nein«, widersprach ich. »Ich möchte mit Gran nach Hause fahren!« Mir war klar, wenn ich jetzt nicht stur blieb, war ich verloren. Mutter schilderte mir in Superlativen unser neues, gemeinsames Leben. Aber was sollte ich in Paris? In einer fremden Schule? Ohne Freunde? Und schließlich ohne sie, da sie ohnehin keine Zeit für mich hatte.

»Wenn Gran ohne mich wegfährt, laufe ich davon!« eröffnete ich meiner Mutter gelassen. Und ich meinte es ernst. Mutter war fassungslos. Leidend zog sie sich in ihr Zimmer zurück, ohne eine Entscheidung getroffen zu haben. Ich verbrachte eine sehr unruhige Nacht.

Am nächsten Morgen, dem Tag unserer Abreise – wohin? – kam Mutter in mein Zimmer. Sie teilte mir mit, daß Lynne und Zan fortan bei ihrer Mutter in Los Angeles wohnen würden, während Gran und ich nach Mapletop zurückkehren durften. »Ich hoffe, daß du weißt, wie sehr du mich gekränkt hast«, sagte sie eisig. »Aber bitte! Du hast deinen Willen durchgesetzt. Ich glaube nicht, daß ich das je vergessen kann.«

Po fuhr uns nach Orly. Lynne und ich saßen neben ihm. Auf der Rückbank saßen Zan, Gran und Mutter. Niemand sprach ein Wort.

Plötzlich aber hörte ich Mutter. »Du weißt, Mutter, du hattest es all diese Jahre sehr schön ... ich habe mich um dich gekümmert, und ich habe dich ertragen ... aber jetzt reicht es mir. Von nun an bekommst du kein Geld mehr von mir. Sobald ihr in Los Angeles seid, solltest du dich besser nach einer Arbeit umsehen.«

Ich drehte mich ruckartig um.

»Und du schaust besser nach vorne und kümmerst dich um deine eigenen Angelegenheiten. Dies hier geht dich nichts an.«

Gran brach in Tränen aus, was auf Mutter keinen Eindruck zu machen schien. Sie beschuldigte Gran, egoistisch zu sein, andere Leute auszunutzen, ohne je eine Gegenleistung zu erbringen. In mir tobte es. *Sie* war egoistisch, *sie* bestimmte über alle Menschen ihrer Umgebung – ich haßte sie, ich haßte sie aus vollem Herzen. Ich schwor mir in diesem Augenblick, sie nie wieder Mommy zu nennen.

Wieder in Los Angeles schrieb Gran häufig an Mutter, Briefe, die meist unbeantwortet blieben: »... Lana, ich glaube, ich habe alles getan, was du von mir verlangt hast. Ich habe dir nie etwas genommen, was du mir nicht gegeben hast. Ich danke dir von Herzen für die Jahre, die du mich ernährt und – ertragen hast ...«

Ich schrieb nur, wenn Gran ausdrücklich darauf bestand. Meine Liebe zu Mutter hatte einen Knacks bekommen. Ich war entschlossen, mich abzunabeln und sie zu verlassen, bevor sie mich verließ.

In jener Zeit dachte ich oft über den Grund von Miss Hulleys Entlassung nach. Schuld daran war wahrscheinlich ein Streit zwischen ihr und Po. Er hatte einen Familienausflug geplant, aber Miss Hulley bestand darauf, daß ich meine Klavierstunde nicht versäumen dürfe. »Es ist geradezu lächerlich, wie sie Cheryl mit Beschlag belegt. Das Kind hat ja überhaupt keine freie Minute«, beschwerte er sich bei Mutter.

»Genau das ist auch meine Absicht«, antwortete Mutter.

»Aber Lana, sie ist kein Baby mehr ...«

»Cherie, Liebling, bist du da draußen?« unterbrach ihn Mutter, und ich verließ schnell meinen Lauscherposten.

Jahre später erfuhr ich den wahren Grund, der zu Miss Hulleys Entlassung geführt hatte. Offensichtlich hatte sie ihren Freundinnen erzählt, Großmutter wie Mutter seien Alkoholikerinnen, Lana zudem noch eine Vagabundin, die sich so gut wie gar nicht um ihre Tochter kümmere. Wie so oft erfuhren die Betroffenen als letzte von dem Klatsch. Die Zustände in unserer Familie waren der Filmkolonie seit drei Jahren bekannt, aber es war nie etwas an die Öffentlichkeit gedrungen.

Im Jahr 1953 hätte die Presse nie gewagt, das mühsam aufgebaute Mutter-Image von Lana Turner und ihr heiles Familienleben in Frage zu stellen, obwohl das neue und sehr erfolgreiche Skandal-Magazin *Confidential* in der Dezember-Nummer von 1952 auf Lanas amouröse Eskapaden anspielte.

Mutter war gewöhnt, daß über sie geklatscht wurde, was ihr aber gegen den Strich ging, war, daß Gran, obwohl sie Miss Hulleys Indiskretion kannte, weiter zu einer »Freundschaft mit dieser Person« fähig war. Gran war nicht nachtragend; sie erreichte sogar, daß Miss Hulley über Weihnachten kurz zu uns kommen durfte, um uns zu helfen. »Cheryl und ich sind wegen der emotionalen Aufregungen in der letzten Zeit sehr angegriffen«, schrieb sie Mutter. »Es wäre besser, wenn wir Gesellschaft hätten.«

Mutter drehte zu dieser Zeit einen Film in Holland, der – welch seltsame Ironie – *Verraten (Betrayed)* hieß. Für ihren nächsten Film *Tempel der Versuchung (The Prodigal)* wollte sie nach Amerika zurückkommen.

Als ich in diesem Herbst wieder in meine Schule zurückkehrte, fiel meinen Mitschülerinnen meine Veränderung auf: meine kürzeren Haare und meine rundere Figur. Zudem war ich selbstsicherer geworden; mein vorgerecktes Kinn verriet, daß ich mir nicht mehr alles gefallen lassen würde; meine Stimme, früher ein ängstliches Flüstern, klang plötzlich fest und bestimmt.

Im Oktober bekam ich meine erste Periode. Gran war sehr beunruhigt, ich war schließlich erst zehn. »Die meisten kalifornischen Mädchen fangen früh damit an«, erklärte unser Hausarzt und lachte.

Das Ehepaar Barker gab den steuergünstigen Achtzehn-Monate-Plan auf und kam zwei Tage vor Weihnachten nach Hause. Als erstes wiederholten sie die Trauungszeremonie, weil es nicht sicher war, ob die Ehe, die sie in Turin geschlossen hatten, gültig war, da Lex nach seiner Scheidung von Arlene Dahl nach den italienischen Gesetzen nicht lange genug gewartet hatte. Mutters Scheidung von Mr. Topping war ohne Probleme verlaufen, nachdem sie einige der Topping-Juwelen zurückgab und dafür eine höhere Abfindungssumme bekam. Mr. Topping heiratete bald darauf seine Eiskunstläuferin. »Sie muß ihm das Eislaufen beigebracht haben – mit mir hat er es nie getan!« bemerkte Mutter der Presse gegenüber.

Ich glaube, ich vermittelte in jenem Herbst den Eindruck, ein hübsches, aber gefühlloses Kind zu sein. Mutter, Gran und ich waren es gewohnt, »so zu tun, als ob«.

Ich kannte mich und meine Bewunderung für Mutter, ich kannte aber auch Mutter und ihre Macht über mich, folglich zog ich mich in mein Schneckenhaus zurück. Überraschenderweise hatte Gran ihrer Tochter verziehen; die beiden benahmen sich, als habe die schreckliche Szene auf der Fahrt nach Orly nie stattgefunden.

Meine neue Gouvernante hieß Miss Rockenbach, von der Köchin kurz Rocky genannt. Miss Rockenbach war eine Deutsche, eine untersetzte Frau mit sandfarbenem Haar, die ihren blauen Papagei mitbrachte. Sie war auf eine etwas brüske Art freundlich und behandelte mich sehr nachsichtig. Zum erstenmal durfte ich die Badezimmertür hinter mir zumachen.

Mit ihr fuhr ich häufig an den Strand von Venice, wo sie in einer Bar für Frauen verschwand, während ich am Wasser entlanglief. Noch immer wurde ich morgens und abends gebadet. Ich haßte es, von oben bis unten eingeseift zu werden, schließlich war ich seit Beginn meiner Menstruation so gut wie erwachsen. Gran, bei der ich mich darüber beschwerte, versprach mir, die Angelegenheit zu regeln.

Wenn ich aus der Schule kam, war es im Haus meist sehr still. Gran arbeitete wieder, Mutter drehte einen neuen Film, und Rocky blieb meist in ihrem Zimmer. Dad bereitete die Eröffnung seines neuen Restaurants vor und holte mich nur noch selten sonntags ab. Ab und zu traf ich meinen neuen Stiefvater, der jetzt bei Universal-International unter Vertrag war und gerade *Gold aus Nevada (The Yellow Mountain)* abgedreht hatte. Er lungerte im Haus herum und wartete auf bessere Drehbücher. Auf einen neuen Tarzan-Film hatte er keine Lust.

Eines Nachmittags im März saß ich in Gedanken versunken am Swimmingpool, als ich plötzlich meinen Stiefvater entdeckte. Er stand auf der Steintreppe und beobachtete mich. Mit dem um die Hüften geschlungenen Handtuch und dem gebräunten muskulösen Körper, der keine Haare aufwies, weil er sie abrasierte, sah er wirklich aus wie Tarzan persönlich – bis auf die Sonnenbrille.

»Hallo«, rief er und ging auf die Sauna zu, die neben dem kleinen Poolhaus lag. »Komm einmal her, ich möchte dir etwas zeigen.«

Bis zu diesem Tag hatte ich den Saunaraum noch nie betreten. Er bat mich, mich auf die unterste der drei stufenartig gebauten Holzbänke zu setzen und schloß die Tür. Der Raum war fensterlos, das einzige Licht kam von einer schwachen Birne, die von der Decke hing. Er trug noch immer seine Sonnenbrille.

»Hast du schon einmal einen nackten Mann gesehen?« erkundigte er sich und entledigte sich des Handtuchs.

»Ja, Onkel Fernando schwamm immer nackt.«

»Aha«, meinte er interessiert. »Vor dir? Und, hat er dich angefaßt?«

»Nein.«

»Bist du sicher?« fragte er skeptisch. »Bist du sicher, daß er dich niemals berührt hat? Hier, zum Beispiel?« Seine Fingerspitzen berührten meine Brüste.

»Nein«, murmelte ich hilflos.

»Oder hier?« Seine Hand verschwand zwischen meinen Schenkeln.

»Nicht, das tut weh!«

Er zog seine Hand zurück und kratzte sich nachdenklich am Kinn.

»Und das hier hat Onkel Fernando auch nie gemacht?« fragte er und schob die Vorhaut an seinem Penis zurück.

»Nein...«, stotterte ich. »Das hat er nie gemacht... niemals!«

»Dann weißt du also nicht, was bei einem Mann passiert?« meinte er mit fast trauriger Stimme. Er setzte sich neben mich. Mit ernstem Gesicht erklärte er mir, wie wichtig es für mich sei, über diese Dinge Bescheid zu wissen, da ich doch nun bald erwachsen würde. Hatte Mutter mich denn nicht aufgeklärt?

»Das mit den Babies weiß ich...«

»Na immerhin... ich bin ja jetzt dein Vater, und als solcher ist es meine Pflicht, dir diese Dinge beizubringen... also, paß auf...« Mit langsamen Bewegungen begann er zu onanieren. »Siehst du? Noch schläft das kleine Kaninchen, aber bald wird es aufwachen... kannst du das sehen?«

Ich wußte, daß hier etwas geschah, was nicht sein durfte. Ich drehte mich um, aber er griff mir ins Haar und hielt mich fest.

»Ich möchte, daß du zuschaust... das Kaninchen wird größer... siehst du das?«

Meine Nägel verkrallten sich in der Holzbank. Entsetzt beobachtete ich, wie er erst langsam und dann immer schneller onanierte, bis er schließlich mit verzerrtem Gesicht und einem animalischem Laut auf den Boden ejakulierte. Ich starrte zur Tür. Ich wollte fort, nur fort. Er säuberte sich mit einem Handtuch und stand auf. Mit dem kleinen Finger schob er die Sonnenbrille etwas tiefer und sah mich über den Rand forschend an.

»Natürlich gibt es Menschen, die nicht verstehen, was wir

gerade gemacht haben ... darüber spricht man nicht, weißt du ... Es bleibt also unter uns, ist das klar?«

Ich nickte hilflos. Er öffnete die Tür und verschwand.

Unser Geheimnis! Wem hätte ich auch davon erzählen können? Er wußte, daß ich mit niemandem darüber sprechen konnte. Mit einem letzten verwirrten Blick auf die Folgen seines Tuns sprang ich auf und rannte in mein Schlafzimmer, wo ich die Tür zuknallte und mich dagegenlehnte. Ich konnte nicht glauben, was ich erlebt hatte.

Wie in Trance versammelte ich meine Puppen und meinen Teddy um mich, holte das kleine Puppenservice vom Bücherregal. Und während wir Tee tranken, plauderte ich mit meinen stummen Freunden.

18

Das neue Restaurant meines Vaters war von der Eröffnung an ein Bombenerfolg. Bei festlichen Gelegenheiten hatte er früher mit seiner Mutter immer ein chinesisches Lokal in Indianapolis besucht. »Eines Tages werde ich etwas Ähnliches besitzen«, schwor er ihr. Leider lebte seine Mutter nicht mehr, als er es endlich geschafft hatte. Sie wäre sehr stolz gewesen.

Nach seiner Rückkehr aus Frankreich war »die Eröffnung eines Südsee-Restaurants« zur fixen Idee für ihn geworden. Unsere Sonntagsausflüge dienten ihm zur Marktanalyse. Drei Jahre beschäftigte er sich intensiv mit diesem Thema und versuchte aus den Fehlern der anderen zu lernen. »Hörst du das?« fragte er, wenn der am Nebentisch servierende Kellner mit dem Geschirr klapperte. »Das darf einem guten Kellner nicht passieren.«

Außerdem hatte ich das Gefühl, daß er mich für Restaurants begeistern wollte, vielleicht in der Hoffnung, daß ich eines Tages mit ihm zusammenarbeiten würde. »Bevor du einmal heiratest, müssen wir deinen jungen Mann dazu bringen, seinen Namen in Crane umändern zu lassen«, sagte er häufig. Ich stimmte ihm freudig zu.

Das »Crane-Imperium« wurde im Juli 1953 gegründet. Im Luau wurde die typisch cantonesische Küche gepflegt, doch Dad sorgte dafür, daß es außerdem Steaks, Koteletts und Brathühnchen gab, damit die Stammkundschaft eine größere Auswahl hatte. Er hob die Preise an, um ein besseres Publikum zu gewinnen, und die Qualität der Gerichte entsprach den Preisen. Zum Beispiel ließ Dad das Fleisch extra aus Chicago einfliegen, wo die Rinder mit Mais gefüttert wurden. Heute ist der Rodeo Drive berühmt für seine internationalen Modegeschäfte, damals aber war es genau der richtige Platz für ein Restaurant. Dad erkannte sehr richtig, daß man jetzt lieber elegant und gemütlich essen ging, denn eine teure Show mit Stars konnte man sich auch im Fernsehen anschauen. Mit seinem Partner Al Mathes kaufte er das Sugie's Tropics, ein kleines hawaiianisches Restaurant, in dem wir oft zusammen gewesen waren. Es lag ungefähr in der Mitte des Rodeo Drive und galt seit fast zwanzig Jahren als Geheimtip der Prominenz. Nicht von ungefähr zierten die drei Affen, die nichts hören, nichts sehen und nichts sagen, die Speisekarte.

In sechs Monaten baute Dad das Lokal um, achtete aber darauf, daß die Atmosphäre, die Liebespaare bevorzugen, erhalten blieb. Sein Plan war, einen Treffpunkt für die Filmkolonie zu schaffen. Gemütliche Nischen und schummriges Licht garantierten Intimität. Weibliche Gäste, die keinen Alkohol mochten, bekamen Getränke, die aus Fruchtsäften gemixt und phantasievoll garniert waren; sie hießen »Die Rache der Meerjungfrau« oder »Der Kuß der Jungfrau«. Auch die Ausstattung der Toilettenräume war luxuriös: Da gab es Sitzgelegenheiten, hohe Spiegelwände und Waschbecken, die mit Goldarmaturen versehen waren. Die eigentlichen Toiletten waren in den Farben rosa, gelb und blau gehalten. Die Becken für die Männer hatten die Form einer großen Muschel. Alan Carr, der Filmproduzent, sah sie zum erstenmal als Elfjähriger. Damals lebte er in Chicago und besuchte Hollywood. »Als ich die Dinger sah«, erzählte er mir später, »wußte ich, daß ich wirklich in Hollywood war, und plötzlich war mir klar: Da wollte ich auch bleiben!«

Dad erlaubte eleganten und sehr teuren Nutten, an der kleinen Bar zu sitzen, und deshalb kamen auch Männer ohne Begleitung gern zu ihm. Die weiblichen Gäste des Lokals hatten nicht die geringste Ahnung, wer diese gutgekleideten Mädchen mit den fabelhaften Manieren waren. Ich war sechzehn, als Dad mich einweihte.

Die Einrichtung erinnerte an schwüle Südseeschnulzen. Man betrat das Restaurant, indem man über eine aus Bambus gefertigte Brücke schritt, die sich über eine Lagune spannte, spazierte an einem Regenwald vorbei, in dem ein echter Wasserfall über riesige Brocken aus Vulkangestein plätscherte. In großen Käfigen saßen Papageien, die mit hungrigen Blicken die zahllosen Fische in den Aquarien beobachteten.

Dad gab zehn private Eröffnungsfeten; die erste besuchten zweihundert Damen der Hollywood-Elite.

Das Lokal öffnete um fünf Uhr. Dad begrüßte die Gäste in einem weißen Panama-Anzug, zu dem er pastellfarbene Seidenhemden trug. Im Revers steckten zwei bis drei Gardenienblüten, an einem Finger trug er einen Saphirring, auf den auch die Manschettenknöpfe abgestimmt waren. Der Schauspieler Caesar Romero wäre vor Neid erblaßt, so gut sah Dad aus.

Wie erhofft, wurde das Restaurant der Lieblingstreffpunkt vieler Stars: Clark Gable, Jack Benny, George Raft, Lena Horne. Die Klatschkolumnisten Hollywoods strömten herbei, und das Lokal mit den hundertvierundsiebzig Plätzen war jeden Abend voll. Diesmal hatte Dad alles richtig gemacht. Ich war sehr stolz auf meinen Daddy.

Bei meinem ersten Besuch durften Gran und ich an seinem Tisch sitzen, der sich in der »Bar Eins«, einem dunklen Raum mit Aquarien und Schifftakelagen an den Wänden, befand. Jeder wollte hier sitzen, aber nur Auserwählte durften es. Harrison Carroll vom *Examiner* hielt hier jeden Freitag seinen Stammtisch ab. Während ich auf Dad wartete, verbrachte ich viele Sonntage in dieser Bar. Ich nippte ab und zu an einem dieser hochprozentig aussehenden Frucht-Cocktails und beobachtete die Gäste.

Mutter war zu jener Zeit nicht sehr erfolgreich in ihrem

Beruf. Marilyn Monroe hatte im Jahr zuvor die beiden Kassenknüller *Blondinen bevorzugt (Gentlemen Prefer Blondes)* und *Wie heiratet man einen Millionär (How to Marry a Millionaire)* gedreht. Neulinge wie Audrey Hepburn und Grace Kelly wurden über Nacht zu Stars. Metro war stolz auf die unvergleichliche Liz Taylor, und Columbia lancierte die Blondine Kim Nowak.

Die beiden letzten Filme mit Lana Turner liefen nur mäßig, und Dore Schary, der neue Boß von M-G-M, bestand darauf, daß sie die Hauptrolle in dem biblischen Epos *Tempel der Versuchung* übernahm. Er wußte, daß diese mit Sex angereicherten Kostümspektakel zu den wenigen Filmen gehörten, die das Publikum, nunmehr fernsehverwöhnt, ins Kino lockte. Er wußte ebenfalls, daß Mutter die Rolle annehmen mußte, da sie beim Studio gigantische Schulden hatte. Sie war der einzige Hollywood-Star mit einem voll bezahlten Zweiundfünfzig-Wochen-Vertrag – drei Monate bezahlte Ferien inklusive –, und sie gab leidenschaftlich gern Geld aus. Im März 1954 betrug ihr Einkommen rund zwanzigtausend Dollar. Ihre Ausgaben in diesem Monat beliefen sich auf etwa fünfunddreißigtausend Dollar.

Schuld an diesen enormen Ausgaben war unter anderem der Anbau von zwei Schlafzimmer für Lynne und Zan, die fortan bei uns leben sollten.

In diesem Frühjahr fühlte ich mich sehr allein. Die Menschen, die ich liebte und brauchte – Mom, Dad und Gran – arbeiteten und hatten keine Zeit, die Menschen, auf die ich wirklich hätte verzichten können – Rocky, Lex und seine Kinder – hielten sich ständig in meiner Nähe auf.

Nach dem Vorfall in der Sauna nannte ich meinen Stiefvater nie mehr Po. Als er am Morgen nach der Szene zum Frühstück herunterkam, gab er sich völlig natürlich. Auch er, so schien es, verdrängte das Geschehene und spielte Theater. Insofern paßte er sehr gut zu uns.

Was hätte ich an all dem ändern können? Keiner meiner stummen Freunde konnte mir darauf eine Antwort geben.

Eines Abends im April lag ich wach in meinem Bett. Im Haus war es bedrückend still. Mutter war noch im Studio, und

Rocky hatte sich in ihr Zimmer zurückgezogen. Meine Zimmertür öffnete sich leise, und ein Schatten huschte herein – Lex in seinem roten Seidenmorgenmantel. Barfüßig schlich er über den Teppich und setzte sich auf mein Bett. Im schummrigen Licht der beleuchteten Uhr sah ich seine blonde Tarzanmähne, die ihm in die Stirn fiel.

»Wir müssen unseren Unterricht fortsetzen«, flüsterte er. Sein Lächeln gefiel mir nicht.

»Was?« Ich versuchte mich aufzurichten, aber er drückte mich zurück in die Kissen.

»Du bist ganz still!« flüsterte er und beugte sich über mich. Seine Hand verschwand im Ausschnitt meines Nachthemds, und er streichelte meine Brüste. Ich erstarrte unter seiner Berührung. »Ist das nicht angenehm?« Ich hielt den Atem an. Er zog die Bettdecke weg, seine Hand blieb auf meinem Bein liegen. Er wiederholte, was er mir schon in der Sauna gesagt hatte, er redete und redete. »Weißt du, Cheryl«, raunte er, »als ich so alt war wie du, hatte ich genausoviel Glück wie du … es gab da eine ältere Frau, die mir alles, was mit Sex zu tun hat, gezeigt hat … ich bin ihr noch heute dankbar. Du wirst mir eines Tages auch dankbar sein, dessen bin ich sicher …«

Ich zitterte inzwischen am ganzen Körper. Er strich sich die in die Stirn fallenden Haare zurück und erklärte, daß er die Hoffnung habe, daß jemand diese Dinge seiner Tochter beibringen würde. »Vielleicht kümmert sich ihr neuer Stiefvater darum«, meinte er.

Wollte er das wirklich? Ich hatte Angst, aber gleichzeitig war ich verwirrt. Noch nie hatte jemand mit mir so gesprochen. Was war Sex? Ich mochte nicht, wie er meine Beine streichelte. Genau wie Rocky beim Einseifen. Irgend etwas war hier falsch. Aber was? Ich wußte es nicht. Als ich meine Augen öffnete, sah ich wie er sich selbst liebkoste.

»Erinnerst du dich noch an mein Kaninchen?« fragte er. Erschrocken schloß ich wieder die Augen. Eine Hand schob sich zwischen meine Beine, dann spürte ich schmerzhaft einen Stoß. Ich versuchte aufzuspringen und zu schreien, aber er hielt mir den Mund zu und preßte mich zurück. Sekunden später wurde mein Nachthemd hochgeschoben, die Knie auseinandergezwängt, und dann drang er in mich ein.

War er dabei, mich zu töten? Ich bekam keine Luft mehr. Irgendwo in mir tobte der Schmerz, den ich nicht lokalisieren konnte. Schließlich gab er wieder diesen merkwürdigen Laut von sich, dann sackte er über mir zusammen. Er atmete kurz und schnell. Meine Wangen waren feucht von seinem Speichel. In meiner Kehle brannte es, aber ich konnte nicht weinen. Das Nachthemd war schweißnaß und bis zu meinen Brüsten hochgerutscht. Die Puppe, die Mommy ähnlich sah, saß auf dem Bücherregal und warf mir einen desinteressierten Blick aus ihren blauen Augen zu.

Lex rollte sich von mir herunter, stand auf, schloß seinen Morgenmantel und starrte mich eindringlich an.

»Weißt du, was mit den Mädchen passiert, die über so etwas reden?« fragte er flüsternd. »Über das, was wir gerade gemacht haben? Sie werden von zu Hause abgeholt und sehen ihre Eltern nie wieder. Man steckt sie in eine Besserungsanstalt.«

»Besserungsanstalt ...?«

»Das ist ein Gefängnis für Mädchen, in dem es nur Wasser und Brot gibt. Da muß man dann bis an sein Lebensende bleiben.«

Er ging auf die Tür zu, blieb aber noch einmal stehen. »Wenn du deine Mutter, deine Großmutter, deinen Vater, deinen Hund oder deinen Goldfisch liebst, hältst du besser deinen Mund.« Er öffnete die Tür, sah sich vorsichtig um und verschwand.

Ich blieb ganz still liegen. Mein Bauch schmerzte schrecklich. Ich versuchte an etwas anderes zu denken: an Pferde, an Elisabeth, die mir Mut zusprach; in meiner Phantasie war ich die Freundin von Billy the Kid. Ein Indianer kennt keinen Schmerz ...

Meine Finger berührten etwas Kaltes und Feuchtes auf dem Leintuch. Es war Blut. Mich fröstelte. Ich bekam offensichtlich wieder meine Periode.

Die halbe Nacht verbrachte ich im Badezimmer, wo ich abwesend mein Gesicht im Spiegel betrachtete. Am nächsten Morgen weigerte ich mich aufzustehen. Als Rocky das blutige Leintuch sah, schimpfte sie mit mir, weil ich ihr nichts von meiner Periode gesagt hatte. Aber sie erlaubte mir immerhin, zu Hause zu bleiben. Am folgenden Tag schickte mich Gran wieder zur Schule, obwohl ich noch über Schmerzen klagte. Sie war der Ansicht, man dürfe nicht so wehleidig sein. Meinen Mitschülern fiel auf, daß ich sehr still war. Ob sie meine zitternden Lippen und Hände bemerkten, weiß ich nicht.

Lex war die Unschuld in Person, als ich am Nachmittag aus der Schule kam. Mutter und er saßen an der Bar im Salon und tranken Wodka. Sie war besonders gut gelaunt, weil sie sich darauf freute, zu der Premiere ihres Films *Flammende Sinne (The Flame and the Flesh)* nach New York zu fahren. Als ich sie auf die Wange küßte, bestand Lex zum erstenmal nicht darauf, ebenfalls einen Kuß von mir zu bekommen. Mutter bemerkte es nicht. Ohne ihn anzusehen, setzte ich mich aufs Sofa und starrte auf meine Coke.

Die jeweiligen Freunde oder Ehemänner von Mutter durften, mit ihrem Einverständnis, erzieherische Autorität auf mich ausüben. Wenn Lex auf einem Kuß bestanden hätte, wäre ich gezwungen gewesen, ihn zu küssen. Ich spürte aber, daß er nie mehr darauf bestehen würde.

Ich verstand zwar nicht, was er mit mir gemacht hatte, aber ich begriff, daß es etwas Verbotenes war. Die Folge war, daß er mich damit zu seiner Verbündeten gemacht hatte und ich ihm ausgeliefert war. Ich haßte ihn.

Eine Woche später reiste Mutter nach New York. Noch am selben Abend kam er wieder zu mir. »Ich weiß, daß du wach bist«, flüsterte er. »Mach die Augen auf und schau mich an!« Sein Morgenmantel war offen.

»Bitte«, murmelte ich, »bitte nicht.« Er grinste nur und zog die Bettdecke weg. Seine Drohung, daß man mich von meiner Familie trennen würde, tat ihre Wirkung. Diese Vorstellung lähmte mich, und das wußte er.

Da ich niemandem von diesen nächtlichen Überfällen berichten konnte, versuchte ich meine Scham über das, was ich ohne Widerspruch duldete, zu verdrängen. Es wollte mir nicht recht gelingen. Ab und zu wurde mir übel, nachts hatte ich Alpträume, ich fiel in dunkle Tiefen, oder ich versank im Wasser. Oft wachte ich schreiend auf, und Rocky fand mich verzweifelt mit den Händen rudernd. Meine Periode blieb manchmal drei Monate aus. Ich fing an, an den Nägeln zu kauen. Meine Hände zitterten.

In einem halben Jahr wurde ich elf. Alle Entscheidungen waren mir bisher abgenommen worden. Nun durfte ich nicht einmal mehr über meinen eigenen Körper bestimmen. Das tat jetzt mein Stiefvater.

Die Wochen vergingen, und ich versuchte an erfreuliche Dinge zu denken. Wenn ich nach der Schule keine Tennis- oder Klavierstunden hatte, durchstrolchte ich zum erstenmal allein das Grundstück, da Rocky entweder Einkäufe machte oder sich in ihr Zimmer zurückzog. Ich wurde sogar so mutig, daß ich unseren Garten verließ, um Stephanie Wagner einen Überraschungsbesuch zu machen. Wir hatten einander, aus welchen Gründen auch immer, vier Jahre nicht gesehen.

»Ja?« fragte der Butler.

»Ist Stephanie da?« erkundigte ich mich. Da kam sie schon lachend um die Ecke gerannt. Sie hatte graue Augen mit sehr langen Wimpern und dickes schwarzes Haar wie ihre Mutter Joan Bennett. Ich blieb eine halbe Stunde. Rocky hat es nie herausgefunden.

Später erfuhr ich, warum ich die Freundin so lange nicht gesehen hatte. 1951, kurz vor Weihnachten, schoß ihr Vater in einem Anfall von Eifersucht auf den Theateragenten ihrer Mutter, der dabei allerdings nur verletzt wurde. Dieser Vorfall machte natürlich Schlagzeilen, und die Familie zog sich zurück. Stephanie sprach mit mir nie über diesen Skandal, unter dem sie sehr gelitten haben muß. Aber erzählte ich denn von meinem Stiefvater?

Ich wußte nichts von der Tragödie in Stephanies Familie, weil alle Zeitungen und Magazine vor mir versteckt wurden. Ich durfte zwar die reich bestückte Bibliothek benutzen, was ich auch gern und oft tat, aber Zeitungen waren tabu.

Rocky nahm ihre Pflichten als Gouvernante zwar ernst, aber

sie ließ mir im Grunde viel Freiheit. An manchen Nachmittagen war sie unausstehlich und sehr nervös – dann stiegen wir ins Auto und fuhren zum Strand in Venice. Ich genoß diese Ausflüge. Von meinem minimalen Taschengeld kaufte ich mir einen Lolly und beobachtete hinter meiner Sonnenbrille versteckt, was um mich herum vorging. Endlich ohne Aufsicht unter Fremden, was für ein Abenteuer! Da gab es Männer, die Bodybuilding machten, Artisten, die menschliche Pyramiden bauten, Rollschuhläufer und gutgebaute Rettungsschwimmer, die niemals ihre stoische Ruhe verließ. Ich baute Sandburgen und sonnte mich, während ich alles genau beobachtete.

Nach diesen Ausflügen war Miß Rockenbach außergewöhnlich gut gelaunt. Eines Abends gab sie sich besonders Mühe, beim abendlichen Bad auch das kleinste Sandkorn von den merkwürdigsten Stellen meines Körpers zu entfernen. Ich wehrte mich, so gut es ging, was sie aber nicht störte. Im Gegenteil, es ermunterte sie offensichtlich, an meinem Ohr zu knabbern. Genau in diesem Augenblick entdeckte ich Gran an der Tür, die fassungslos zusah. Am nächsten Tag war Miss Rockenbach verschwunden.

19

Seit Beginn der nächtlichen Attacken meines Stiefvaters zermarterte ich mir das Hirn, wie Mutter diese körperlichen Torturen, denen sie zweifelsohne ebenso wie ich ausgesetzt war, ertrug. Sie war nicht der Mensch, der sich dergleichen gefallen ließ. Oder machte es ihr gar Spaß? Hatte sie als kleines Mädchen ebenfalls Unterricht in Sachen Sex bekommen? Würde sie mich in eine Besserungsanstalt schicken, wenn sie herausfand, was ich tat? Oder steckte sie mit ihm unter einer Decke?

Ihr Verhalten Lex gegenüber gab mir keinerlei Aufschluß. Alles lief nach dem gleichen Schema ab wie bei den anderen Männern, die sie geliebt hatte. Im Augenblick befand sie sich im ersten Stadium ihrer Beziehung, das heißt, sie investierte alles und ohne jede Einschränkung: vor allem sich selbst und

Oben: Meine Eltern bei ihrem Hochzeitsempfang 1942.
Rechts neben Vater meine Großmutter und Judy Garland.

Unten: Mein erster Geburtstag.

Oben: Mit Mutter in Laguna Beach (1945).

Rechts: Mit Mutter am Morgen ihrer Hochzeit mit Bob Topping (1948).

Rechts: Am Pool in Mapletop mit Mutter und meinem Stiefvater Bob Topping.

Unten: Als Indianerprinzessin an meinem sechsten Geburtstag.

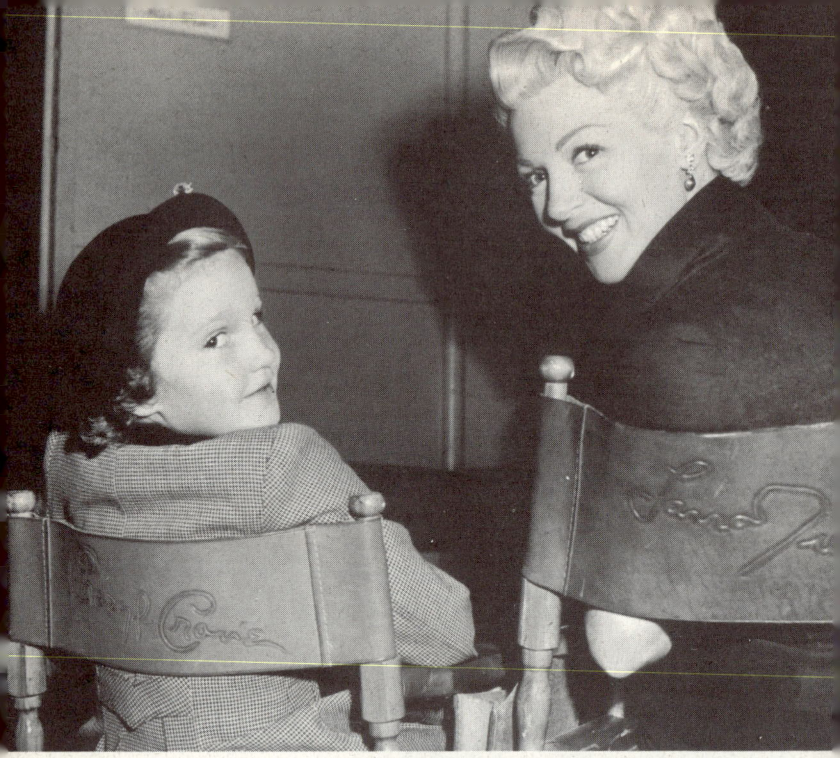

Oben: Mit Mutter bei M-G-M. Ich bin sieben und habe schon meinen eigenen Regiestuhl.

Rechts: Ausritt mit Mutter auf dem Gelände der M-G-M. Ich bin zwölf.

Ich besuche Mutter bei den Dreharbeiten zu *Diane* (1955).

Links: Mutter und Lex Barker in Mexiko.

Rechts: Mutter, Lex und ich in Acapulco (Weihnachten 1956).

Rechts: Mit meinen Eltern auf der Polizeiwache nach meinem Ausreißversuch 1957.

Unten: Mit Mutter und Johnny Stompanato am Flughafen von Los Angeles. 16 Tage später war Karfreitag 1958 ...

Oben: Die Nacht der Oscarverleihung 1958. In der Mitte Cary Grant.

Rechts: Karfreitag 1958: Mein Vater ist dabei, als ich um 11 Uhr nachts auf die Polizeiwache von Beverly Hills gebracht werde.

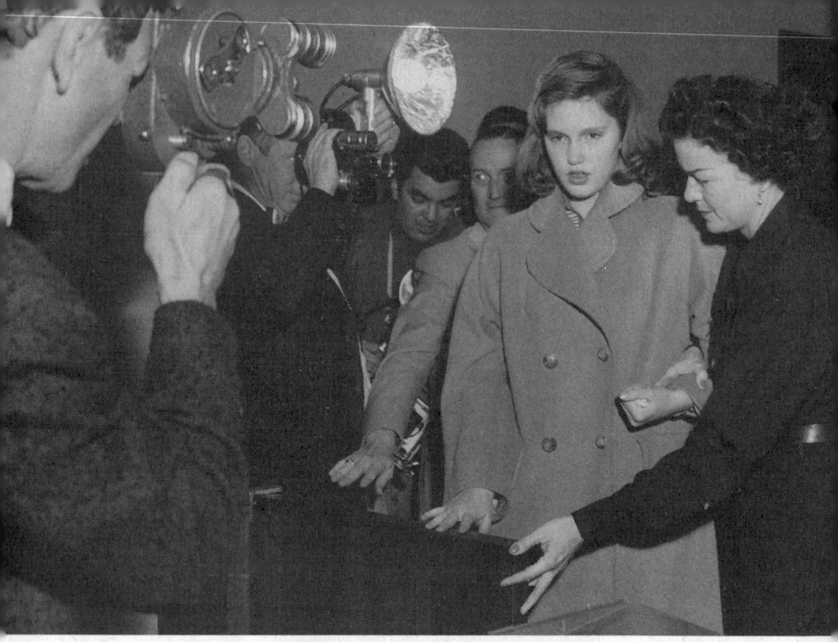

Oben: Meine Fingerabdrücke werden abgenommen.

Unten: Mit Mutter, kurz vor der Verhandlung. Der Mann im hellen Anzug ist der berühmte Anwalt Gerry Giesler.

Links: Mit meiner Mutter, einige Monate nach Karfreitag. Die Tragödie hat Spuren auf unseren Gesichtern hinterlassen.

Unten: Mutter und ich auf Rowena, Frühling 1959. Das Pferd war ein Geschenk von Johnny.

Mit meinen Eltern. Ich bin gerade sechzehn.

Oben: Vater und der »verrückte Muntz« vor dem Luau. Daneben sein Geschenk zu meinem 16. Geburtstag – ein Muntz Jet.

Rechts: Das Tor von El Retiro. Zweimal bin ich über die Mauer geklettert.

Links: Kurz vor meinem 19. Geburtstag.

Oben: Ein paar Jahre später mit Vater. Ich habe gerade im Luau angefangen.

Unten: Mit Josh und Mutter in Hawaii, 1984.

Josh und ich heute.

Fotos: Crane-LeRoy Collection (14)
Courtesy of Lou Valentino (11)
Mark Alan Vieira (1)

ihre Gefühle, aber auch ihr Geld. Sie hielt seine Hand, himmelte ihn an und schmuste mit ihm. Die Abende verbrachten sie – sie im aufreizenden Seidennegligée, er nackt unter seinem Morgenmantel – in inniger Zweisamkeit. Wenn sie fernsahen, legte sie sich wie ein kleines Kätzchen auf seinen Schoß, oder sie kuschelte sich neben ihn und streichelte zärtlich die Muskeln seines Arms. Gab es eine Verbindung zwischen dem, was er mit mir tat und der verliebten Verspieltheit? Und wenn ja, welche?

Wenn Lex meine forschenden Blicke bemerkte, sah er mich warnend an. »Besserungsanstalt« blitzte es in seinen Augen oder manchmal »heute abend«. Als wir zwei Jahre später um Mutters Krankenbett standen, weil sie eine Fehlgeburt erlitten hatte, fühlte ich plötzlich diesen Blick auf mir ruhen, obwohl seine beiden Kinder dabei waren. Ich irrte mich nicht. Auch in dieser Nacht kam er in mein Zimmer.

Nach jeder dieser körperlichen Widerwärtigkeiten redete ich mir ein, das dies bestimmt das letztemal gewesen war, um dann entsetzt festzustellen, daß ich mich geirrt hatte.

Glücklicherweise waren Mutter und Lex häufig verreist. Befanden sie sich aber in Los Angeles, nutzte er, ohne zu zögern, jede Chance. Selbst, nachdem seine Kinder zu uns eingezogen waren. Und auch dann, wenn Mutter noch fernsah oder sich in ihr Schlafzimmer zurückgezogen hatte, um zu lesen. Einmal, er war gerade im Begriff, zur Sache zu kommen, rief sie ihn von unten. Am nächsten Morgen beschimpfte mich Mutter: »Lex hat mir gesagt, daß er dich beim Lesen erwischt hat. Ich hoffe, das kommt nicht mehr vor!«

Ich erzählte ihr von meinen Alpträumen und meiner Furcht vor Landstreichern, indem ich vorgab, ich hätte am Fenster einen Schatten gesehen. Als ich sie bat, meine Tür verschließen zu dürfen, lehnte sie brüsk ab. Sie selbst schloß ihre Tür regelmäßig ab und hatte einen Revolver auf ihrem Nachtkästchen liegen. »Wenn ich nein sage, meine ich nein!«

Lex hatte einen deutschen Schäferhund, den er häufig mit einem Bambusstock schlug. Wegen dieser Behandlung entwikkelte sich Pulco zu einer gefährlichen Bestie. Mich allerdings akzeptierte er als Spielkameraden, ich konnte ihn am Schwanz ziehen, mit ihm herumtollen, ihn streicheln, er tat mir nichts. Näherte sich mir jemand, fletschte er sofort die Zähne. Meine Bitte, ihn in meinem Zimmer schlafen zu lassen, lehnte Mutter ebenfalls ab. Sie wies jedoch den Gärtner an, ein paar Äste unter meinem Schlafzimmerfenster zu kappen. »Nun, ist der Schwarze Mann jetzt verschwunden?« erkundigte sie sich lachend. Ich schüttelte verneinend den Kopf. Warum merkte sie denn nicht, was Lex mit mir tat?

Im Frühjahr 1955 kehrte Mutter von einer Reise nach New York zurück, um die vier Monate dauernden Dreharbeiten ihres Films *Tempel der Versuchung* fortzusetzen. Da keine anderen Beschäftigungen für mich vorgesehen waren, besuchte ich sie häufig am Drehort. Ihre »Arbeit« bestand in meinen Kinderaugen darin, daß sie im Licht der Scheinwerfer mit Fremden sprach oder tanzte.

Ich hatte sie immer noch nicht auf der Leinwand gesehen. Insgeheim hoffte ich, sie besser kennenzulernen und ihr näherzukommen, wenn ich sie erst in einem ihrer Filme sah. Jeder schien »Lah-nna« zu kennen, sogar meine Mitschülerinnen.

Zu meiner Überraschung ließ Mutter mich das Drehbuch lesen. Es gab mir allerdings keinen Hinweis auf die Kostüme, für die man äußerst wenig Stoff verwendete; manche Kinobesitzer überklebten ihren nackten Nabel auf den Fotos in ihren Schaukästen; ein Senatskomitee, das mit einer Untersuchung der moralischen Verhältnisse in Hollywood beauftragt war, forderte die Fotos zur näheren Begutachtung an.

Oft langweilte es mich, bei den Dreharbeiten zuzusehen, und ich zog mich in Mutters Wohnwagen, der als Garderobe diente, zurück, um dort die Fan-Magazine zu lesen. Spannend dagegen war, wenn sie mit ihrer Filmtochter, der achtjährigen Schauspielerin Sandra Descher, arbeitete. Sandra war bereits ein Profi und diszipliniert wie eine Dreißigjährige. Ruhig und präzise befolgte sie die Regieanweisungen. Ich beneidete sie um ihre Selbständigkeit.

Es war faszinierend für mich, zu beobachten, wie Mutter mit ihrer Filmtochter umging. Ein gewisser Gesichtsausdruck, ein bestimmter Tonfall, in dem sie etwas ausdrückte – kamen mir sehr bekannt vor. In einer Szene beschwerte sich Sandra über den langweiligen Geschichtsunterricht. »Nun, dann machen wir etwas anderes«, sagte Mutter. »Komm, ich zeig' dir, wie man sich die Augen schminkt.«

Während sie den Lidschatten auftrug, erinnerte ich mich daran, wie sie mich als Vierjährige als Zigeunerin zurechtgemacht hatte. Als Sandra befürchtete, niemals dem Amt der Hohen Priesterin gewachsen zu sein, nahm Mutter sie tröstend in die Arme. Die Szene mußte mehrfach wiederholt werden, und jedesmal verspürte ich einen Stich in der Herzgegend. Hatte Mutter damals ebenfalls geschauspielert, als ich mich mit einem zerschundenen Knie in ihre Arme flüchtete?

Am Abend wurden die Muster des vergangenen Tages gezeigt, und ich durfte zusehen. Zum erstenmal sah ich Lana Turner – bis auf ihre seltsamen Kostüme kam sie mir nicht viel anders vor als zu Hause. Ich war enttäuscht. Und noch mehr verwirrt als vorher – die Begegnung mit dem Star Lana Turner verriet mir wenig Neues über meine Mutter.

Nach Miss Rockenbachs plötzlichem Auszug wurde eine neue Gouvernante engagiert. Miss Gale war eine Französin mittleren Alters, die wie Claudette Colbert aussah und auf damenhaftes Benehmen Wert legte. Sie bewegte sich schnell und leicht wie ein Vögelchen und lachte gern.

Als Lynne und Zan in diesem Herbst bei uns einzogen, war Miss Gale allerdings eindeutig überfordert. Da beide öffentliche Schulen besucht hatten und dementsprechend selbständig waren, kam es zu heftigen Zusammenstößen mit Miss Gale, die sich bemühte, Mutters Anweisungen zu befolgen und den beiden »Wildfängen Benehmen beizubringen«. Mit der Zeit mochte Mutter Zan recht gern. Er bewunderte sie und suchte Trost bei ihr, wenn ihn sein Vater, seine Schwester oder ich – ich gebe es beschämt zu – schlecht behandelten. Zan war ein netter und sensibler Junge, der versuchte, sich an uns Ältere anzuschließen, was wir entrüstet und spöttisch ablehnten. Wir wollten nichts mit einem kleinen Jungen zu tun haben.

Da wir im selben Haus lebten, einigten Lynne und ich uns auf einen Waffenstillstand, was wahrscheinlich nur funktionierte, weil ich sie als Boß anerkannte. Am schlimmsten war für mich, daß sie normal angezogen herumlaufen durfte, während ich immer noch aussah wie ein kleines Mädchen.

Eines Nachmittags nahm ich mir vor, Lynne über das Thema Sex auszufragen, weil ich mich erinnerte, daß Lex mir gegenüber seiner Hoffnung Ausdruck verliehen hatte, ihr Stiefvater würde sich um ihren Aufklärungsunterricht kümmern.

»Was meinst du mit Unterricht?« fragte sie konsterniert.

»Nun ... dein Stiefvater ... ich meine ... hat er dir irgend etwas gezeigt? Na, du weißt schon ... hat er dich irgendwo berührt?«

»Was meinst du damit?« wiederholte sie. Ich wechselte schnell das Thema.

Nach drei Monaten an der Front gab Miss Gale auf. Die Agentur schickte als Ersatz Miss Cannon, eine mürrische Frau aus Milwaukee, die Ungehorsam mit Arrest bestrafte. Miss Cannon blieb etwa sieben Wochen.

Danach kam eine dreißigjährige Deutsche zu uns, die ganz akzeptabel war. Allerdings beging sie den Fehler, während wir unsere Weihnachtsferien in Acapulco verbrachten, sich von Gran dabei erwischen zu lassen, wie sie in Mutters Bett eine andere Frau vernaschte.

Fünf Gouvernanten in zwei Jahren veranlaßten Mutter, sich etwas mehr als bisher um meine Erziehung zu kümmern. Bei ihren Stiefkindern konnte sie dies nur beschränkt tun, da Lex die lebhafte Natur seiner Sprößlinge guthieß. Lex war unterwegs, um einen Film zu drehen, und so bat mich Mutter manchmal, wenn sie am Nachmittag frei hatte, zu sich. Wir saßen einander auf Satinstühlen in der Nische am Fenster gegenüber.

Ich war jetzt zwölf und befand mich offensichtlich in dem merkwürdigen Stadium der Pubertät. Nichts an mir schien Mutter zu gefallen, obwohl ich eine recht gute Schülerin war, nur sprach, wenn ich gefragt wurde, mich durch lehrreiche Bücher fraß und zehn Pfund Babyspeck verloren hatte. Sie kritisierte meine Haare, mein Faible für Teenagerkleider, meine Widerspenstigkeit und mein dummdreistes Gehabe. Ich war überzeugt, daß sie mich hoffnungslos häßlich fand und sich gegen mein Erwachsenwerden wehrte. Ich hätte ihr gern alles recht gemacht, aber das war offensichtlich nicht möglich. Folglich fand ich mich damit ab, kritisiert zu werden – zumindest war das ein Zeichen, daß sie sich für mich interessierte.

In ihrer Gegenwart kam ich mir tatsächlich immer besonders häßlich vor. Ich war inzwischen größer als sie, hatte sehr lange Beine und den Oberkörper eines Jungen. Ich trug eine Zahnspange, hatte abgekaute Fingernägel und Polypen in der Nase, die meine Stimme merkwürdig klingen ließen. Mein größter Wunsch war, ihre weibliche Grazie zu besitzen. Sie war ohne Zweifel eine Expertin, was Schönheit betraf, deshalb akzeptierte ich, ohne zu murren, ihre Kritik.

Da ich so groß war, ging ich, um nicht zu sehr aufzufallen, vornübergebeugt. Gran hatte inzwischen einen sogenannten Witwenbuckel, auf den Mutter einen Blick warf und zu mir bedeutungsvoll sagte: »Wir sollten etwas unternehmen, bevor es so weit kommt.«

Von diesem Zeitpunkt an übte ich jeden Tag dreißig Minuten lang den Mannequin-Gang, indem ich ein schweres Buch auf meinem Kopf balancierte und damit auf und ab ging. »Ich verlasse mich darauf, daß du jeden Tag übst, wenn nicht... lasse ich in deine Kleider hinten eine Eisenstange einnähen. Eines Tages, Baby, wirst du über deine Größe glücklich sein... da schaut jedes Kleid gleich ganz anders aus!«

Desweiteren weihte sie mich in das Geheimnis ihres berühmten Ganges ein. »Du setzt einen Fuß vor den anderen und stellst dir dabei vor, daß zwischen deinen Pobacken eine Münze steckt, die auf keinen Fall herunterfallen darf.«

Ihre Schönheitspflege war überraschend simpel und keineswegs kostspielig. Nach dem Bad cremte sie ihren Körper mit Nivea ein. Um eine porentiefe Reinigung zu erzielen, verwendete sie eine körnige Paste, die Mechaniker normalerweise zum Säubern ihrer ölverschmierten Hände benutzten. Damit rieb sie sich einmal in der Woche das Gesicht ab; heute würde man das Peeling nennen. Mutter erinnerte sich lachend, Kathryn Grayson dieses Mittel empfohlen zu haben, worauf diese sie beschuldigte, ihr Gesicht ruinieren zu wollen.

Diese kurzen glücklichen Augenblicke intimen Beisammenseins standen in auffallendem Kontrast zu unserer sonst eher kühlen Beziehung. Allerdings ging es nicht so weit, daß sie mit mir wie mit einer Schwester oder Freundin sprach, sie blieb immer meine Mutter: »Mutter mißfällt der Ton, in dem du mit ihr sprichst.«

Während jener Zeit wurde sie ihrem Publikum als perfekte Mutter einer heranwachsenden Tochter geschildert. In einem Interview in *Photoplay* erklärte sie: »Cherry ist jetzt zwölf, sozusagen fast ein Teenager ... ich bin selbst noch jung genug, um mich an diese Zeit zurückzuerinnern ... du hast das Gefühl, das Leben in vollen Zügen genießen zu müssen, bevor es zu spät ist ... du hast entsetzliche Angst davor, als Mauerblümchen zu gelten ... du möchtest, daß dich jeder liebt ... leider hatte ich selbst während dieser Zeit niemanden, der mir mit Rat und Tat zur Seite gestanden hätte ... ich brauchte zehn Jahre, um nur das Allerwichtigste herauszufinden. Ich schätze mich glücklich, Cheryl meine Erfahrungen vermitteln zu können, solange sie noch so jung ist. Auf diese Weise kann sie viele Fehler vermeiden, die ich gemacht habe ... weil ich niemanden hatte, der mich verstand oder mir Ratschläge gegeben hat.«

In Wahrheit lebte Mutter, als sie so alt war wie ich, mit Gran in San Francisco. obwohl Gran den ganzen Tag arbeitete, waren sie und ihre Tochter Freundinnen, und die beiden verbrachten sehr viel Zeit miteinander.

Im Herbst 1955 war Mutter schließlich damit einverstanden, daß ich die Schule wechselte. Die Town and Country School in Bel Air, in die auch Lynne ging, war eine vornehme Anstalt. Die Kinder von Dean Martin und Johnny Weissmüller waren meine Klassenkameraden. Jill Schary, die Tochter von Dore Schary, Mutters Boß bei M-G-M, war ebenfalls Schülerin dort. Als Jill Robinson schrieb sie später Bücher über Hollywood.

Als Tochter von Lana Turner hatte ich gewisse Vorteile, wie alle Kinder der Filmkolonie. Zum erstenmal hatte ich außerdem das Gefühl, bei meinen Mitschülern beliebt zu sein. Endlich war ich kein Outsider mehr, über den getuschelt wurde.

Mutter erlaubte mir immer noch nicht, nach der Schule Freunde zu besuchen, weil sie der Ansicht war, daß diese »sich zu schnell entwickelten«. Damit keiner erfuhr, daß ich auch jetzt noch wie ein Baby behandelt wurde, lud ich auch niemanden ein. Die Schule machte Spaß. Ich befand mich unter Gleichgestellten, die ähnliche Privilegien genossen wie ich, was zur Folge hatte, daß sich meine Noten – außer in englischer Literatur, und auch das nur, weil ich freiwillig sehr viel las, – rapide verschlechterten. Die Schuluniform »verfeinerten« wir, indem wir unter dem weiten Rock mehrere Petticoats trugen, wobei sich von der Taille abwärts alles bauschte, und der Schulrock nur noch bis zu den Knien ging.

Einige von Mutters Kleidern paßten mir, weshalb ich sie mir manchmal für die sonntäglichen Verabredungen mit Dad »ausborgte«. Ihre Garderobe war so umfangreich, es konnte ihr unmöglich auffallen. Eines Abends, als sie nicht da war, suchte ich in ihrem Ankleidezimmer nach Schuhen mit hohen Absätzen, als plötzlich ihre Schlafzimmertür aufging. Lex, nackt und ängstlich, hatte Mutters Revolver in der Hand. »Nein, nein«, schrie ich und rannte zur anderen Tür hinaus. Er vermutete einen Einbrecher im Haus.

Im November veranstaltete die Schule ein großes Tanzfest, das im Beverly Wilshire Hotel stattfand. Dad ging mit mir zu Bullocks und kaufte mir ein langes hübsches Kleid. Als Mutter es in meinem Zimmer hängen sah, bekam sie einen strengen Zug um den Mund. Ich sei zu jung für ein langes Kleid, sagte sie und nahm es mir weg – aus der Traum, als Scarlett O'Hara auf dem Ball zu erscheinen. Statt dessen kaufte sie mir ein knielanges Etwas mit Puffärmeln. Ich hatte nicht vor, es anzuziehen, und das Glück war mir hold, denn Mutter befand sich am Abend des Balls in Mexiko.

In der Not fängt der Teufel Fliegen. Auf dem Dachboden fand ich ein Ballerinakleid, das ich vor kurzem bei einer Ballettvorführung getragen hatte. Es war aus rosa Tüll und reichte mir bis zu den Knöcheln. Gran, immer für eine Verschwörung zu haben, kaufte mir rosa Schuhe und eine rosa Tasche. Dad, der Lynne und mich zu dem Fest begleitete, fand im Kostümverleih zwei rosa Kaninchen-Capes. Lynne trug einen Rock und eine Bluse, die Mutter ihr gekauft hatte. Sie hatte den Kampf gegen Mutter, was ihre Garderobe anging, aufgegeben. Ohnehin gingen ihr die strengen Regeln in unserem Haus auf die Nerven, und sie sehnte sich danach, wieder bei ihrer eigenen Mutter leben zu dürfen.

In meinem Tüllkleid mit dem Taftoberteil kam ich mir richtig erwachsen vor. In Wirklichkeit sah ich wahrscheinlich grauenvoll aus. Und dann passierte es ... während ich mit Dad auf der Tanzfläche herumwirbelte, löste sich mein Kleid langsam, aber sicher in seine Bestandteile auf. Den größten Teil des Festes verbrachte ich auf der Damentoilette, bemüht, mit Sicherheitsnadeln den Schaden zu beheben. Später durfte ich mit Dad noch ins Luau, wo alle mich meines aufgelösten Zustandes wegen neckten. Es war mir egal. Ich war überglücklich in dieser Nacht.

Natürlich fand Mutter alles heraus. Sie beschimpfte Gran, bis diese in Tränen ausbrach. War Gran, die ihr als Heranwachsende so viel Freiheit ließ, nicht schuld daran, daß sie zur »Nachtklub-Königin« wurde? Die Vorstellung, mir könne es, wiederum mit Grans Hilfe, ebenso ergehen, machte sie rasend.

Noch bevor das Jahr zu Ende war, nahm Mutter mich aus der Schule, deren schlechter Einfluß deutlich zu merken war. Lynne und Zan lebten von nun an bei ihrer Mutter. Mich steckte sie in ein Internat.

Die Atmosphäre im Haus war denkbar schlecht in jenen unruhigen Tagen. Irgend etwas lag in der Luft. Im oberen Stockwerk hörte man jetzt laute Stimmen und Türenschlagen. Wenn die Barkers nicht in Acapulco waren oder sich auf Premieren und Parties amüsierten, blieben sie zu Hause und stritten sich.

Lex kam immer noch in mein Zimmer. Mutter, von der die Öffentlichkeit annahm, daß sie sich aufopfernd um mich kümmere, ahnte und merkte nichts. »Ich habe meiner Tochter nahegelegt, mit Fragen und Problemen zu mir zu kommen, damit wir darüber reden können«, stand im *Photoplay* zu lesen. Doch die Dinge, über die wir redeten, hatten nichts, absolut nichts mit meinem eigentlichen Problem zu tun. *Du bist meine Mutter. Warum spürst du nicht, was vorgeht? Warum merkst du nichts?* Ich hatte weder die Kraft noch den Mut, mich ihr anzuvertrauen.

Niemand ahnte etwas, am allerwenigsten Mutter. Reporter titulierten mich gar als Fan von Lex. Nachdem ich einen seiner frühen Filme, *Farmerstochter (The Farmers Daughter)*, gesehen habe, soll ich gesagt haben: »O Mutter, war er nicht einfach Klasse?!« In Wirklichkeit haßte ich ihn.

20

Mutter hatte mir bei passenden Gelegenheiten des öfteren angedroht, mich in ein Internat zu schicken. Je nach Laune schwankte sie zwischen einem Kloster in der Schweiz oder einem Kloster in Mexiko. Schließlich entschloß sie sich für die Flintridge Sacred Heart Academy, nahe bei Pasadena und nur fünfundvierzig Minuten Fahrzeit von zu Hause weg. Es war eine reine Mädchenschule, die den Ruf hatte, streng zu sein. Einige der Schülerinnen sollten »schwierig« sein, wie man sich erzählte.

Im Januar 1956 näherten Mutter, Gran und ich uns im Wagen meinem »neuen Zuhause«: eine Festung im spanischen Stil, am Ende einer sich nach oben schlängelnden bewaldeten Straße.

Eigentlich war das riesige Haus als Hotel konzipiert worden, und es gab deshalb eine große Halle mit Plüschmöbeln, dicke Teppiche lagen in jedem Zimmer, zu denen private Bäder gehörten – das Feinste vom Feinen. Das dazugehörige Grundstück war umzäunt und durfte allenfalls an Wochenenden verlassen werden. Da es mir verboten war, allein zu reisen, mußte Gran mich abholen, das heißt, natürlich nur wenn sie Zeit hatte. Die Hälfte der Schülerinnen kam aus gutsituierten südamerikanischen Familien und fuhr, wie ich auch, selten nach Hause. Ich hatte das Gefühl, in die Verbannung geschickt zu werden.

Bei unserer Ankunft klammerte ich mich an Mutters Hand und zwang ihr das Versprechen ab, am ersten Wochenende abgeholt zu werden. »Ja, ja«, nickte sie mechanisch, während sie mir über die Schulter sah. Am Empfangspult entdeckte sie Christina, Joan Crawfords Tochter, und begrüßte sie überschwenglich. Nachdem Gran und Mutter abgefahren waren, kam ich mir sehr verloren vor. Christina kümmerte sich rührend um mich, zeigte mir mein Zimmer, das ich mit zwei Mitschülerinnen teilen mußte, und tröstete mich über meine Anfangsschwierigkeiten hinweg.

»Ich weiß, für dich ist das hier alles neu und fremd. Aber du wirst dich sehr schnell eingewöhnen, glaube mir. Es ist prima hier.« Sie lächelte mich freundlich an, aber in ihren blaßblauen Augen lag eine große Traurigkeit. »Mal sehen, was aus dem Kind noch wird!« Ich erinnerte mich plötzlich an Miss Hulleys Worte. Christina war fast sechzehn, und obwohl wir einige Dinge gemeinsam hatten, war mir klar, daß wir uns im Grunde sehr voneinander unterschieden. Christina war von ihrer Mutter häufig geschlagen und mißhandelt worden. Ich fragte mich, ob ich nicht einfach davongerannt wäre. Meine Mutter dagegen war niemals *absichtlich* grausam, weder physisch noch psychisch, auch wenn es mir manchmal so vorkam. Joan Crawford schnallte Christinas jüngeren Bruder mit Lederriemen am Bett fest. Eine Kinderschwester hatte das einmal mit mir versucht, als ich Windpocken hatte, um mich am Kratzen zu hindern – in einem Wutanfall zerriß ich die Leintücher. Und als mich Miss Canon in eine Kammer sperrte, um mich für etwas zu bestrafen, konnte man meine empörten Proteste bis zum Sunset hören.

Ich war von Natur aus eine Kämpferin, Christina keineswegs. Ergeben akzeptierte sie ihr Los, während ich fest entschlossen war zu rebellieren. Ich hatte Mitleid mit ihr. Sie kam mir vor wie ein Vogel mit einem gebrochenen Flügel.

Bei unserem Gespräch an jenem ersten Tag weihte sie mich in die Gepflogenheiten des Internats ein und gab mir wertvolle Tips, für die ich ihr sehr dankbar war. Sie war so groß wie ich, aber spündeldürr. Ihr Gesicht, mit einem nachdenklichen, fast wehmütigen Ausdruck, war von kurzen blonden Locken umrahmt. In ihrem Blick lag ... Verständnis? Sympathie? Ich weiß es nicht genau, jedenfalls hatte ich Vertrauen zu ihr.

Sie gehörte zum älteren Semester und sollte im Juni graduieren. Obwohl ich so viel jünger war, kam sie hin und wieder in mein Zimmer, um nach dem Rechten zu sehen. »Na, wie geht es?« erkundigte sie sich interessiert.

Kurz darauf kam mir zu Ohren, daß sie hier wie eine Gefangene gehalten wurde. Sie fuhr nie nach Hause, sie durfte das Grundstück nicht verlassen – nicht einmal für ein Klassen-Picknick –, sie bekam keine Telefonanrufe, keine Post und keinen Besuch. Sie hat sich nie darüber beklagt.

Einmal im Monat durfte ich nach Hause fahren – natürlich nicht an jenem ersten Wochenende, wie Mutter versprochen hatte. Jeden Dienstag stand ich in der Schlange vor dem Telefon in der Halle. Meine Heimfahrt hing davon ab, ob Mutter zu Hause war, was selten zutraf. Lex lud mich zwar ein, wenn er allein war, aber aus verständlichen Gründen lehnte ich das ab. Er besuchte mich immer noch in meinem Zimmer, und seine Aufdringlichkeiten wurden immer wagemutiger, auch wenn wir nicht allein waren. Wenn Mutter gerade nicht hersah, kniff er mich in die intimsten Körperteile. Er war sich seiner so sicher, auch wenn ich insgeheim hoffte, Mutter würde sich plötzlich umdrehen und endlich sehen, was hinter ihrem Rükken vorging. Ich wünschte mir sehnsüchtig, daß wir erwischt wurden. Aber nichts dergleichen passierte.

Bei einem dieser Dienstagstelefonate sagte Mutter mit schriller Stimme: »Dieses Wochenende nicht, Baby. Ich verlasse M-G-M ... Ich bin dabei, meine eigene Produktionsfirma zu gründen, und daher sehr beschäftigt ...«

Achtzehn Jahre war sie einer *der* Stars bei Metro und nun das! Gefeuert. Aus. Ende. Stolz versuchte sie diesen Schlag wegzustecken, aber ich merkte, daß sie litt – und litt mit ihr. Als Metro die Option auf ihren noch zwei Jahre dauernden Vertrag verfallen ließ, war sie gezwungen, die beim Studio aufgelaufenen Schulden zurückzuzahlen, was zur Folge hatte, daß sie jeden Cent dreimal umdrehte, bevor sie ihn ausgab.

Geld war bisher kein Thema gewesen, das Wort wurde von Mutter auch nie ausgesprochen. Wenn sie ein Paar Schuhe kaufte, fügte sie unweigerlich hinzu: »Ich nehme dieses Paar, aber in allen Farben!« Vielleicht erklärte die finanzielle Misere auch ihre merkwürdig kurzangebundene Art und ihre ungewohnte Überheblichkeit bei diesem Gespräch.

In einem Internat hat man die Möglichkeit, jemanden darzustellen, der man in Wirklichkeit gar nicht ist – ich spielte die blasierte Intellektuelle. Bemerkungen wie »Das ist aber langweilig« oder »Sollen wir nicht lieber Bridge spielen« und klassische Zitate und Verse untermauerten meine neu angenommene Rolle. Im Gegensatz zu früher *wollte* ich auffallen. Zu der eher langweiligen Schuluniform trug ich Segeltuchschuhe und grelle Pullover. Eine Locke meines schulterlangen Haars ließ ich, wie zehn Jahre zuvor Veronica Lake, über ein Auge fallen, weil ich meinte, damit rätselhafter auszusehen. Um zum Ausdruck zu bringen, wie sehr mich der ganze Betrieb langweilte, verzog ich ständig meine Lippen zu einer Art spöttischem Grinsen. Ich glaubte tatsächlich, auf diese Weise erwachsen zu wirken.

In Wirklichkeit war ich nichts weiter als ein verstörtes Kind. Das Verhalten, mit dem ich den wahren Zustand meines Ichs zu kaschieren suchte, irritierte die Nonnen. Da sich meine Noten aber verbesserten, enthielten sie sich jeden Kommentars. Meine Mitschülerinnen fielen auf mein aufgesetztes Getue herein. Sie mochten mich.

Um älter auszusehen, rollte ich den Rock der Schuluniform in der Taille zusammen, bis er die modische Länge aufwies. Nach der Schule trug ich einige von Mutters alten Kleidern, und ich freundete mich mit Mädchen an, die zwei, drei Jahre älter waren als ich. An den seltenen Wochenenden, die ich heimfahren durfte, holte Dad mich am Sonntag in seinem schwarzen Lincoln Continental ab. Auf der Fahrt löste ich mein Haar, zog die Lippen mit Lippenstift nach und schlüpfte in hochhackige Schuhe. Dad quittierte meine Verwandlung mit einem zustimmenden Lachen. Es erfüllte ihn mit Stolz, mit seiner – fast – erwachsenen Tochter am Arm bei LaRue's oder bei Romanoff's gesehen zu werden. Manchmal durfte ich im Luau in der Bar sitzen. Wenn er mich seinen Freunden vorstellte sagte er: »Ich möchte, daß ihr die schönste Frau meines Lebens kennenlernt.« Nicht einmal dann errötete ich. Ich wirkte wie sechzehn und benahm mich wie eine Dreißigjährige. Dad versuchte meiner Mutter seinen Standpunkt klarzumachen: »Lana, warum kaufst du dem Kind nicht endlich ein paar anständige Kleider? Warum schickst du sie in diesem verdammten Babykram los, wenn sie mit mir essen geht?«

»Mich kannst du nicht täuschen«, beschimpfte sie mich später. »Ich weiß, daß dein Vater dir erlaubt, Make-up zu tragen, wenn du mit ihm ausgehst. Hinter meinem Rücken ermutigt er dich sogar dazu, dabei paßt das gar nicht zu dir.«

Die Lippenstift-Angelegenheit begann unschuldig genug. Zu meinem dreizehnten Geburtstag schenkte mir Mutter, meinem ewigen Drängeln nachgebend, einen leicht rosa getönten Fettstift, den ich in mehreren Lagen auftrug, um meinem Mund das verführerische Etwas zu verleihen. Damit war das Lippenstift-Tabu gebrochen. Nach der Schule und an den Wochenenden, die ich im Internat bleiben mußte, schminkte ich mir die Lippen grellrot. Ich vermißte Christina, die inzwischen graduiert hatte und offiziell jeden Kontakt zu ihrer Mutter abgebrochen hatte. Im Gegensatz zu mir war die Freundin nun frei.

Im Herbst nahm die Schule so viele neue Schülerinnen auf, daß ich glücklicherweise in den Wohntrakt ziehen durfte, in dem die älteren Mädchen wohnten. Etwa zur gleichen Zeit wählte man mich zur Klassensprecherin. So wie ich früher Charlenes »kleiner Schatten« gewesen war, bemühten sich nun die jüngeren Semester um mich. Die Babies waren so etwas wie Sklaven, die uns Älteren die Schuhe putzen und die Bücher tragen durften.

Im Herbst lernte ich Maria kennen. Sie wohnte am Ende des Flurs in einem Einzelzimmer. Maria war siebzehn, brünette Locken fielen ihr über den Rücken, und sie hatte dunkle blitzende Augen. Sie stammte aus einer Familie südamerikanischer Großgrundbesitzer. Nach dem Abendessen schütteten wir uns gegenseitig unser Herz aus. Bei diesen Gelegenheiten kamen wir uns bald so nahe, daß wir uns sogar küßten.

»Na, wie geht's in der Schule?« fragte mich Gran eines Tages. »Du siehst glücklich aus.«

»Ich bin verliebt!«

»Oh, wie schön. Wie heißt er denn?« erkundigte sich Mutter.

»Er? Es ist eine sie!«

Mutter und Gran tauschten einen vielsagenden Blick. »Ach, Liebling, das passiert jedem von uns einmal«, seufzte Mutter schließlich. »Alle kleinen Mädchen haben so eine Phase ... ich, zum Beispiel, war ganz verrückt nach meiner Lehrerin, Miss Petch ...«

»Nun ...«, begann Gran zögernd.

»... aber das hat mit *Liebe* nichts zu tun«, präzisierte Mutter. »Besser, du erzählst niemandem davon.«

Damit war dieses Thema abgehakt. Für Mutter jedenfalls. Mir war bewußt, daß ich für Jungs nicht viel übrig hatte. Schon als Achtjährige konnte ich nichts mit ihnen anfangen. Die Tanzstunden in der Schule waren eine Qual für mich, vielleicht auch deswegen, weil ich merkte, daß mein Typ – langbeiniger Kleiderständer mit Baby-Outfit – nicht gefragt zu sein schien.

Ich versuchte mit Maria über meinen Gemütszustand zu reden, die mich schroff abwies: »Kleb mir nicht immer am Rockzipfel!« Das tat weh. Warum wollte Maria nicht über diese wundervollen Gefühle, wie ich sie empfand, sprechen? Warum vermieden Gran und Mutter dieses Thema.

Später im Semester bekamen wir eine neue Schülerin. »Sie kommt aus einer Besserungsanstalt«, flüsterten die Mädchen mit großen entsetzten Augen. Mich faszinierte der Gedanke, mehr über das »Gefängnis«, wie Lex es genannt hatte, zu erfahren. Eines Nachmittags gelang es mir, bei einem Ausflug neben der Neuen im Bus zu sitzen. Ich nahm all meinen Mut zusammen und begann ein Gespräch.

»Ist es wahr, daß du von zu Hause ausgerissen bist?«

Nur zögernd gab sie es zu.

»Hat man dich darum in die Besserungsanstalt gesteckt?«

»Hmm. Ist Lana Turner wirklich deine Mutter?«

Im Laufe des Tages klärte sie mich darüber auf, daß eine solche Anstalt zwar eine Art Gefängnis sei mit Gittern vor den Fenstern, man aber nicht nur Wasser und Brot bekam und eines Tages entlassen wurde. »Ach, Scheiße, so schlimm war es gar nicht«, sagte sie.

Die Schule informierte Mutter davon, daß ich mit einer »Problem-Schülerin« befreundet sei. Insgeheim freute ich mich, Mutter mal wieder eins ausgewischt zu haben. Unsere Freundschaft sollte jedoch nicht lange dauern. Gewöhnt zu rebellieren, trat die Neue einer Nonne gegen das Schienbein und wurde daraufhin von der Schule gewiesen.

Nach den Tanzstunden unterhielten sich die Mädchen in ihrer Freizeit über Jungs und Sex. Was wer mit wem getan oder nicht getan hatte ... Auf diese Weise erfuhr ich, daß ein Junge, der älter war als achtzehn, bestraft werden konnte, wenn er ein minderjähriges Mädchen zum Sex zwang. Lex hatte mich also belogen. Für das, was wir taten, konnte nicht nur ich, sondern auch *er* bestraft werden. Und man blieb nicht *ewig* in einer Besserungsanstalt. Diese Erkenntnis bereitete mir schlaflose Nächte. Andererseits hatte ich vielleicht endlich etwas gegen ihn in der Hand.

Weihnachten verbrachten Mutter, Lex und ich zum drittenmal in Acapulco. Mutter hatte in diesem Jahr nur eine Familienkomödie gedreht. Jeff Chandler war ihr Partner in *Immer Ärger mit den Frauen (The Lady Takes a Flyer)*. Sie spielte eine Pilotin, die ihre Karriere aufgibt, um sich um die Erziehung ihrer Tochter zu kümmern!

Lex dagegen wirkte in sechs B-Filmen mit. Wenn er zu Außenaufnahmen unterwegs war, kümmerte er sich, den Klatschkolumnisten zufolge, vorbildlich um die verschiedensten Starlets.

Mutter wurde im Sommer schwanger, und die Barkers hofften sehr, daß das im Januar erwartete Kind ihrer Ehe guttun würde. Wie sie der Presse mitteilten, wünschten sie sich einen Jungen, den sie Christopher nennen würden. Im Oktober erlitt

Mutter eine Fehlgeburt. Die zweite, seit sie mit Lex zusammen war.

Nachdem Lex und ich aus dem Krankenhaus zurückkamen, vergewaltigte er mich auf besonders brutale Weise. Es schien ihm Freude zu machen, mir weh zu tun.

Dann sah ich ihn erst Weihnachten wieder, als wir die Ferien in dem Glas-Marmor-Bungalow des Villa Vera Hotels in Acapulco verbrachten. Mutter liebte diesen Platz. Beim Personal hieß der Bungalow die »Lana Turner Suite«.

Bereits kurz nach meiner Ankunft war mir klar, daß die Ehe der Barkers das dritte und damit letzte Stadium erreicht hatte. Mutter begann, Lex für all die Opfer, die sie ihm zu Beginn der Ehe gebracht habe, zu beschimpfen und ihn für ihre Fehler verantwortlich zu machen. Wenn sie liebte, liebte sie rückhaltlos. Sie war jedoch unfähig, mit den daraus entstehenden Konsequenzen fertig zu werden.

»Nach allem, was ich für dich getan habe!« schrie sie ihn an, während ich draußen im Pool planschte. Ich lauschte und freute mich. Vielleicht konnte ich auf eine baldige Scheidung hoffen! Hatte meine Qual dann ein Ende?

Kurz nach der Rückkehr aus Acapulco, Lex und ich waren allein im Haus, erschien er wieder in meinem Zimmer. Ich setzte mich auf und bedeckte meinen Oberkörper. »Ich mache das nicht mehr«, stieß ich hervor. »Du kannst mich nicht dazu zwingen.«

»Und wie willst du mich davon abhalten?«

»Du kannst in Schwierigkeiten kommen ... das habe ich herausgefunden.«

»Hast du etwa jemandem davon erzählt?«

»Nein ... aber ... ich glaube, ich werde es tun ...«

Mit wutverzerrtem Gesicht beugte er sich über mich.

»Ich ... ich ...«, stammelte ich.

»Mach ja keinen Unsinn ... die einzige, die darunter leiden wird, bist du ... du wirst weggeschickt ...«

»Nein, sie werden mich nicht wegschicken ...« Ich weinte. Er versetzte mir einen harten Schlag ins Gesicht. Mir wurde schwarz vor Augen. In meinem Mund schmeckte ich Blut. Seine Hände lagen an meiner Kehle. »Du willst klüger sein als ich?« schrie er mich an. »Du mieses Hurenstück!« Wütend und brutal drang er in mich ein. Ich kämpfte gegen eine Ohnmacht. Ich versuchte zu schreien, aber er drückte mir die Kehle zu. Wollte er mich töten? Sein Körper lag schwer auf mir. Ich konnte mich nicht wehren, ich war ihm hilflos ausgeliefert. Endlich kam er zum Orgasmus.

»Ich rate dir dringend, den Mund zu halten«, warnte er mich noch, bevor er das Zimmer verließ.

»Du mußt jemandem davon erzählen«, riet mir Maria. »Sonst hört er nie auf ... er wird es immer wieder tun ... außerdem, so kannst du gar nicht konfirmiert werden ...«

Ich beschloß, Gran alles zu erzählen.

Das letzte Wochenende im Februar 1957 durfte ich bei Gran verbringen, die an diesem Samstag auch Miss Hulley zum Abendessen eingeladen hatte. Ich freute mich, sie wiederzusehen, denn ich mochte sie immer noch sehr gern. Inzwischen kümmerte sie sich nicht mehr um Kinder, sondern arbeitete als Hausdame. An jenem Abend wußte ich noch nicht, daß ihre Entlassung damit zusammenhing, daß sie im Park über uns Klatschgeschichten verbreitet hatte.

Während Gran nach dem Essen den Tisch abräumte, führten Miss Hulley und ich die Hunde spazieren. Grans Pudel Jiminey Cricket und meine inzwischen alt gewordene Tinkette. Draußen war es dunkel, vielleicht gab mir das den Mut, mich Miss Hulley anzuvertrauen.

»Lex kommt nachts in mein Zimmer ...«

»Was? Du lieber Gott, hat er dich angefaßt?«

Ich nickte und begann zu weinen. Sie nahm mich bei der Hand, und wir gingen schnell zu Grans Wohnung zurück.

»Millie, Lex hat das Kind belästigt«, sagte Miss Hulley, und der Triumph in ihrer Stimme war nicht zu überhören. Nach meinem Bericht ging Gran zum Telefon.

»Du mußt es deiner Mutter erzählen«, bestimmte sie und

wählte die Nummer. »Lana, ich möchte, daß du sofort herkommst ... es geht um das Baby ... nein, ich kann es dir *nicht* am Telefon sagen ... bitte, komm, aber ohne Lex.«

Mutter war gerade mit Lex von einer Dinner-Party bei Jack Benny nach Hause gekommen. Sie trug noch ihre Ausgehkluft, ein rotes Kleid und einen Hermelinmantel, als sie eintraf. Ich saß verweint auf dem Sofa. Mutter ließ sich neben mir in die Kissen sinken und drückte zärtlich meinen Arm.

»Liebling, erzähl mir, was ...«

»Lex ...«

»Was ist mit ihm?«

»Er kommt immer nachts in mein Zimmer und ... und dann tut er Dinge mit mir ...«

»O mein Gott, nein!« stammelte sie entsetzt. Dann sah sie mich forschend an. Ich hatte den Eindruck, als suche sie nach etwas Bestimmtem. Als sie es nicht fand, straffte sie entschlossen ihr Rückgrat, ihr Blick schien in seiner Kälte zu erstarren. Tinkette sprang furchtsam in meinen Schoß, wo sie zitternd meine Hände leckte. Mutters Gesicht glich einer Maske. Sie glaubte mir nicht.

»Hoffentlich sagst du die Wahrheit ... gleich morgen früh gehen wir zu einem Arzt.«

»Zu einem Arzt? Morgen ist Sonntag.«

»Das macht nichts, ich finde schon einen. Und jetzt sagst du mir, wann und wie oft das passiert ist.«

Ich beantwortete ihre Fragen, während sie versuchte sich an Daten und Fakten zu erinnern, um festzustellen, ob mein Bericht damit in Einklang zu bringen war. Ich mußte ihr die intimsten Details schildern, bis sie endlich überzeugt war, daß ich die Wahrheit sagte, und mich tröstend in ihre Arme nahm. Ein fragender Blick über meine Schulter zu Gran. Was tun? Ich weigerte mich, nach Mapletop mitzufahren. Man erlaubte mir, bei Gran zu schlafen. »Denk nicht mehr dran«, beruhigte mich Gran, als sie mich zu Bett brachte. »Du mußt versuchen, das Ganze zu vergessen.« Gran und Mutter unterhielten sich bis drei Uhr morgens. Dann fuhr Mutter nach Hause. Sie parkte den Caddy in der Auffahrt. Im Haus war es dunkel.

Sie trat in die Eingangshalle und lauschte. Der Kristallüster klirrte im Wind.

Leise schlich sie nach oben. Durch den unteren Türspalt drang Licht aus dem Schlafzimmer. Sie holte tief Luft und öffnete die Tür. Die Nachttischlampe brannte. Lex lag nackt auf dem Bett und schlief, neben ihm aufgeschlagene Zeitungen. Der Fernseher lief – das Programm war längst zu Ende. Mutter ging zum Nachtkästchen, nahm den Revolver aus der Schublade, trat einige Schritte zurück und betrachtete den schönen nackten Körper auf dem Bett.

Du verfluchter Hurenbock, dachte sie. Sie erinnerte sich plötzlich, daß er ihr von seinen erotischen Phantasien erzählt hatte, in denen er es mit jungen Mädchen trieb.

Der Revolver in ihrer behandschuhten Hand deutete auf seinen Kopf. Plötzlich zweifelte sie an ihrem Entschluß. War es diese Ratte wert, daß sie den Rest ihres Lebens im Gefängnis verbrachte? Wenn sie ihn tötete, bedeutete es das Ende ihrer Karriere, Skandal, Gefängnis – und damit war das Leben ihrer Angehörigen ebenfalls ruiniert. War das dieser Mistkerl wert?

Die Hand mit dem Revolver sank nach unten. Sie ging in ihren Salon und ließ sich auf das Sofa fallen. Die nächsten zwei Stunden sah sie aus dem Fenster, dachte nach, rauchte und wartete. Sie hörte Geräusche aus dem Bad, dann erschien Lex.

»Was, zum Teufel, machst du hier? Warum bist du nicht ins Bett gekommen?«

Mutter starrte ihn eisig an.

»Was hat deine Tochter dir erzählt?«

Sie sah ihn nur an.

»Sie lügt!«

»Hör zu«, begann sie ganz ruhig. »Ich möchte, daß du in zwanzig Minuten das Haus verlassen hast. Du weißt, warum. Cheryl hat mir alles erzählt. Es gibt nichts mehr zu sagen.«

Lex versuchte zu protestieren.

»Zwanzig Minuten gebe ich dir, dann rufe ich die Polizei.«

Am nächsten Morgen fuhr ich mit Mutter zur Beverly Hills Klinik. Dr. McDonald war nicht da. Sein Vertreter, Dr. R. H. Fagin, bat uns in sein Büro.

Der Arzt merkte, daß ich Angst hatte. Mit netten Worten versuchte er mich aufzumuntern. Nach einem kurzen Gespräch mit Mutter nebenan untersuchte er mich, ohne irgendwelche Fragen zu stellen. Ich verstand nicht, was er *in* mir suchte. Nebenan konnte ich Mutter weinen hören. Nach der Untersuchung rief er sie zu sich ins Büro. Ich beugte mich vor, um zu lauschen.

»Lana, ich kann dir nicht sagen, wer es getan hat, aber es steht einwandfrei fest, daß jemand mit Gewalt mehrmals in sie eingedrungen ist. Sie hat Verletzungen, die ihr große Schmerzen bereitet haben müssen.«

Jahre später verschaffte ich mir Einblick in den medizinischen Bericht meiner ersten gynäkologischen Untersuchung. Dort war vermerkt, daß ich mit dreizehn Jahren und sechs Monaten in Begleitung meiner Mutter erschienen war. Das Ergebnis der Untersuchung hatte der Arzt freundlich umschrieben: »Ihre geweitete Vagina entspricht der einer erwachsenen, verheirateten Frau.«

21

»O mein Gott«, stöhnte Mutter, ihren Kopf gegen das Lenkrad gepreßt, »ich muß es deinem Vater sagen.«

»Aber Mom, er ist gerade operiert worden ...«

»Trotzdem ... er muß es wissen.«

Dad war vor fünf Tagen im St. John's Hospital operiert worden, weil er seit längerem unter heftigen Kopfschmerzen litt und manchmal sogar in Ohnmacht fiel. Die Ärzte vermuteten einen Gehirntumor oder Komplikationen, die von der Stahlplatte herrühren konnten, die ihm nach seinem Autounfall in Paris eingesetzt worden war. Bei der Operation fanden sie einen gutartigen Tumor, aber es stellte sich auch noch etwas anderes heraus. Zu der Zeit, als er bei Columbia unter Vertrag war, begann sein Haar auszufallen, und das Studio überredete ihn zu Injektionen an den strategisch wichtigen Stellen seiner Kopfhaut. Obwohl diese Methode der Behandlung damals sehr gewagt war, ließ Dad sich darauf ein. Zwölf Jahre später hatte sich die gespritzte Substanz verlagert und mußte herausoperiert werden.

Der Eingriff war ohne Komplikationen verlaufen, und ich durfte ihn am Sonntagnachmittag besuchen. Mutter hatte ihm die schlechten Nachrichten bereits schonend beigebracht. Dad war sehr lieb zu mir. »Reg dich nicht auf, Schatz. Jetzt ist alles in Ordnung. Denk nicht mehr daran.« Er wandte sich an Mutter, wobei sich sein Gesicht unterhalb des bandagierten Kopfes vor Schmerz verzerrte. »Lana, ich werde diesen verfluchten Kerl umbringen.« Mutter beugte sich vor und streichelte seine Hand. »Ist schon gut, ist schon gut, Stephen ...« Dad lächelte tapfer.

Noch vor ein paar Jahren wäre ich vor Freude an die Decke gesprungen, hätte ich meine Eltern so vereint in dem Krankenzimmer sitzen sehen. Mein größter Wunsch war es, daß die beiden wieder zusammenkamen. Nach der Scheidung von ihren jeweiligen Partnern – Bob Topping und Martine Carol – unternahm ich mehrere Versuche, sie miteinander zu versöhnen. »Wäre das nicht wundervoll, wenn ihr wieder heiraten würdet?« Die Reaktion war eher unbefriedigend: ein schwaches Lächeln oder ein Satz wie: »Ach, Liebling, wir führen ein so unterschiedliches Leben.«

Mutters vierte Ehe war gerade gescheitert, Dad war immer noch frei. Wenn auch eine Wiederverheiratung der beiden nicht in Frage kam, ich war dennoch glücklich, daß sie jetzt so viel freundschaftlicher miteinander umgingen.

Trotz seines kriminellen Verhaltens dachten meine Eltern, glaube ich, keine Sekunde ernsthaft daran, Lex der Polizei zu übergeben. Ich nehme an, sie fürchteten den Skandal. Belästigungen von Kindern war in den fünfziger Jahren wohl ebenso verbreitet wie heute, aber meistens wurden diese Vorfälle verschwiegen.

Tatsächlich sprachen weder Mutter noch Dad noch einmal mit mir über das, was passiert war. Leider schickten sie mich auch zu keinem Psychiater, der mir sicher hätte helfen können. Mutter erklärte mir Jahre später: »Damals war das nicht wie heute. Man ging nicht zu einem Seelendoktor!« Statt dessen bat man mich, nicht mehr »daran« zu denken.

Mutters letzter Kommentar zu dieser Angelegenheit: »Stephen, mach dir keine Sorgen, die Sache mit Lex ist vorbei. Er ist heute morgen ausgezogen. Ich reiche die Scheidung ein.« Und sie fügte mit einem mitfühlenden Blick auf mich hinzu: »Baby, du wirst diesen Mann nie mehr wiedersehen.«

Als wir nach Mapletop zurückkamen, erinnerten verschiedene Gegenstände immer noch »an diesen Mann«. Das einzige, was er mitgenommen hatte, war Pulco.

Am Montag fuhr Mutter mich zum Zahnarzt. Sie parkte gerade ein, als sich ein Arm durch das offene Fenster schob und nach ihrer Hand grabschte. Es war Lex.

»Lana, das Kind hat dich angelogen. Wir müssen miteinander sprechen.«

Ich erstarrte.

»Ich werde nicht mit dir sprechen. Laß uns in Ruhe.«

»Sag deiner Mutter, daß du gelogen hast«, bellte er. Ich schüttelte den Kopf und machte mich klein. Lex hatte Tränen in den Augen. Ja, er hatte tatsächlich Tränen in den Augen!

»Laß mich los!« schrie Mutter und versuchte das Fenster zuzumachen.

»Es sind alles Lügen, Lana!«

Mutter legte den ersten Gang ein. »Ich starte jetzt. Wenn du nicht losläßt, fahre ich dich um.« Die Augen wurden zu Schlitzen, als Lex mich fixierte. Mutter gab Gas. Nach mehreren Metern machte sie eine Vollbremsung, und Lex stürzte zu Boden. Dann fuhren wir davon. Durch das Rückfenster sah ich, wie er sich mühsam aufrappelte und uns wütend nachstarrte.

Am Donnerstag erschien in den Zeitungen ein Bericht, der besagte, daß Mutter und Lex sich aufgrund eines Streits vor einer Zahnarztpraxis getrennt hatten. »Es spielt wirklich keine Rolle, worüber wir gestritten haben«, sagte Mutter den Reportern. »Wir hatten in letzter Zeit sehr oft Auseinandersetzungen ... aber eine Scheidung, ich weiß nicht ... es ist alles noch so frisch ...« Bestand die Möglichkeit einer Versöhnung?

»Ich weiß es nicht«, seufzte Mutter. »Ich weiß es wirklich nicht.«

Ich bat Mutter, mich nicht wieder ins Internat zu schicken. Ich wollte bei ihr in Mapletop bleiben. Sie schlug meine Bitte rundweg ab. Ein paar Wochen später wußte ich, warum. Unser Haus stand zum Verkauf.

Dads Name wurde häufig in den Klatschspalten im Zusammenhang mit Starlets wie Terry Moore oder Mamie Van Doren erwähnt. Inzwischen hatte er allerdings eingesehen, wie aufreibend der Umgang mit prominenten Damen war. Sie verlangten seine volle Aufmerksamkeit, was sich nicht mit seinem Beruf als Gastronom vereinbaren ließ. Einen Filmstar konnte er schließlich nicht einfach in eine Ecke setzen, während er sich um seine Gäste kümmerte.

Seine neue ständige Freundin war ein sehr attraktives Mädchen, der es gefiel, als Empfangsdame die Bar Eins in Schwung zu halten. Helen DeMaree war vierundzwanzig Jahre alt, geschieden und Tochter eines Polizisten. Ihre auffallende Schönheit verdankte sie irischen und indianischen Vorfahren. Wie viele andere war sie aus Kansas nach Hollywood gekommen, um ihr gutes Aussehen zu vermarkten. Nach einer kurzen Ehe hatte sie mit Ronnie Burns – dem Sohn von George und Gracie – und mit dem Schauspieler Doug McClure Affären. Dann wurde sie die Freundin des Restaurantbesitzers Steve Crane.

Ich bewunderte Helen. Sie hatte einen hervorragenden Geschmack und war immer nach der letzten Mode gekleidet. Endlich fand ich jemanden, der mir mit modischen Ratschlägen zur Seite stand. Mutter hatte sich zwar um meine Haltung und meine unreine Haut gekümmert, aber in Kleiderfragen waren wir allzu unterschiedlicher Auffassung. Ihre Aufmachung entsprach immer noch dem Stil der frühen fünfziger Jahre, was ich entsetzlich altmodisch fand. Helen war zwar zehn Jahre älter als ich, aber sie benahm sich mir gegenüber wie eine Schwester.

Auch in der Schule fand ich eine neue Freundin. Maggie Douglas war die Tochter von Virginia Fields, einer in England geborenen B-Filmschauspielerin, die auch Mutter seit langem kannte. Maggies Vater war der Charakterdarsteller Paul Douglas.

Mutter und Virginia kamen überein, daß wir uns alle in den Ferien in Palm Desert, Kalifornien, treffen sollten, wo die Familie Douglas ein Bungalow-Motel besaß. Überraschend erschien Mutter in Begleitung eines Zweiundzwanzigjährigen. Ihre Beziehung blieb unklar – zumindest war er ihr Schützling. Sie hatte ihn als erfolglosen Schauspieler namens Ralph Vitti kennengelernt. Auf ihren Rat hin nahm er den Namen Michael Dante an, und damit stellte sich auch der Erfolg ein. Michael sah gut aus und spielte für das Hollywood Starteam Baseball. Ich mochte ihn.

Maggie und ich fuhren mit dem Greyhound Bus nach Palm Desert. »*Meine* Tochter fährt mit dem Bus«, meckerte Mutter entsetzt. Meine andere Freundin Maria war sauer auf mich. Dabei gab es keinen Grund zur Eifersucht, denn Maggie war »wild auf Jungs«, wie Mutter das nannte.

Mutter mietete einen Bungalow am Pool. Eigentlich wollte sie, daß ich bei ihr schlief, aber ich zog es vor, bei Maggie in deren Haus zu wohnen. Instinktiv fühlte ich, daß uns, nach dem Vorfall mit Lex und dem Verkauf von Mapletop, eine gewisse Distanz guttat. Im Moment war es nicht leicht mit ihr. Frisch geschieden, nahe am finanziellen Ruin, unglücklich über ihren Karrierebruch, das alles machte ihr sehr zu schaffen. Dies äußerte sich in gelegentlichen Anfällen von Jähzorn, denen ich verständlicherweise zu entgehen versuchte. Ich verbrachte die meiste Zeit mit Maggie und einigen anderen Teenagern am Pool oder auf dem Tennisplatz. Die Freundin ermutigte auch zwei Jungen, sich uns anzuschließen. Mutter, mißtrauisch wie immer, wartete bis Sonntag mittag, um mich dann, nach einigen Bloody Marys, wütend zur Rede zu stellen.

»Nun hör mir mal gut zu, nur weil ich bisher nichts gesagt habe, brauchst du nicht zu denken, daß ich blind bin.«

»Was meinst du?«

»Du versuchst, mit Michael zu flirten.«

»Mit *Michael*?«

»Ich habe doch Augen im Kopf und sehe was du treibst ... wie du lächelst ... mit dem Hintern wackelst ... einen Arm auf seiner Schulter ...«

»Mutter, wie kannst du so etwas sagen?«

»Ich habe dich *gesehen*! Jetzt verstehe ich manches ... es ist wohl nicht das erstemal ...« Sie gab mir eine schallende Ohrfeige.

O Gott, sie dachte an Lex. Sie nahm an, ich hätte mit ihm geflirtet, ihn verführt! Also glaubte sie mir doch nicht! Und nun argwöhnte sie, daß ich ihr Michael Dante abspenstig machen wollte! Ich war fassungslos. Weinend setzte ich mich auf das Sofa. Sie stand vor mir und schrie und zeterte. Den Jungen nachzulaufen und mir damit einen schlechten Ruf einzuhandeln! Ich verteidigte mich, aber es war sinnlos.

Am Abend hatte sie sich so weit beruhigt, daß sie uns nach Los Angeles zurückbringen konnte. Michael saß neben ihr, Maggie und ich auf dem Rücksitz. »Was habt ihr nun wieder für Geheimnisse?« erkundigte sie sich spitz, als sie uns flüstern sah. »Heckt ihr zwei schon wieder etwas aus?«

An der Union Station setzte uns Michael in ein Taxi, das uns nach Pasadena bringen sollte. Wir waren erst einige Häuserblocks weit gefahren, da sagte ich zu Maggie: »Ich komme nicht mit zurück in die Schule. Ich steige hier aus.«

»Aber Cherie ... tu das nicht.«

»Mach dir nicht ins Hemd! Ich rufe dich morgen an. Würden Sie bitte einen Augenblick halten, ich muß nur schnell telefonieren, Sir.« Michael hatte den Chauffeur im voraus bezahlt und ihn gebeten, uns sicher im Internat abzuliefern. »Es dauert nicht lange«, versicherte ich ihm und stieg aus.

Ich verschwand in einem Drugstore und verließ ihn wieder durch den Hinterausgang. Maggie und das Taxi waren verschwunden. Ich spazierte die Straße entlang. Es war faszinierend – die Bettler, die abgerissenen Häuser, der Dreck –, all das hatte ich noch nie gesehen. Hier kannst du untertauchen, dachte ich. Ich muß merkwürdig ausgesehen haben mit meinem offenen Haar à la Veronica Lake und dem honigfarbenen Eidechsenkoffer in der Hand. In meinem Portemonnaie befanden sich zwölf Dollar. Ich wollte mir ein Hotelzimmer mieten, einen Job suchen und erst wieder auftauchen, wenn ich achtzehn und damit volljährig war. Ich war naiv genug, daß ich annahm, dieser Plan ließe sich verwirklichen.

Ich hörte Schritte hinter mir. Inzwischen war es dunkel. Ich drehte mich um. Ein Mann mit einem Schnurrbart folgte mir. Ihm auf den Fersen waren drei Halbstarke.

Ich betrat ein kleines Café und setzte mich an einen der Tische. Der Mann mit dem Schnurrbart erschien an der Tür, kam dann direkt auf mich zu. Er war etwa dreißig, trug Arbeiterhosen und eine Windjacke.

»Bist du allein?« fragte er.

»Ja.«

»Ich heiße Manuel und du?«

»Alexis.«

Manuel begann mich auszufragen. Ich erfand schnell eine Geschichte. Ich war achtzehn, Abiturientin der George Washington Schule, war gerade mit dem Bus aus Palm Springs angekommen, wo meine Eltern ein Motel besaßen. Da sie sich scheiden lassen wollten, suchte ich hier nach einem Job. Nein, ich hatte keinen Freund. Hatte er die drei merkwürdigen Jungen bemerkt, die uns gefolgt waren? Und kannte er ein billiges Hotel, wo ich erst einmal bleiben konnte?

»Kenne ich«, nickte er und grinste. Er hatte viele Goldzähne. »Ist ein bißchen weiter weg. Ich habe mein Auto draußen.«

Mir war zwar beigebracht worden, zu keinem Fremden ins Auto zu steigen, aber warum sollte ich ausgerechnet Manuel mißtrauen?

Manuels alte Kiste war blau und hatte gerippte Plastiksitze. Die Fahrt dauerte endlos lang. Er erzählte Geschichten, die ihn selbst am meisten amüsierten. Ab und zu sah er mich von der Seite an. Irgendwann legte er seinen Arm um meine Schulter.

»Fahr mich jetzt bitte sofort zu dem Hotel«, verlangte ich kühl.

»Okay, okay«, grinste er und hob die Hände als Zeichen, daß er aufgab. Er fuhr auf einen Parkplatz hinter einem Hotel.

»Ich seh mal nach, ob sie noch ein Zimmer haben«, sagte er und stieg aus. »Du wartest hier.«

Die Nacht war kalt, und ich fröstelte in meiner dünnen Seidenbluse. Sekunden später klopfte jemand ans Fenster. Der Wagen war von Polizisten umzingelt.

Das »Hotel« stellte sich als das Skid Row's Hollenbeck Polizeirevier heraus. Ein Polizist führte mich in sein Büro, um mich zu verhören. Manuel, der Schuft, hatte mich als Ausreißerin denunziert.

Ein Beamter mit dem Gesicht einer Bulldogge feuerte seine Fragen auf mich ab. Ich hatte keine Papiere bei mir, also log ich. Ich war achtzehn. Mehr würde ich nicht sagen. Manuel wurde in der anderen Ecke einem scharfen Verhör unterzogen. Er tat mir leid.

»So, du willst also nicht reden ... offensichtlich bist du noch minderjährig, also stecken wir dich einfach in die Besserungsanstalt ...«

»Okay«, unterbrach ich ihn schnell. »Mein Name ist Cheryl Crane.«

»Du lieber Himmel«, brüllte er aufgeregt. »Wißt ihr, wen wir hier haben? Lanas Tochter!« Seine Kollegen betrachteten mich erstaunt.

Maggie erzählte den Nonnen in der Schule von meiner »Flucht«, worauf diese sofort versuchten, sich mit Mutter in Verbindung zu setzen. In Mapletop meldete sich jedoch niemand. Also informierten sie Dad und dann die Polizei. Ungefähr um Mitternacht kam im Radio die Meldung durch, daß Lanas Tochter davongelaufen war. Louella Parsons telefonierte etwas später mit Mutter, um deren Kommentar zu dem Vorfall zu hören. »Ich bin fast verrückt vor Angst«, sagte Mutter.

Am nächsten Tag wies mich Louella in ihrer Kolumne scharf zurecht. Wenn Cheryl ihre Mutter hätte weinen sehen, würde sie's sich zweimal überlegen, bevor sie ihr wieder solche Sorgen macht. »Ich muß in diesem Fall Lana in Schutz nehmen. Sie war immer eine hervorragende Mutter.«

Nachts um eins erschienen meine Eltern mit Reportern und Fotografen auf der Wache, um mich abzuholen.

Aus Angst vor Mutters Reaktion lief ich auf Dad zu. »Gott sei Dank, dir ist nichts passiert«, stöhnte Mutter. Doch kaum waren die Presseleute aus unserer unmittelbaren Nähe verschwunden, fügte sie ärgerlich hinzu: »Wie konntest du mir das antun?«

Auf Dads Frage, warum ich dies getan habe, antwortete ich, daß ich nicht in die Schule zurück wollte. Ich log, und er wußte es. Ihm war bekannt, daß es mir inzwischen in dem Internat ganz gut gefiel. Aber wie hätte ich ihm klarmachen sollen, daß Mutter mich haßte und daß sie dachte, ich sei hinter ihren Männern her? Nein, das Argument mit der Schule war besser. Die Polizei hatte mich darauf gebracht. »Magst du deine Eltern nicht? Und wie ist das mit der Schule?«

Zu Hause erwartete uns zu allem Überfluß Michael Dante, der Mutter schnell einen Drink mixte. »Geh in dein Zimmer«, befahl sie mir kalt. »Und mach, daß du ins Bett kommst!«

Am oberen Treppenabsatz zögerte ich. Dann lief ich schnell in ihr Schlafzimmer. In der Schublade ihres Nachtkästchens fand ich den Revolver und eine Packung Nembutal. Da ich Gewalt verabscheute, fiel mir die Wahl leicht. Ich nahm die Schlaftabletten an mich und verzog mich in mein Zimmer. Sobald Mutter schlief... Ich versteckte die Pillen in einer Kleenex-Box, kroch unter die Bettdecke und wartete.

Schon in einigen Tagen wird in diesem Zimmer ein anderes Mädchen, die Tochter des neuen Besitzers, schlafen, dachte ich. Ich werde ihr mein Spielzeug vermachen. Nicht die Puppe, die wie Mommy aussah, aber alles andere. Über diesen Plänen schlief ich ein, ohne die Tabletten anzurühren.

Mutter weckte mich, indem sie mich kräftig schüttelte. »Hast du diese Pillen genommen?«

»Wach auf, Cheryl!« rief Michael. »Wie viele hast du geschluckt von diesen Dingern?«

Verschlafen gestand ich den beiden, was ich vorgehabt hatte. Mutter und ich sanken uns weinend in die Arme. Michael spülte die Tabletten in der Toilette hinunter.

Am nächsten Morgen riesige Schlagzeilen. »Lana Turners davongelaufene Tochter gefunden!« Obwohl Dad wußte, daß meine Ausrede mit der Schule erstunken und erlogen war, hatte er der Presse gegenüber diese Erklärung abgegeben. Zudem wurde ich falsch zitiert: »Ich möchte nicht mehr zur Schule gehen! Ich hasse die Schule! Ich hasse sie!«

Manuel beschrieb mich den Berichten zufolge als »ängstlich und hübsch«. Ich hätte mich ihm in seinem Wagen »an den Hals geworfen«. In manchen Zeitungen stand, daß ich mit dem Zug in Los Angeles angekommen war, in anderen war von »Schwierigkeiten mit anderen Mädchen im Internat« die Rede.

Am Nachmittag rief Mutter mich zu sich. »Ich hoffe, du hast gut geschlafen – *ich* nicht.«

»Es tut mir so leid, daß du dir Sorgen gemacht hast, Mommy . . .«

»Wir sitzen jetzt ganz schön in der Patsche! Die Schule möchte nicht, daß du zurückkommst, weil du gesagt hast, dir gefällt es dort nicht. Das war sehr dumm von dir. Ich weiß wirklich nicht, was ich jetzt mit dir tun soll.«

Zwei Wochen später unterzeichnete sie den Vertrag für den Film *Glut unter der Asche*. Darin spielt sie die Mutter einer sehr eigenwilligen Tochter!

6
John

22

Einen Tag nach meinem mißglückten Ausreißversuch wurde Mapletop, bis zum endgültigen Verkauf, vermietet, die Möbel und dergleichen eingelagert – mich bekam Gran zur Aufbewahrung.

Mutter zog in ein Penthouse nahe bei Wilshire, das in fröhlichen Rottönen dekoriert und eingerichtet war. Mutter behauptete, die Farbe passe zu ihrer derzeitigen Stimmung. Unter anderem war sie deswegen so gut gelaunt, weil die Dreharbeiten zu *Glut unter der Asche* begannen und sie bereits einen zweiten Film in Aussicht hatte. Der eigentliche Grund aber war, wie konnte es anders sein, sie war verliebt.

Als Gran und ich sie eines Nachmittags in ihrem neuen Apartment besuchten, lümmelte sie auf einem grellroten Sofa und sagte wie nebenbei: »Liebling, Mutter hat einen sehr netten Herrn kennengelernt ... er heißt John Stompanato, und er hat ein Pferd.«

Da ich gerade, wie wohl viele Mädchen in meinem Alter, meine Pferde-närrische Phase hatte, mochte ich den Kerl, bevor ich ihn überhaupt sah. »Prima, wo ist das Pferd?« erkundigte ich mich aufgeregt.

»Nun, ich bin sicher, daß wir an einem der nächsten Wochenenden, wenn ich frei habe, einen Ausflug zum Stall arrangieren können ...«

Einige Tage später fuhren wir in die Hügel von Culver City, in die Nähe des alten M-G-M-Geländes. Stompanato, ein breitschultriger, braungebrannter Mann mit pomadig glänzendem Haar, erwartete uns in Jeans und Stiefeln auf dem Parkplatz. Zu diesem Outfit paßte der Diamantring, der an seinem Finger glänzte, überhaupt nicht.

Mutters Begrüßungskuß war, wahrscheinlich meinetwegen, eher kameradschaftlich. Ein paar Wochen zuvor hatte John eine »zufällige Begegnung« arrangiert, bei der er ihre private Telefonnummer erfragte. Kaum im Besitz derselben begann er ihr den Hof zu machen. Er rief häufig an und schickte ihr Blumen zum Drehort, wobei er die beigelegten Kärtchen mit »John Steele« signierte. Er war kein Mann vieler Worte, besaß jedoch einen gewissen Charme. Bewußt erwähnte er »gemeinsame Freunde«, und Mutter fiel prompt darauf herein. Binnen kurzem erreichte er, daß sie ihn auf einen Drink in ihre Wohnung bat, was zur Folge hatte, daß sie sich Hals über Kopf in ihn verliebte. Freunde machten sie darauf aufmerksam, daß Stompanato in Verbrecherkreisen verkehrte, aber da war es schon zu spät. Sie ignorierte ebenfalls die Tatsache, daß er in Hollywood als Schwerenöter bezeichnet wurde, der, notorisch in Geldnöten, Affären mit betuchten Damen suchte, von denen er sich Geld lieh, das er meistens nicht zurückgab. Zudem war die preiswürdige Größe seines Phallus bekannt, was ihm den Spitznamen »Oscar« einbrachte.

Wie gesagt, ich lernte John auf dem Parkplatz in Culver City kennen.

»Nenn mich John«, sagte er einfach. Er machte keinerlei Versuch, Eindruck zu schinden, wie das Mutters Freunde immer getan hatten, und beeindruckte mich damit um so mehr. Seine Hand lag um Mutters Taille, als er uns zu den Boxen führte. Er verschwand im Inneren des Stalls. Als er wieder zum Vorschein kam, führte er einen arabischen Rotfuchs am Halfter. Die Mähne und der Schwanz der Stute waren geflochten.

»Du kannst sie reiten, Cheryl. Sie heißt Rowena und ist schnell wie der Wind.«

Als Gegenleistung, so kamen wir überein, würde ich sie, an all den Tagen, an denen Gran oder er mich herfuhren, striegeln und ihren Stall ausmisten. Nach jahrelangem Unterricht war ich eine recht gute Reiterin, John aber war ein Experte, und er brachte mir in den nächsten drei Monaten sehr viel bei. Die Ausritte mit ihm in den Hügeln von Culver City, von wo man die weite Ebene überblicken konnte, auf der die Wagenrennen des ersten *Ben Hur* Filmes gedreht wurden, machten ein unsagbares Vergnügen. John war mein bester Kumpel, und ich verdächtigte ihn nicht einen Augenblick, Mutters Liebhaber zu sein.

Ein Geschäftsfreund meines Vaters, der sein Pferd im selben Stall stehen hatte, beobachtete zufällig, wie John mir Reitstunden gab und berichtete Dad davon. Seiner Meinung nach nahm John die Reitstunden nur zum Vorwand, mich »zu befummeln«, worauf Dad sich wiederum gezwungen sah, John zur Rede zu stellen. »Meine Tochter ist für mich das Wichtigste auf der Welt«, bellte er am Telefon. »Laß deine dreckigen Finger von dem Kind.«

Späteren Gerüchten zufolge soll John mich »angemacht« haben. In Wahrheit tat John alles, um in unserer Freundschaft keinen falschen Ton aufkommen zu lassen, vielleicht, weil Mutter ihm, obwohl sie es abstreitet, von Lex erzählt hatte. John verhielt sich mir gegenüber kumpelhaft und eher rauhbeinig.

Seine Absicht, Mutter zu heiraten, war eindeutig. In diesem Jahr drehte sie drei Filme, und ich verbrachte wahrscheinlich mehr Zeit mit ihm als sie. »Ich möchte, daß du weißt, daß ich deine Mutter wirklich sehr gern mag«, sagte er hin und wieder. Oder: »Wäre es nicht toll, wenn sie und ich heiraten würden ... dann könnten wir immer Freunde bleiben.«

John sah sehr gut aus. Seine Wirkung auf Frauen war enorm. Mich jedoch ließ er kalt. Ich interessierte mich für Mädchen. Ich dachte, daß Männer immer brutal sind. Vielleicht habe ich mit John geflirtet – wie mit anderen auch. Ich war fast vierzehn Jahre alt, ein Alter, in dem man seine Wirkung auf Männer testet. Dads Freundin Helen gab sich viel Mühe, mir beizubringen, wie man verführerisch erschien.

Emerson Junior High in West Los Angeles war die erste öffentliche Schule, die ich besuchte. Die meisten der zweitausend Schüler kamen aus dem Mittelstand und hatten mit Hollywood nichts zu tun. Die damals unscheinbare Norma Jean Baker hatte dieses Etablissement besucht; später wurde sie als Marilyn Monroe bekannt. Zu meiner Zeit war, außer mir, Frank Sinatra Jr. das einzige Star-Kind.

Da jeder wußte, wer ich war, hatte ich keine Schwierigkeiten, Anschluß zu finden. Es gab zwei Cliquen, und jede hatte ihren besonderen Stil. Die eine war eine Gruppe von jenen, deren

Eltern erfolgreich und bekannt waren, die andere eine weitaus kleinere Gruppe Jugendlicher, die sich rebellisch gaben.

Das richtige Aussehen war alles. Man unterschied sich im »Look«. Die Jungen in der einen Clique trugen Kaschmirpullover, weiße Hemden und einen kurzen Haarschnitt, die Mädchen knapp sitzende enge Röcke und falsche Pferdeschwänze, die in Locken über den Rücken fielen; die jungen Rebellen kopierten James Dean und Elvis Presley. Merkwürdigerweise wurde ich von beiden Gruppen akzeptiert, was allerdings Garderobenprobleme aufwarf, die ich dennoch irgendwie löste.

Mit den »Etablierten« identifizierte ich mich Dads und Helens wegen, aber sie waren häufig hochnäsig, was ich dumm fand. Als Star-Baby und Produkt verschiedener Privatschulen war ich bereit, alles zu tun, um nicht als Snob zu gelten. Zu den Rebellen fühlte ich mich hingezogen, weil ich meinte, ihre Probleme zu kennen.

Mein größter Wunsch war eine Motorradjacke. Ich überredete Dad, mir das Geld für einen »Ledermantel« zu geben, und kaufte mir eine schwarze Lederjacke mit Reißverschlüssen, Nieten und Klimperketten. Unglücklicherweise trug ich diese Jacke bei einem Einkaufsbummel im Kaufhaus Bullocks, wo mich die Verkäuferinnen, die mich und Mutter sehr gut kannten, erstaunt anstarrten. Auf diese Weise erfuhr Mutter von meiner neuesten Anschaffung. Die Lederjacke verschwand aus meinem Schrank wie viele andere Dinge auch, die Mutter nicht leiden konnte.

Sie ließ selbst Freunde von mir in Vergessenheit geraten. In den letzten Tagen in Mapletop war ich zufällig auf einen Brief gestoßen, den mir eine Freundin aus Sacred Heart geschrieben hatte. »Warum hast du meine anderen Briefe nicht beantwortet?« fragte sie anklagend. *Welche anderen Briefe?* Mir wurde klar, daß Mutter meine Post seit langem zensierte.

Einen Tag bevor der Möbelwagen in Mapletop vorfuhr, machten Gran und ich einen wehmütigen Rundgang durch das Haus. Erinnerungen an Nana, Papa, Lex, Onkel Fernando und fünf Gouvernanten überkamen mich, als wir durch die Räume spazierten. Mein Schlafzimmer, das nie neu möbliert worden war, sah immer noch aus wie 1949. Der neue Mieter würde das sicherlich ändern. Meine Freunde – Bücher, Bilder, Möbel, Grans Uhr und die Puppe, die aussah wie Mommy – warteten darauf, eingelagert zu werden. Mutter versprach mir allerdings, die Sachen wieder abzuholen, wenn wir ein neues Haus gefunden hatten. Oder würde es meinen Freunden ebenso gehen wie den Briefen, die nie bei mir ankamen? Tatsächlich, als ich Jahre später die aufbewahrten Dinge auspackte, waren meine »Schätze« verschwunden.

Im Juni begannen die Schulferien. Einen Monat später wollten Gran und ich eine Ranch in Colorado aufsuchen. Bis dahin hatte ich nichts zu tun. John bot mir einen Job in seinem Laden an, den ersten in meinem Leben, und ich nahm freudig an.

Sein Geschäft hieß Myrtlewood Geschenk-Laden und lag in einer ruhigen Gegend von Westwood, in der Nähe der Glendon Avenue. Im Schaufenster waren einige billige Keramiksachen sowie Holzschnitzereien ausgestellt. Eventuelle Kunden wurden von einem nur zeitweise beschäftigten Verkäufer bedient. John verbrachte seine Zeit, wenn er da war, in einem hellerleuchteten Büro, das sich neben dem Lagerraum befand. Meistens telefonierte er, wobei er leise in den Hörer murmelte. Jeden Tag kamen zwei oder drei Männer vorbei, denen ich aber keine Aufmerksamkeit schenkte.

Meine Aufgabe war, Staub zu wischen, das Telefon zu bedienen und kleine braune Pakete zur Post zu bringen. Dem Gewicht nach handelte es sich offensichtlich nicht um Keramik. Was genau in diesem Laden vor sich ging, wird unklar bleiben. Die dubiose Finanzierung, die sich später herausstellte, gab jedoch einen Hinweis auf Johns seltsame Beschäftigungen.

Wie Dad auch, kam er nach Hollywood, um sein Glück zu versuchen. Er wurde in Woodstock, Illinois, einer Stadt sechzig Meilen nordwestlich von Chicago geboren, die achttausend Einwohner zählte. Als das jüngste von vier Kindern kam John (Jackie) R. Stompanato am 19. Oktober 1925 zur Welt. Er war der Sohn einer der wenigen italienischen Familien in dieser irisch-amerikanischen Stadt.

Sein Vater verdiente als Barbier und Hobby-Makler so gut,

daß sich die Familie ein großes Haus in der Blakely Street leisten konnte; man nannte es »die Villa«. Johns Mutter starb nach seiner Geburt. Die zweite Frau seines Vaters hieß Verena, die von den Nachbarn als »Lady« bewundert wurde.

Ob John schon als Kind in Schwierigkeiten geriet, läßt sich nicht einwandfrei feststellen. 1940 jedoch wurde er auf die Kemper Militär-Akademie geschickt, eine sehr strenge Schule für Knaben in Missouri. Dort war er als Problemfall bekannt, graduierte aber mit siebzehn. 1943 ging er zur Marine. Im Südpazifik geriet er in die Pelelliu- und Okinawa-Kämpfe und landete schließlich 1945 in China.

Er erzählte, er sei nach Kriegsende in China geblieben und habe dort als Nachtclubbesitzer gearbeitet. Wahrscheinlicher ist, daß er in einem Büro der US-Regierung in Tientsin angestellt war. Dort lernte er eine Türkin mit dem Namen Sarah Utich kennen, die sechs Jahre älter war als er, was ihn aber nicht davon abhielt, sie nach moslemischem Ritus zu heiraten. Er konvertierte zu ihrem Glauben und nahm sie mit nach Woodstock, wo sie ihm einen Sohn gebar. Einige Monate arbeitete er als Brotverkäufer.

Schon nach kurzem langweilte ihn die Ehe, und er machte sich auf den Weg nach Hollywood. Auf seiner Reise legte er in Chicago einen Stop ein, wo er Sir Charles Hubbard, den Erben eines englischen Vermögens, kennenlernte.

Hubbard war auf der Suche nach Investitionsmöglichkeiten in Amerika und nahm John als Kompagnon 1948 nach Kalifornien mit. Innerhalb der nächsten zwei Jahre erhielt John von Hubbard fünfundachtzigtausend Dollar. Er erzählte, daß er sich das Geld geborgt habe, aber man verdächtigte ihn, Hubbard zu erpressen. 1949 wurde er wegen Herumvagabundierens aufgegriffen. Er wies nach, daß siebentausendfünfhundert Dollar des Hubbardschen Geldes in einem Juwelengeschäft investiert waren, das, wie sich später herausstellte, pleite ging, als der Manager mitsamt der Juwelen aus der Stadt verschwand.

Kurz nachdem John seine Frau verließ, zog diese nach Hammond, Indiana, und reichte die Scheidung wegen böswilligen Verlassens ein. In der Zwischenzeit hatte Sir Charles die allergrößten Schwierigkeiten, weil die Polizei in seiner Wohnung in Hollywood Marihuana fand. Hubbard hatte das Zeug von Vicki Evans gekauft, die wiederum eine Freundin von Lila Leeds war, die gemeinsam mit Robert Mitchum drei Monate vorher verhaftet worden war.

In Hollywood arbeitete John als Türsteher in einem der Clubs von Mickey Cohen, den er bei dieser Gelegenheit persönlich kennenlernte. Schon nach kurzem wurde er Leibwächter des Gangsters und verdiente wöchentlich dreihundert Dollar. Bei der Presse hieß Cohens Bande »Die sieben Zwerge«. John bekam den Job, weil zwei der Zwerge bei einer Schießerei am Sunset Boulevard ums Leben gekommen waren.

John fand sein neues Leben aufregend. Sein Freund Mickey Cohen ließ sich zwar keineswegs mit einem Bugsey Siegal vergleichen, aber immerhin. Cohen war immer auf der Suche nach Publicity, die Presse jedoch tat ihn als »Clown« ab. Siegal war ein gerngesehener Gast bei Filmleuten, Cohen wurde niemals eingeladen.

John kümmerte sich um Cohens Geldangelegenheiten und wurde in den folgenden Jahren des öfteren verhaftet. Er wurde allerdings nie eines illegalen Vergehens überführt.

Um seine wirklichen Aktivitäten zu kaschieren, verkaufte er Autos, Blumen oder was sich sonst gerade ergab. Nach seiner Scheidung von Sarah heiratete er mindestens noch zweimal. 1949 ehelichte er die Schauspielerin Helen Gilbert, die acht Jahre älter als er war und in den Andy Hardy-Filmen Andys Lehrerin gespielt hatte. Stompanato war der vierte der sieben Ehemänner von Miß Gilbert. Ihre Flitterwochen verbrachten sie im Flamingo – in dem Hotel, das Bugsey Siegal finanziert hatte – in Las Vegas, wo er sich als »John Valentine« ausgab. Drei Monate später ließen sie sich wieder scheiden. Miß Gilbert bestätigte: »Johnny hatte kein Einkommen. Ich habe ihn ausgehalten.«

1953 heiratete er die Schauspielerin Helen Stanley, eine Veteranin in B-Filmen und sehr viel älter als er. Die Hochzeit wurde »Helens Karriere wegen« ganz heimlich geschlossen. Diese Ehe dauerte zwei Jahre. Bei der Scheidung gab Helen an, daß er einmal versucht habe, ihre Mutter zu erwürgen, weil er seine Taschentücher nicht fand. »Zwei-, dreimal in der Woche blieb er über Nacht weg«, gab Miß Stanley bekannt. »Wenn er schließlich auftauchte, sagte er: ›Du kannst froh sein, daß ich überhaupt heimgekommen bin. Du langweilst mich, deswegen nehme ich dich auch nirgends mit hin.‹«

Stompanato benutzte oft falsche Namen: John Hilliday, Jay Hubbard, John Truppa – Truppa war Miß Stanleys wirklicher Nachname – und eben John Valentine. Mutter stellte er sich als John Steel vor. Seine Spezialität war es, das Vertrauen reicher einsamer Frauen zu gewinnen, sich von ihnen Geld zu leihen und es auszugeben. »Wenn das Geld des Opfers verbraucht ist«, heißt es in einem Polizeibericht, »wendet er sich einer neuen Frau zu. Um solche Frauen kennenzulernen, besucht er teure Nachtklubs.«

John hatte ein »kleines schwarzes Buch«, in dem die Polizei die privaten Telefonnummern zahlreicher berühmter Leute entdeckte. Aber man fand schnell heraus, daß diese Leute Stompanato weder kannten noch kennen wollten. Natürlich hatte er Mutters Nummer, aber auch die von Anita Ekberg, Zsa Zsa Gabor und June Allyson.

Wenngleich er es auch nicht schaffte, Zugang zur Elite Hollywoods zu finden, am Rande spielte er doch mit. Man sah ihn häufig bei Ciro, im Trocadero und Mocambo, am Pool des Beverly Hills Hotels, manchmal sogar im Luau. Dad erinnert sich, daß John ein miserabler Kartenspieler war, der meistens verlor. Kurz vor seinem Tod hatte Mutter erbost abgelehnt, seine Spielschulden von fast viertausend Dollar zu bezahlen.

Der Geschenkladen wurde hauptsächlich von den achttausend Dollar finanziert, die ihm eine attraktive, rothaarige Witwe im Januar 1957 lieh. Die Blumen, die er zu jener Zeit Mutter schickte, wahrscheinlich auch. »Er benahm sich mir gegenüber wie ein absoluter Gentleman«, erzählte die Witwe Reportern. »Ich wußte nicht viel über ihn, aber er rief mich manchmal an, und wir plauderten dann über alltägliche Dinge. Er hat mich fast wie eine Schwester behandelt. Wahrscheinlich hat mich das überzeugt.«

Im Juli fuhren Gran und ich nach Colorado. Mutter drehte *Glut unter der Asche* bei Twentieth Century-Fox. Auf der Ranch glaubte sie mich sicher aufgehoben. Was sie nicht wissen konnte, war, daß man mir ein Pferd zuteilte, das sehr groß war und leicht scheute. Leichtsinnig, wie ich war, machte ich eines Tages mit ein paar Freunden einen Ausritt, obwohl es strikt verboten war, außerhalb des umzäunten Geländes zu reiten. Wie der Teufel es wollte, erschrak King vor einer Schlange und jagte im Galopp davon. Da ich ohne Sattel ritt, gelang es mir nicht, ihn zu zügeln. Plötzlich stoppte er, und ich flog in hohem Bogen über seinen Kopf hinweg in eine Schlucht, in der ich besinnungslos, blutig, mit fünf angebrochenen Rückenwirbeln und einer Gehirnerschütterung liegen blieb. Ich empfing meine Eltern im Krankenhaus in einem Gipskorsett.

Natürlich berichteten die Zeitungen über meinen Reitunfall. Mein Ausreißversuch lag nun vier Monate zurück, aber die Reporter wiesen darauf hin, daß »Lana Turners Tochter Cheryl gewillt war, weiterhin Schwierigkeiten zu machen«. Am Tag meines Unfalls wurde Mutter von Lex geschieden. Sie gab der Presse gegenüber zu verstehen: »Ich heirate nie mehr!«

Als Dad und Mutter an mein Krankenbett geeilt kamen, trugen sie riesige Sonnenbrillen und sie sangen: »Happy Birthday«. An diesem Tag wurde ich vierzehn. Einen Tag später kam Mutter, um sich von mir zu verabschieden, weil sie zu ihrer Arbeit zurück mußte. Sie saß an meinem Bett und starrte auf mein Korsett. »Warum hast du jedesmal, wenn ich nicht bei dir bin, Schwierigkeiten?«

In jenem Herbst gab Mutter eine Menge Interviews. Da sie in *Glut unter der Asche* die Mutter eines Teenagers verkörperte, schien es ihr wichtig, ihr Image zu unterstreichen, indem sie ihre Rolle erklärte: »Diese Mutter ist die attraktivste Frau in der ganzen Stadt, aber sie ist ein bißchen frustriert. Mütter von Teenagern müssen nicht immer wie Matronen aussehen.« Na, noch deutlicher konnte sie es ja nicht sagen.

Auf die Frage, was sie gemacht hätte, wenn sie nicht für den Film entdeckt worden wäre, antwortete sie: »Ich weiß nicht.

Wahrscheinlich hätte ich früh geheiratet und zwei, drei Kinder bekommen. Allerdings wäre ich keine gute Hausfrau geworden ... auf mich selbst angewiesen, wäre ich wahrscheinlich verhungert ... ich kann nicht einmal Wasser kochen«, fügte sie kokett hinzu.

Seit sie M-G-M verlassen hat, sagte sie, habe sie viel über diese Dinge nachgedacht. »Eine Weile wußte ich nicht, wie sich mein Leben entwickeln würde. Aber jetzt bin ich glücklich. Ich habe keine Angst mehr vor der Zukunft.«

23

»Cheryl, wie findest du die Idee, in Woodstock bei meiner Stiefmutter zu leben«, fragte mich Stompanato eines Tages.

Wir saßen in seinem Thunderbird und waren auf dem Weg nach Culver City. Ich betrachtete ihn neugierig von der Seite. Er hatte bisher nie über meine Probleme gesprochen.

»Meine Mutter hat ein großes Haus. In der Woodstock High School gibt es eine Menge Kinder wie dich. Du könntest deinen Namen ändern und viele Freunde haben ... Lana hält das für eine großartige Idee.«

In mir krampfte sich etwas zusammen. Ich ahnte, daß Mutter mich wieder wegschicken würde, aber Woodstock lag *zweitausend* Meilen entfernt! In der Emerson-Schule, wo ich sehr glücklich war, hatte sie mich abgemeldet. Ihre bevorstehende Abreise nach London, wo sie einen Film drehen mußte, schob sie als Grund vor. In Wirklichkeit wollte sie mich vor dem »schlechten« Einfluß von Dad, Gran, Helen und Elvis bewahren.

Einer meiner Freunde in der Emerson-Schule war Frank Sinatra Jr., ein warmherziger Junge, der die Liebe zur Musik von seinem Vater geerbt hatte. Mit Frank verbrachte ich Stunden in Musikläden, wo wir uns Platten anhörten: Er interessierte sich für Jazz und Symphonien, mein Idol war Elvis Presley.

»Also, wie findest du die Idee?« unterbrach John meine Gedankengänge.

»Welche Idee?« fragte ich abwesend.

»Na, die Woodstock-Schule ...«

»Ich glaube nicht, daß ich das möchte ... danke«, sagte ich.

Eine Woche später brachte John das Thema wieder zur Sprache und erzählte mir, wie sehr seine Mutter sich auf mich freute. Ich gab nicht nach. Danach, offensichtlich auf Mutters Anweisung hin, begab er sich auf die Suche nach einer anständigen Schule für mich.

Die Happy Valley Schule befand sich in Ojai, etwa eine Stunde nördlich von Los Angeles. Die Erziehung war sehr modern: Man durfte barfuß laufen, Jeans tragen; die Anforderungen entsprachen dem besten akademischen Niveau, die Klassen waren klein; der Unterricht fand oft im Freien unter herrlichen Obstbäumen statt. Jungs und Mädchen wohnten getrennt in weit auseinanderliegenden Gebäuden. Über die Moral wurde streng gewacht. Fernsehen war absolut verboten, und der Lehrkörper sprach sich offen gegen moderne Musik aus, wozu auch mein Liebling Elvis Presley gehörte. Ich handelte mir häufig Verweise ein, weil ich Rock-Musik-Platten einschmuggelte.

Ich gab mich weltgewandt. Unter den alten Bäumen versteckt, lernten wir rauchen, und ab und zu nippten wir an einer Ginflasche, wobei mir der Geschmack eher widerlich war. In der Absicht, meinen Augen etwas Geheimnisvolles zu geben, schminkte ich sie übertrieben stark und sah damit wahrscheinlich eher aus wie ein Waschbär.

Ein langes Wochenende im Monat durften wir zu Hause verbringen. Auch in dieser Schule gab es, trotz der intellektuellen und musischen Atmosphäre, jene beiden Gruppen, die mir bereits bekannt waren und zwischen denen ich weiter, chamäleonartig, hin und her pendelte. In jeder dieser Gruppen hatte ich einen »boyfriend«. Ziggy Huxley, der Neffe des Schriftstellers Aldous Huxley, trug einen Entenschwanz-Haarschnitt, T-Shirts und Wellington-Stiefel. Leider war er zu jung, um ein eigenes Motorrad zu besitzen. Peter Duvall hatte blonde Haare und blaue Augen, verwendete Old Spice und trug Kaschmirpullis mit V-Ausschnitt. Ich konnte mich einfach zwischen den beiden nicht entscheiden. Weiß- oder Roggenbrot? Ich löste das Problem, indem ich mal mit dem einen, mal mit dem anderen ging. Küssen und Petting gehörte natürlich auch dazu. In den fünfziger Jahren tat man nicht mehr als das.

Im November flog Mutter nach London, um in einem Film mitzuwirken, den ihre eigene Produktionsfirma Lanturn herstellte. Der Film hieß *Herz ohne Hoffnung (Another Time, Another Place)*. Den Liebhaber spielte Sean Connery, der durch das Fernsehen in England bekannt, in Amerika aber völlig unbekannt war. Selbst das Filmteam war davon überzeugt, daß Mutter und Sean eine heimliche Affäre miteinander hatten.

Ihr eigentlicher Liebhaber, Stompanato, der ihr nach London nachgereist war, durfte sie nicht beim Drehen besuchen. Er verbrachte die meiste Zeit in einem Haus in Hampstead.

Natürlich erfuhr er eines Tages von der angeblichen Liebelei. Vor Eifersucht außer sich, zwang er Mutters Chauffeur, ihn zu den Pinewood Studios zu bringen, rannte in die Halle, in der gedreht wurde, und bedrohte Connery mit einem Gewehr. Völlig gelassen schickte ihn der spätere James Bond mit seiner rechten Faust zu Boden.

Cohen hatte John das Geld für das Flug-Ticket geliehen, als dieser ihm erzählte, er wolle mit Mutters Hilfe ebenfalls ins Filmgeschäft einsteigen. Er wollte einen Film produzieren, der von Lanturn finanziert werden und in dem Mutter die Hauptrolle spielen sollte. Er dachte sogar daran, selbst als Schauspieler mitzuwirken.

Mutter jedoch war für dieses Projekt nicht zu gewinnen, weil sie Liebe und Geschäft streng trennte. Nach der sichtbaren Niederlage, die Connery ihm hatte zuteil werden lassen, war John mehr denn je über Mutters Verhalten erbost.

Kurz vor Weihnachten wiederholte Mutter in einem Streitgespräch, daß sie zwar bereit war, ihm ihre Liebe und ihr Geld zu geben, niemals aber würde sie ihn als Geschäftspartner akzeptieren. John explodierte. Er schlug sie und erstickte sie fast mit einem Kissen. Zum Glück hörte eine Angestellte Mutters Hilfeschreie und rettete sie.

Am nächsten Tag konnte sie einer Kehlkopfverletzung wegen kaum sprechen. Sie erzählte ihrem langjährigen Maskenbildner Del Armstrong von der Szene, die John ihr gemacht hatte. Armstrong hatte einige Tage zuvor einen wichtigen Scotland Yard Beamten kennengelernt, der – durch einen Telefonanruf verständigt – dafür sorgte, daß John England noch am gleichen Tag verlassen mußte.

In kurzen Briefen erfuhr ich lediglich, daß das englische Wetter Mutters Stimme nicht bekam und daß John ihr einen kleinen Pudel geschenkt habe, der Gypsy hieß.

Es war von Anfang an geplant, daß ich Weihnachten bei Mutter und John in London verbringen würde. Weitaus aufregender aber fand ich die Premiere von *Glut unter der Asche*, die kurz vor dieser Reise stattfand.

Dad mietete mir eine rosa Nerzstola, die wunderbar zu meinem roten Ensemble paßte. Als Gran, ganz Königin Mutter, Dad und ich aus unserer Limousine stiegen, ging ein Raunen durch die Reihen der Fans hinter der Absperrung. »Lanas Familie«, verkündete der offizielle Berichterstatter und hielt mir ein Mikrofon vor die Nase.

Natürlich hatte ich das Buch von Grace Metalious gelesen, aber es war faszinierend die Geschichte nun in Cinemascope auf der riesigen Leinwand des Pantages Theater's zu sehen. Zwei Szenen erinnerten mich an mein eigenes Leben. In der einen wird ein Mädchen wiederholt von ihrem Stiefvater vergewaltigt, den sie in ihrer Hoffnungslosigkeit dann tötet. In der anderen erscheint die ewig junge Mutter – Lana Turner – auf einer Teenager-Party, wo sich auch ihre rebellische Tochter – gespielt von Diane Varsi – befindet. Mutters Gesichtsausdruck kam mir nur allzu bekannt vor: »Du bist in Schwierigkeiten, meine Liebe, und wir werden uns darüber unterhalten müssen, wenn wir heimkommen!« In einer anderen Szene gibt Mutter Miss Varsi eine Ohrfeige, und ich erinnerte mich fast körperlich an den Vorfall in Palm Desert.

Den größten Eindruck aber machte mir die Gerichtssaalszene. Mutter muß als Zeugin in dem Mordprozeß aussagen. Der Staatsanwalt nimmt sie in ein scharfes Verhör. »Mrs.

McKenzie, hat Ihre Tochter Ihnen gegenüber denn nichts von ihren Problemen erwähnt?«

»Wie oft muß ich denn diese Frage noch beantworten?«

»Nun, bis wir die Wahrheit herausfinden ...«

»Die Wahrheit ist ...« Mutter wirft ihrer Tochter einen langen Blick zu. »Die Wahrheit ist, meine Tochter hat mit mir über ihre Probleme gesprochen ... aber ich habe sie nicht verstanden ...«

»Aber ...«

»Ich bin nicht darauf eingegangen ...«, sagt Mutter. Sie versteckt ihr Gesicht vor Scham hinter ihren Händen.

Am Ende versöhnen sich Mutter und Tochter. Als letztes sieht man sie in einer innigen Umarmung. Natürlich ein Happy-End, dachte ich wütend, als die Lichter angingen.

Gran sorgte dafür, daß ich Mutter ein Glückwunschtelegramm schickte. Der Film beschäftigte mich tagelang. Mich irritierte die Erkenntnis, daß die Filmmutter meiner eigenen so schrecklich ähnelte: die eiskalten, wütenden Blicke, das herrische Auftreten, ihr stolzer Gang ... Mir wurde plötzlich klar, daß Mutters Art, mich zu ängstigen und zu kontrollieren, nicht auf echten Gefühlen mir gegenüber beruhte, sondern daß es sich dabei um Schauspielerei handelte. Ihrer Ansicht nach war das Leben ein Film – sie lebte nicht in der Realität.

Die Ohrfeige in Palm Desert hatte meine Liebe zu ihr bereits beeinträchtigt, aber nun erkannte ich, daß sie nur darum in der Lage war, mich zu kontrollieren, weil ich auf ihre Bühnenvorstellungen hereinfiel. Damit gestattete ich ihr, mich zu beherrschen. Angenommen, ich setzte mich zur Wehr – was konnte sie tun? Mir wollte sie beibringen, daß man seiner Mutter gehorcht und sie respektiert – und wie behandelte sie Gran?

Ich flog Weihnachten via Nordpol nach London. Nach dem Start setzte ich ein gelangweiltes Lächeln auf und bestellte einen Martini, der mir ohne weiteres serviert wurde. Mit meinen Waschbäraugen und den hohen Absätzen sah ich wirklich nicht aus wie vierzehn.

Fliegen macht mich nervös. Zu jener Zeit hatten die Flugzeuge in der ersten Klasse noch Schlafkojen. Nach meinem zweiten Martini döste ich ein. Irgendwann wachte ich auf, weil mir kalt war. Ich lauschte. Nichts. Nicht einmal die Motoren waren zu hören. Ich zog die Vorhänge zurück. Kein Mensch befand sich im Flugzeug, und es war eiskalt. Bevor ich in Panik geriet, kam eine Stewardeß im Pelzmantel auf mich zugerannt. »Oh, es tut mir so leid, wir haben Sie vergessen! Wir hatten ein Problem mit den Motoren und sind in Nordkanada gelandet.«

Ich mischte mich unter die anderen Passagiere, die im Gemeinschaftsraum dieser Auftankstation in Frosbisher Bay untergebracht worden waren. Der Motorschaden war bald behoben, aber inzwischen war ein Schneesturm aufgekommen. Es gab weder Betten noch etwas zu essen. Die Erwachsenen trösteten sich mit Gin, der merkwürdigerweise in Unmengen vorhanden war, und schließlich machte ich auch mit.

Mit einer Verspätung von sechsunddreißig Stunden kamen wir in London an. Mutter hatte den zuständigen Beamten bereits die Hölle heiß gemacht, demzufolge wurde ich als erste durch den Zoll geschleust. Zum Glück blieben die Zigaretten, die ich Mutter mitgebracht hatte, unentdeckt. Als ich mich erkundigte, warum sie ohne John gekommen war, gab Mutter offen zu, daß sie sich gestritten hatten. »Ich glaube, ich möchte ihn nicht mehr sehen«, bemerkte sie leichthin.

Ich kramte in meiner Tasche nach einer Zigarette, zündete sie mir an, zog daran, ohne zu inhalieren, und blies den Rauch in die Luft. Mutter imitierend kreuzte ich die Arme, stützte meinen Ellbogen auf mein Handgelenk und hielt die Zigarette von mir weg. Mutter seufzte. »Nun fängst du damit wieder an. Du bist zu jung, um zu rauchen!«

»Du hast auch geraucht, als du vierzehn warst«, erwiderte ich mutig.

»Aber ...« Wütendes unverständliches Gemurmel, dann Stille. Resigniert sah sie aus dem Auto.

Schach, dachte ich, schachmatt sogar.

Die folgenden dreiundzwanzig Tage in Londen gehören zu

den glücklichen Erinnerungen. Wir sprachen weder über Stampanato noch sehr eingehend über *Glut unter der Asche*. »Du warst wundervoll, ich mußte entsetzlich weinen«, lautete mein einziger Kommentar. Überraschenderweise verbrachte sie ihre freie Zeit mit mir. Wir machten Einkaufsbummel, posierten für die Fotografen und amüsierten uns auf Parties, auf denen sie mir erlaubte, Dubonnet mit Soda zu trinken. Zum erstenmal widersprach sie mir nicht bei der Auswahl meiner Garderobe, noch mäkelte sie an meinem Augen-Make-up herum, ja, sie lieh mir sogar ihren Nerz. Die einzige Enttäuschung war, daß sie, wahrscheinlich des Spektakels mit Stompanato wegen, nicht der Königin vorgestellt wurde.

An ruhigen Wochenenden blieben wir in dem Haus in Hampstead. In herrlicher Zweisamkeit aßen wir vor dem Kamin, lagen auf dem riesigen Bett und sahen fern, und manchmal durfte ich sogar bei ihr schlafen. Einmal schnarchte sie so laut, daß ich ihr Wasser in ihren Mund träufelte.

»Was, zum Teufel, machst du?« fragte sie prustend.

»Du hast geschnarcht, und ich konnte nicht schlafen«, erklärte ich etwas beschämt.

Wir waren Freunde und hatten viel Spaß miteinander, und während ich hoffte, daß die Probleme zwischen uns endgültig aus der Welt geräumt waren, fragte ich mich insgeheim, warum sie mir plötzlich so viel Gefühl entgegenbrachte. Wahrscheinlich fühlte sie sich ohne John einsam und verlassen – sie brauchte einfach jemanden, den sie lieben konnte.

Meine Rückkehr nach Kalifornien wurde um zwei Wochen verschoben. Ich verließ England, nur wenige Stunden bevor sie ihrerseits nach Kopenhagen flog, um dort Stompanato zu treffen, mit dem sie nach Acapulco reisen wollte. Als ich davon erfuhr, dachte ich mir weiter nichts dabei. Ich wußte allerdings nicht, daß sie ihn, nach seiner erzwungenen Abreise aus England, mit Liebesbriefen und Telefonaten bombadiert hatte, was dazu führte, daß sie es noch einmal miteinander versuchen wollten. Mutter allerdings behauptet, daß er sie ständig aus Kalifornien angerufen habe und daß sie völlig überrascht gewesen sei, ihn am Flughafen von Kopenhagen bei ihrer Ankunft anzutreffen. Tatsächlich hatte sie ihm kurz zuvor geschrieben, es sei ihr lieber, wenn er nicht käme. »Ich brauche Zeit, um über alles nachzudenken.« Der Brief erreichte ihn nicht mehr – er war bereits auf dem Weg.

Jedenfalls blieben die beiden mehrere Wochen in Acapulco. Was dort genau passierte, läßt sich nicht rekonstruieren. Widersprüchliche Meinungen treffen da aufeinander. Mutter behauptet, sie habe in ständiger Furcht vor seiner Brutalität gelebt. Feriengäste, die sich zur gleichen Zeit dort aufhielten, bestätigten, daß sie sich ihm gegenüber ängstlich und nachgiebig verhielt. »Stompanato hat sie nicht eine Sekunde aus den Augen gelassen, sie hatte keine Chance, sich mit jemandem zu unterhalten«, meinte Ted Stauffer, der Verwalter der Villa Vera. Einmal gelang es ihm und seiner Frau, mit Mutter zu sprechen. »Wir hatten den Eindruck, daß Lana sich da auf etwas eingelassen hatte, was ihr im Grunde mißfiel, aber offensichtlich wußte sie nicht, wie sie der verzwickten Situation entrinnen konnte ... Johnny muß das gewußt haben.«

John seinerseits schrieb seiner Stiefmutter in Woodstock einen überschwenglichen Brief, in dem er ihr von den wundervollen Ferien berichtete und sogar andeutete, daß sie vielleicht heiraten würden. »Lana ist so braun wie eine Kokosnuß.«

Der Kapitän der *Rosa Maria*, Leonel Vargus, mit dem sie auf einen zwanzig Tage dauernden Segelturn gingen, meinte: »Ganz egal, was er gerade tat, sie war immer bei ihm. Wenn er in einem Stuhl an Deck saß, setzte sie sich plötzlich auf seinen Schoß. Ich verstehe bis heute nicht, was sie an dem Mann fand.«

Am 21. Januar 1958 bezog Mutter den sogenannten »Lana Turner Bungalow«. John, der zu spät gebucht hatte, war gezwungen, anfangs woanders zu wohnen, zwang aber dann Stauffer, ihn neben Mutter unterzubringen. »Er duldete keine Widerrede«, erzählte Stauffer.

Mutter erinnert sich an diesen Aufenthalt mit Grauen. John schlug sie häufig und bedrohte sie sogar mit einem Gewehr, wenn sie nicht mit ihm schlafen wollte. Um das alles ertragen zu können, betrank sie sich. Sie vermied es, mit ihm in der Öffentlichkeit gesehen zu werden. Nach der Scheidung von

Barker erschienen Pressemeldungen, in denen von ihrer Verbindung zu Stompanato die Rede war. Sie wollte jeden Klatsch vermeiden.

Am 22. Februar schrieb Louella Parsons in ihrer internationalen Kolumne: »Ich hoffe ernsthaft, es ist nur ein Gerücht, daß Lana Turner, die sich im Augenblick in Acapulco aufhält, Johnny Stompanato heiratet.«

Nach einiger Zeit ging Mutter trotzdem mit John in Nachtclubs, Restaurants oder zu Stierkämpfen. Hat er sie dazu gezwungen? Oder hatte sie es einfach satt, ihre Tage mit ihm allein in dem Bungalow zu verbringen? Die Fotografen verfolgten sie bei ihren Ausflügen.

Bevor John nach Mexiko fuhr, rief er mich an, um sich zu verabschieden. Er versprach mir zu schreiben. Mutters Briefe waren kurz und liebevoll, er dagegen erzählte von Stierkämpfen und Angelausflügen, erkundigte sich interessiert nach Rowena und Gypsy, dem Pudel, nach Ziggy und Peter. Am 18. Februar 1958 schrieb ich ihm:

»Lieber Johnny –
bitte entschuldige das Briefpapier, aber ich habe kein anderes gefunden.

Als ich übers Wochenende zu Hause war, fand ich Deinen Brief. Wie geht es Dir und Mutter?

Rowena geht es prima. Ich habe keine Angst mehr vor ihr. Eine Zeitlang dachte ich, sie sei zu schwierig für mich, aber inzwischen tut sie, was ich will.

In der Schule läuft es gut, aber ich muß viel lernen. Ich habe Johnny Mathes gesehen. Er ist einfach toll. Fährst du viel Wasserski? Wenn ja, denk dabei an mich, ich tue es so gern.

Wann kommt Ihr zurück? Hoffentlich bald.

Mutter und ich hatten eine herrliche Zeit in Europa. Wir haben uns selten so gut verstanden.

Peter war wegen eines anderen Jungen so eifersüchtig, daß ich ihm den Laufpaß gegeben habe. Jetzt tut es mir leid.

Gleich ist die Studierstunde zu Ende, und ich muß aufhören. Ich bin jetzt Schulsprecherin. Wie findest du das?

Gerade hat die Glocke geläutet, also Schluß für heute. Ich schreibe Dir bald wieder, aber erst bist Du dran – Sei umarmt – ich vermisse Euch –
Cherie

Grüße Mutter von mir, schreib bald und sei anständig.

Einen Monat später wurden die Nominierungen für den Oscar bekanntgegeben. Mutter wurde für ihre Rolle in *Glut unter der Asche* als beste Schauspielerin nominiert. Sie war darüber überrascht. Ihre Leistungen in den Filmen *Im Netz der Leidenschaften* und *Stadt der Illusionen* waren zumindest ebensogut, wenn nicht noch besser. Aber – *Glut unter der Asche* war im Begriff, der größte Kassenschlager des Jahres 1958 zu werden. Im ganzen wurde er neunmal für den Oscar vorgeschlagen. Mutter benachrichtigte Gran, daß sie bei der Preisverleihung anwesend sein wollte. Die Schule gab mir einen Tag frei, um sie und Johnny vom Flugplatz abzuholen.

Braungebrannt und fröhlich begrüßte sie die wartenden Presseleute. Johnny hielt sich zwei Schritte hinter ihr und grinste. Blitzlichter flammten auf. Er nahm ihren Arm und drückte sich näher an sie. Sie ließ sich ihre Überraschung nicht anmerken. John winkte mir, näherzukommen. Ich legte meinen Arm um seine Taille und lächelte. Mutter beantwortete geduldig die Fragen der Reporter. Dann war alles vorbei.

Als wir in Grans Wagen saßen, lächelten weder sie noch John, der sich aufs Fahren konzentrierte. Mutter starrte aus dem Fenster, und ich plapperte munter auf sie ein. Nach unseren glücklichen Tagen in London fühlte ich mich ihr sehr nahe. Es freute mich, daß sie nominiert worden war. Ich wußte, vielleicht als einzige, warum ihre darstellerische Leistung so überzeugend war – sie spielte nur sich selbst.

»Darf ich zur Verleihung mitkommen?« fragte ich und lehnte mich nach vorn.

»Vielleicht ...« lächelte sie.

»O bitte, nimm mich mit, bitte.«

Sie tätschelte meinen Arm. »Na klar, und du kommst auch mit, Mom. Wir machen ein Familienfest daraus.« Sie sah zu

John hinüber, der uns stumm durch den Straßenverkehr kutschierte.

Am nächsten Tag erschien ein Foto von uns dreien. Die Schlagzeilen lauteten: »Lana Turners Rückkehr in Begleitung einer bekannten Figur aus dem Milieu.«

»Ein früherer Partner von Mickey Cohen begleitete die braungebrannte Lana auf ihrem London-Paris-Mexiko-Trip«, schrieb die *Los Angeles Times*. Mutter hatte es nicht abgestritten. »Aber es ist eine rein platonische Beziehung.«

Gab es irgendwelche Ähnlichkeiten zwischen der *Glut unter der Asche*-Geschichte und ihrer Beziehung zu ihrer eigenen Tochter? »Cheryl ist sehr glücklich in ihrer neuen Schule. Sie ist meine Tochter und beste Freundin.«

Die Oscar-Verleihung stand kurz bevor. Bei einer letzten Kleideranprobe erkundigte ich mich nach John.

»Er kommt nicht mit. Ich habe ihm gesagt, daß dieser Abend eine Familienangelegenheit ist.« Merkwürdig, dachte ich.

Da sie ihre Wohnung aufgegeben hatte, bevor sie nach Europa fuhr, wohnte sie in ihrem Lieblingsbungalow des Bel Air Hotels. Als Gran und ich am Spätnachmittag zu ihr kamen, um sie abzuholen, war sie noch nicht fertig. Wir warteten im Salon auf sie. Schließlich schwebte sie herein. Die Schneiderin zupfte am Kleid, der Friseur an ihren Haaren.

Sie sah umwerfend aus, und ich hätte sie gern umarmt. Rechtzeitig erinnerte ich mich, daß ich das nicht durfte: »Mommys Haare, Mommys Lippenstift!« Sie trug ein protziges Diamantenarmband, das die Scheidung von Mr. Topping überlebt hatte.

Mutter stand vor dem Kamin. Mit einem letzten Schluck Wodka prostete sie Gran und mir zu: »Mom, Cherie ... und wenn sie mein Kleid nicht mögen, dann soll sie der Teufel holen!«

In der gemieteten Limousine quälten wir uns mühsam durch den Verkehr auf dem Sunset Boulevard. Mutter war nervös wie noch nie.

7

Der Prozeß

24

Zu einer Kugel zusammengerollt lag ich auf meinem Bett. Aus Mutters Zimmer kam kein Laut. Aber sie war dort, ich wußte es. Lag Stompanato noch auf dem Boden? Oder war er auf dem Weg zu mir? Ich hatte Angst. Wo blieb Daddy?

Ich schlich mich zur Tür und lauschte. Unten klingelte es. Ich rannte die Treppe hinunter und öffnete. Es war Dad. Endlich. Ich warf mich in seine Arme. »Daddy ... Daddy ... es ist John. Ich wollte es nicht tun ...«

»Was wolltest du nicht tun, Liebling? Was?«

»Er ist verletzt ... er liegt oben ... er wollte Mommy was antun ...«

Dad zog mich mit sich. Vor Mutters Schlafzimmertür blieb er abrupt stehen.

Mutter beugte sich über Johnnys Körper. Dann starrte sie uns an. »Stephen!« schrie sie. »Was machst *du* hier?« Sie kam auf uns zu.

»O mein Gott, das ist ja furchtbar«, stöhnte Dad. Entsetzt starrte er auf die blutgetränkten Handtücher neben Johnnys leblosem Körper.

»Ich habe alles getan, was ich konnte ... der Arzt muß jede Minute kommen ... Mutter hat ihn angerufen ...«

Ich klammerte mich an Dads Hand. »Liebling, laß uns woanders hingehen«, sagte er und zog mich in die Richtung meines Zimmers.

»Ich habe es getan, Daddy, aber ich wollte es nicht ... John wollte Mutter weh tun ... es tut mir so leid ... er wird doch wieder gesund?«

»Alles kommt wieder in Ordnung«, beruhigte mich Dad. »Du legst dich jetzt erst mal hin. Mach dir keine Sorgen.«

»Lana! Lana!« Gran kam die Treppe herauf.

»Mutter, bitte ... schau nicht hin ... es ist John.«

»Was ist denn passiert?«

Mutters Erklärung konnte ich nicht hören, weil Dad mit mir

sprach, um mich abzulenken. »Ich komme gleich wieder«, sagte er dann.

Gran erschien und nahm mich in ihre Arme. »Ist ja alles gut, Liebling, alles wird gut ...«

»Ich wollte es wirklich nicht ... es tut mir so leid ...«

»Pst ... vergiß es ... es ist vorbei ...«

Aus der Halle drang Lärm herauf. Türenschlagen, Schritte, fremde Stimmen.

Dr. McDonald kam in mein Zimmer. »Ich gebe dir jetzt etwas zur Beruhigung«, sagte er und kramte in seiner Arzttasche.

»Ich will keine Spritze«, jammerte ich zitternd, aber da verschwand die Nadel schon in meinem Arm. Seit meiner Geburt quälte mich »Dr. Mac« mit seinen verdammten Nadeln. Eigentlich war ich böse auf ihn, aber er versuchte mir ja nur zu helfen. »Ich wollte es wirklich nicht ...«

»Es wird schon alles wieder in Ordnung kommen.«

»Und John? Wird er wieder gesund?«

»John ist tot ... denk nicht daran ... es ist vorbei.«

Schockierte mich diese Nachrcht? Ich weiß es nicht. Ich kann mich nicht erinnern.

Dr. McDonald kam dreißig Minuten nach dem Vorfall bei uns an. Er gab John eine Spritze ins Herz, aber sie zeigte keine Wirkung. Mutters Mund-zu-Mund-Beatmung war ebenfalls ohne Erfolg. Der Arzt telefonierte nach einer Ambulanz, die ihrerseits die Polizei verständigte. »Lana, das beste ist, du rufst Gerry Giesler an.«

Giesler war der beste Anwalt Hollywoods, der auch Errol Flynn verteidigt hatte. Mutter erreichte ihn auf einer Party, und er versprach, sofort zu kommen.

Der Krankenwagen hielt vor dem Haus. Ihm folgte ein Streifenwagen. Dad öffnete die Tür. »Es ist etwas Furchtbares passiert«, sagte er.

»Ein Selbstmord?« erkundigte sich der Polizist.

»Schlimmer ...«

Der Polizist bat die Zentrale um Unterstützung. Im ersten Stock fand er Mutter, McDonald und einen zweiten Arzt, der mit der Hilfe von zwei Sanitätern versuchte, John wiederzubeleben.

Etwa eine halbe Stunde später erschien Clinton B. Anderson, der Polizeiinspektor von Beverly Hills. Mutter begrüßte ihn. Ihr Gesicht war bleich und wirkte müde. »Inspektor ... oh, Clinton, es ist meine Schuld ...«

Anderson überging die vertrauliche Anrede und stellte sich den Anwesenden als Polizeiinspektor vor. Während er den Tatort inspizierte, ließ er sich von seinen Untergebenen einen kurzen Bericht geben. Plötzlich entdeckte er Jim Bacon, einen Klatschkolumnisten, der es geschafft hatte, ins Haus zu schlüpfen. »Was tun *Sie* denn hier?« fragte Anderson ihn erbost. Dann sah er Giesler. »Und *Sie*?«

Anderson nahm Mutter beiseite. »Kann ich die Schuld auf mich nehmen für diese furchtbare Sache?« fragte sie sofort. »Wenn ich sage, daß ich es getan habe ...«

»Nur, wenn Sie es wirklich getan haben, Miss Turner ... Sie wissen doch, wir werden jede Einzelheit herausfinden, also sagen Sie mir besser gleich die Wahrheit.«

Mutter schlug die Hände vors Gesicht. »Also gut ... es war meine Tochter.«

Sie erklärte ihm kurz, was passiert war. Danach kam er in mein Zimmer. Die Beruhigungsspritze wirkte bereits, und ich dämmerte so vor mich hin, aber ich erkannte den alten Freund meines Vaters. Der liebe Anderson, der immer ins Luau kam und Irish Coffee trank. In diesem Augenblick war er weder beschwipst noch besonders freundlich – eher kühl und offiziell. »Hallo, Cheryl. Dann erzähl mir mal, was hier eigentlich passiert ist. Gab es Streit?«

»Es tut mir so leid ... Ich wollte es nicht tun, Inspektor, wirklich. Johnny drohte Mutter, er wollte ihr weh tun ...«

Vor dem Haus hörte ich Stimmen. Rotes, flackerndes Licht schien in Abständen in mein Zimmer. Ich wußte nicht, wo ich hinsehen sollte. Nach draußen? Auf den Uniformierten neben meiner Schlafzimmertür?

Als nächstes erinnere ich mich an Gran, die zu mir sagte: »Liebling, du mußt jetzt aufstehen und dich anziehen.« Aus dem Schrank holte sie eine Bluse, einen Wollrock und einen Kamelhaarmantel. Dumme Schulmädchensachen. Ich wollte das Zeug nicht anziehen, aber ich war zu müde, um mich zu wehren. Gran wußte genau, was sie tat. Sie zwang mich, flache Schuhe zu tragen. Sie erlaubte mir kein Make-up, nur etwas Lippenstift. Sie band mir ein weißes Kopftuch um, in dem ich sehr unschuldig wirkte. Ich haßte Kopftücher. Mutter trug sie immer. Aber Gran duldete keine Widerrede. Wie gesagt, sie wußte, was sie tat. Zum Schluß sah ich aus wie ein zu schnell gewachsenes, harmloses und unsicheres junges Mädchen, was ich ja in Wirklichkeit auch war. Auf dem Rasen vor dem Haus lungerten Presseleute herum.

In der Halle weinte Mutter, während Giesler versuchte, mit ihr zu sprechen. Wir umarmten uns und sahen uns hilflos an. »Kommt jetzt, Liebling, Lana, wir müssen gehen«, sagte Dad zu mir. »Draußen stehen eine Menge Reporter. Halt dich an mir fest.« Die Tür öffnete sich, Blitzlichter flammten auf. Die Nacht war laut, ich hörte die Stimmen der Journalisten, den krächzenden Polizeifunk, Gemurmel von Schaulustigen. Dad schob mich in einen Streifenwagen. Dann fuhren wir zum Polizeirevier.

Anderson erwartete uns in seinem Büro. Ich mußte mich in einen Stuhl vor seinem Schreibtisch setzen. Mutter saß neben mir. Dad, Giesler standen im Hintergrund. Fotografen kamen herein und machten ihre Bilder. Dann verschwanden sie. Peinliche Stille breitete sich aus. Wir tauschten fragende Blicke. Dann bat mich Anderson, ihm zu erzählen, was ich wußte. Etwa zehn Minuten lang beantwortete ich seine Fragen. Ich machte ihm klar, daß ich Mutter beschützen wollte. Später legte man mir Worte in den Mund, die ich ganz sicher so nicht gesagt habe. »Der tut dir nichts mehr, Mama!« Dieser Satz ließ fälschlicherweise darauf schließen, daß ich John mit Absicht getötet hatte. Noch immer unter Schock und Beruhigungsmitteln beendete ich meine Aussage.

Dann sah Anderson Mutter an. »Nun, Miss Turner, Sie haben die Version Ihrer Tochter gehört ... sollen wir sie hinausschicken, während wir uns unterhalten?«

»Nein, nein, sie kann dableiben. Sie hat die Wahrheit gesagt.«

Auf etwas umständliche Art berichtete sie nun dem Inspektor, was vorgefallen war. Während ich geglaubt hatte, daß Stompanato sie mit zum Schlag erhobenen Arm zur Schlafzimmertür verfolgt habe, gab sie nun an, er habe in Wirklichkeit in seinem hoch erhobenen Arm einen Kleiderbügel mit einer Jacke getragen. Was auf mich wie eine Attacke wirkte, war demzufolge in Wahrheit gar keine. Das war für mich neu.

Hatte dieser Irrtum meine Tat provoziert? Hätte ich ebenfalls zugestochen, wenn Johns Arm nicht erhoben gewesen wäre? Wenn ich den Bügel mit dem Jackett hinter seiner Schulter gesehen hätte? Ich weiß es nicht. Nicht mit Sicherheit jedenfalls. Ich glaube, daß ich in meiner Angst instinktiv das Messer auf ihn richtete, weil ich ihm Furcht einjagen wollte. Ich habe nicht in böswilliger Absicht gehandelt. Da es mir verboten war, die Küche zu betreten, wußte ich über Messer so gut wie nichts. Tatsächlich wurde bei der Autopsie festgestellt, daß die Klinge mit der scharfen Seite nach oben in den Körper eingedrungen war.

»Ich weiß nicht genau, was geschah«, erklärte ich dem Inspektor. »Ich habe spontan gehandelt.« Mutters Erklärung den Kleiderbügel betreffend löste nun plötzlich Schuldgefühle in mir aus.

Anderson bat eine Polizistin, mich in ein leeres Büro zu bringen. Draußen warteten die Reporter und Fotografen. Ich wollte heim. Nach einer endlosen Zeit hörte ich Mutter weinen: »Nein ... ich will mein Baby mit heim nehmen!«

Leichenblaß erschien sie, auf den Arm von Giesler gestützt, in der Tür. »Liebling, du mußt heute nacht hierbleiben ... wir holen dich morgen früh«, sagte sie, unfähig, ihr Zittern zu kontrollieren, während ihr Anwalt nervös mit dem Unterkiefer mahlte.

Dad stürzte herein und umarmte mich. Mutter und ich weinten, während wir uns verabschiedeten. Eine Polizistin führte mich am Ellbogen ab.

Wie in Trance folgte ich ihr durch schlecht beleuchtete Korridore bis zu einer kleinen Zelle, in der es außer einer Toilette und einem Bett, das mit Ketten an der Wand befestigt war, nichts gab. Ich wurde angewiesen, mich zu setzen, meine Schuhe auszuziehen, den Gürtel abzulegen und den Pullover hochzuschieben, damit die Polizistin mich auf eventuell versteckte Waffen untersuchen konnte. Ich trug immer noch meinen Mantel. In der Zelle war es eisig. Mir war kalt und heiß zugleich.

»Möchtest du ein Glas Milch?«

»Nein, danke.«

»Eine Tasse Tee?«

»Ja, bitte.«

»Du solltest jetzt versuchen zu schlafen. Warum legst du dich nicht einfach hin? Ich werde dir eine Decke holen.« Ich hörte wie sie von außen das Schloß versperrte. Ich hatte Angst.

Es hatte längst Mitternacht geschlagen, als meine Eltern sich durch die Meute der Presseleute kämpften. Vor der Polizeistation trennten sie sich. Jeder ging seiner eigenen Wege. Da die Reporter Dads Adresse kannten, schlief er diese Nacht im Haus seiner alten Freundin Evelyn Dankner. Bei Sonnenaufgang hatten sie sich der Hilfe verschiedener Freunde vergewissert; Dad engagierte Arthur J. Crowley, einen einflußreichen Anwalt, zu dessen Klienten unter anderem auch das Magazin *Confidential* zählte.

Merkwürdigerweise kehrte Mutter in Gieslers Limousine in ihr neu gemietetes Haus in Bedford zurück, obwohl sie hätte wissen müssen, daß dort die Reporter bereits auf sie warteten. Genau in dem Augenblick, als sie vorfuhren, wurde Stompanatos mit einem Leintuch bedeckter Leichnam aus dem Haus gerollt.

»O nein!« schrie Mutter.

»Bleib im Wagen, Lana«, empfahl Giesler. Er selbst stieg aus und informierte die Reporter, daß Mutter die Nacht bei Freunden verbringen würde.

Mißtrauisch näherten sich diese der Limousine, in der sie sich ganz klein gemacht hatte. Sie weigerte sich, irgendwelche Fragen zu beantworten, stieg aus und verschwand im Haus.

In ihrem Boudoir bekam sie einen hysterischen Anfall: »Warum durfte ich mein Baby nicht mit nach Hause nehmen? Warum nicht?« Giesler versuchte verzweifelt sie zu beruhigen und brachte sie einige Stunden später in das Haus ihres Presseagenten. Bei Tagesanbruch versammelten sich Neugierige vor dem Haus. Einige lehnten an Johnnys weißem Thunderbird, der dort immer noch parkte.

Auf dem Revier war der Teufel los. Seit langem hatte es keinen solchen Skandal gegeben, in den ein Star verwickelt war. Zum letztenmal vor sieben Jahren, als Stephanies Vater, Walter Wanger, auf den Agenten seiner Frau geschossen hatte. Er wurde zu nur vier Monaten Haft verurteilt, was zu dem Vorwurf führte, er sei viel zu milde bestraft worden.

Um dergleichen diesmal zu vermeiden, war Anderson fest entschlossen, mir eine Anklage wegen Mordes an den Hals zu hängen. Davon brachten ihn weder Gieslers Bemühungen noch Mutters flehentliche Bitten ab. Auch seine Freundschaft mit Dad hatte keinen Einfluß. Mutters Angebot, die Tat auf sich zu nehmen, wie auch die Tatsache, daß ich scheinbar keine Reue empfand, machten die Sache nur noch schlimmer.

Die Berichte, die am nächsten Morgen in der Presse erschienen, stellten mich mehr oder weniger als kleines Monster dar. Unter anderem soll ich gesagt haben: »Ich öffnete die Tür und betrat das Zimmer ... keiner von beiden sagte etwas ... ich sagte auch nichts. Ich trat zwischen sie ... und dann habe ich es getan.« Oder: »Ich stieß das Messer mit all meiner Kraft in seinen Bauch.«

Während in Andersons Büro über mein Schicksal entschieden wurde und ich in meiner Zelle Tee trank, stürmte Mickey Cohen ins Revier und schrie: »Wer hat das getan? Wer hat das getan?« Als er erfuhr, daß ich für die Tat verantwortlich war, kratzte er sich an seinem unrasierten Kinn, um dann aufgeregt zu bemerken: »Ich kann das nicht verstehen, ich dachte, sie mag ihn ... wir waren glücklich, Cheryl, Johnny und ich. Wir sind immer zusammen ausgeritten.«

Nachdem Cohen im Radio von dem Tod seines Freundes Johnny gehört hatte, fuhr er sofort zum Bedford Drive. Als er erfuhr, daß die Leiche bereits abgeholt worden war, raste er zum Polizeirevier. Dort verwies man ihn an das Gericht, wo er schließlich die Leiche identifizierte. »Das ist er.« Etwas später tat er das, was zu seinen Lieblingsbeschäftigungen gehörte: Er plauderte mit den Reportern. »John und Lana waren im Begriff zu heiraten. Lana war verrückt nach ihm. Ich habe selbst erlebt, daß sie ihn in einer halben Stunde fünfmal anrief. Mir kommt die ganze Sache sehr merkwürdig vor. Da sind zu viele Fragen offen ... aber ich werde die Antworten herausfinden, koste es, was es wolle. Als ich hörte, daß John ermordet worden war, liefen mir kalte Schauer über den Rücken ... für einen Mann wie Stompanato im Grunde genau die richtige Art zu sterben ... trotzdem wundert mich ... er hat sich anscheinend gar nicht gewehrt ...«

In der Morgendämmerung des nächsten Tages wurde in Stompanatos Wohnung eingebrochen. Wertvolle Dinge wurden nicht gestohlen, und wenn überhaupt etwas fehlte, dann war das – zumindest im Augenblick – nicht festzustellen.

Ich wurde wegen Mordverdacht festgehalten. Wenn ich als jugendliche Täterin verurteilt wurde, mußte ich ins Gefängnis, wenn ich dagegen als Erwachsene angesehen wurde, konnte ich vielleicht sogar zum Tode verurteilt werden. Der Staatsanwalt war dagegen, mich auf Kaution freizulassen. Die Zeit bis zu meinem Prozeß sollte ich in einer Besserungsanstalt untergebracht werden.

25

Laut Zeitungsberichten hatte ich eine »erstaunlich ruhige Nacht« verbracht, was nicht stimmt. Ich war zwar todmüde, aber ich ließ nicht zu, daß mich der Schlaf übermannte.

Als die Polizistin mit meinem Tee zurückkam, setzte sie sich auf das Bett und erzählte mir von ihren Kindern. Ich hatte das Gefühl, daß ihr mein Schicksal nicht gleichgültig war.

»Ich wünschte, ich wäre wie meine Mutter«, gestand ich ihr. »Die kann wenigstens weinen. Ich kann es nicht.«

»Dann solltest du schlafen.«

»Ich kann nicht ...«

Die Lampe, die von der Decke hing, wurde auch nachts nicht gelöscht. Die Zelle hatte kein Fenster. Erst als mir das Frühstück auf einem Tablett gebracht wurde, wußte ich, daß es Morgen war. Dad hatte arrangiert, daß ich sogar ein Omelette bekam, doch allein bei dem Anblick wurde mir übel. Ich trank etwas Kaffee, und dann kam Dr. McDonald. Sein herzliches Lächeln, seine Anteilnahme taten mir gut. Bevor er ging, gab er mir noch eine Spritze. Nach seinem Besuch erschien eine Polizistin.

»Guten Morgen, Cheryl. Ich bin die Polizistin Wiseberg. Wenn du jetzt bitte aufstehen würdest ... du kommst mit mir ...«

»Wohin?«

»Ich fahre dich ins Jugendgefängnis.«

Ohne Beruhigungsspritze wären mir vielleicht die Knie weich geworden, aber jetzt dachte ich nur daran, daß ich endlich die Wahrheit über diese Anstalt, mit der Lex mir immer gedroht hatte, herausfinden würde.

Sie führte mich nach unten, wo sich die Reporter und Fotografen auf mich stürzten. Von Dad und Mutter keine Spur. Ich tat alles, was man von mir verlangte. Man machte ein Bild von mir, rechtes Profil, linkes Profil, von vorn. Mit den Fingerabdrücken war es schwierig, weil meine Hände zitterten. Endlich kam Dad. Ich flüchtete in seine Arme.

»Daddy, warum darf ich nicht nach Hause?«

»Es kommt alles in Ordnung, Liebling, hab noch ein kleines bißchen Geduld«, flüsterte er, bevor sie mich abführten.

Das Jugendgefängnis sah genauso abschreckend aus, wie ich es mir immer vorgestellt hatte. Das Gebäude war grau und wirkte unfreundlich, die Fenster waren vergittert. Man schleuste mich durch einen Nebeneingang in die Krankenstation. Der Presse teilte man mit, daß ich unter Schock stünde und leichtes Fieber habe. Dr. McDonald untersuchte mich und gab mir noch eine Spritze.

»Zieh dich bitte aus und nimm eine Dusche«, sagte eine Schwester und reichte mir eine schlecht riechende Seife. »Und vergiß nicht, dir die Haare zu waschen.«

Nach dem Duschen bekam ich ein Baumwollnachthemd, das fürchterlich kratzte. Mit noch nassen Haaren kletterte ich ins Bett und zog die Decke bis zum Kinn hoch. Ich lauschte. Durch das einzige Fenster im Raum konnte man nur hinaussehen, wenn man sich auf das Bett stellte, und das traute ich mich nicht. In der Tür befand sich ein kleines Fenster. Hinter der Milchglasscheibe erkannte ich Mädchengesichter. Man betrachtete mich wie ein gefangenes Tier im Zoo.

Als Mutter auf dem Polizeirevier ankam, war ich bereits weggebracht worden. Enttäuscht fuhr sie wieder heim. Vor unserem Haus lungerten neugierige Gaffer mit ihren Kindern auf den Schultern herum. Mutter würde sich daran gewöhnen müssen, hinter geschlossenen Fensterläden leben zu müssen. Auf Anweisung von Inspektor Anderson behielten mehrere Streifenwagen das Haus im Auge. Stompanato hatte gedroht, daß seine Freunde ihn rächen würden, falls ihm etwas zustieße.

Ob diese Drohung ernst gemeint war, wird man nie erfahren. Mickey Cohen jedenfalls spielte der Presse gegenüber den trauernden Freund, der die Untersuchungsmethoden der Polizei in Frage stellte. Aufgrund verschiedener Zusammenstöße mit der Polizei von Beverly Hills hätte es ihm besondere Freude gemacht, der Dienststelle eins auszuwischen.

Noch vor Sonnenaufgang informierte er an diesem Samstag Johns älteren Bruder, Carmine Stompanato, der in Woodstock lebte, von Johns Tod. Carmine, fünfundvierzig Jahre alt, Barbier und Angehöriger der presbyterianischen Kirche, bevollmächtigte Cohen, sich um die Beerdigungsfeierlichkeiten zu kümmern, da er erst am nächsten Tag ankommen und Inspektor Anderson treffen würde.

Obwohl die Besuchsstunde im Jugendgefängnis erst um ein Uhr anfing, öffneten sich die elektrischen Tore an jenem windigen, regnerischen Ostersonntag schon zwei Stunden früher, um zwei Limousinen in den leeren Hof zu lassen. Aus dem einen Cadillac stieg Dad mit seinem Anwalt und zwei Presseagenten, aus dem anderen Mutter und Giesler. Tante Sybil, eine wichtige Person im Wohlfahrtsausschuß der Gemeinde und eine alte Freundin von Dad, hatte diesen vorverlegten Besuchstermin arrangiert und bewilligt bekommen, weil sie darauf hinwies, daß das Auftauchen meiner Eltern zur offiziellen Besuchszeit eine Schar von Reportern anlocken würde. In den Zeitungen wurde später bissig bemerkt, daß Dad und Mutter bevorzugt behandelt wurden, indem man sie früher einließ als die anderen Eltern, die im Regen warten mußten.

Bevor ich in den Besuchsraum gebracht wurde, in dem meine Eltern auf mich warteten, gab man mir ein loses Baumwollkleid und ein Paar riesige weite Hosen, die ich in der Taille mit einem Strick zusammenbinden mußte, weil ich sie sonst verloren hätte. Dad erwartete mich lächelnd, Mutter weinend. Ich rannte auf Dad zu. Ich hatte Angst, Mutter würde mich mit ihrem üblichen »Wie konntest du mir das antun?« empfangen. Wenn wir nicht schwiegen, unterhielten wir uns über Unwichtiges: Das Essen war okay, ja, man behandelte mich gut. Ich konnte ihnen unmöglich sagen, wie schrecklich ich diesen Ort fand.

Mutter sah um Jahre älter aus, und ich hatte Mitleid mit ihr. Ich nahm sie tröstend in die Arme wie eine kleine Schwester. Merkwürdigerweise war sie in weitaus schlechterer Verfassung als ich. Würde sie das alles durchstehen? Ich wußte ja selbst nicht, was noch alles auf uns zukam. Mir hatte man gesagt, daß ich bald nach Hause dürfte, vielleicht schon morgen. Oder heute?

Ich kannte mich nicht mehr aus. Alle sprachen, als sei dieses schreckliche Unglück am Karfreitag nie passiert. »Wir vermeiden dieses Thema absichtlich«, gab Dad der Presse gegenüber zu verstehen. Mutter kehrte nach dem Besuch bei mir in das Haus am Bedford Drive zurück und ich in meine Zelle. Ich war verwirrter denn je.

Am Spätnachmittag hatte Carmine Stompanato eine zweistündige Unterredung mit Inspektor Anderson und dem Staatsanwalt William B. McKesson. Er wurde von zwei Freunden

Cohens begleitet. Die Reporter erfuhren, daß ihm der Staatsanwalt auf sein Drängen hin eine »eingehende Untersuchung des Falls« versprochen habe.

»Mit der bisherigen Version dieser Geschichte bin ich alles andere als zufrieden«, sagte er. »Ich hege keinen Haß gegen Miss Turner oder das Mädchen, aber wenn sie meinen Bruder gleich ins Krankenhaus geschafft hätten, wäre er vielleicht gerettet worden. Statt dessen verging eine lange Zeit, in der Giesler, der Vater des Mädchens, der Arzt angerufen wurden. Erst dann informierte man den Inspektor. Mir erscheint es unglaubwürdig, daß John sich nicht gewehrt hat. Schließlich war er bei der Marine, ein durchtrainierter Kerl also, und sehr schnell in seinen Reaktionen...«

Johns Bruder ging sogar soweit, den Inspektor als »befangen« hinzustellen. »Gegenüber Miss Turner, natürlich.«

Auf diesen Vorwurf hin ging Anderson in die Offensive und beschuldigte Carmine, daß sein Ansuchen auf eine »eingehende Untersuchung« eigentlich die Idee von Cohen gewesen sei. Davon abgesehen waren seiner Ansicht nach nicht mehr als dreißig Minuten vergangen, bevor man ihn benachrichtigt hatte, wobei diese Verspätung nur darauf zurückzuführen sei, daß die damals Anwesenden sich um John gekümmert hatten. Die Beschuldigung, daß ich bevorzugt behandelt würde, entbehre jeder Grundlage. Der vorverlegte Besuch meiner Eltern sei unumgänglich gewesen, gab Dads Anwalt zu verstehen. »Ich mußte mir schließlich ein Bild von dem Fall machen, bevor Cheryl eine offizielle Aussage machen muß.«

Am Montag um neun Uhr morgens betraten Mutter, Gran, Dad und ihre Anwälte, inzwischen waren es vier, den Gerichtssaal des Jugendgefängnisses. Der Richter Donald Odell eröffnete die Vorverhandlung.

Giesler stand auf und sagte, er würde den Beweis erbringen, daß das Geschehen ein Unfall mit Todesfolge war, und er bitte das Gericht, mich in die Obhut meiner Großmutter zu entlassen. Richter Odell wies diese Bitte zurück. Er bestand auf einer Autopsie und einer amtlichen Untersuchung und darauf, daß ich in der Zwischenzeit im Gefängnis bleiben müsse. Der Staatsanwalt McKesson hatte ihm nahegelegt, mich nicht auf Kaution freizulassen. Die beiden waren übereingekommen, daß es im Hinblick auf den Wirbel, den der Fall in der Öffentlichkeit auslösen würde, für mich im Gefängnis »sicherer« war, da ich in ungeordneten Familienverhältnissen lebte und damit eventuellem Druck von außen ausgesetzt sei. Damit meinten sie wohl die Unterwelt, die Presse, meine Eltern und die Anwälte.

Anderson bestand darauf, daß eine Autopsie unnötig sei und zudem nur das Geld der Steuerzahler koste. »Am besten findet der Prozeß gleich statt. Was wollen wir noch erfahren... Stompanato ist durch Messerstiche ums Leben gekommen, und wir wissen, wer dafür verantwortlich ist...«

Nach dem Verhör wurde ich in eine andere Zelle verlegt, die zur Krankenstation gehörte. Es war mir verboten, mich während des Tages auf das Bett zu setzen, wahrscheinlich, um eventueller Trägheit vorzubeugen. Dem Bett gegenüber befand sich eine an der Wand befestigte Schreibtischplatte, unter der man mit Hilfe eines Hebels einen Eisensitz ausfahren konnte. Darauf saß ich und dachte nach, als mich die Aufseherin holen kam. »Du darfst jetzt in den Aufenthaltsraum, Cheryl. Ich bringe dich hin.«

Das große Zimmer war grün ausgemalt und mit Stühlen und Tischen eingerichtet. Als ich es betrat, ging ein Raunen durch die Reihen der Mädchen, Kartenspiele wurden unterbrochen, neugierige Blicke taxierten mich von oben bis unten.

Ich setzte mich auf einen Stuhl nahe der Tür. Unglücklich starrte ich auf meine zitternden Hände, die ich in den Schoß gelegt hatte. Drei der Mädchen kamen zu mir herüber.

»Bist du Cheryl Crane?«

»Hast du den Kerl wirklich umgebracht?«

Schweigend starrte ich auf ihre Schuhe. Kopfschüttelnd entfernten sie sich wieder. Die Mädchen nahmen ihre Unterhaltung wieder auf. Offensichtlich sprachen sie über mich, ich glaubte des öfteren meinen Namen zu hören.

Dann läutete eine Glocke. Essenszeit. An jedem der acht

Tische saßen vier Mädchen. Ich bekam einen Platz zugewiesen, an dem ich von nun an Tag für Tag sitzen würde.

»Bist du Cheryl Crane?« fragte mich die Sommersprossige neben mir. Sie war etwa vierzehn Jahre alt und eindeutig schwanger. Ich antwortete nicht. Ich konnte einfach nichts sagen. Auch die nächsten zwei Tage war es mir unmöglich, mich mit den Mädchen zu unterhalten oder bei ihren Spielen mitzumachen. Sie ließen mich in Ruhe, aber sie beobachteten mich. Die meisten waren von zu Hause ausgerissen. Andere waren von ihren Eltern eingewiesen worden, weil sie schwer erziehbar oder schwanger waren. Ich war die einzige *Mörderin*.

Am Donnerstag, wieder saß ich stumm auf meinem Stuhl neben der Tür, spürte ich die Blicke eines Mädchens auf mir, dessen jungenhafte Bewegungen mir vorher schon aufgefallen waren. Provokant stellte sie sich vor mich. »Ich wette, daß du es nicht getan hast. In Wirklichkeit war es deine Mutter!« sagte sie sehr laut. Die anderen Mädchen verstummten.

»Ich habe es getan, ich habe es getan!« schrie ich sie an.

Sie grinste. Ein zweites Mädchen trat hinter sie. »Laß sie doch in Ruhe«, forderte sie den Quälgeist auf. Dann wandte sie sich mit einem Lächeln an mich. »Warum kommst du nicht zu uns herüber. Wir spielen Karten.« An der Hand führte sie mich zu ihrer Gruppe. »Kannst du Poker?«

Meine Retterin hieß Joanne, war etwa dreizehn Jahre alt und von zu Hause ausgerissen. Vielleicht hatte sie Mitleid mit mir. Ich war ihr jedenfalls sehr dankbar. Mit ihrer Hilfe gewöhnte ich mich langsam ein.

Stompanatos Beerdigung fand am Donnerstag um zwei Uhr in Woodstock statt. Seine Leiche war im Leichenschauhaus in der Judd Street aufgebahrt. Etwa fünfhundert Menschen zogen an dem offenen Bronzesarg vorbei. Mickey Cohen bezahlte sämtliche Kosten. John trug einen Smoking mit einem seidenen Hemd, in dem ein schwarzes Tuch mit seinen Initialen steckte. »Wenn wir heute hier sind, dann nicht, um ein Loblied auf John Stompanato zu singen, sondern um den Hinterbliebenen unseren Trost zuzusprechen«, sagte der presbyterianische Geistliche in seiner Totenrede.

Dreizehn Autos folgten dem Leichenwagen. In mehreren Limousinen saßen Freunde von Mickey Cohen aus Chicago. Der zehnjährige Sohn von John war bei der Beerdigung nicht anwesend. Die Ex-Frau von John, die in Indiana lebte, erwähnte Reportern gegenüber: »Er hatte ein gutes Herz, wissen Sie, aber er wollte nicht erwachsen werden.«

Da Stompanato in der Marine gedient hatte und Auszeichnungen erhalten hatte, wurde er mit militärischen Ehren zu Grabe getragen. Er fand seine letzte Ruhestätte neben seinen Eltern auf dem Oakland Friedhof.

Seine Stiefmutter, Verena Stompanato, erklärte: »Wir sind nicht nachtragend und wollen keine Rache, denn wir wissen, daß wir nichts tun können, was uns Johnny wieder zurückbringt.« Dennoch unterstützte sie Carmines Verlangen nach einer gründlichen Untersuchung. »Jeder kaltblütige Mord muß untersucht werden. Ich glaube nicht an ›fahrlässige Tötung‹.«

Johns letzter Besuch in Woodstock lag zwei Jahre zurück, aber er hatte mit Verena korrespondiert. In einigen Briefen erwähnte er auch mich. »Cheryl sollte in Woodstock unter einem falschen Namen zur Schule gehen«, sagte sie und fügte hinzu, daß sie es abgelehnt habe, diese Verantwortung zu übernehmen. »Die meisten Briefe von Johnny habe ich vernichtet. Ich wollte nicht, daß sie in falsche Hände gerieten – sie waren teilweise kompromittierend.«

»Für wen?«

»Lana Turner.«

Sie zeigte den Reportern einen Brief vom 5. November 1957, den Johnny ihr aus London geschrieben hatte. Unter anderem stand da:

»Danke für deine Karte zum Geburtstag ... Wir sind am 8. Oktober in London angekommen. Lana hat eine wunderschöne Party für mich gegeben ... Sie war zwei Wochen krank ... England ist das schrecklichste Land, das ich je gesehen habe. Man versteht kein Wort von dem, was sie hier sagen, und die Menschen sind entsetzlich altmodisch.«

Carmine behauptete inzwischen, daß »Lana lügt, um sich, ihre Karriere und ihre Tochter zu retten«. Er verlangte, daß sie sich einem Lügendetektor-Test unterzog.

Während Stompanatos Verwandte versuchten, mit Hilfe der Presse die Sympathie der Öffentlichkeit zu gewinnen, bereitete sich Mutters Anwalt Giesler auf die Verhandlung vor, die am Freitag stattfinden sollte. Er erreichte, daß ich nicht als Zeugin auftreten mußte, da ich noch minderjährig war und meine Aussage bereits vor der Polizei gemacht hatte. »Das Mädchen hat schon genug durchgemacht.«

Mutter war seine Hauptzeugin, eine Tatsache, die ihn beunruhigte. Von ihrer Aussage hing mein Schicksal ab. Würde sie die Jury überzeugen können? Mutter jedoch war in keiner guten Verfassung. Sie lebte wie eine Gefangene am Bedford Drive, ernährte sich von Beruhigungspillen und konnte trotzdem nicht schlafen. Sie aß nicht und war außerstande, sich zu konzentrieren. Wie würde sie die Gerichtsverhandlung überstehen?

Einen Tag vor Stompanatos Beerdigung erschien im *Los Angeles Herald Examiner* ein Bericht, aus dem hervorging, was der mysteriöse Einbrecher in Stompanatos Wohnung gesucht hatte – Mutters Liebesbriefe. Die Zeitung druckte zwölf Briefe, ein Telegramm und einige Postkarten ab; Stompanato hatte alles aufgehoben. »Ich vermisse Dich, ich sehne mich nach Dir, ich brauche Dich«, schrieb sie ihm aus London. »Ich gehöre Dir, Du bist mein Mann.« Die Briefe waren, wie aus den Poststempeln ersichtlich war, in London, Hampstead, am Flugplatz und am Bahnhof aufgegeben worden. John wurde darin mit den verschiedensten Kosenamen bedacht: Daddy, Papi, Paito, Gitano, Juanito.

Mutter hatte behauptet, daß Stompanato sich ihr aufgedrängt habe. Die weltweiten Publikationen ihres Liebesgeflüsters bewiesen nun das Gegenteil.

Kurz vor ihrem Rendezvous in Kopenhagen allerdings schrieb sie ihm:

»Nach Deinem Anruf habe ich ernsthaft nachgedacht. Natürlich wäre es herrlich, Dich zu treffen, wo auch immer, aber es ist besser, wir sehen uns nicht. Laß mich eine Weile in meiner ›eigenen Welt‹, gib mir Zeit, über alles nachzudenken ...«

Mickey Cohen gab zu, der Zeitung die Briefe übergeben zu haben, nachdem er sie »von Menschen bekommen habe, die ein Recht darauf hatten, sie zu besitzen«. Allerdings bestritt er, für den Einbruch verantwortlich zu sein. Er verwies darauf, daß das Risiko für ihn viel zu groß gewesen wäre, da jeder ihn in dem Haus, in dem er selbst einmal gewohnt hatte, erkannt hätte. »Ich wette, die Polizisten haben es getan. Ich bin dort bekannter als der Eigentümer selbst.«

Warum hatte er die Briefe zur Veröffentlichung freigegeben? »Um richtigzustellen, daß sich die Dinge nicht so verhielten, wie Lana sie plötzlich darstellt. Johnny hat sich ihr weiß Gott nicht aufgedrängt!«

Die Filmkolonie war auf der Seite von Mutter und mir, wenngleich im *Hollywood Reporter* davon die Rede war, daß »die Sympathie der Bevölkerung Steve Crane und seiner Tochter gelte«. Ich wußte zu jener Zeit von alldem nichts. Zeitungen gab es im Jugendgefängnis nicht, und wenn im Fernsehen die Nachrichten gesendet wurden, eilte eine Aufseherin herbei, um den Kasten abzustellen. Ich empfand das wie eine persönliche Strafe, aber wahrscheinlich war es besser so. Bei der Verhandlung stellten sich zwei Dinge heraus, von denen ich zum Glück zu jener Zeit nichts erfuhr.

Reporter hatten Nana in Edinburgh aufgespürt. Ihrem Bericht zufolge war Nana untröstlich und betete Tag und Nacht für mich. »Ich kann mir nicht vorstellen, daß mein kleiner Liebling so etwas Entsetzliches getan hat. Ich habe Cheryl jeden Abend und jeden Morgen aus der Bibel vorgelesen. Schon als sie ganz klein war, konnte sie die Texte auswendig. Nachdem sie zur Römisch-Katholischen Kirche konvertiert war, besuchte sie eine Klosterschule. Wenn sie meinte, tagsüber etwas Schlechtes getan zu haben, kam sie abends zu mir, schlang ihre Ärmchen um meinen Hals und schluchzte: ›Halt mich fest, Nana, ich möchte beichten ...‹« Nanas Augen füllten sich mit Tränen und die Stimme versagte ihr. »Ich fühle mich so hilflos, sechstausend Meilen entfernt von meinem Baby ...«

Kurz vor der Verhandlung gab auch Lex Barker ein Interview in Rom. Er beschrieb mich folgendermaßen: »Cheryl war kein schlechtes Mädchen, aber etwas seltsam. Man wußte nie, woran man mit ihr war. *Sie* war übrigens schuld an der Scheidung. Sie hat ihrer Mutter eine Lügengeschichte erzählt. Ich habe versucht, Lana davon zu überzeugen, daß das Mädchen schwindelt, aber Lana war leider immer gewillt, ihrer Tochter Glauben zu schenken – obwohl sie wußte, daß das Mädchen voller Komplexe steckte und wie gedruckt log. Natürlich wollte ich mich mit Lana wieder versöhnen, ich habe es mehrfach versucht, jedoch ohne Erfolg. Bei einem unserer letzten Telefongespräche sagte ich zu ihr: ›Paß auf Cheryl auf. Das Mädchen wird noch in große Schwierigkeiten geraten.‹ Ich habe recht behalten.«

26

Freitag, den 11. April, fand in einem der größten Säle des Gerichtsgebäudes im achten Stock die Verhandlung statt. ABC und CBS waren übereingekommen, trotz sehr hoher Kosten, das Ereignis für das Fernsehen aufzuzeichnen und eine Radiodirektübertragung zu machen.

Der Termin war auf neun Uhr festgesetzt. Bereits um sechs fanden sich die ersten Neugierigen ein, meist Fans von Mutter: Hausfrauen und Verkäuferinnen, Pensionäre und junge Männer in Arbeitskleidung. *Glut unter der Asche*, obwohl bereits seit vier Monaten in den Kinos, hatte durch den Wirbel zweiunddreißig Prozent mehr Zuschauer; es kam sogar vor, daß bei der Szene im Gerichtssaal applaudiert wurde. Nur vierzig Personen wurden zur Verhandlung zugelassen, die restlichen hundertzwanzig Plätze waren für die Presse reserviert.

Mutter erschien in einem klassisch geschnittenen grauen Seidenkostüm. Sie trug weiße Handschuhe dazu. Ihr Make-up und ihre Frisur war von Spezialisten kameragerecht gestylt worden. Sie wußte, daß sie heute die wichtigste Rolle ihres Lebens spielen mußte. Sie habe eine schlaflose Nacht verbracht, erklärte sie den Reportern und fügte hinzu, wie dankbar sie dafür war, daß ihre Tochter nicht vor Gericht erscheinen müsse. Sie schätze sich glücklich, in der Verhandlung eine Chance zu haben, den wahren Sachverhalt aufzuklären. »Aber ich gebe zu, es ist nicht leicht für mich, heute hier zu erscheinen.«

Mickey Cohen, der erste Zeuge, rauschte mit fünf Minuten Verspätung in den Gerichtssaal. Offensichtlich in der Absicht zu schockieren, trug er einen grauen Gangsteranzug und einen grauen Filzhut. Außerdem kaute er Kaugummi. Auf die Frage, ob er in der Lage gewesen sei, seinen früheren Leibwächter zu identifizieren, antwortete er: »Ich weigere mich, die Leiche zu identifizieren, da ich sonst vielleicht des Mordes beschuldigt werden könnte.« Nach einer überraschten Pause wurde die Frage wiederholt, worauf er die gleiche Antwort gab. Damit war er als Zeuge entlassen. Er nahm seinen Hut, der vor ihm lag, stülpte ihn auf den Kopf und stürzte aus dem Saal.

Nach diesem merkwürdigen Auftritt wurde Dr. McDonald in den Zeugenstand gerufen, um seine Identifizierung des Toten zu bestätigen.

Als nächstes wurde der Autopsiebericht verlesen. Der Tod war die Folge einer Verletzung des Abdomen, der Niere und der Aorta. Die Klinge war auf einen Knochen geprallt und zum Herzen vorgedrungen. Der Tod trat wenige Minuten nach der Verwundung ein. Der Arzt, der die Autopsie vorgenommen hatte, erklärte, daß »auch ein ganzes Team von Ärzten« den Verletzten nicht hätte retten können. Bei seiner Untersuchung habe sich außerdem herausgestellt, daß Stompanato ein Leberleiden hatte, mit dem er höchstens noch zehn Jahre zu leben gehabt hätte.

Dann wurde Mutter aufgerufen. Sie zog einen Handschuh aus, ohne auch nur einmal auf die Mikrofone zu sehen. Mit der Andeutung eines Lächelns erwartete sie die Fragen. Ihre Aussage dauerte eine Stunde. Sie sprach betont langsam und formulierte ihre Sätze mit grammatikalischer Korrektheit.

Freundlich darauf hingewiesen, daß sie nicht »wir«, sondern »John und ich« sagen möge, meinte sie bescheiden: »Oh, es tut mir leid.«

Als sie ihren Streit mit Stompanato an jenem Abend beschrieb, herrschte Totenstille im Saal. »Er fluchte und drohte mir«, erklärte sie und machte eine effektvolle Pause nach jedem weiteren Satz.

»Im Ankleidezimmer hing ein Hemd und eine Jacke von ihm. Warum es dort hing, habe ich vergessen. Er holte die Sachen und hielt das Jackett auf dem Bügel, als wolle er mich damit schlagen, und ich sagte: ›Faß mich ja nie mehr an. Es ist zu Ende zwischen uns. Ich will, daß du gehst ...‹ Nachdem ich das gesagt hatte, ging ich auf die Schlafzimmertür zu ... er folgte mir auf dem Fuß ... ich öffnete die Tür ... und meine Tochter kam herein ... es ging alles sehr schnell ... ich dachte, sie hätte ihn in den Magen geschlagen ... irgendwie waren sie plötzlich nahe beieinander und dann wieder getrennt ... ich habe die Klinge nicht gesehen ... Mr. Stompanato griff sich hierhin ...«

»Oberhalb des Bauches?«

»Jawohl, Sir ... Er bewegte sich vorwärts, machte fast eine Kehrtwendung und fiel dann auf den Rücken ...«

Sie erklärte, ich sei weinend aus dem Zimmer gerannt, während sie sich über den Körper beugte. »Zu diesem Zeitpunkt sah ich immer noch kein Blut ... ich bemerkte dann, daß sein Pullover einen Schnitt aufwies, ich hob ihn hoch und dann sah ich die Wunde ... Johnny lag da und gab ganz merkwürdige Geräusche von sich ...«

Sie unterbrach sich erschöpft und trank einen Schluck Wasser, während das Publikum gespannt auf die Fortsetzung ihres Berichtes wartete. Sie holte tief Luft und beschrieb dann ihre Bemühung der Mund-zu-Mund-Beatmung. Nachdem Dr. McDonald angekommen war, bemühte auch er sich einige Minuten um eine Wiederbelebung. Dann sagte er: »Lana, ich bringe das Herz nicht zum Schlagen.« Da wußte sie, daß er tot war.

Nach dem Ende ihrer Aussage wurde eine fünfzehnminütige

Pause angesetzt. Die Reporter stürzten sich auf Lana. Sie beantwortete ihre Fragen, wandte sich dann aber hilflos an Giesler: »Gerry, könnten wir nicht für einige Minuten woanders hingehen?« In der Absicht, sie zu stützen, stolperte Giesler, worauf Mutter trocken bemerkte: »Wer hilft hier eigentlich wem?« Aus dem Gerichtssaal hörte man die Stimme eines Zuschauers: »Was für ein Theater die spielt!« Die Reporter notierten eifrig diesen Kommentar.

Nach der Pause wurde eine Reihe von Zeugen aufgerufen. Dad sagte aus, daß er nach seiner Ankunft mit mir gesprochen habe. »Ich habe Cheryl immer wieder gesagt: ›Es kommt alles in Ordnung, Baby‹... Ich betrachtete Miss Turner, und mir war klar, nichts war in Ordnung...«

Gran sah zerbrechlich aus im Zeugenstand. Und sie schien sehr ungeduldig. »Nun, was wollen Sie noch wissen?«

Meine Zeugenaussage, die ich in jener Nacht vor Inspektor Anderson gemacht hatte, wurde verlesen. Man erwähnte, daß ich, obwohl Mutter sich ebenfalls im Büro befand, meinen Bericht mit gesenktem Kopf, ohne dabei beeinflußt zu werden, abgegeben habe und daß dieser Bericht sich nicht von jenem unterschied, den ich Anderson in meinem Schlafzimmer gegeben hatte.

Weitere Zeugen wurden vernommen. Erstaunliche Details kamen zur Sprache, die auch in späteren Jahren nie geklärt werden konnten.

Als, zum Beispiel, das Messer am nächsten Tag untersucht wurde, fand man keinerlei Fingerabdrücke. Das Blut auf der Klinge enthielt »helle und dunkle Stoffasern oder Haare«. Obwohl es sich um ein neues Messer handelte, war der Griff verkratzt. Das Preisschild klebte noch darauf. Der erste Polizist, der am Schauplatz erschienen war, bestätigte, daß in Mutters Schlafzimmer weder Unordnung geherrscht habe, noch Blutspuren gefunden wurden.

Beamte demonstrierten, wie das Messer in den Körper eingedrungen sein mußte, wenn es in der rechten Hand gehalten wurde. Mutter fühlte sich außerstande, dem länger zuzusehen, und floh aus dem Saal.

Kurz vor Mittag zog sich die Jury, zehn Männer und zwei Frauen, zurück. Ein Zuschauer mit einer dunklen Sonnenbrille stand plötzlich auf und rief: »Das kann doch nicht das Ende sein! Ich möchte sofort eine Aussage machen!« Man wies ihn zurück. »Lügen, das sind alles Lügen!« schrie er. »Mutter und Tochter waren beide verliebt in Stompanato. Ihr Leute in Hollywood seid alle schlecht. Johnny Stompanato war ein Gentleman! Und besser als alle anderen zusammen!«

Während all dies passierte, saß ich im Aufenthaltsraum des Jugendgefängnisses vor dem Fernseher. Nur wenige Häuser entfernt wurde über mein Schicksal entschieden. Ich hatte nur den Hauch einer Ahnung, was eine gerichtliche Untersuchung eigentlich bedeutet. Im Fernsehen lief der Film *Eine Braut für sieben Brüder (Seven Brides for Seven Brothers)*, in dem der Schauspieler und Tänzer Russ Tamblyn mitspielte. Russ war für seine Rolle als Diane Varsis Freund in *Peyton Place* zum Oscar nominiert worden. Er saß nach der Preisverleihung an Mutters Tisch, und ich hatte einige Male mit ihm getanzt. Und nun saß ich hier vor der Flimmerkiste, in einen unförmigen Baumwollsack gekleidet, und starrte auf den gutaussehenden Russ. Als die Nachrichten gesendet wurden, stellte die Wärterin den Fernseher ab.

Zehn Minuten nach zwölf verkündigte die Jury ihren Beschluß: Unschuldig. Totschlag mit Rechtfertigungsgrund. Sie führten aus, daß ich aus Angst um Mutter gehandelt hatte. Die Abstimmung war zehn zu zwei.

Trotzdem war ich immer noch in Gefahr. Der Staatsanwalt McKesson konnte mich immer noch des Mordes anklagen. Von seiner Entscheidung hing es ab, ob mir als Erwachsene der Prozeß gemacht wurde oder ob ich am 24. April vor dem Jugendrichter erscheinen mußte, wobei sich bei diesem Termin herausstellen würde, bei wem ich in Zukunft leben durfte: bei meiner Mutter, bei meinem Vater, in einer Pflegefamilie oder in einer staatlichen Institution. In der Zwischenzeit mußte ich im Jugendgefängnis bleiben – also mindestens noch zwei Wochen.

An jenem Freitag abend machte Dr. McDonald seinen üblichen Besuch bei Mutter am Bedford Drive. Bei der Untersuchung stellte sich heraus, daß die Verhandlung am Morgen ihrem ohnehin schlechten Zustand keineswegs zuträglich gewesen war. Er gab ihr ein Medikament zur Beruhigung und gegen ihre Schlaflosigkeit. Gleichzeitig versuchte er, auf ihrem Bettrand sitzend, sie mit freundlichen Worten aufzumuntern. »Na, wie geht es, du kleines Hühnchen?« erkundigte er sich freundschaftlich. Sie zuckte mit den Achseln, ihre Augen fixierten einen Punkt über seinem Kopf. McDonald sah sich im Raum um. Es war nun gerade eine Woche her, daß Stompanato in diesem Zimmer gelegen hatte.

»O mein Gott«, sagte er plötzlich. »Wie konnte ich dich hierher zurückkehren lassen! Kein Wunder, daß du nicht schlafen kannst. Du ziehst hier aus!« Mit diesen Worten nahm er sie auf die Arme und trug sie zu seinem Auto.

Am nächsten Tag mietete Mutter ein möbliertes Haus am Canon Drive. Am Spätnachmittag durfte sie mich besuchen. »Baby, das meiste haben wir hinter uns«, sagte sie.

Ich stellte keine Fragen. Die eine Woche Gefängnis hatte mich merkwürdig abgestumpft. Das einzige, was mich wirklich interessierte: »Wann komme ich hier endlich raus?«

Bei dem Besuch habe es keine Tränen gegeben, erklärte Mutter den Reportern. »Wir waren einfach glücklich, uns sehen zu können. Meine Tochter wird sehr gut behandelt. Wann immer sich die Chance bietet, werde ich sie besuchen. Wir müssen über so vieles miteinander sprechen ... es gibt so viel zu sagen ...«

McKesson gab am folgenden Tag bekannt, daß er keine Mordanklage gegen mich erheben würde. »Cheryl hat nie ein richtiges Zuhause gekannt. Weder bei ihrer Mutter noch bei ihrem Vater. Ich bin der Meinung, es sollte jetzt endlich ein guter Platz für sie gefunden werden.« Im Klartext: ein Pflegeheim oder die Besserungsanstalt.

Die Öffentlichkeit war sehr interessiert zu erfahren, ob Lana Turner ihrer Aufgabe als Mutter gerecht geworden war. Ihr Auftritt im Gerichtssaal hatte ihr zwar viele Sympathien eingebracht, aber die Tatsache, daß sie als Mutter nicht unbedingt genial war, stand ebenfalls fest. In der *Los Angeles Times* erschien ein Leitartikel, in dem es unter anderem hieß:

»Mädchen wie Cheryl sind in jener Szenerie häufig wechselnder Ehepartner, Mätressen und Liebhaber mit einem überflüssigen und lästigen Gepäckstück zu vergleichen, das auf dem Weg zum nächsten Zug, zum nächsten Flugzeug oder Schiff, verlorengeht, wiedergefunden wird und dann wieder beiseite gestellt wird. Die Einsamkeit dieser Kinder verleitet sie dazu, den einen oder anderen Elternteil in einem verklärten Licht zu sehen, denn in einer derart irrealen Welt sind Träume die einzige Substanz.

Miss Turner hat dem Gericht und der Jury gegenüber betont, daß Cheryl niemals allein gelassen wurde. Diese Bemerkung projiziert das Bild schrecklichster Einsamkeit – die Einsamkeit eines Kindes inmitten gutmeinender Erwachsener, verzweifelt auf der Suche nach der Mutter, die nur in seiner Vorstellung existiert.

Die wirkliche Mutter ist in diesem Fall eine einfache Frau, eine Hedonistin ohne Scharfsinn, die sich von jeher hauptsächlich um ihr eigenes Leben kümmerte ... Natürlich sind Kinder aus geschiedenen Ehen nicht unbedingt von vornherein als spätere Verbrecher zu betrachten, aber sie sind, zumindest sehr häufig, seelisch verkrüppelt. Im Fall Turner ist nicht Cheryl der Missetäter, sondern Lana.«

Dieser Artikel, den ich mehrere Wochen nach seinem Erscheinen las, überraschte mich, da ich bisher der Meinung gewesen war, daß nur ich ihre Fehler kannte. Erst viel später erfuhr ich, daß die Medien ihren Auftritt im Zeugenstand zynisch als schauspielerische Glanzleistung betrachteten. In *Life* erschienen gleichzeitig Fotos aus der Gerichtszene in *Glut unter der Asche* und aus anderen Filmen, in denen sie ebenfalls vor Gericht zu sehen war.

Carmine Stompanato meldete sich aus Woodstock zu Wort: »Wir mußten in diesem Fall ja den kürzeren ziehen. Sie haben die besten Anwälte Kaliforniens, genügend Geld hat Lana Turner auch, und der Polizeiinspektor ist auf ihrer Seite.«

Mickey Cohen fügte hinzu: »Ich erlebe zum erstenmal in meinem Leben, daß ein toter Mann als sein eigener Mörder verurteilt wird. Die Jury glaubt offensichtlich, daß Johnny zu nahe an der Klinge vorbeimarschiert ist.«

Sonntagabend wurde Cohen von Walter Winchell im Mocambo interviewt. Cohen hielt mit seinen Gefühlen nicht hinter dem Berg: »Ich mag das Kind, und auch Steve mag ich sehr gern, aber ich hasse Lana Turner.« Winchell hob hervor, daß dergleichen Bemerkungen die Furcht vor der Rache der Unterwelt schüren würden. »Angesehene Menschen in achtundvierzig Staaten sind auf der Seite von Lana und Cheryl. Solche Äußerungen werden Sie in Schwierigkeiten bringen.«

Cohen zuckte mit den Achseln. »Das mit der Unterwelt ist doch eine Erfindung der Zeitungen.«

Am nächsten Morgen bestätigte Winchell das Gerücht, daß Carmine Stompanato seinen Anwalt aufgesucht habe. Er stellte eine Schadenersatzforderung von mehr als einer Million Dollar an Mutter, Dad und mich wegen ehrenrühriger Beleidigung. »Johnny Stompanato ist zu Lebzeiten nie verleumdet worden«, erklärte der Woodstock-Anwalt, »erst jetzt, nachdem er tot ist. Ob er aktenkundig war? Nein, in seiner Heimatstadt hat er einen sehr guten Ruf.«

Lustigerweise fand die Polizei etwa zur gleichen Zeit vier Pappkartons, die John Stompanato in einem Möbellager untergestellt hatte. Sie enthielten, außer Kleidern, Küchenutensilien und den Cowboystiefeln, die er immer bei unseren Ausritten trug, persönliche Papiere und Aufzeichnungen, aus denen hervorging, daß er mehreren Frauen beträchtliche Summen Geldes schuldete.

Ebenfalls wurden drei mysteröse Hefter mit Bankauszügen gefunden, die über das Konto einer mit einem Anwalt verheirateten Frau Aufschluß gaben. »Ich bin seit fünfzehn Jahren verheiratet«, erklärte die Frau mit verwirrtem Erstaunen, »mit John habe ich immer nur Karten gespielt.«

In den Kartons befanden sich des Weiteren einige Eheringe, ein nicht registrierter Revolver, Kaliber 32, mit Munition und Geschenke von Mutter: Schmuck, Fotos von ihr in Silberrahmen mit handgeschriebener Widmung: »Für meinen Zigeuner mit den herrlichen Lippen – in Liebe ewig deine Zincarella.«

Der interessanteste Fund aber waren einige nichtentwickelte Filmrollen, deren Existenz die Polizei der Öffentlichkeit verschwieg. Es waren Fotos von Frauen, die offensichtlich von einer versteckten Kamera während des Geschlechtsverkehrs aufgenommen worden waren. Die Gesichter der Frauen waren gut erkennbar. Inspektor Anderson deutete dem Staatsanwalt gegenüber an, daß Stompanato wahrscheinlich mit Hilfe dieser Bilder Geld erpreßte, aber McKesson ging darauf gar nicht ein. Mutter eignete sich natürlich hervorragend für eine Erpressung, aber auf keinem der Fotos war ihr Gesicht zu erkennen.

Mutter war Stompanato gegenüber immer sehr großzügig. Sie hatte ihm Geld geliehen, ihm Geschenke gemacht und seine Reisen bezahlt. Aus Europa trafen nach und nach unbezahlte Rechnungen von Restaurants und Hotels ein. »Miss Turner wird sich darum kümmern«, war wohl eine von Stompanatos bekanntesten Redewendungen. Er hatte Mutter bewußt ausgenommen.

Je mehr man über Stompanatos Vergangenheit und Mutters fast hörige Beziehung zu ihm herausfand, desto größer war die Sympathie, die man ihr entgegenbrachte. Ihre Fans hielten sowieso zu ihr. Wir bekamen eine beträchtliche Anzahl aufmunternder Briefe. Inspektor Anderson zählte zweihundert Briefe, die zu unseren Gunsten sprachen.

Walter Winchell richtete einen Appell an seine Leser: »Haben Sie ein Herz für eine Dame mit gebrochenem Herzen!«

Hinter den geschlossenen Fensterläden des neu gemieteten Hauses am Canon Drive versuchte Mutter wieder zu sich zu finden. Weder ihre noch Dads Anwälte hatten etwas dagegen unternommen, daß ich im Jugendgefängnis bleiben mußte. »Wir versuchen auf jede Weise mit dem Gericht zu kooperieren«, erklärte Arthur Crowley, Dads Anwalt. Das bedeutete für mich zwei weitere Wochen hinter Gittern.

In dieser Woche kam es zu häufigen Zusammenkünften zwischen meinen Eltern und ihren Anwälten, wobei eine gemeinsame Strategie entwickelt wurde, um meine Freilassung zu erwirken. Gerüchten, daß er sich um das Sorgerecht für mich bemühen würde, wies Dad von sich: »Wir haben nur eines im Sinn – das Beste für unser Kind. In dieser entsetzlichen Angelegenheit stehe ich hundertprozentig hinter Lana. Wir sind übereingekommen, jeden Streit zwischen uns zu vermeiden.«

In Wirklichkeit wollte Dad selbstverständlich erreichen, daß ich in Zukunft bei ihm lebte. Er versprach die Anstellung einer neuen Haushälterin, garantierte, daß er sich um meine Schulausbildung kümmern würde, gab sogar zu verstehen, daß er, um mehr Zeit für mich zu haben, gewillt sei, seine Arbeitszeit nach meinen Bedürfnissen zu richten.

Mutter bereitete sich ebenfalls auf ein Leben mit mir vor. »Würde das nicht jede Mutter tun?« fragte Giesler, als er darauf angesprochen wurde. Um bei der Verhandlung eine möglichst starke Position zu haben, plante Giesler, zu Mutters Gunsten eine Reihe von Zeugen aufzurufen, die über meinen physischen und psychischen Zustand aussagen sollten. Seine Absicht war es, zu beweisen, daß der Vorfall an jenem verhängnisvollen Karfreitag ein tragischer Unfall war.

Mutter und auch Dad ließen sich freiwillig eingehend von Bewährungshelfern interviewen. Sie rieten Mutter zu einer psychiatrischen Behandlung, womit sie sich ebenfalls einverstanden erklärte. Nach drei oder vier Sitzungen hob der Arzt seinen Finger und fragte: »Miss Turner, wann haben sie zum erstenmal bemerkt, daß Sie Ihre Mutter hassen?« Mutter stürmte wütend aus seiner Praxis.

Inzwischen schien sich jeder eine Meinung gebildet zu haben, was mit mir geschehen sollte. Der Richter, der den Vorsitz bei der Verhandlung führt, erhielt Hunderte von Briefen, die seine Entscheidung beeinflussen sollten. Reportern gegenüber gab er zu verstehen, daß es ihm gar nicht erlaubt sei, sie zu lesen. Glücklicherweise war er weniger streng, was einen Telefonanruf meiner »Tante Sybil« betraf – ihre Meinung hat bei seinem Urteilsspruch sicher eine nicht unwesentliche Rolle gespielt.

Man bereitete mich darauf vor, daß ich wahrscheinlich gefragt werden würde, bei welchem Elternteil ich in Zukunft wohnen wollte. Tagelang habe ich über dieses Problem nachgedacht.

Bot sich hier nicht endlich die Chance, mit Dad zu leben? Andererseits war klar, daß ich Mutter nicht so kränken konnte. Ich wollte nicht bei ihr leben, aber was sollte ich tun? Ich zermarterte mir das Hirn, um einen Ausweg aus diesem Dilemma zu finden. Endlich fiel mir die Lösung ein. »Euer Ehren, ich möchte bei meiner Großmutter leben.« Ja, genau das würde ich sagen.

Die zwei Wochen im Gefängnis zogen sich hin. Um sie zu überstehen, lernte ich, mich anzupassen. Bald war ich wie die anderen Mädchen auch: Ich konnte Butterstullen schmieren, ich sprach wie ein Kind aus der Gosse, ich mißtraute den Autoritäten – und ich war voller Selbstzweifel.

27

Am Morgen des Verhandlungstages war ich unruhig und nervös. Ich bekam die Sondererlaubnis, ein richtiges Bad zu nehmen, aber auch danach fühlte ich mich nicht richtig sauber. Mit ein Grund waren die drei Wochen alten Haare auf meinen Beinen. Es war nicht leicht die Dinger in einer rasierapparatlosen Anstalt loszuwerden. Die anderen Mädchen befleißigten sich der verschiedensten Techniken. Mit Fingernägeln und Bimsstein, eine etwas brutale Methode, die mir nicht gelingen wollte.

Ich trug immer noch das Paar ausgelatschter Schuhe, mit dem ich am Karfreitag eingeliefert worden war. Gran schickte mir immerhin ein sauberes, hellblaues Baumwollkleid. Ich mochte es nicht. Und so sollte ich den Reportern gegenübertreten!

Obwohl der Termin der Verhandlung erst auf zwei Uhr angesetzt war, mußte ich bereits am Morgen fertig sein. Ab zehn Uhr wartete ich auf meine Bewährungshelfer, die mich zur Verhandlung begleiten sollten. Neben mir in einer Plastiktüte befanden sich meine einzigen Besitztümer: ein Kamm, eine Bürste und ein Lippenstift.

Jeanette Muhlbach war etwa dreißig Jahre alt, geschieden und hatte zwei Söhne. Jim Discoe war ein schlanker Mann in den Vierzigern, der eine Tochter in meinem Alter hatte. Er besaß eine natürliche Autorität, der man sich ohne zu murren fügte. Im Zweiten Weltkrieg hatte er in der Navy gedient und litt seither an einem Emphysem.

Jim, Jeanette und ich fuhren nach Santa Monica. Zwei Gefängnisbeamte, die mir freundlich gesinnt waren, winkten zum Abschied. Im offiziellen Bericht hieß es, daß ich mich einwandfrei geführt habe!

Auf dem Weg hielten wir an einem Hamburger-Restaurant am Pico Boulevard. Das Gerichtsgebäude betraten wir durch einen Hintereingang, um den ungeduldig wartenden Reportern zu entgehen.

Im zweiten Stock warteten Mutter, Gran und die Anwälte auf uns. Nach einer herzlichen Begrüßung breitete sich in dem kleinen Raum drückendes Schweigen aus.

Ich schlenderte zum Fenster und sah nach draußen. Auf der breiten Treppe vor dem Gebäude warteten Hunderte von Presseleuten und Schaulustigen. Einer der Fotografen entdeckte mich. Kameras klickten. Ich trat schnell zurück.

Mutter saß neben Giesler. In einer Ebenholz-Zigarettenspitze steckte eine Benson & Hedges. Sie inhalierte tief. Ich bat sie um eine Zigarette. Sie zog die Augenbraue hoch. »Ich weiß nicht ...«

»Um Himmels willen, so gib dem Kind doch eine Zigarette«, meinte Gran ungeduldig. Ich nahm einen tiefen Zug und lächelte Großmutter zu. Sie muß in letzter Zeit einige Kilos verloren haben, dachte ich.

Die Verhandlung fand hinter verschlossenen Türen statt und dauerte neunzig Minuten. In dem riesigen Gerichtssaal waren etwa zwanzig Personen anwesend. Vierzehn davon waren Zeugen. Ironischerweise hieß der Richter Allen T. Lynch, aber er war ein sehr freundlicher Mann und Vater einer frühreifen

Tochter in meinem Alter. Aufgrund seiner Lektüre des Vorverhandlungsprotokolls verzichtete er auf eine Mordanklage. Was ihn an dem Fall interessierte, war der offensichtliche Mangel »an elterlicher Aufsichtspflicht«.

Gerry Giesler und Arthur Crowley traten in Aktion. Wie zwei wildgewordene Stiere gingen sie aufeinander los, um den Kampf für das Sorgerecht auszutragen. Lynch mußte sie mehrfach zur Ordnung rufen. Er gab zu verstehen, daß in diesem besonderen Fall ohnehin keine Anwälte vonnöten waren. Da sie aber nun schon einmal anwesend waren, erlaube er sich eine Frage: »Wer von Ihnen vertritt eigentlich die Interessen des Kindes?« Beide riefen wie aus einem Mund: »Ich.« Daraufhin bat Lynch beide, wieder Platz zu nehmen.

Das Gericht untersuchte nun, ob Dad oder Mutter meine Erziehung übernehmen sollte. Dad behauptete, im letzten Jahr zweitausend Dollar Unterhalt gezahlt zu haben, und war bereit, dies mit Hilfe von Bankauszügen zu beweisen. Mutter erklärte, keinen Pfennig erhalten zu haben. »Als Cheryl im letzten Sommer in Colorado vom Pferd stürzte, flogen Mr. Crane und ich zu ihr. Mr. Crane mußte am selben Abend wieder zurück, aber er versprach mir, sich um die Arztrechnungen zu kümmern. Tatsache ist, daß er es nicht getan hat. *Ich* habe die Rechnungen bezahlt.«

Der Richter wollte wissen, ob Mutter in der Lage sei, mich zu ernähren. »Werden Sie Ihre bisherige Arbeit fortsetzen?«

»Lieber wäre mir, ich müßte es nicht tun«, meinte sie und fügte erklärend hinzu, daß die Schauspielerei das einzige sei, was sie könne. Mit den Gagen ernähre sie sich, ihre Mutter und mich. »Ich wünschte, ich könnte behaupten, genügend Geld gespart zu haben – leider kann ich das nicht.«

Tatsächlich hatte Mutter enorme Schulden. Sie zahlte immer noch die Vorauszahlungen von M-G-M zurück. *Herz ohne Hoffnung* kam erst in etwa zehn Tagen in die Kinos, und obwohl sie prozentual an den Einspielergebnissen beteiligt war, würde sie auf dieses Geld noch lange warten müssen. In *Up at the Villa*, einem Film, der noch vor einiger Zeit lief, spielte sie eine Mörderin – der Verleih hatte den Film nun zurückgezogen. Ihre Anwälte kosteten tausend Dollar am Tag, und weitere Filmprojekte standen nicht zur Debatte. Man unterhielt sich in Hollywood ganz offen darüber, ob sie überhaupt noch eine Chance hatte zu arbeiten. »Ich muß weiter drehen«, gab sie dem Richter zu verstehen.

Schließlich wurde ich aufgerufen. Richter Lynch fragte mich sehr freundlich, mit welchem Elternteil ich leben wolle. Ich sah ihm direkt in die Augen. »Mit meiner Großmutter«, erklärte ich. Mutter hielt die Luft an, Dad scharrte mit den Füßen. Ich bemühte mich angestrengt, weder den einen noch den anderen anzusehen. Ich beabsichtigte wirklich, das Beste aus dieser verfahrenen Situation zu machen, aber das empfanden die beiden wohl kaum so.

Nach einer Weile bemerkte Lynch: »Ich bin an der Zukunft dieses Mädchens sehr interessiert. Meiner Meinung nach muß für Cheryl ein Platz gefunden werden, an dem sie in Ruhe gelassen wird, wo die Reporter sich nicht jedesmal auf sie stürzen, wenn sie vor die Tür tritt. Man könnte doch sicherlich eine Schule für sie finden, an der sie unter einem falschen Namen eingeschrieben wird.« Er sah mich forschend an. »Was hältst du von dieser Idee, Cheryl?«

»Nichts.«

»Du möchtest das nicht?«

»Nein.«

»Du möchtest lieber hierbleiben?«

»In jedem Fall.«

»Du weißt, das bedeutet, daß du dich stellen mußt...«

»Ja.«

»Das nenne ich Mut«, meinte er bewundernd.

Ich verstand ihn nicht ganz. Seit Jahren kämpfte ich darum, meinen eigenen Namen zu behalten und zu Hause bleiben zu dürfen. Warum sollte ich jetzt plötzlich davonlaufen?

»Cheryl, du weißt es selbst, du hast eine sehr tragische Erfahrung gemacht. Ich hoffe von Herzen, daß du das alles mit der Zeit vergißt. Du hast eine wundervolle Zukunft vor dir. Daran mußt du immer denken.«

Er sprach noch eine ganze Weile in diesem Tenor mit mir.

Zum Schluß empfahl er mir erneut, daß ich den Rummel rasch vergessen sollte.

»Glaubst du ... du schaffst es?«

»Ich werde es versuchen«, versprach ich.

Etwas später gab Lynch seine Entscheidung bekannt. Bis zu meinem achtzehnten Lebensjahr stand ich unter der Vormundschaft des Gerichts. Gran bekam das Sorgerecht. Mutter und Dad durften mich einmal in der Woche sehen – über diesen Punkt würde man in zwei Monaten wieder verhandeln. Es war meinen Eltern erlaubt, mit mir zu telefonieren, so oft sie wollten; es war mir allerdings untersagt, den Staat Kalifornien zu verlassen.

Dad hörte mit gesenktem Kopf zu, Mutters Augen flackerten. Im Gerichtssaal herrschte ein reges Durcheinander von Polizisten und Presseleuten. Jim und Jeanette begleiteten mich nach draußen. Zwei lächelnde Damen in Blumenhüten steckten mir blaue Kuverts zu. »Lies es nicht«, mahnte Gran im Wagen, aber ich war zu neugierig. Die Flugblätter enthielten eine Aufforderung, als Zeuge vor Gericht zu erscheinen, um gegen John Stompanatos »sinnlosen Tod« zu protestieren.

Reporter umzingelten Mutter, die warten mußte, bis Gieslers Chauffeur eine Reifenpanne behoben hatte. Sie entschloß sich, die im Grunde für sie peinlichen Neuigkeiten gleich bekanntzugeben. »Ich habe inständig gehofft, daß die Sache so ausgeht ... später werde ich mich wieder selbst um meine Tochter kümmern.«

Dad gab seinen Kommentar am Telefon: »Ich habe immer gesagt, daß ich glücklich bin, wenn sie in der Obhut ihrer Großmutter ist.«

Richter Lynch bemerkte zusammenfassend: »Sie wird mit dieser Sache bis an ihr Lebensende leben müssen – unabhängig von meinen Entscheidungen.«

Jim Discoe fuhr Gran und mich zu dem Haus am Canon Drive, das Mutter vor kurzem gemietet hatte. Mutter war bereits in Grans Wohnung umgezogen. Das Haus hatte vier Schlafzimmer und lag ziemlich nahe an der Straße. Alle Fensterläden waren geschlossen. Wir fuhren in die Garage, und ich mußte sitzen bleiben, bis sich das Tor gesenkt hatte. Im hinteren Garten, der von einem hohen Zaun umgeben war, befand sich ein Pool.

Als erstes nahm ich ein Schaumbad. Drei Wochen Gefängnis hatten mich fast vergessen lassen, wie wohltuend duftende Cremes und weiche Handtücher sind.

Danach gab mir Gran ein Paket, das gerade abgegeben worden war. Darin befand sich ein Plattenspieler und etwa ein Dutzend Platten. Auf der beigelegten Karte las ich: »Für Cheryl! Ich hoffe, die Musik gefällt dir. Dein Frank.« Wie lieb von Frank Sinatra, Mutters langjährigem Freund, an mich zu denken. Ich war gerührt.

Onkel Frank war einer der wenigen, die mich häufig anriefen. Das heißt, *er* durfte mich anrufen! Von anderen, die es vielleicht probierten, erfuhr ich nichts. Wieder einmal fühlte ich mich hoffnungslos allein. Offensichtlich verstand keiner, wie sehr ich positive Einflüsse brauchte, wie sehr mir Aufmunterungen geholfen hätten.

Am Abend erklärte mir Gran das Reglement, an das ich mich strikt zu halten habe. Die Fensterläden zur Straße hin mußten geschlossen bleiben. Ich durfte weder ans Telefon gehen noch die Eingangstür öffnen. Es war mir untersagt, mich in einem Raum einzuschließen. In den Wagen durfte ich nur in der geschlossenen Garage einsteigen. Erlaubt war mir die Benützung des hinteren Gartens und des Pools, sonst durfte ich nirgendwohin allein gehen.

Im größten Schlafzimmer schoben wir die zwei Betten zusammen, so daß Gran und ich Seite an Seite schlafen konnten. Kaum war ich im Badezimmer verschwunden, erschien Gran an der Tür. »Was machst du, Liebling?« Ich war eine Gefangene in unserem eigenen Haus. Ich fühlte mich so deprimiert, daß ich eine von McDonalds Beruhigungspillen nahm.

Am nächsten Morgen sah ich heimlich aus dem Fenster. Nicht weit entfernt vom Haus parkte ein Streifenwagen. Es erinnerte mich an die Zeit in Mapletop, als man Angst vor einer Entführung hatte. Acht Jahre war das her. Diesmal hatten

Giesler wie auch eine Zeitung anonyme Telefonanrufe bekommen, die darauf schließen ließen, daß unser Leben in Gefahr war. »Um Lana und Cheryl werden wir uns kümmern«, sagte einer der Anrufer. »Das Mädchen ist freigekommen. Zu Unrecht. Wir werden dafür sorgen, daß sie nicht ungeschoren davonkommt.«

In einem anderen Anruf erklärte eine Frau mit tränenerstickter Stimme, daß Stompanato viele Freunde habe, die gewillt seien, seinen Tod zu rächen. Von Dad versuchte man zehntausend Dollar rauszuschinden, um Stompanatos Begräbnis bezahlen zu können, das in Wirklichkeit nur zweitausenddreihundert Dollar gekostet hatte. Selbst Inspektor Anderson erhielt Drohbriefe. Die einen, weil er mir zu sehr geholfen, die anderen, weil er nicht genug für mich getan habe.

Giesler stand auf dem Standpunkt, die Anrufe seien »ausgemachter Unsinn«; Mickey Cohen galt als Urheber des Ganzen, konnte dazu aber nicht befragt werden, weil er verschwunden war. Die Polizei zumindest war gezwungen, die Drohungen ernst zu nehmen: Der Streifenwagen blieb.

Richter Lynch hatte ausdrücklich darauf bestanden, daß ich nicht in die Schule in Ojai zurückkehrte. Ich war traurig darüber, denn es bedeutete, daß ich Ziggy, Peter und Rowena nie wiedersah.

Statt dessen ging ich nun in die Dubanoff-Schule am Hollywood Boulevard. Wer die ausfindig gemacht hatte, weiß ich nicht. Wir waren im ganzen fünfzehn Schüler. Die meisten der Kinder waren zurückgeblieben. Sie konnten weder allein essen noch allein auf die Toilette gehen.

Richter Lynn hatte außerdem empfohlen, daß ich einmal wöchentlich einen Psychiater aufsuchte. »Er kann dir helfen, gewisse emotionale Probleme zu lösen.«

Mutter fand diese Idee absurd und beschämend. »Du hast ein Rendevouz beim Arzt«, sagte sie. »Ich muß zum Zahnarzt«, umschrieb ich die Angelegenheit.

Dr. Charles Wahl war *der* Psychiater in einem der größten Medizinzentren Kaliforniens. Jeden Donnerstag um vier Uhr mußte ich zu ihm gehen. Er hatte eine rundliche Figur, war etwa vierzig Jahre alt und hatte kalte Augen. Er rauchte Pfeife und lächelte selten.

Wir waren kein gutes Team. Seine Idee war, mit mir über alles zu sprechen, während ich von jeher dazu angehalten worden war, meine Gefühle nicht preiszugeben. Demzufolge saß ich stumm in seinem Büro. Ich rauchte eine Zigarette, er seine Pfeife. Wenn ich das Schweigen brach, um über etwas völlig Unwichtiges zu reden, antwortete er mit einer Frage: »Und was für ein Gefühl empfindest du dabei?« Er kam sich sehr bedeutend vor.

Im Grunde erwartete ich wahrscheinlich, daß er mir *seine* Gedanken verriet. Ich wollte geführt werden, er dagegen wollte mich studieren. Über den tragischen Vorfall am Karfreitag sprachen wir nie miteinander. Es hätte auch keinen Sinn gehabt, denn sobald man die Tragödie erwähnte, zog ich mich wie eine Schnecke in ihr Schneckenhaus zurück. Das Ergebnis meiner wöchentlichen Sitzungen war also gleich Null.

Kurze Zeit nach meinem Einzug in das Haus am Canon Drive entdeckte ich eine Hintertreppe, die zum Dachboden hinaufführte. Weil ich in meiner sonstigen Bewegungsfreiheit eingeschränkt war, kletterte ich eines Tages hinauf. Durch zwei winzige Fenster drang etwas Sonnenschein herein. Ich fand einen Stapel mit Zeitungen. Zuoberst lag ein Foto von Dad und mir, auf dem wir beide nicht sehr glücklich aussahen.

Die Zeitungen waren alle im April erschienen. Jemand mußte sie hier versteckt haben. Mutter? Oder Gran, die in der Küche das Mittagessen zubereitete und nicht wissen durfte, daß ich hier oben war? Unentschlossen starrte ich auf den Stapel. Sollte ich? Ich war neugierig. Außerdem war es mein gutes Recht, so empfand ich es jedenfalls, zu erfahren, was die Zeitungen über uns schrieben.

Etwas unsicher begann ich den Haufen durchzusehen. Plötzlich fiel ein Foto heraus, ein Foto von John. Die Aufnahme zeigte seinen leblosen Körper auf dem Boden in Mutters Schlafzimmer. Entsetzt schloß ich die Augen. Aber es half nichts.

Ich sah die Leiche trotzdem vor mir. Ich zwang mich, die Augen wieder zu öffnen und eine Zeitung nach der anderen durchzublättern.

Die Schlagzeilen sprangen mir geradezu ins Gesicht. »Es ist alles meine Schuld«, schluchzt Lana. – Lanas Tochter ersticht Unterweltler – Cheryls Geschichte – Cheryl im Gefängnis – Johnny nimmt reiche Frauen aus – Lanas Liebesbriefe gefunden.

Liebesbriefe? Mutters? Ich schlug die Zeitung auf und las die abgedruckten Briefe Wort für Wort. Merkwürdige Gefühle beschlichen mich. Es fiel mir unendlich schwer, mir vorzustellen, daß meine eigene Mutter zu sexuellen Handlungen fähig war. Aber da stand es, schwarz auf weiß. Wie war es möglich, daß eine Zeitung so etwas Intimes drucken durfte? Gewiß, es war legal – aber in meinen Augen war es trotzdem nicht richtig.

Übrigens ist niemals bewiesen worden, daß die Briefe wirklich gestohlen wurden.

Am meisten verwirrte mich die Tatsache, daß Mutter, obwohl Stompanato versucht hatte, sie umzubringen, geradezu danach lechzte, wieder in seinen Armen zu liegen. Ich verstand es einfach nicht.

In vielen Zeitungen war von Mutters Ehen und Affären die Rede, Klatsch über Auseinandersetzungen, Handgreiflichkeiten, Partyereignisse. All das erfuhr ich zum erstenmal. Vor mir, dem Baby, hat sie offensichtlich selten ihre Differenzen mit ihren Partnern ausgetragen. Die Herren kamen, und eines Tages waren sie wieder verschwunden. Mehr bekam ich im Grunde nie mit.

Normalerweise sind die Kinder Zeugen, wenn ihre Eltern sich streiten und danach wieder versöhnen. Demzufolge verstehen sie, daß solche Auseinandersetzungen in einer Ehe einfach üblich sind.

Bei mir war das anders. Die teilweise gewalttätigen Streitigkeiten zwischen John und Mutter, Resultat einer offenkundigen Haßliebe, jagten mir Angst ein. Es war mir einfach unmöglich, die Tatsache zu akzeptieren, daß Mutter sich von einem Mann mißhandeln ließ. In meiner Vorstellung war sie eine Art

Göttin, die von allen respektiert und dementsprechend ehrerbietig behandelt werden mußte.

Unten in der Küche hörte ich Gran rumoren. Vielleicht suchte sie mich bereits? Ich stand auf und verstaute die Zeitungen wieder da, wo ich sie gefunden hatte.

Der Dachboden hat mich nie wiedergesehen. Ich erinnere mich aber an jedes einzelne Wort, das ich dort oben gelesen habe.

28

Seit ihrer Begegnung beim Jugendgericht waren Dad und Mutter nicht gut aufeinander zu sprechen. In der darauffolgenden Woche erhob Dad Einspruch dagegen, daß das Gericht die Vormundschaft über mich übernommen hatte. Im Gegensatz zu Mutter, die der Presse gegenüber immer wieder wiederholte, wie eng unsere Beziehung und wie mütterlich besorgt sie sei, gab er zu, als Vater versagt zu haben. »Ich war vielleicht nicht der ideale Vater für Cheryl, aber ich werde in Zukunft alles tun, um das wieder wettzumachen. Kann sein, daß ich das nicht sagen sollte, aber im Grunde bin ich stolz auf meine Tochter. Sie hat nämlich das getan, was ich, Sie oder viele andere in diesem Fall auch getan hätten. Sie muß entsetzliche Angst gehabt haben, trotzdem wollte sie ihre Mutter beschützen.«

Warum hat er dergleichen nie zu mir gesagt? Es hätte mir so sehr geholfen zu wissen, daß er so empfand.

Um das Sorgerecht für mich zu bekommen, entschloß sich Dad, ein größeres Haus zu kaufen und Helen DeMaree zu heiraten. Helen war seit fast zwei Jahren mit ihm verlobt. Ich hätte sie sehr gern zur Stiefmutter gehabt. Um seine Pläne hinsichtlich des Sorgerechts nicht zu gefährden, verschwieg Dad allerdings, daß er vorhatte, eine Restaurantkette zu gründen. Das bedeutete nämlich, daß er noch weniger Zeit als vorher für seine Tochter haben würde.

Den Vorwurf, daß sein bei Gericht eingegebenes Gesuch gegen seine Ex-Frau gerichtet sei, wies er weit von sich: »Ich denke in erster Linie an meine Tochter, und ich glaube, daß ich, zumindest im Augenblick, besser geeignet bin, mich um sie und ihre Zukunft zu kümmern.« Mutter ließ durch Giesler mitteilen, daß sie bis zum letzten Atemzug um mich kämpfen würde.

Mutter war im Augenblick ohnehin nicht vom Schicksal begünstigt. In Hollywood war man überzeugt, daß der Höhepunkt ihrer Karriere noch bevorstand, im Mai jedoch kam der Film *Herz ohne Hoffnung* in die Kinos. Das Publikum war gelangweilt, die Kritiken furchtbar. Man begann Mutter mit Joan Bennett zu vergleichen, deren Karriere zu Ende war, nachdem ihr Ehemann wegen Körperverletzung mit tödlichem Ausgang verurteilt worden war. Bei ihrer Beteiligung an den Einspielergebnissen war in diesem Fall nicht mit höheren Summen zu rechnen, mit denen sie gern ihre Anwälte bezahlt hätte, die sie aufgrund von Dads Manövern und der Klage von Carmine Stompanato ständig beschäftigte.

Grans Wohnung im zweiten Stock, in der Mutter jetzt lebte, erwies sich bald als zu klein. Zudem war die Adresse in den Zeitungen angegeben worden, was eine Schar von Neugierigen anlockte. Mutter zog deshalb in ein anderes Haus in der Nähe des Roxbury Drive. Sie waren gezwungen, daheim zu bleiben, wenn sie nicht irgendwelchen Reportern in die Arme laufen wollte. Wahrscheinlich zum erstenmal in ihrem Leben verbrachte sie ihre Zeit in völliger Zurückgezogenheit.

Sie ließ sich den Stapel Zeitungen bringen, den ich heimlich auf dem Dachboden durchforstet hatte. Louis Blau, ihrem zweiten Anwalt, war es gelungen in den Besitz einiger Fotos zu kommen, die John vor seiner Englandreise zeigten. Auf den Bildern lag Mutter nackt auf einem Bett und schlief. Wohl oder übel mußte sie nun den Zeitungsberichten glauben, in denen davon die Rede war, daß Stompanato reiche Frauen erpreßt habe. Blau und Mutter verbrannten die Fotos.

Gran wirkte von Tag zu Tag zerbrechlicher. Die Verantwortung für mich machte ihr sichtbar zu schaffen. Sie fühlte sich überfordert und tröstete sich nicht selten mit einigen Martinis über die außerordentliche Belastung hinweg. Dabei war sie in

Wirklichkeit nicht die einzige, die sich mit mir befassen mußte. Jim Discoe, Jeanette Muhlbach, Mutter, Dad und letztendlich Richter Lynch sorgten dafür, mein Leben in die richtige Bahn zu lenken. Sechs Menschen, die versuchten, Autorität auf mich auszuüben! Ich lernte sehr schnell, dieses System zu durchbrechen.

Die arme Gran war darum besonders auf der Hut. Selbst wenn ich unschuldig im Garten lag und las, kam sie, um nach mir zu sehen: »Möchtest du jetzt nicht lieber hereinkommen, Liebling?«

In meiner Einsamkeit erinnerte ich mich daran, daß man mich bei Gericht ermutigt hatte, neue Freundschaften zu schließen. Natürlich konnte ich keines der Mädchen im Jugendgefängnis anrufen. Zwar hatte ich nie Post bekommen, aber mein Gefühl sagte mir, daß ich immer noch Freunde in der Happy Valley Schule hatte. Warum sollte ich nicht an der Abschlußfeier teilnehmen? Mutters Antwort war negativ. Über ihren Kopf hinweg wandte ich mich an Jim. »Warum eigentlich nicht?« meinte er.

Ich verbrachte Stunden mit Helen, die netterweise die Kleiderfrage mit mir diskutierte. Der Tag des Festes rückte immer näher. Plötzlich kam ein Anruf von Jim. »Es tut mir so leid, dich enttäuschen zu müssen, aber ich denke doch, daß es besser ist, wenn du nicht zu der Feier gehst.«

»Sie haben mit meiner Mutter geredet«, schrie ich ihn wütend an. In der Tat, das hatte er, aber es war nicht Mutter, die meine Teilnahme verhinderte. Die Schule, die von meinem bevorstehenden Besuch Wind bekommen hatte, bat Mutter telefonisch um Verständnis für die Absage, die sie aufgrund eventuellen Presserummels erteilen müßte. Die Enttäuschung war bitter für mich.

Fünf der Mädchen, die ich dort kannte, fragten telefonisch an, ob sie mich besuchen dürften. Das versöhnte mich etwas mit meinem Schicksal. Leider stellte sich ihr Besuch nicht als das heraus, was ich mir erhofft hatte. Er erinnerte mich im Gegenteil an die Party, die ich als Sechsjährige in Mapletop gegeben hatte. Die Mädchen waren nervös, fast ängstlich, und keine wußte, was sie sagen sollte. Wenn ich sie ansah, senkten sie den Blick; fühlten sie sich unbeobachtet, starrten sie mich an. Mir war, als seien sie nur gekommen, um zu sehen, wie eine Mörderin aussieht.

Zum Glück tauchte ein alter Freund von mir in jenen Tagen aus der Versenkung auf. Bobby Westbrook, der mich immer in seinem Rennboot mitgenommen hatte. Gran erlaubte, daß er mich besuchte. Er fuhr in einem schwarzen Thunderbird vor und kam leichtfüßig die Treppe heraufgesprungen. Ich war sehr beeindruckt.

Bobby, inzwischen achtzehn, war groß, hatte schmale Hüften und breite Schultern und erinnerte mich ein bißchen an den Schauspieler Zachary Scott. Zu der Zeit, als die Zeitungen über den tragischen Karfreitag berichteten, befand er sich beim Militär in Fort Ord in Kalifornien. Als er darüber las, entschloß er sich, so schnell wie möglich – gewissermaßen als Retter in der Not – zu mir zu eilen. Unter Schwierigkeiten gelang es ihm, meinen jetzigen Aufenthaltsort herauszufinden.

Den Karfreitag erwähnte er nie, gab mir aber zu verstehen, daß er sich zu mir hingezogen fühlte. Vielleicht, sagte er, lag das zum Teil daran, daß wir beide in unserer Kindheit privilegiert, aber doch einsam gewesen waren. Bobby wurde in Hollywood geboren und von Kinderschwestern aufgezogen. Er war der Erbe des Vermögens von Murchison-Oil in Texas. Seine Eltern, die sich bei Ciro kennengelernt hatten, starben sehr früh. Sein Vater »Westie« Westbrook diente im Zweiten Weltkrieg als Kampffliegerpilot. Seine P 38 wurde über dem japanischen Meer abgeschossen. Da sich sein Fallschirm nicht rechtzeitig öffnete, kam er zu Tode. Zwölf Jahre später verunglückte seine Mutter ebenfalls mit dem Flugzeug. Aus ungeklärter Ursache öffnete sich der Notausgang. Der Sog war so stark, daß sie aus dem Flugzeug gezogen wurde und in die Karibische See fiel. Nach ihrem Tod wurde er von einer Tante und deren Mann, einem Porträtmaler, für den Mutter und auch ich posiert hatten, aufgezogen. Bobby lebte etwas oberhalb vom Sunset, Ecke Kings Road, und bekam zum Geburtstag jeweils einen Scheck über eine halbe Million Dollar. Er sah gut aus, fuhr schnelle Sportwagen und war eine bekannte Figur der Beverly Hills High School, die er in diesem Monat abgeschlossen hatte. Gran erlaubte mir nicht einmal, eine Spritztour in seinem Wagen zu machen. Jim Discoe zeigte diesmal mehr Einsicht, und Bobby und ich vergnügten uns in diesem Juni in Plattengeschäften und Eisbars.

Bobby steckte voller Humor, und ich konnte endlich wieder lachen. Er war ein typischer Macho, wenngleich auf selbstironische Weise, und schon nach kurzem gab er mir zu verstehen, daß er mit mir schlafen wolle. Darauf hatte ich keine Lust, so sehr ich ihn auch mochte. Zu meiner Erleichterung bedrängte er mich nicht, aber trotzdem hatte ich Gewissensbisse. Ohne jedes Selbstbewußtsein, wie ich war, wunderte ich mich darüber, daß ausgerechnet er, der alles hatte, an mir einen Narren gefressen haben sollte.

Ende Juni mußten Mutter und ich aufgrund der Schadenersatzklage seitens der Stompanato-Familie in einem Anwaltsbüro erscheinen, um unsere Aussagen zu machen. Ein unbarmherziger Anwalt wollte mich ins Kreuzfeuer nehmen und mich zu den Ereignissen jener Nacht befragen, die ich kampfhaft zu vergessen versuchte.

Kläger war der zehnjährige John Stompanato, der Sohn von John, über den er nie gesprochen hatte. In der Anklageschrift hieß es: »Der Tod seines Vaters bedeutet einen empfindlichen Verlust für ihn, in finanzieller, geistiger und gesellschaftlicher Hinsicht.« Als Entschädigung verlangte er fünfhunderttausend Dollar für den Verlust als solchen, zweihundertundfünfzigtausend Dollar für die Schuld an seinem Tod und zweitausenfünfhundert Dollar Begräbniskosten. Sein Anwalt stellte die Behauptung auf, daß Johns Tod gewaltsam und kein Unfall war, weil das Messer in seinen Körper eingedrungen sei, während er lag, Die Presse war zur Rekonstruktion der Tat eingeladen, bei der eine Puppe in Johns Kleidern verwendet wurde. Als Beweis, daß er erstochen wurde, während er lag, wurde angeführt, daß sich unterhalb der Gürtellinie keinerlei Blut befand. Zudem hätte John gerettet werden können, wenn Mutter schneller reagiert und die Polizei sofort alarmiert hätte. Wäre die Klinge in den Bauch eingedrungen, wäre John nicht auf den Rücken gefallen. Mutter machte er außerdem den Vorwurf, daß sie genügend Zeit gehabt hätte, um sich zwischen John und das Messer zu werfen. Außerdem war es unverantwortlich, ein Messer herumliegen zu lassen im Hinblick auf meine Voreingenommenheit und seltsamen Neigungen.

»Lana Turner hat fahrlässig gehandelt, indem sie ihrer Tochter Cheryl erzählt hat, daß Stompanato ihr gedroht habe, sie zu verunstalten, was zudem nicht stimmt. Im Grunde hat Lana Turner ihre Tochter zu der Tat angestachelt.«

Noch heute, etwa dreißig Jahre später, fällt es mir schwer, diese Vorwürfe aufzuzählen. Man kann sich vorstellen, in welcher Verfassung ich damals war, als mich der Anwalt William Pollack, der Urheber jener gemeinen Beschuldigungen, stundenlang ins Kreuzverhör nahm. In einer danach stattfindenden Pressekonferenz behauptete er, meine Version unterscheide sich in wesentlichen Punkten von Mutters Darstellung. Er wies darauf hin, daß Mutter sich erinnere, die Messerstecherei habe nahe der Tür stattgefunden, während ich angegeben hatte, der Körper lag in der Nähe des Bettes.

Letztendlich konnten die Vorwürfe wiederlegt werden, und wir mußten keinen Schadenersatz zahlen, aber der Fall beschäftigte die Öffentlichkeit und verhinderte so das, was wir so sehnsüchtig wünschten: vergessen zu können.

Im Juli mußte Bobby wieder nach Fort Ord und ich ins Bett. Ich litt an Mononeukleose, einer Krankheit, die zu jener Zeit die Schulen und Universitäten Amerikas heimsuchte. Das Virus wurde durch Tröpfcheninfektion, also durch Küsse oder Husten, übertragen. Wie ich zu dieser Krankheit kam, war mir schleierhaft, denn außer Bobby hatte ich niemanden geküßt, und der war bei bester Gesundheit. Jedenfalls fühlte ich mich sehr müde und schlapp und verbrachte die meiste Zeit im Bett. Gran schien darüber ganz froh zu sein, denn auf diese Weise konnte ich nichts anstellen.

Dad reiste viel, um seine Restaurantkette auf die Beine zu stellen. Mutter drehte den wichtigsten Film ihrer Karriere. Er hieß *Solange es Menschen gibt (Imitation of Life)*, und sie spielte darin einen Broadway-Star, der seine Tochter vernachlässigt, worauf diese sich rächt und der Mutter den Freund abspenstig macht. *Solange es Menschen gibt* war ein Remake des 1934 gedrehten Films mit Claudette Colbert, der auf dem Bestseller von Fannie Hurst basierte. Produzent Ross Hunter hatte von jeher einen guten Riecher bewiesen. Vier Jahre zuvor drehte er *Wunderbare Macht (Magnificant Obsession)* mit der erfahrenen Jane Wyman und dem noch völlig unbekannten jungen Rock Hudson. Es war ein Riesenerfolg. Instinktiv erkannte er nun das Mitleid des Publikums für Mutter; als ihren Partner bestimmte er den jungen John Cavin. Da der Film gewisse Ähnlichkeiten mit Mutters Privatleben aufwies, war er sicher, daß es ein Kassenhit würde.

Mutter behauptet, daß sie gezögert habe zuzustimmen, aber die Rolle gefiel ihr so gut, daß sie letzten Endes doch zusagte, obwohl der Film Episoden aus unserem Leben zeigte. Fairerweise muß man sagen, daß sie gar keine andere Wahl hatte. Sie war hoch verschuldet, ohne Arbeit und neununddreißig Jahre alt.

Merkwürdigerweise änderte sich ihre Persönlichkeit. Waren ihre Sorgen daran schuld oder die Stompanato-Affäre? Ich kann es nicht sagen. Für mich war sie immer nur Mutter, für die Welt war sie nach wie vor der Filmstar Lana Turner. Nun plötzlich spielte sie die meiste Zeit die Rolle der Diva Lana Turner – selbst bei uns zu Hause.

Von einem Augenblick zum anderen konnte sie sich in den Star verwandeln. Ihr Rücken wurde gerade, ihr Popo straffte sich, ihre Augenbrauen zogen sich erstaunt in die Höhe. Belustigt beobachtete ich, wie ihre Gesten theatralisch wurden, wie sie ihrer Stimme mehr Ausdruck verlieh. Das war die Kunst der Darstellung. Ahnte sie nicht, daß wir es wußten?

Mit der Zeit gewöhnte ich mich daran. Ich gab ihr sogar heimlich einen Spitznamen. »Hier kommt L. T.«, flüsterte ich so leise, daß sie mich nicht hören konnte.

In diesem Sommer besuchte ich sie am Drehort. Ich verstand plötzlich, daß die von Ross Hunter geschaffenen Arbeitsbedingungen Mutter dazu ermutigten, immer öfter L. T. zu spielen. Er war berühmt für seine Art, dem Ego der weiblichen Stars zu schmeicheln, und Mutter genoß das ohne Zweifel. Er verwöhnte sie mit Blumen, Geschenken und Gefälligkeiten, wartenden Limousinen und Musik in ihrer Garderobe, wobei er extra jemanden anstellte, der den Plattenspieler bedienen mußte. Seit dem Beginn ihrer Karriere war Mutter dafür bekannt, diszipliniert zu arbeiten, unkompliziert zu sein und nett im Umgang mit dem Team. Es tat mir fast körperlich weh, mitansehen zu müssen, wie sie nun auch beim Drehen die L. T. herauskehrte. Ich nehme an, sie verhielt sich aus einer Art Selbstschutz heraus wie der große Star. Damit konnte sie sich die meisten Menschen vom Leib halten.

Bei einem meiner Besuche wurden gerade Außenaufnahmen in einem Internat gedreht. In dieser speziellen Szene ging es um die Abschlußfeier der Tochter des Broadway-Stars. Da Sommerferien waren, befanden sich keine Schülerinnen auf dem Internatsgelände. Ich wanderte herum, traurig darüber, daß ich nie an einer solchen Feier teilnehmen würde. Statt dessen bekam die Schauspielerin Sandra Dee das von mir so ersehnte Diplom überreicht. Sie war blond und hübsch und sah eher wie Mutters Tochter aus als ich.

Die einzige wirkliche Freude in jenem Sommer waren die Briefe von Bobby Westbrook. Er fühlte sich einsam und verlassen in seinem Camp, ich in unserem Haus mit den geschlossenen Fensterläden, hinter denen ich beobachtet und bewacht im Bett lag. In welche Schule ich im September kommen würde, war immer noch nicht geklärt. Bobby ermutigte mich, darauf zu bestehen, daß ich in die Beverly Hills High School kam, von der ich wußte, daß Mutter sie nicht mochte, aber Jim Discoe meinte in seiner milden Art: »Warum eigentlich nicht?« Er schaffte es tatsächlich, daß Richter Lynch seine Zustimmung gab.

Im August kam Bobby zurück, und wir vergnügten uns tagsüber mit langen Ausfahrten in seinem Wagen oder bei tiefsinnigen Gesprächen im Café.

Abends durfte ich nicht mit Bobby ausgehen, mit Dad dagegen schon. Sehr bald fanden Bobby und ich einen Trick heraus, wie es sich doch bewerkstelligen ließ. Dad und Helen holten mich ab, und Bobby kam etwas später ins Mocambo oder LaRue's nach.

An einem Sonntagabend schlug Bobby vor, bei ihm noch ein paar Platten zu hören. Seine Tante und sein Onkel bewohnten das obere Stockwerk des Hauses, er hatte im Erdgeschoß sein eigenes Junggesellen-Apartment, von dem man eine hübsche Aussicht auf die Lichter von Hollywood hatte und das im Playboy-Stil eingerichtet war.

Was Bobby eigentlich wollte, war mir klar. Wenn es ihm so viel bedeutete, warum sollte ich dann nicht mit ihm schlafen? Er zumindest hatte verdient, daß ich etwas für ihn tat; er war der einzige, der sich nicht von mir zurückgezogen hatte, er war hilfsbereit und liebevoll, warum also nicht? Ich war nicht in ihn verliebt, aber ich war ihm unendlich dankbar, und ich fühlte eine große Zuneigung zu ihm. Davon abgesehen sah er sehr gut aus.

»Tante Kate, ich bin da«, rief er bei unserer Ankunft ins obere Stockwerk hinauf. »Cheryl ist bei mir. Möchtest du ihr guten Tag sagen?« Zum Glück war Tante Kate sehr beschäftigt und kam nicht herunter. Bobby schloß die Verbindungstür und legte eine Platte von Pete Seeger auf.

»Wehe, du schwängerst mich«, flüsterte ich ihm zu. Bobby war ein schneller Liebhaber, das Ganze war rasch vorbei. Mein Körper sprach auf seine Zärtlichkeiten nicht an, ich empfand nichts, obwohl der Liebesakt nichts mit der brutalen Inbesitznahme von Lex zu tun hatte. Ich fühlte mich nicht schuldig, weil ich mit Bobby schlief. Im Gegenteil. Alle versuchten, mich zu bevormunden, aber die Entscheidung, wem ich mich hingab, lag allein bei mir.

Mutter benutzte Gran, um mir ihren Willen aufzuzwingen, obwohl das vom Gericht keineswegs so vorgesehen war. Ich wurde immer wütender auf Mutter. Immer noch durfte ich nur pastellfarbene Sachen und flache Schuhe tragen. Verboten war Make-up, erlaubt war ein dezenter Lippenstift. Um zehn mußte ich im Bett liegen. Bobby war der einzige, der mich bei meinen seltenen Ausflügen begleiten durfte.

Gran fügte sich Mutters Anweisungen, zum Teil wahrscheinlich aus Enttäuschung darüber, daß ihre Tochter vor aller Welt als Frau galt, die als Mutter versagt hatte. Gran kümmerte sich nur noch um mich, sie zog sich von ihren Freunden zurück, legte Patiencen und nippte bereits am frühen Nachmittag an ihren geliebten Martinis.

Meine Bewährungshelfer fanden Mutters strenges Reglement absurd, aber ich sah ein, daß es keinen Zweck hatte, wegen jeder Kleinigkeit zu ihnen zu rennen und sie um Hilfe zu bitten, da sich das in ihren Berichten für das Gericht sicherlich negativ ausgewirkt hätte. Das wollte ich auf keinen Fall, denn ich wußte, daß man mich immer noch in ein Pflegeheim stecken konnte. Folglich fügte ich mich stillschweigend – meistens jedenfalls.

Dad zeigte mir einige neueröffnete Cafés in UCLA und West Hollywood, in denen kein Alkohol ausgeschenkt, keine Drogen gehandelt wurden, wo es nur süßes Gebäck und Capuccino gab. In diesen Cafés wurden Dichterlesungen abgehalten, manchmal spielte auch jemand auf einer Gitarre. Unschuldige Vergnügungen, die ich aber, nun fünfzehnjährig, einfach toll fand. Mutter waren diese Ausflüge ein Dorn im Auge, und sie verbot sie.

Bobby spielte ebenfalls leidenschaftlich gern Gitarre. Eines Tages erzählte er mir von einem Freund, der im Ashgrove, einem Café an der Melrose Avenue, auftreten würde. Ich wollte für mein Leben gern bei der Premiere dabeisein.

»Und wie sollen wir das machen?« fragte Bobby.

»Ich glaube, ich kann mich von zu Hause fortschleichen.«

»Bist du sicher? Und wenn deine Großmutter aufwacht?«

»Gran wacht nicht auf.«

Dies hatte ich getestet. Um neun Uhr zog Gran sich zurück, und kurz darauf schlief sie tief – die Folge etlicher Drinks. Selbst wenn man laut ihren Namen rief, wachte sie nicht auf. Ich war fest entschlossen, es darauf ankommen zu lassen. Bobby stimmte zu, obwohl ihm die Sache nicht geheuer war.

Am Abend der Premiere wartete ich auf Bobby. In Grans Schrank hatte ich ein graues, damenhaftes Kleid gefunden, das ich mit mehreren Petticoats und hochhackigen Schuhen auf-peppte. Dazu trug ich weiße Handschuhe. Ich sah mindestens aus wie dreiundzwanzig. Um Mitternacht blinkte Bobby kurz mit den Scheinwerfern, und ich schlich zur hinteren Gartentür hinaus.

Da man Bobby im Ashgrove kannte, hatten wir kein Problem, einen ruhigen Tisch zu bekommen. Ich war sehr aufgeregt und lehnte mich glücklich an Bobbys Schulter.

»Bist du nicht Cheryl Crane?« fragte mich plötzlich ein dicker, junger Mann. »Du hast doch diesen Gangster umgebracht, oder nicht?«

Bobby sprang auf und versetzte dem Kerl einen Schlag, daß er gegen die Wand fiel. Bevor er erneut zuschlagen konnte, hielten ihn seine Freunde davon ab, indem sie dazwischentraten. »Ihr solltet besser gehen!« flüsterte einer.

Um drei Uhr morgens schlich ich mich in mein Bett zurück. Gran schnarchte wie ein Holzfäller.

Ich war zufrieden mit mir.

29

Die Beverly Hills High School läßt sich mit keiner anderen öffentlichen Schule vergleichen. Die hellen, mit Stuck verzierten und mit roten Dachziegeln gedeckten Gebäude erstrecken sich über das mit Palmen bepflanzte Terrain, dessen weitläufige Rasenflächen »englisch« gepflegt sind. In dem riesigen Gymnastikraum befindet sich unter dem verschiebbaren Boden ein Swimmingpool. Die Parkplätze der Lehrkörper und der Studenten lassen sich leicht unterscheiden – die Studenten fahren die besseren Autos.

Obwohl die Schule nur wenige Minuten von Grans Wohnung entfernt lag, bestand sie darauf, mich hinzubringen und wieder abzuholen. Man war auf meine Ankunft vorbereitet, weil die Zeitungen eine dementsprechende Meldung brachten.

In den ersten Tagen sprach ich nur mit Suzie, deren Aufgabe es war, mich einzuweisen. Suzies Freunde waren zwar ein bißchen hochnäsig, aber immerhin halfen sie mir, meine Hemmungen abzulegen. Nach einer Woche gehörte ich bereits zu einer Gruppe älterer Mädchen, die etwas lockerer miteinander umgingen und immer gemeinsam zu Mittag aßen.

Eines Tages saß ich mit ihnen in der Sonne, als ich plötzlich die Stimme eines Jungen hörte, der mit seinen Kumpels in der Nähe stand. »Wißt ihr, welche besondere Aufgabe man Cheryl Crane zugeteilt hat? Sie arbeitet in der Cafeteria und muß sich dort um die Messer kümmern.«

Ich tat so, als hätte ich die Bemerkung nicht gehört, aber am liebsten wäre ich gestorben. Ein Mädchen meiner Gruppe, die es offensichtlich gut mit mir meinte, stand auf und ging auf den Jungen zu. »Halt bloß dein dummes Maul!« beschimpfte sie ihn.

Zwischen meiner Gruppe und mir gab es eine Art stummes Übereinkommen, meine Vergangenheit unerwähnt zu lassen. Mir war klar, daß die Mädchen darüber informiert waren; und sie wußten, daß ich mir nicht vormachte, daß sie nichts über mich gelesen hätten.

Die Bemerkung mit den Messern war für mich entsetzlich, aber ich lernte, in Zukunft besser gegen solche Angriffe gewappnet zu sein. Allem Anschein nach kursierten mehrere Cheryl-Witze unter den Studenten, aber von dieser Stunde an wurde ich nicht mehr damit konfrontiert.

Bobby hatte seine Freunde telefonisch davon in Kenntnis gesetzt, daß ich »sein Mädchen war«, und sie gebeten, auf mich aufzupassen. Damit hatte ich einen gewissen Schutz, der mich vor vielem bewahrte.

Mindestens einmal im Monat erschien mein Name in den Zeitungen. Gründe dafür ließen sich immer finden: der Kampf meiner Eltern um das Sorgerecht, Werbung im Zusammenhang mit *Solange es Menschen gibt*, Stompanatos Nachlaß – nicht einmal dreihundert Dollar –, ein Artikel über mich als Schülerin einer öffentlichen Schule, in dem meine Klassenkameraden zitiert wurden: »Sie ist sehr beliebt«, meinte ein Junge. »Man darf nichts Schlechtes über sie sagen, weil man sonst keine Chance mehr hat, sich mit einem der Mädchen zu verabreden – die passen auf sie auf wie ein Luchs.« Eine Mitschülerin bemerkte, ich säße immer in der hintersten Reihe und »sei sehr ruhig«, was stimmte. Ich saß gerne hinten, weil mir das ersparte, neugierige Blicke in meinem Rücken zu spüren.

In jenem Herbst lief fast alles routinemäßig ab. Nach der Schule war ich mit Gran zusammen, die ihre Cocktailstunde auf den frühen Nachmittag vorverlegt hatte. »Ist schon Teezeit? Ach, was soll's, in Rangoon ist es schon fünf!«

Wenn ich Gran vorschlug, doch wieder mit ihren Freundinnen Bridge zu spielen, schüttelte sie abwehrend den Kopf. Stattdessen legte sie stundenlang Patiencen, und ich saß gelangweilt daneben. Eines Tages hielt ich es nicht mehr aus, ich warf, während sie spielte, die Karten auf den Boden. Danach marschierte ich befriedigt in mein Zimmer. Natürlich entschuldigte ich mich kurz darauf. Ich war niemals lange wütend auf Gran.

Nur am Donnerstagabend aßen wir in einem Restaurant in der Nähe Schmorbraten und Kartoffelpfannkuchen. Die Sonntage liebte ich ebenfalls, weil ich dann mit Dad und Helen in der Bar Eins sitzen durfte. Oft kam noch Inspektor Anderson dazu. »Na, wie geht's in der Schule?« erkundigte er sich und versank dann wieder in Schweigen.

Ebenfalls am Donnerstag fanden die Sitzungen bei meinem »Zahnarzt«, Dr. Wahl, statt. Inzwischen redete er etwas mehr als früher und bat mich, von meinen Träumen zu erzählen. An einen Traum, der seit Jahren immer wiederkehrte, erinnere ich mich sehr gut. Ich falle, falle, falle durch die Mitte eines Kuchens, der mit gelben Rosen verziert ist. Ich lande in den Blumenblättern und habe das Gefühl zu ersticken. Gelbe Rosen waren die Lieblingsblumen von Mutter!

Mutter sah ich zweimal im Monat. Sie war wieder verliebt. Ihr Neuer hieß Fred May. Er war Grundstücksmakler, aber seine ganze Liebe gehörte der Aufzucht von Rennpferden. Fred ähnelte in seiner Gutmütigkeit einem lieben Teddybären. Ich nehme an, er wollte Mutter retten, was ihm teilweise wohl auch gelang. Die Wochenenden auf seiner Ranch in Chino taten ihr sehr gut. Beim Säubern der Ställe vergaß sie völlig, die Rolle des Stars Lana Turner zu spielen.

Als Paar waren sie bald stadtbekannt, und als Fred sie im Dezember zu einer Wohltätigkeitsveranstaltung begleitete, munkelte man über eine bevorstehende Hochzeit.

Ebenfalls im Dezember mußte Dad eine Niederlage einstekken. Mutter bekam das Sorgerecht für mich, wenngleich ich weiter bei Gran wohnen mußte. »Ich sehe Cheryl sehr häufig, es gibt keine Regelung mehr, die das untersagt«, erzählte sie Reportern. Dad fluchte und schwor, den Kampf nicht aufzugeben.

Kurz darauf gab Helen ihre offizielle Verlobung mit Dad bekannt, während er auf Geschäftsreise war. Dad und sie planten, mich in den Neujahrsferien nach Montreal und New York City mitzunehmen. Mutter war natürlich überhaupt nicht mit dieser Reise einverstanden.

Dad hatte gerade einen Vertrag mit der Gesellschaft, der die Sheraton-Hotel-Kette gehörte, unterzeichnet. Im Sheraton Montreal sollte zu Weihnachten das erste ›Luau‹ eröffnet werden. Dad arbeitete seit Wochen an diesem Projekt. Das Restaurant hieß Kon Tiki Ports-of-Call und war in vielem dem Luau nachempfunden. Das Dekor der drei Speiseräume erinnerte an die Häfen von Saigon, Macao und Papeete, die Bar war eine Nachbildung des großen Schoners »The Cloud«.

Die Eröffnung war ein großer Erfolg, für mich der Höhepunkt nach verschiedenen Parties, Empfängen und einer Fahrt im Schlitten. »Das sind die zwei Frauen, die ich liebe«, sagte Dad, wenn er Helen und mich vorstellte.

In New York machten Helen und ich einen Einkaufsbummel. Wir kauften zwei gleiche rosa Abendkleider und dazu passende lange Handschuhe. Es war ein Riesenspaß, weil wir aussahen wie Schwestern. In der Neujahrsnacht dinierten wir erst im Club 21, dann tanzten wir im El Morocco, gingen danach noch auf verschiedene Parties, um schließlich in Danny's Hideaway, einem Jazz-Schuppen, noch einmal auf das Neue Jahr anzustoßen. Unsere beschwingte Champagner-Laune kam den Fotos zugute, die in dieser Nacht von uns gemacht wurden. Am 2. Januar erschien eines der Fotos in allen internationalen Zeitungen: ein lächelndes, glückliches Trio, das sich an den Händen hält. Cheryl Crane war also trotz des tragischen Vorfalls im April ein glückliches und normales Mädchen, das seinen Vater liebte, der im Begriff war, eine wunderschöne Frau zu heiraten. Die Nachricht sprang einem geradezu ins Auge.

Unser Aufenthalt in New York war für mich ein einziges Fest. Wir wohnten in einer Hotel-Penthouse-Suite, sahen eine Aufführung von *My Fair Lady*, und Dads einflußreiche Freunde zeigten uns die Stadt. Dad kaufte mir bei Bendel ein schwarzes Wollkleid, obwohl er wußte, daß mir Mutter verboten hatte, etwas Schwarzes zu tragen. Ich glaube, das war für mich das Schönste an der ganzen Reise.

Nach einer Woche flog Dad nach Montreal zurück, Helen und ich nach Kalifornien. Auf dem Flugplatz entdeckten uns Reporter. Mutter hatte mir beigebracht, mich der Presse gegenüber immer freundlich zu verhalten und nichts zu sagen außer: Ich weiß nichts, bitte fragen Sie meine Mutter. Aber ich kam mir plötzlich irrsinnig erwachsen vor und beantwortete die glücklicherweise harmlosen Fragen. Ich plapperte über die Schule, über New York, meinen Vater und meine zukünftige Stiefmutter, über alles, was ich liebte. Gewiß, Mutter liebte ich auch.

Mutter holte mich am Flugplatz in Los Angeles ab. Ihr aufgesetztes Lächeln war eher giftig. In einer Zeitung stand später, daß ich die etwas peinliche Situation – mit der früheren und der zukünftigen Mrs. Steve Crane – hervorragend überspielt hätte.

Kaum waren wir in Grans Wohnung angekommen, zeigte Mutter ihre Zähne. Sie regte sich maßlos über die in New York entstandenen Fotos auf, die ihr selbstverständlich nicht entgangen waren. Ich mußte meinen Koffer öffnen und ihr das rosa Abendkleid zeigen. »Ich werde es bei mir in den Schrank hängen, hier ist ja nicht genug Platz dafür«, sagte sie. Ich gab ihr das Kleid und wußte, ich würde es nie wiedersehen. Innerlich allerdings mußte ich kichern – mein schwarzes Kleid hatte sie zum Glück nicht entdeckt! Ich wußte schon, warum ich es in den anderen Koffer gepackt hatte.

Trotzdem sollte ich es nicht lange behalten. Im darauffolgenden Monat erwischte Mutter mich, als ich es anhatte, im Ashgrove. Ich saß dort mit Helen und einigen ihrer Freundinnen, als Mutter und Fred May plötzlich zu uns an den Tisch kamen. Ich hauchte ein verlegenes Hallo.

»Wirst du wohl aufstehen, wenn deine Mutter an den Tisch kommt«, sagte sie mit ihrer besten L. T.-Stimme.

»Ich kann nicht«, stotterte ich und kämpfte mit dem schmalen Zwischenraum zwischen Tisch und Bank.

»Wie kannst du es wagen, hier zu sitzen?« fauchte sie. Fred nahm sie am Arm und zog sie mit sich. Ihre bösen Blicke verfolgten mich, bis wir gingen.

Kaum waren wir in Helens Wohnung, die sich ein Stockwerk über Dads Apartment befand, angekommen, klingelte das Telefon.

»Wo hast du das Kleid her?« wollte Mutter wissen. »Von wem? Großmutter? Helen? Woher ist es?«

»Von Vater ... in New York.«

Mutter begann zu schreien. Ich hängte auf. Das erstemal in meinem Leben knallte ich den Hörer auf die Gabel. Mutter rief ein zweites Mal an. Ich weigerte mich, mit ihr zu sprechen. Die Strafe folgte auf dem Fuße. Ich durfte nicht über Nacht bei Helen bleiben. Ich rief Jim Discoe an. »Ganz ruhig, Kind, geh zu Bett!« sagte er.

Zwei Tage später arrangierte Jim ein Treffen in Mutters Haus. Er hatte die Idee, daß wir uns aussprechen sollten. Doch zwei Stunden später war im Grunde immer noch nichts geklärt.

Als eine Art Friedensangebot lud ich Mutter und Fred zum Essen ein. Es war das erstemal, daß ich selber kochte. An jenem Abend erschien Mutter leider als L. T. Offensichtlich hatte sie bereits einige Wodkas intus, was sie aber nicht davon abhielt, einen weiteren Drink mit Fred und Gran im Wohnzimmer zu genießen, während ich in der Küche mit dem Sauerbraten kämpfte.

»Cheryl?« rief sie. »Kommst du bitte einmal her.«

»Ich kann im Moment nicht, Mutter ... mein Essen ...«

»Wenn ich dich rufe, kommst du gefälligst ...«

»Ja, Mutter?« fragte ich ungeduldig.

»In welchem Ton erlaubst du dir, mit mir zu sprechen? Ich möchte eine bestimmte Platte hören, kann sie aber nicht finden!«

Unser Abendessen war alles andere als gemütlich. Grans Pudel lag wie immer unter dem Tisch. »Ich mag den Hund nicht hier haben, während ich esse.« Großmutter machte Anstalten, den Pudel unter dem Tisch hervorzuzerren, worauf dieser klagende Laute von sich gab. »Laß ihn doch, er stört doch niemanden«, sagte ich.

Ob dieser Impertinenz geriet Mutter außer sich. »Widersprich mir nicht! Tu, was ich dir sage!« Wir brüllten uns gegenseitig an, und schließlich sagte ich: »Der Hund hat ein Recht darauf, hier zu sein – mehr als du. Warum verschwindest *du* nicht?«

Ich rannte in mein Zimmer und schlug die Tür zu. Mutter keifte und fluchte, bis der gute Fred sie aus der Wohnung bugsierte. Sekunden später kam Gran zu mir. »Bitte verzeih deiner Mutter ... sie hat einfach zuviel getrunken!« Bis zu diesem Zeitpunkt war dieses heikle Problem nie von Gran erwähnt worden.

Zwischen Mutter und mir fand eine Art Wettkampf statt. Sie war es gewöhnt, jeden in ihrer Umgebung zu manipulieren. Vor allem mich. Und nun mußte sie, wahrscheinlich zu ihrem Erstaunen, feststellen, daß ihre rebellische Tochter sich nicht mehr kontrollieren und gängeln ließ. Ihre Autorität zu untergraben machte mir, ich gebe es zu, irrsinnigen Spaß. Indirekt halfen mir dabei Dad und Helen, Jim Discoe und sogar Richter Lynch.

Es kümmerte mich herzlich wenig, daß Mutter gewissermaßen unter Druck stand. Für ihre Arbeit in dem Film *Solange es Menschen gibt* bekam sie pro Woche nur zweitausendfünfhundert Dollar. Allerdings war sie an den Einspielergebnissen beteiligt. Sollte der Film durchfallen, war sie als Star wahrscheinlich erledigt.

Beim Friseur las ich hin und wieder über unsere »einzigartig enge Beziehung«. Gleichzeitig gab Mutter zu, daß »die schreckliche Tragödie, die am Karfreitag passierte, teilweise ihre Schuld war«. Im *Herald Examiner* stand: »Wir, ihr Vater und ich, sehen Cheryl jeden Tag nach der Schule und an den Wochenenden.« Im *Photoplay* erzählte sie, daß sie sich nach dem New-York-Trip bei Helen dafür bedankt habe, »so nett zu ihrem kleinen Mädchen gewesen zu sein«.

Im Frühling kaufte Dad ein Haus am Tower Grove Drive oberhalb vom Benedict Canyon, und Helen zog zu ihm. Mutter befand sich im unkomplizierten Anfangsstadium ihrer Liebe zu Fred und verbrachte die meiste Zeit auf seiner Ranch. Es war vorauszusehen, daß er ihr Ehemann Nummer sechs werden würde. Helen dagegen war Dads fünfter Versuch.

Es wunderte mich manchmal, daß ich selbst, trotz dieser Eltern, keine romantischen Neigungen verspürte. Mit Bobby, der in Arkansas stationiert war, stand ich noch in brieflichem und telefonischem Kontakt, aber aufgrund der langen Trennung entfremdeten wir uns langsam, aber sicher. Noch vor acht Monaten waren wir heimlich nachts von einem Club zum anderen gezogen. Inzwischen kam er nur alle paar Wochen nach Hollywood zu Besuch. Ich dachte immer seltener an ihn.

Bei einem meiner Bummel in Schwabs Drugstore in Beverly Hills entdeckte ich im Taschenbuchständer einen Roman von Ann Bannon. Ich kaufte das Buch, ohne eigentlich zu wissen, warum.

Odd Girl Out faszinierte mich so, daß ich es in der gleichen Nacht in einem Rutsch durchlas. Laura, die Heldin, geht nach New York, wo sie durch Zufall in Künstlerkreise gerät. Sie lebt in Greenwich Village, einem offensichtlich sehr interessanten Viertel, in dem Männer wie Frauen auf verschiedenste Weise in Liebesbeziehungen involviert sind. Laura verliebt sich in das Mädchen Patricia. Im letzten Absatz des Buches küssen sie sich endlich.

Diese Geschichte beeindruckte mich sehr, und ich las sie noch einmal. Die Autorin beschrieb darin Emotionen, die mir selbst sehr bekannt waren. Wenn ich ihr Glauben schenken durfte, lebten in Grennwich Village eine Menge Menschen, die so empfanden wie ich. Ich beschloß, diesen herrlichen Platz aufzusuchen, sobald ich achtzehn war.

Während der nächsten Monate verfolgte ich Lauras Abenteuer in den jeweiligen Neuerscheinungen. Durch Zufall entdeckte ich eine andere Autorin, deren Romane ähnlicher Natur waren. Ann Aldrich war vielleicht nur ein Pseudonym für Ann Bannon. Nach heutigen Maßstäben gemessen waren die Geschichten eher langweilig, denn es kam weder Sex noch Gewalt vor. Für mich waren diese Bücher wie eine Offenbarung, und ich versuchte, Gran zu der Lektüre zu überreden. Gran fand keinen Gefallen daran. Später hat sie die Bücher verbrannt.

Solange es Menschen gibt sollte im April Premiere haben. Aus für mich unerfindlichen Gründen wurde ich in die Werbung für den Film miteinbezogen. Unter anderem durfte ich Mutter zu der Uraufführung begleiten, die mit einer Party im Romanoff gefeiert wurde.

Eine Woche vorher wurde Mutter, Gran und mir der Film im privaten Vorführraum von Universal-International gezeigt. Mutter erklärte, daß wir dann bei der eigentlichen Uraufführung gegen Tränen gefeit seien. In Wirklichkeit war es ihre Absicht, mich vor einer späteren, vielleicht unerfreulichen, Überraschung zu bewahren. Weder hatte sie mir je erzählt, wovon der Film handelte, noch kannte ich das Buch von Fannie Hurst.

Ich saß wie versteinert im Vorführraum. Der Film hatte so viel Ähnlichkeit mit unserem Leben, daß ich mir geradezu benutzt vorkam: der verliebte Star, der seine Tochter ignoriert; das pinkfarbene Schlafzimmer; meine Internatsschule; ein Pferd als Schulabschlußgeschenk. Mutters Filmtochter Sandra Dee verliebt sich in den Freund ihrer Mutter – ein Aufgreifen jener scheußlichen Gerüchte, zwischen Stompanato und mir »habe es etwas gegeben«.

Mich fröstelte, als ich Sandra sagen hörte: »O Mama, hör doch auf zu *spielen*! Hör auf, die Menschen wie Schachfiguren hin und her zu schieben.« Und etwas später sagte sie: »Ich kenne deine Liebe nur von Telefonaten, von Postkarten und aus Interviews – du hast mir alles gegeben, was eine Mutter ihrer Tochter geben kann – außer deiner Liebe!«

Nach der Vorführung saßen wir alle drei schweigend da und weinten. Und jeder von uns weinte wohl aus einem anderen Grund.

30

Solange es Menschen gibt wurde ein Kassenschlager. Mutters Entscheidung, diesen Film zu machen, rettete nicht nur uns aus unserer finanziellen Misere, sondern auch die in Schwierigkeiten geratenen Universal-International Pictures.

Zwar bemängelten die Kritiker die sentimentalen Dialoge, aber das Publikum war hingerissen. Der Film erlaubte den Kinobesuchern in gewisser Weise, an Mutters verrücktem Leben teilzuhaben.

Die Werbung nützte dieses offensichtliche Bedürfnis schamlos aus. In den Programmheften stand unter einem Bild von Sandra Dee: »Du hast mir alles gegeben, was eine Mutter ihrer Tochter geben kann – außer deiner Liebe!« Oder unter einem Foto von Mutter: »Ich bekomme im Leben immer das, was ich will – auf diese oder jene Weise. Wenn nicht von diesem Mann, dann von einem anderen!«

Die für die Werbung Verantwortlichen legten großen Wert darauf, zu zeigen, wie innig das Verhältnis zwischen Mutter und mir war, wie sehr ich den Film mochte und wie glücklich ich darüber war, unsere privaten Probleme der Öffentlichkeit zugänglich zu machen – bei der für uns stattfindenden Privatvorführung wurde genau aus diesem Grund meine Reaktion getestet.

Die Premiere war alles andere als formell; die meisten Besucher erschienen in sportlicher Kleidung, nur Mutter und ich waren aufgetakelt, als gelte es, der Königin von England vorgestellt zu werden. Satin, Chiffon, Hermelin, Diamanten und Straußenfedern – alles in fotogenem Weiß. Zum erstenmal durfte ich mich als nunmehr Fünfzehnjährige bei einem gemeinsamen Auftritt präsentieren. Nach der Vorführung des Films, die ich tatsächlich ohne zu weinen überstand, erzählte ich Reportern, wie sehr mir der Film gefallen habe: »Er war so traurig« und Mutter »einfach wundervoll«. Aus Rücksicht auf Mutter und wahrscheinlich auch aus Mangel an Selbstbewußtsein verschwieg ich meine wahren Gefühle.

In Wirklichkeit vergrößerte der Film die Kluft zwischen Mutter und mir. Das Happy-End fand ohnehin nur auf der Leinwand statt.

Der Film spielte allein im ersten Jahr elf Millionen Dollar ein. Dank ihrer Beteiligung von fünfzig Prozent waren Mutters finanzielle Probleme damit gelöst. Drei Jahre später machte Liz Taylor Schlagzeilen, weil sie für die Rolle der Kleopatra die atemberaubende Summe von einer Million Dollar kassierte. Mutter verdiente mit *Solange es Menschen gibt* weitaus mehr. Fred May investierte das Geld glücklicherweise in Immobilien.

Mutter sonnte sich in ihrem Erfolg und neuerlichen Reichtum. Beides war verantwortlich für ihre wiedergewonnene Ausgeglichenheit. Spontan entschloß sie sich, mit mir und Gran einen Zehn-Tage-Trip zu machen, auf dem wir uns ausnahmsweise einmal nicht stritten. Im Gegenteil, wir hatten viel Spaß miteinander. Wir ernährten uns hauptsächlich von Hamburgern und wohnten in billigen Motels.

»So wie das Bett aussieht, muß es einfach hart sein«, sagte Mutter mit mißtrauischem Blick auf die Schlafstatt, die wir in der ersten Nacht gemietet hatten. Probehalber legte sie sich auf das Bett – es brach unter ihr zusammen. Wir mußten furchtbar lachen. Es waren glückliche Momente für mich; ich wußte nicht, ob ich vor Freude lachen oder weinen sollte. Warum hatten wir so viele Jahre vergeudet? Im Grunde hätten wir es richtig schön haben können.

Im Juli wurde ich sechzehn. In gewissen Kreisen in Beverly Hills gehörte es einfach zum guten Ton, daß die Eltern ihren Sprößlingen eine aufwendige Geburtstagsparty finanzierten. Die meisten Mädchen, die ich kannte, feierten ihren Sechzehnten bei einem Mittagessen im Luau. Ich hatte etwas anderes im Sinn und setzte meinen Wunsch auch durch: eine Dinner-Party mit anschließendem Tanz im Bel Air Hotel. Wir waren vierzig Pärchen, Bobby mein Begleiter. Inzwischen machte es mir Spaß aufzufallen, deshalb bestand ich auf einem lavendelfarbenen Kleid.

Der Höhepunkt des Abends war für mich zweifellos das Geschenk von Dad. Seit meinem achten Lebensjahr erinnerte ich ihn immer wieder an sein Versprechen, mir ein Auto meiner Wahl zu schenken. Dad hatte eine Kollektion, zu der auch ein Muntz Jet gehörte, von dem nur hundertundsiebenundzwanzig Stück gebaut worden waren. Schwarz und schnell wie ein Panther stand er aufgebockt in seiner Garage. Das war genau das Auto, von dem ich träumte. Sobald ich meine sechzehn Kerzen ausgeblasen hatte, übergab Dad mir ein kleines Päckchen. »Mach es auf«, sagte er lächelnd. Darin lag ein vergoldeter Autoschlüssel, auf dem stand: »Der schwarze Bomber gehört dir. In Liebe Dad.« Mutter fiel fast in Ohnmacht, was ihr nichts half, denn sogar Richter Lynch hatte dem Geschenk zugestimmt.

Von meinem Geburtstag an hob das Gericht gewisse Einschränkungen auf. Ich durfte jetzt abends allein ausgehen, so lange ich mich an die in Los Angeles geltenden Jugendgesetze hielt, die alle unter achtzehn Jahren betrafen, die nicht in Begleitung Erwachsener waren. An normalen Tagen mußte ich um zehn, am Wochenende um Mitternacht zu Hause sein.

Autos waren zu jener Zeit die große Masche. Unnötig zu sagen, wie stolz ich auf meinen schwarzen Bomber war. Schon einen Tag nach meinem Geburtstag machte ich darin mit drei Freundinnen eine Spritztour.

Wir landeten schließlich im Dolores Drive-In, einem beliebten Treffpunkt Jugendlicher am Wilshire Boulevard. Als ich meine Hand aus dem Wagenfenster streckte, um den Milch-Shake entgegenzunehmen, meinte der Junge, der ihn servierte, bewundernd: »He Mann, die sind ja zum Anbeißen!« Er meinte meine langen Nägel mit dem lavendelfarbenen Lack.

»Tom flirtet mit dir, Cheryl«, bemerkte eine meiner Freundinnen auf dem Rücksitz.

»So ein Quatsch«, schimpfte die andere. »Tom ist doch schwul. Wie alle, die hier arbeiten!«

Ich war erstaunt. Es war mir bisher entgangen, daß es in Los Angeles ebenfalls Menschen gab, wie Laura, die Heldin in Ann Bannons Roman, sie in Greenwich Village gefunden hatte. Das gefiel mir, und in diesem August war ich häufig im Dolores Drive-In. Die dort arbeitenden Jungs hatten eine witzige und unkomplizierte Art, und vor allem waren sie unaufdringlich.

An einem Samstagabend, nach dem Besuch verschiedener Clubs, fuhren Bobby und ich in seinem neuen roten Porsche ziemlich früh heim. Natürlich wußte ich, daß es in seinem Leben auch noch andere Mädchen gab, aber Bobby war ein sehr potenter Junge und dachte im Grunde immer ans Bett. »Laß uns zu mir fahren«, schlug er denn auch vor. Ich schwieg, und er machte eine rasante Wendung, um zu seinem Apartment zu fahren. »Bob«, sagte ich, »ich möchte heim. Ich glaube, ich muß dir etwas sagen ... Es macht mir keinen Spaß, mit dir zu schlafen ... es ist nicht deine Schuld, nur ... Jungs bedeuten mir nichts.«

»Wie meinst du das?«

»Na ja ... ich mag Mädchen lieber.«

Bobby sah mich fassungslos an. »Das ist doch unmöglich! Sag, daß du das nicht ernst meinst ... Habe ich was getan, was dich verärgert hat? Was ist es?«

Ich zündete mir eine Zigarette an und starrte auf meine langen Nägel. »Nein, nein ... es ist wahr.«

Er explodierte. Seine Hand ballte sich zur Faust und drosch auf das Armaturenbrett ein. Er hielt mich für krank und für verrückt. Einsperren müsse man mich und bestrafen, schrie er. »Du verdammtes ...« Noch nie hatte ich solche Schimpfwörter gehört, wie er sie mir nun an den Kopf warf. »Fahr mich heim, bitte«, schluchzte ich.

Wütend gab er Gas und fuhr mich mit quietschenden Reifen nach Hause.

Seine Reaktion war mir unverständlich. Hätte ich ihn anlügen sollen? Wäre ihm das lieber gewesen? Ich kann nichts dafür, Bobby. Ich bin, wie ich bin. Warum sollte ich dich anlügen?

Bei der nächsten Sitzung erzählte ich Dr. Wahl von dem Vorfall. Seine Augenbrauen rutschten nach oben, er nuckelte unruhig an seiner Pfeife. »Ich habe mich schon gefragt, wann du damit herausrückst!« meinte er fast triumphierend. Dann sah er auf seine Uhr. »Nächste Woche reden wir weiter darüber.«

»Da bin ich mir nicht so sicher«, antwortete ich etwas patzig. Seine letzte Bemerkung verärgerte mich. Sie klang so, als habe er gemeint: Auch dieses kleine Problem werden wir lösen.

Besser, ich erzählte niemandem mehr von meinen wirklichen Gefühlen.

Jener Sommer 1959 war im Grunde sehr schön, nur bemerkte ich es damals nicht. Ich war frei, hatte mein eigenes Auto, dreißig Dollar Taschengeld in der Woche, ich konnte kommen und gehen, wie es mir gefiel – solange Gran wußte, wo ich mich aufhielt. An den Wochenenden kümmerte ich mich um Rowena auf der Ranch in Chino. Manchmal aß ich mit Fred und Mutter zu Abend.

Im Grunde war alles eitel Sonnenschein. Mutter mietete ein neues Haus, Dad eröffnete wieder einmal ein Kon Tiki, und beide waren verliebt in Menschen, die ich ebenfalls mochte. Gran spielte sogar wieder Bridge.

Einmal in der Woche sah ich meinen Bewährungshelfer und Dr. Wahl. Mir leuchtete zwar nicht ein, warum, aber das Gericht bestand darauf. Mein größter Wunsch war, ein ganz normales Kind wie alle anderen Kinder zu sein.

Bobby entschuldigte sich telefonisch bei mir, wenig später hatten wir wieder einen Streit. Dad und Helen machten mich unter anderem mit George Hamilton bekannt. Ich fand ihn nett, aber das war auch schon alles. Am liebsten war ich bei den Jungen im Dolores Drive-In. Am besten gefiel mir Marty Gunn.

Marty war zweiundzwanzig, groß, blond und attraktiv. Er träumte davon, »beim Film was zu werden«. In Wirklichkeit hieß er Bobby McVey und kam aus Kansas. Den Namen Gunn hatte er von einer Fernsehserie entlehnt. Ich war nicht verliebt in ihn, aber seine Unabhängigkeit und die Fähigkeit, die Dinge mit meinen Augen zu sehen, bedeuteten mir sehr viel. Ich liebte ihn wie eine Schwester.

Er mußte bis zehn Uhr arbeiten, und ich mußte um zehn nach Hause. Keine Möglichkeit also, mit ihm das Nachtleben von West Hollywood zu genießen, über das er mir erstaunliche Dinge erzählte. Mit einigen anderen Jungen aus dem Dolores pflegte er Männerbars wie das Spotlight und The Four Star am Santa Monica Boulevard unsicher zu machen. Das waren Plätze, die ich weder mit Bobby noch mit Dad kennengelernt hatte, und ich platzte fast vor Neugierde. Was blieb mir anderes übrig, als mich wieder einmal heimlich aus dem Haus zu schleichen, wenn Gran schlief? Ich riskierte es, diesmal mit Marty. Im Four Star gab es Bier und Billardtische. Martys Freunde waren besonders nett zu mir. Ich war das einzige weibliche Wesen zwischen all den gutgebauten jungen Männern, und es gefiel mir. In den nächsten drei Monaten kam ich selten vor vier Uhr morgens heim. Da die Schule bereits um sieben begann, kann man sich vorstellen, daß ich keine besonders aufmerksame Zuhörerin war. Wenn ich müde und mit Ringen unter den Augen in meinem schwarzen Bomber auf den Schulparkplatz fuhr, war kaum mehr eine Ähnlichkeit mit jenem scheuen Mädchen festzustellen, das noch vor kurzem von seiner Großmutter zum Unterricht gebracht wurde.

Für unsere nächtlichen Vergnügungstouren konnte ich natürlich den Muntz Jet nicht verwenden, weil er zu großes Aufsehen erregte. Ich »borgte« mir deshalb Grans Wagen, wobei die Schwierigkeit darin lag, daß ich den Schlüssel aus ihrem Portemonnaie holen mußte, das sie unter der Matratze versteckte.

Der Muntz hatte außerdem den Nachteil, daß er einen höllischen Krach machte. Die Fehlzündungen klangen wie Gewehrschüsse. An dem Tag, als der sowjetische Generalsekretär Chruschtschow das Twentieth-Century-Fox-Studio besuchte, wartete ich mit Gran an der Ampel der Studioeinfahrt. Obwohl es von Polizisten nur so wimmelte, sorgte ich übermütig für den berühmten Bomber-Knalleffekt, was zur Folge hatte, daß wir sofort von Uniformierten umzingelt waren, die ihre Gewehre auf uns richteten. »Um Himmels willen, die werden uns noch erschießen!« schrie Großmutter und versteckte sich ängstlich hinter ihrem Schal.

Ich gebe zu, eigentlich war es unverantwortlich, mich den Muntz fahren zu lassen. Kinder läßt man nicht mit Munition spielen. Die Angelegenheit erledigte sich allerdings von selbst. Eines Tages, ich fuhr mit hundert Meilen den Hollywood Freeway entlang, blockierte durch einen Lagerschaden die Kurbelwelle. Ich war gerade noch in der Lage, den Wagen an den Straßenrand zu lenken. Mein erleichterter Vater schenkte mir daraufhin ein beiges Impala-Kabrio.

Die Freiheit, die ich in jenem Sommer genoß, war wie eine Droge. Ich konnte nicht genug erleben.

Normal aufgewachsene Kinder respektieren die ihnen gesetzten Grenzen und lernen, eigene Verantwortung zu übernehmen. Als Hollywood-Prinzessin hatte ich dergleichen nie gelernt. Trotz meiner Erziehung in guten Schulen und trotz meiner vielen Auslandsreisen war ich unreif wie eine Zwölfjährige, auch wenn ich mit meinem geschminkten Gesicht aussah wie dreiundzwanzig.

Ich begriff nicht, daß gewisse Handlungen gewisse Reaktionen zur Folge hatten. Was immer ich tat, ich dachte nie an die Konsequenzen. Im Augenblick war mir nach Vergnügen und Nachtleben zumute, dementsprechend sorgte ich dafür. Dabei vergaß ich völlig, daß ich als Star-Baby, das noch vor kurzem in eine Morduntersuchung verwickelt war, quasi im Scheinwerferlicht stand. Zudem wäre ich niemals auf die Idee gekommen, daß mich meine heimlichen nächtlichen Ausflüge in ernsthafte Schwierigkeiten bringen konnten. Schließlich war ich nur auf Bewährung frei.

Marty war fürs Vergnügen, Sally fürs Herz. Anfangs bestand zwischen Sally und mir nur eine Schulfreundschaft, aber nach etwa einem Jahr war uns klar, was wir füreinander empfanden. Wir telefonierten stundenlang miteinander, und manchmal fuhr ich nachts zu dem Haus ihrer Eltern in Beverly Hills, und sie ließ mich zu ihrem Fenster herein. Irgendwann erschien Jim Discoe in der Schule, um mich abzuholen.

»Es ist soweit«, sagte er auf der Fahrt zu seinem Haus in Pacific Palisades. »Wir sind in Schwierigkeiten. Du bleibst das Wochenende bei mir.«

»Was ist denn los?« wollte ich wissen.

Er seufzte gutmütig. »Sallys Vater war heute bei deiner Großmutter ... Er hatte ein Gewehr dabei ...«

Allem Anschein nach hatte Sallys Vater einen Brief von mir gefunden, der ihm verdächtig vorkam. Daraufhin ließ er das Telefon überwachen. Die Unterhaltungen zwischen Sally und mir gefielen ihm offensichtlich gar nicht.

Jim Discoe hatte Verständnis für mich und meine Gefühle, und es gelang ihm, den aufgebrachten Vater zu beruhigen. Trotzdem – bereits am Montag war Sally weg. Sie besuchte nun eine Schule in Arizona.

Beunruhigt wartete ich auf die Reaktion von Mutter, aber sie erwähnte den Vorfall mit keinem Wort. Soweit es sie betraf, war wieder einmal nichts geschehen. Allerdings interessierte sie sich plötzlich lebhaft für Marty und bestand darauf, daß er zu uns zum Essen kam.

Dad war nicht bereit, meine ihm fremde Gefühlswelt zu akzeptieren. Er beschimpfte den Psychiater, der seiner Meinung nach seinen Beruf verfehlt hatte.

Als ich Marty das nächste Mal im Dolores sah, beschwerte ich mich bei ihm darüber, daß mir bis zu meinem achtzehnten Lebensjahr nicht das kleinste Glück vergönnt sein würde. Er hörte mir ruhig zu, streichelte meine Hände und lächelte mich an.

»Ich glaube, es gibt da eine Möglichkeit«, sagte er. »Wenn du heiratest, bevor du achtzehn bist, giltst du vor dem kalifornischen Gesetz als mündig. Das bedeutet: Du heiratest jetzt, und weder deine Eltern noch das Jugendgericht können dir weiterhin das Leben schwermachen.«

»Bist du sicher?«

»Absolut sicher!« Das rote Neonlicht brachte sein hübsches Profil gut zur Geltung. »Möchtest du denn heiraten?«

Ich überlegte. Freiheit. Endlich frei sein. Gut, ich liebte Marty nicht, aber wofür gab es Scheidungen?

»Klar möchte ich heirate«, gab ich deshalb entschlossen zurück.

Marty stieß ein Triumphgeschrei aus. Man wurde auf uns aufmerksam. Wir duckten uns und kicherten verlegen. Dann meinte er: »Dann ist ja alles in Butter. Was wir brauchen, ist lediglich die Erlaubnis deiner Eltern.«

Du lieber Himmel! Die Erlaubnis meiner Eltern? Es war kaum damit zu rechnen, daß die beiden einer Heirat zustimmen würden. Vielleicht, wenn ich schwanger war, aber ich hatte nicht die geringste Lust, Mutter zu werden. Und wenn ich vorgab schwanger zu sein? Unsinn. Dr. McDonald würde auf der Stelle aufgefordert werden, mich zu untersuchen. Der einzige Trick, der mir einfiel: Ich mußte sie glauben machen, daß ich mit Marty ein Verhältnis hatte.

Ein paar Nächte später schmuggelte ich Marty zur Hintertür herein, als Gran schon schlief. Ich trug einen Flanell-Pyjama, Marty zog sich aus bis auf seine Boxer-Shorts. So schlüpften wir ins Bett, in der Hoffnung, daß Gran uns am nächsten Morgen entdeckte. Die von ihr alarmierte Familie würde zweifelsohne sagen: »Kinder, jetzt müßt ihr aber heiraten!«

Obwohl wir uns vorgenommen hatten, wach zu bleiben und uns die Zeit mit Reden zu vertreiben, schliefen wir natürlich irgendwann ein. Als Gran am Morgen hereinkam, betrachtete sie entsetzt das erotische Stilleben. »Großer Gott, zieht euch sofort an und kommt dann ins Wohnzimmer!«

Den Tag darauf läutete ununterbrochen das Telefon, sonst passierte nichts. Marty und ich fuhren zu Jim, um diesen von unseren Heiratsabsichten zu überzeugen.

»Ihnen ist doch klar, wenn Sie Cheryl heiraten, dann liegt die Verantwortung bei Ihnen«, erklärte Jim. Idiotischerweise berichtete ich ihm von unseren nächtlichen Ausflügen. Damit beging ich einen gravierenden Fehler.

Jim arrangierte ein Treffen in Grans Wohnung. Anwesend waren: Mutter, Dad, Gran und Jeanette Muhlbach. Marty fehlte. Ich saß allein auf dem großen Sofa und kam mir wie im Zeugenstand vor. Ich gab mich ruhig, eigensinnig und sehr zuversichtlich. Doch die Dinge nahmen eine unerwartete Wendung.

Kein Mensch schien gegen unsere Heirat zu sein. »Natürlich, Baby, wir glauben, daß du noch zu jung bist, um zu heiraten, aber wir werden dir keine Steine in den Weg legen«, sagte Mutter. Ihre Absicht war lediglich, mehr über unsere Pläne zu erfahren. Wovon würden wir leben? Wo wollten wir heiraten? In Las Vegas, schlug ich vor. Vielleicht schon nächste Woche. Alle schienen damit einverstanden, und ich war eigentlich recht glücklich.

»Richter Lynch muß natürlich damit einverstanden sein«, sagte Jim. »Aber da sehe ich keine Schwierigkeiten ... du hast die volle Unterstützung deiner Familie und deines Bewährungshelfers. Im Grunde ist das nur eine Formalität.« Telefonisch informierte ich Marty von den positiven Neuigkeiten.

Jim warnte Marty und mich davor, übereilt zu handeln. »Wartet, bis ich mit Lynch gesprochen habe. Montagnachmittag wissen wir mehr.«

Montag, am Spätnachmittag, erschienen Jim und Jeanette mit düsteren Gesichtern. »Tut mir leid, Cheryl«, meinte Jim. »Lynch findet die Idee absolut nicht gut. Deine Freunde gefallen ihm nicht. Er will, daß du im El Retiro zur Schule gehst ...«

»Aber das ist doch keine Schule, sondern eine Besserungsanstalt«, warf ich entsetzt ein, weil ich im Jugendgefängnis davon gehört hatte.

»Am besten packst du gleich. Wir fahren dich hin«, sagte Jeanette.

Am liebsten hätte ich mich in mein Auto gesetzt und wäre nach New York gerast, statt dessen fügte ich mich. Mutter und Dad riefen an. Sie drückten ihr Bedauern aus. Ich hatte nicht einmal Zeit, mich von meinen Freunden zu verabschieden. Gran war die einzige, die mir bei meiner Abfahrt zuwinkte. Sie weinte und wirkte sehr niedergeschlagen.

Von Marty habe ich nie wieder gehört. Reportern gegenüber erwähnte er, daß er nicht in der Lage sei, mich zu heiraten.

Mehr war aus ihm nicht herauszubringen. »Ich darf nichts darüber sagen.«

Mutter bestritt jegliche Heiratsgerüchte. »An diesen Gerüchten ist kein Wort wahr.« Und sie fügte hinzu: »Cheryl geht völlig freiwillig in diese Schule. Sie weiß, daß sie dort gut untergebracht ist.«

Auf der einstündigen Fahrt ins San Fernando Valley sagte ich kein Wort.

Die denken also, ich bin eine Verbrecherin? Bitte, wenn sie es so haben wollen! Ich werde es ihnen beweisen. Die Mädchen dieser Schule, zu der ich gerade fahre, sind wirklich schlecht. Mal sehen, ob ich dort etwas lerne, was ich noch nicht kann.

31

Als wir uns meiner neuen Bleibe näherten, fiel mir als erstes die sehr hohe Mauer auf, die das Grundstück umgab und oben noch mit Stacheldraht abgesichert war. Aus unerfindlichen Gründen mußte ich in diesem Augenblick daran denken, daß Mutter vor genau zweiundzwanzig Jahren ihren ersten Vertrag bei M-G-M unterzeichnet hatte.

Am Hauptportal befand sich eine Klingel, über der mit Kreide geschrieben stand: »El Retiro. Bitte läuten.« Ich wußte, daß diese Schule eine Art Gefängnis war, aber die vier Häuser, in denen die Schülerinnen nach Anbruch der Dunkelheit eingeschlossen wurden, das hohe, keineswegs unfreundlich wirkende Schulgebäude, ein hübscher Apfelbaumgarten, ein kleiner Swimmingpool vermittelten nicht unbedingt diesen Eindruck. Ich bekam ein Einzelzimmer.

Zur Zeit befanden sich etwa fünfzig Mädchen in der Anstalt. Die meisten waren schwarz oder lateinamerikanischer Herkunft. Manche waren wegen Prostitution oder Diebstahl aufgegriffen worden, andere galten als »schwer erziehbar«, und ihre Angehörigen hatten sie einfach abgeschoben. Ich gehörte wahrscheinlich zu letzterer Gruppe, war aber meines Backgrounds wegen doch eine Ausnahmeerscheinung.

Es war verboten, über Familienangelegenheiten zu diskutieren oder Adressen auszutauschen. Damit sollte verhindert werden, daß sich die Mädchen nach ihrer Entlassung noch einmal trafen. Die Ankunft von Lana Turners Tochter war offiziell bekanntgegeben worden, mit der Bitte, »sie wie alle anderen zu behandeln«.

Eines war mir klar: Ich durfte keinerlei Angst zeigen, sonst war ich verloren. Ich war schon so oft umgeschult worden, daß ich allmählich Übung darin hatte, wie ich mich in den ersten Tagen an einer neuen Schule zu verhalten hatte.

Trotz strengster Aufsicht bildeten sich Pärchen, die bei den wöchentlichen Kinobesuchen sogar Händchen hielten, um zu demonstrieren, daß sie zusammengehörten. Die meisten dieser Mädchen wurden nach ihrer Entlassung wieder »normal« und heirateten.

In der ersten Woche gab ich mich abwartend. Dann lernte ich Donna kennen. Sie war groß, hatte blaue Augen und blondes Haar, eine notorische Ausreißerin, die bei den Mädchen eine Art Anführerin war.

Es machte mir unsäglichen Spaß, Mutter und Gran bei ihrem ersten Besuch zu schockieren: »Es gibt hier eine ganze Reihe Liebespärchen ... kein Mensch kümmert sich darum«, behauptete ich. Mutter sah mich entsetzt an. »Ich kann einfach nicht glauben, daß das erlaubt sein soll«, meinte sie pikiert und spielte nervös mit ihren Handschuhen. Wir saßen unter den Apfelbäumen, während andere Eltern mit ihren Töchtern wie zufällig an uns vorbeiflanierten und uns dabei ungeniert anstarrten. Mutter war ganz Dame, von Verlegenheit war ihr nichts anzumerken. Wie so oft stellte sie die Stiuation in ihrer eigenen Version dar. Reportern hatte sie erzählt, El Retiro sei im Grunde eine nette Privatschule für Mädchen, »die ein wenig Hilfe nötig hätten«.

Sie verdrängte wieder einmal, was geschehen war ... Eine Besserungsanstalt war nicht unbedingt eine Besserungsanstalt ... Es kam lediglich auf die Betrachtungsweise an. Manchmal versuchte ich Gran, ihr oder Dad zu erzählen, warum dieses oder jenes Mädchen hier gelandet war; ich wollte Mutter bewußt verletzen, sie zwingen zu bedauern, daß sie mich hierhergebracht hatte, aber meine Mühe war vergeblich. Man wechselte einfach das Thema.

Mit der Disziplin nahm man es in El Retiro nicht allzu genau. Wer sich nicht an die Regeln hielt, wurde damit bestraft, daß die Vergünstigungen gestrichen wurden: kein Kinobesuch, keine Teilnahme an den nachmittäglichen Spielen.

An einem Freitagnachmittag, ich war jetzt ungefähr sieben Wochen hier, erzählte mir Donna, daß sie zwei Wochen auf dergleichen Vergnügen verzichten mußte. »Ich haue ab«, sagte sie. Mindestens eine Insassin der Anstalt versuchte einmal im Monat durchzubrennen, wurde normalerweise innerhalb von vier Stunden wieder eingefangen und zurückgebracht. Donna war schon zweimal ausgerissen. Ich wollte nicht, daß sie mich allein ließ.

»Ich komme mit«, meinte Mary.

»Also, wenn ihr beide abhaut, dann tue ich das auch«, sagte ich. »Ich weiß nur nicht, ob ich über die Mauer komme.«

Es war nicht allzu schwierig. Eine Aufseherin beobachtete uns. »Tut es nicht«, rief sie. »Ihr macht einen Fehler.«

Ein paar Häuser weiter hielt Donna einen vorbeifahrenden Wagen an. Wir gestanden dem etwa fünfundzwanzigjährigen Pärchen, daß wir ausgerissen waren. Die beiden lachten. Dergleichen war man hier in der Gegend gewöhnt. Unter der Bedingung, am nächsten Morgen weiterzuziehen, durften wir bei ihnen übernachten. Ich nannte mich »Laura«.

»Du bist nicht Laura, sondern die Tochter von Lana Turner«, sagte die junge Frau, als sie vom Einkaufen zurückkam. »Wir haben im Radio gehört, daß du vermißt wirst. Ich glaube nicht, daß ihr hier bleiben könnt.« Donna mußte ihren ganzen Charme einsetzen, um sie umzustimmen.

Wir aßen Hamburger und tranken Coke. Danach verbrachte ich eine schlaflose Nacht auf dem kalten Boden. In meiner ärmellosen Bluse und den Shorts fror ich entsetzlich. Jedes Geräusch schreckte mich auf. Mary und Donna schliefen fest. Was tat ich hier eigentlich? Ich wußte weder, wo ich war, noch bei wem. Und wie sollte es weitergehen? »Kannst du endlich den Mund halten«, fuhr Donna mich an, als ich mit ihr darüber sprechen wollte. »Ich weiß nicht, was wir machen werden. Also schlaf jetzt. Am Morgen sehen wir weiter.«

Donna kannte ein Mädchen, daß nach seiner Entlassung aus El Retiro nach Long Beach gezogen war. Es versprach uns am Telefon, daß wir bei ihm unterschlüpfen konnten. Unser Gastgeber fuhr uns hin. Da über unsere Flucht inzwischen alle Zeitungen berichtet hatten, mußte ich mich während der zweistündigen Fahrt auf den Boden des Autos kauern. Als wir Long Beach erreichten, rief Donna ihre Freundin noch einmal an, damit diese ihr den Weg erklären konnte. »Wir sind jetzt am Pacific Coast Highway. Wie kommen wir zu deiner Hütte?«

»Gar nicht! Sonst kommt ihr in Schwierigkeiten!« Das Mädchen hängte ein. Donna kam zum Wagen zurückgerannt. »Die Bullen sind schon dort. Schnell nach L.A.« Mit quietschenden Reifen fuhren wir in nördlicher Richtung davon. In der Tat hatte die Polizei Donnas Freundin ausfindig gemacht; ihr Haus stand unter Bewachung, ihre Telefonleitung wurde überwacht. Unser freundlicher Samariter fuhr uns zu einem sparsam möblierten Bungalow in Tarzana, der im Moment nicht bewohnt wurde, und setzte uns dort ab. In den nächsten Tagen schliefen wir viel, manchmal spielten wir Karten. Wir ernährten uns von dem, was wir in der Küche fanden – es gab nur Bohnen. Die Stimmung war gedrückt, die Lage ernst.

Am darauffolgenden Montag erschien im *Herald-Examiner* auf der ersten Seite ein offener Brief von Dad:

»Liebe Cheryl,

Du weißt, wir lieben dich alle, wir machen uns schreckliche Sorgen um Dich.

Bitte ruf mich an. Ich liebe Dich und werde alles in meiner Macht Stehende für Dich tun. Du weißt, daß ich das ernst meine, sonst würde ich niemals diesen offenen Brief schreiben.

Weder Deine Mutter noch ich wußten, daß es Dir in El Retiro nicht gefällt, und wir hatten keine Ahnung, daß Du dort unglücklich bist. Als ich Dich zum letztenmal sah – am Donnerstag vor einer Woche – hatte ich den Eindruck, daß es

Dir gutgeht, und deshalb habe ich mir keine Sorgen gemacht. Cheryl, weißt Du überhaupt, in welch großer Gefahr du bist? Du hast doch sicher kein Geld. Ich möchte Dir helfen. Bitte, gib mir eine Chance. Ruf mich an. Seitdem Du ausgerissen bist, sitze ich neben dem Telefon. Bitte ruf mich an, egal zu welcher Tageszeit. Ich komme und hole Dich. Daddy.«

Da ich keine Zeitungen zu Gesicht bekam, wußte ich nichts von diesem Brief. Aber ich hätte mich ohnehin, wenn ich Hilfe brauchte, an meinen Vater gewandt. Am Montag rief ich ihn an. Wir trafen uns in einem nahegelegenen Einkaufszentrum, weil ich die Freunde, die uns geholfen hatten, nicht verraten wollte.

Wieder einmal machte ich Schlagzeilen. Die Zeitungen brachten ein Foto von der hohen Mauer, über die wir geklettert waren, und eine Zeichnung erklärte unseren Fluchtweg. Die Leser warteten ungeduldig und neugierig auf die nächsten Berichte über Lana Turners mißratene Tochter. Das Jugendgericht fühlte sich bemüßigt zu erklären, daß Cheryl keine Kriminelle sei, sondern lediglich vermißt würde.

Bevor die Reporter Mutter aufstöbern konnten, floh sie nach Palm Springs. Auch ich wußte nicht, wo sie sich befand und hätte sie nicht erreichen können.

»Warum hast du das getan, Baby? Warum nur?« fragte mich Dad an jenem Nachmittag.

»Ich weiß es nicht«, antwortete ich aufrichtig.

Wieder einmal hatte ich gehandelt, ohne vorher nachzudenken. Ich wollte frei sein. Über die Konsequenzen meines Tuns machte ich mir keine Gedanken. Mag sein, daß ich mich in meinem Innersten gezwungen sah, mich selbst zu bestrafen. War ich nicht schuld an dem Tod eines Mannes? Gewiß, ich hatte nicht in böswilliger Absicht gehandelt – trotzdem befand ich mich hinter Gittern. Zudem hatte ich die nächtlichen Überfälle von Lex verschwiegen! Mein ganzes Leben war ich zurückgestoßen worden – von Mutter, von den vielen Vätern, von verschiedenen Schulen, von meinen Freunden. Selbst meine Veranlagung, daß ich mich zu Frauen hingezogen fühlte, wurde mir verübelt. Und warum sah ich nicht so aus wie Mutter? Ich war nichts weiter als ein zu groß geratener, mausgrauer Teenager.

Fünf Wochen später kletterte ich erneut über die Mauer. Diesmal war Donna nicht mit von der Partie; ich ging ihr aus dem Weg. Ich sollte ein Solo in der nächsten Talent-Show singen, und die Idee begeisterte mich eigentlich, aber nach der Probe war ich irgendwie depremiert. Diesmal war ich es, die sagte: »Kommt, laßt uns von hier abhauen!«

Schon eine Viertelstunde später saß ich mit zwei anderen Mädchen und zwei Studenten in T-Shirts in einem Cabrio. »Wetten, ihr kommt aus der Besserungsanstalt«, sagten sie und lachten. Kurz nach Mitternacht bat ich sie, uns in Beverly Hills abzusetzen. In Großmutters Wohnung war es dunkel. Ich klopfte, weil ich keinen Schlüssel hatte, aber nichts rührte sich. Glücklicherweise fiel mir Miss Hulley ein, die gleich um die Ecke wohnte.

»Was möchtest du?« fragte sie mich, als sie mich durch den Spion in der Tür entdeckte.

»Gran ist nicht zu Hause, Miss Hulley. Können wir hereinkommen?«

Während sie die Tür öffnete, murmelte sie Unverständliches. Sie ließ mich ein, die beiden anderen Mädchen mußten draußen warten.

»Bitte, wissen Sie, wo meine Großmutter ...«

»Du kannst nicht hierbleiben«, meinte sie nervös.

»Ich wollte ja nur ... ich meine, Großmutter, wo ist sie?«

»Ich habe keine Ahnung, Cheryl. Es ist sehr spät. Ich kann dir leider nicht helfen.«

Auf der Straße starrten mich die beiden anderen ängstlich und fragend an. »Gleich in der Nähe gibt es einen kleinen Park. Dort können wir uns verstecken – bis zum Morgen jedenfalls.«

An den Roxbury Park erinnerte ich mich sehr gut. Unter Miss Hulleys Aufsicht hatte ich dort als Kind gespielt. Es stellte sich heraus, daß es zu kalt war, um draußen zu schlafen, wir schlichen daher in die Damentoilette, wo wir es uns auf dem schmutzigen Boden so bequem wie möglich machten. Das war nicht sehr lustig, aber wir besaßen insgesamt nur einen Dollar – wir konnten uns also nichts anderes leisten.

»Und was machen wir morgen?« fragte mich die vierzehnjährige Sheila ängstlich. Bevor ich antworten konnte, wurde die Tür aufgestoßen. Der Raum füllte sich mit Polizisten.

»Na, das war's wohl für diesmal«, sagte ich trocken im El Retiro-Jargon. Wir wurden in Streifenwagen verstaut und zur Polizeistation von Beverly Hills gefahren, vor der bereits Fotografen auf uns warteten.

»Hör auf damit, Cheryl, du machst alles nur noch schlimmer«, jammerte Sheila, als ich begann, die Fotografen zu beschimpfen.

Kurz nach uns kam Anderson an. Er begrüßte mich nicht. In seinen blauen Augen lag eine gewisse Traurigkeit. Stillschweigend beobachtete er, wie einer seiner Männer meine Hände hinter dem Rücken in Handschellen zwängte. »Was soll das?« fragte ich patzig, weil die Dinger höllisch schmerzten. »Ich laufe Ihnen schon nicht davon.«

Irgendwer schubste mich grob hin und her. »Mistkerl!« keifte ich. »Sie tun mir weh!« Hilfesuchend sah ich zu Anderson hinüber. »Er tut mir weh. Ich mache, was Sie wollen, aber sagen Sie Ihren Männern, daß sie ihre verdammten Hände von mir wegnehmen sollen.«

Andersons Gesicht war starr wie eine Maske. Er versuchte so fair wie möglich zu sein, aber er hatte die Vorwürfe, die man ihm im Zusammenhang mit meiner Festnahme gemacht hatte, noch nicht vergessen. Er war beschuldigt worden, mich begünstigt behandelt zu haben. Wollte er jetzt beweisen, daß die Vorwürfe nicht gerechtfertigt waren? Armer Anderson. Und ich hatte nichts besseres zu tun, als seine Männer zu beschimpfen – in der Tat, ich benahm mich wie ein verdorbenes Gör aus der Gosse.

Als Fred May ankam, saß ich mit gesenktem Kopf, erschöpft und völlig übermüdet auf einer Bank. Ärgerlich nahm er zur Kenntnis, daß wir erst einmal zum Jugendgefängnis fahren mußten.

Reportern gegenüber erwähnte Anderson: »Was für eine entsetzliche Wandlung dieses einst so scheue und ängstliche Mädchen durchgemacht hat... heute ist es rebellisch und aufsässig.«

Hätte ich gewußt, warum uns die Polizei aufgreifen konnte, wäre ich vermutlich noch mehr aus der Rolle gefallen. Gran war an jenem Abend nicht zu Hause, weil sie die Nacht bei Mutter verbrachte. Miss Hulley wußte das, mehr noch, sie kannte die Telefonnummer. Aber sie rief nicht Gran an, sondern die Polizei. Ich bin sicher, Gran hätte sich um uns drei Ausreißer gekümmert und und am Morgen ohne viel Aufhebens in die Schule zurückgefahren.

In El Retiro war man sich nicht einig, ob man mich zurückhaben wollte, was natürlich keineswegs bedeutete, daß »man mich aufgab«. »Ach wissen Sie, manchmal haben junge Mädchen spontane und verrückte Einfälle«, äußerte sich die Direktorin Dorothy Kirby, fügte aber hinzu, daß sie das Ergebnis einer Unterredung mit mir abwarten wolle, bevor sie Richter Lynch Bericht erstattete. In der Zwischenzeit solle ich im Jugendgefängnis untergebracht werden.

Zwei Jahre zuvor war ich, dank Tante Sybil, in der Krankenstation eingeliefert worden, diesmal steckte man mich in einen Zellenkomplex mit jugendlichen Strichmädchen und Alkoholikerinnen, Vergewaltigungsopfern, Mädchen, die wegen Körperverletzung und Mord angeklagt waren.

Meine Zellengenossinnen begrüßten mich geradezu freundlich. Offensichtlich hatten sie Respekt vor Lana Turners »wilder« Tochter. Ich war immerhin eine »berühmte« Kriminelle, also etwas, was man nicht alle Tage zu Gesicht bekam.

Allerdings gab es außer mir noch eine Berühmtheit. Beverly Agdland war ein Jahr zuvor Mittelpunkt eines Skandals, der durch die Weltpresse ging: Seit ihrem zwölften Lebensjahr war sie die Geliebte von Errol Flynn, der zu dieser Zeit etwa fünfzig war. Man fand heraus, daß ihre Mutter nicht nur davon gewußt hatte, sondern damit mehr als einverstanden gewesen war. Flynn war vor kurzem gestorben, und die nunmehr siebzehnjährige flachsblonde Lolita Beverly befand sich jetzt hier, weil sie einen Freund erschossen hatte. Als sie mir ihre Geschichte erzählte, erinnerte ich mich, daß ich bei Deirdre und Rory, Flynns Töchtern, die etwa in meinem Alter waren, zu Geburtstagsparties eingeladen gewesen war. Ich dachte an andere unglückliche Hollywood-Prinzessinnen, die jedoch im Gegensatz zu mir nicht im Gefängnis gelandet waren. Stephanie Wanger und Christina Crawford zum Beispiel. Das Leben eines Star-Babys war sicher kein Honigschlecken, aber es entschuldigte nicht das heillose Durcheinander meines eigenen Lebens. Gerüchte kamen mir zu Ohren, daß ich in die Besserungsanstalt in Ventura geschickt werden sollte. Laut Erzählungen war dies ein furchtbarer Ort mit vergitterten Fenstern und uniformiertem Aufsichtspersonal. Als ich schließlich meine Unterredung mit Mrs. Kirby hatte, bat ich sie, mich wieder in El Retiro aufzunehmen.

Eines Morgens, um halb acht, also außerhalb der normalen Besuchszeit, kamen Dad und Sybil Brand zu mir ins Gefängnis.

»Was soll ich bloß mit dir anfangen?« stöhnte Sybil. In den vierziger Jahren hatte sie eine gewisse Berühmtheit wegen ihrer progressiven Arbeit mit Kindern erlangt. Nun saß sie an meinem Bett und hörte mir sehr ernst zu, als ich ihr meine Furcht gestand, nach Ventura gebracht zu werden.

»Nun hör mir mal gut zu, Cheryl«, sagte sie. »Vielleicht gelingt es mir, daß du unter meine Aufsicht gestellt wirst, aber das bedeutet, daß du mir etwas versprechen mußt: Du mußt dich von den anderen Mädchen zurückziehen und darfst nicht mehr ausreißen. Hast du das verstanden?«

»Ich verspreche es.«

»Wenn du dein Versprechen nicht hältst, gebe ich meine Arbeit mit Kindern auf.«

»Das darfst du nicht tun, Tante Sybil! Ich verspreche, was immer du willst. Wirklich.« Und ich meinte es.

Die Frage, was mit mir geschehen sollte, war nicht leicht zu beantworten. Der Klatschkolumnist Mike Connolly vom *Hollywood Reporter* stellte die Fakten zusammen, die bei meiner Aussage vor dem Richter zur Sprache gekommen waren:

»Was für ein Dilemma: Cheryl möchte nach El Retiro zurückkehren und nicht in einem Pflegeheim untergebracht werden ... Lana Turner und Steve Crane haben keine Zeit für ihre Tochter, weil sie sich um ihre Karrieren kümmern, sie als Schauspielerin, er als Restaurantbesitzer ... Cheryls Großmutter ist der Aufgabe, ihre wilde Enkeltochter zu zähmen, nicht gewachsen ... Der Richter ist der Meinung, daß Cheryl nicht nach El Retiro zurückkehren sollte: Sie ist nun mal Lana Turners Tochter, während die anderen Mädchen dort meist aus ärmlichen Verhältnissen stammen. Das ist genauso, als schicke man Tony Curtis oder einen anderen Star nach San Quentin. Die Mithäftlinge würden ihn entweder zu Tode quälen oder ihn auf ein Podest erheben. Das gilt auch für Cheryl. Es hat einfach keinen Sinn, sie zurückzuschicken!«

Trotzdem landete ich, nach sechzehn Tagen im Jugendgefängnis, wieder in El Retiro, wo ich zwei Wochen von Kinobesuchen und Freizeitspielen ausgeschlossen wurde. Mein zweiter Ausreißversuch wurde in meinem Vorstrafenregister vermerkt. Viel schlimmer war seine Auswirkung auf Gran. Sie hatte so etwas Ähnliches wie einen Nervenzusammenbruch: Sie weinte und trank die ganze Nacht. Gran hatte Gewissensbisse, weil sie nicht zu Hause gewesen war, als ich zu ihr wollte. Nichts konnte sie trösten. Schließlich nahmen Fred und Mutter sie mit auf die Ranch. Dort überwand sie langsam den Schock. Im Grunde dauerte es Jahre, bis sie sich wieder ganz davon erholte.

Ich schwor mir, mir diesmal nichts zuschulden kommen zu lassen. Was hatte ich zu tun? Was erwartete man von mir? Ganz offensichtlich wollte mich niemand so, wie ich war. Jeder hatte seine eigene Vorstellung von mir. Mutter wünschte sich ein süßes Mädchen, das sie bewundert, und nicht einen rebellischen Teenager. Dad war daran gelegen, mein Interesse für Geschäftliches zu wecken, gleichzeitig gab er gern mit mir an. Gran träumte von einer hervorragenden Schülerin, die irgendwann einmal drei Kinder zur Welt bringen würde. Das Gericht erhoffte sich eine gute Staatsbürgerin.

Ich selbst? Ich wollte frei sein, ein wildes Leben führen, aussehen und mich kleiden wie Helen und endlich achtzehn werden, damit ich wie Laura, die Romanheldin, das »gewisse« New York entdecken konnte. Tatsächlich, und damit mußte ich mich auseinandersetzen, mangelte es mir an Selbstkontrolle. An Beweisen dafür fehlte es nicht. Kaum ließ man mich an der lockeren Leine, schon schlug ich über die Stränge.

Es war Juni, als ich nach El Retiro zurückkam. Bis zu meinem achtzehnten Geburtstag fehlten noch exakt dreizehn Monate. Dreizehn Monate, in denen ich beweisen mußte, daß ich eine gute Staatsbürgerin geworden war. Als erstes bemühte ich mich, die Menschen, in deren Obhut ich war, davon zu überzeugen, daß ich die besten Vorsätze hatte, das zu werden, was von mir erwartet wurde. Ich sprach bei jedem einzelnen Lehrer vor: »Was muß ich tun, um in Ihrem Fach gute Noten zu bekommen?« Das Geheimnis beruhte offensichtlich darauf, vorgedruckte Antworten in ein Heft abzuschreiben, und das tat ich von nun an mit Eifer. Innerhalb kürzester Zeit hatte ich die besten Noten. Außerdem wurde ich Rettungsschwimmerin und hatte die Aufsicht über den Swimmingpool; daneben organisierte ich andere Aktivitäten. Mit den anderen Mädchen pflegte ich kaum noch Kontakt, und vor allem lernte ich, die richtigen Antworten zu geben.

Es gab Schülerinnen, die dieses »Spiel« perfekt beherrschten und mir netterweise Hilfestellung gaben. Ich war immer gut gelaunt und von geradezu fröhlicher Resignation. »Alles ist bestens«, erzählte ich Mrs. Kirby, Mutter und sogar Dr. Wahl, zu dem ich immer noch gehen mußte. »Ihr hattet ja alle so recht. Ein Glück, daß ich Marty nicht geheiratet habe. Mir ist heute klar, daß ich mein Leben falsch angepackt habe. Wirklich, die Zeit in El Retiro tut mir sehr gut.« Alle glaubten mir.

Während ich in diesem Sommer 1960 lernte, so zu tun, als ob, erfreuten sich meine Eltern großen Erfolgs. Dad eröffnete sein drittes und viertes Kon-Tiki und träumte als nächstes von einer Brasserie am Sunset Strip. Mutters zweiter Film für Ross Hunter, *Geheimnis der Dame in Schwarz (Portrait in Black)*, fiel bei den Kritikern durch, war aber ein großer Publikumserfolg. Sie spielte darin eine bezaubernde Mörderin; Sandra Dee verkörperte ihre Stieftochter. Manches erinnerte an den tragischen Karfreitag. Sandra wird zufällig Zeuge eines Streits zwischen Mutter und ihrem Geliebten (Anthony Quinn), den sie letztendlich unbeabsichtigt tötet. Ich sah mir diesen Film im Herbst an, als ich an einem Wochenende nach Hause durfte, und war wie betäubt.

Mike Connolly vom *Hollywood Reporter* war einer der Gäste bei der Premierenfeier im Romanoff. Als er Mutter an ihrem Tisch begrüßte, sprang Fred May auf und packte ihn bei den Aufschlägen seines Smokings. »Ich liebe diese Frau. Warum laßt ihr sie nicht endlich in Ruhe? Warum attackiert ihr Lana und werft ihr vor, Cheryl falsch erzogen zu haben?« Er stürzte sich auf Connolly. Glas splitterte, Stühle fielen um. Der Kolumnist suchte das Weite. Die meisten Gäste ebenfalls. Mutter wischte sich ein paar Krokodilstränen mit der Serviette ab. Sie war wütend auf Fred, weil er einen Pressemann provoziert hatte, andererseits faszinierte sie seine Loyalität und seine Sorge um sie. Im November heirateten sie.

Zwei Monate später, am 22. Januar 1961, wurde John F. Kennedy Präsident. Ich wurde an diesem Tag, nach insgesamt elf Monaten, aus El Retiro entlassen.

32

In einem halben Jahr würde ich achtzehn. Nie vorher hatte ich einen Geburtstag so sehr herbeigesehnt wie diesen – was für ein wichtiges Datum für mich! Achtzehn – Freiheit. Ungeduldig hakte ich einen Tag nach dem anderen in meinem kleinen Taschenkalender ab. Kurz vor meiner Entlassung aus El Retiro sprach ein Beamter vom Jugendamt mit mir. Er wollte mich überreden dazubleiben. »Die nächsten sechs Monate werden nicht einfach für dich sein, Cheryl. Es könnten Dinge passieren, mit denen du im Augenblick nicht rechnest.« Leider sollte er recht behalten.

Ich benahm mich jetzt so, wie man es von mir erwartete: Ich war eine gute Staatsbürgerin geworden. In Wirklichkeit jedoch litt ich immer noch an mangelndem Selbstbewußtsein und an denselben Schuldgefühlen wie vorher. Ich sehnte mich danach, selbst über mich bestimmen zu dürfen, gleichzeitig jedoch war es mein Wunsch, kontrolliert zu werden. Dieses Gefühl war sehr merkwürdig. Es irritierte mich, weil ich nicht wußte, warum ich solche Empfindungen hatte.

Da Mutter vom Gericht das Sorgerecht für mich zugesprochen worden war – Vater hatte den Kampf aufgegeben, und Tante Sybil verdankte ich, daß ich nicht in ein Pflegeheim eingewiesen wurde –, oblag es ihr in den folgenden hundertvierundachtzig Tagen auf mich aufzupassen.

Mutter und Fred hatten inzwischen eine Ranch in Malibu gekauft und am Pacific Coast Highway einen riesigen maurischen Palast gemietet. Oberhalb der Garage befand sich ein kleines Apartment, in das ich nun einzog. Mutter schenkte mir einen türkisfarbenen Thunderbird, Baujahr 1956, in dem ich voller Freude zu meiner neuen Schule fuhr, um mich einschreiben zu lassen.

In der Santa Monica High School gab es achttausend Schüler.

Manche stammten aus sehr bescheidenen Verhältnissen, andere wohnten in herrlichen Anwesen am Strand. Einige der Mädchen hatte ich in El Retiro oder im Gefängnis kennengelernt.

Dank verschiedener Sonderkurse, die ich in El Retiro belegt hatte, hätte ich im Grunde schon jetzt meinen Abschluß machen können. Da man aber der Auffassung war, daß ich am besten in einer Schule aufgehoben war, schrieb ich mich für Theaterwissenschaft und Kunstgeschichte ein.

Dementsprechend blieb mir viel Freizeit. Mit meinem T-Bird waren es nur zwanzig Minuten zum Muscle Beach, wo sich solche Leute herumtrieben, bei denen ich mich am wohlsten fühlte – Rebellen und Menschen mit Vergangenheit. Ich lernte Akrobaten kennen, die lebende Pyramiden bildeten, und es dauerte nicht lange, da war ich das Mädchen auf der Spitze dieser menschlichen Konstruktionen. Mit Freunden verbrachte ich Stunden in Strand-Cafés, beobachtete die Leute, trank Kaffee mit einem Schuß Scotch und betrachtete das glitzernde Meer.

Ich sah wohl ziemlich reif aus, deshalb hatte ich keine Schwierigkeit, den Alkohol serviert zu bekommen. Seit meinem fünfzehnten Lebensjahr hatte Dad meinen Geschmack in dieser Richtung geschult. Unauffällig schob er mir beim erstenmal sein Weinglas zu. »Liebling, das ist ein köstlicher, herber Wein. Jahrgang 52, das war ein sehr gutes Jahr, weißt du.« Lustigerweise war das Luau das einzige Restaurant in der Stadt, in dem man mir keinen Alkohol servierte, selbst wenn ich mit Dad aufkreuzte.

Eine völlig andere Welt, die ich in diesem Frühjahr 1961 zu erforschen begann, war die von Dad. Nach der Goldenen Ära gab es jetzt endlich wieder ein interessantes Nachtleben in Hollywood. Ciro und Trocadero existierten nicht mehr, dafür gab es andere amüsante Plätze wie das Crescendo und das Interlude. Im Gegensatz zu früher ging alles sehr viel lockerer zu. Auch im Film, wo sich jetzt Stars wie Marlon Brando und Audrey Hepburn hervortaten. Fernsehanstalten etablierten sich in Los Angeles, und Amerikas Vorstellung städtischen Nachtlebens basierte immer mehr auf dem einstigen Hollywood-Stil. Einer der berühmtesten Clubs am Strip war das Dino, so genannt nach Dean Martin. Die Außenaufnahmen der berühmten Fernsehserie 77 Sunset Strip wurden dort gedreht.

Mit Helen und Dad besuchte ich diese neuen Clubs sehr häufig. Durch die beiden lernte ich einen jungen Mann kennen, der in diesem Frühjahr mein ständiger Begleiter wurde. Max Baer Jr. war ein großer, gutaussehender Kerl, der es verstand, mich immer zum Lachen zu bringen. Sein Vater war ein Box-Champion im Schwergewicht gewesen, den Dad noch aus der Zeit, als er sich für den Boxsport begeisterte, kannte. Max begann als Filmproduzent, war aber zu der Zeit, als wir miteinander ausgingen, ein vielversprechender junger Schauspieler.

Wieder einmal gab ich Gas in meinem Leben, obwohl es mir selbst gar nicht so vorkam. Ich schwänzte den Unterricht, bekam Strafmandate wegen Geschwindigkeitsübertretungen – warum soll man mit einem T-Bird langsam fahren? – und zweimal wurde ich erwischt, als ich nach zehn Uhr abends noch unterwegs war. Selbstverständlich wurde jede meiner Untaten beim Jugendgericht registriert.

Das erstemal griff mich die Polizei auf, als ich mutterseelenallein die engen Straßen des Tuna Canyons entlangraste. Ich bildete mir ein, daß ich auf solchen Fahrten besonders gut nachdenken konnte. Beim zweitenmal saß ich mit Freunden in einem Café in Hollywood. Es war zwölf Minuten nach zehn, als zwei Cops erschienen, um die Ausweise zu kontrollieren. Ich nehme an, sie hatten mein türkisfarbenes Auto auf dem Parkplatz gesehen.

»Okay, Cheryl, du kommst mit!« Im Streifenwagen saß bereits ein anderes minderjähriges Mädchen, das vor Angst fast hysterisch wurde. Der Polizist auf dem Beifahrersitz drehte sich um: »Willst du jetzt endlich Ruhe geben!« fauchte er sie an.

»Aber meine Eltern bringen mich um«, weinte sie.

»Sieh mal, die Göre neben dir ist in weitaus größeren Schwierigkeiten als du, und weint die etwa?«

Einen weiteren Minuspunkt bei den Behörden handelte ich mir ein, als man herausfand, daß ich mit einer früheren Schülerin aus El Retiro Kontakt pflegte. Mickey lud mich zu ihrem achtzehnten Geburtstag ein, den sie in Malibu zu feiern gedachte. Ich fand nichts Schlimmes dabei und nahm die Einladung an. Ein paar Tage vor der Party rief sie mich an, um zu fragen, ob sie bei mir und Mutter übernachten könne. Ohne nachzudenken, erlaubten wir es. Am Morgen stand die Polizei vor unserer Haustür. Mickey war ausgerissen, die Sache mit der Party eine Lügengeschichte.

Fred und Mutter habe ich zu jener Zeit nicht oft gesehen. Im Gegensatz zu Dad nahmen sie mich nur gelegentlich mit, wenn sie ausgingen. Fred arbeitete in einem Büro in Malibu, Mutter drehte zwei Filme gleichzeitig. In *Und die Nacht wird schweigen (By Love Possessed)* spielte sie eine dem Suff verfallene Nymphomanin. Das andere war eine Komödie mit Bob Hope. Beide Rollen waren nicht sehr groß.

Obgleich sich Freds Einfluß auf Mutter positiv auswirkte, gerieten wir manchmal aneinander. »Ich weiß nicht einmal, wo du nachts bist«, beschwerte sie sich. »Wie man hört, machst du jeden Club am Strip unsicher.«

»Na und? Warum auch nicht? Ich bin in Begleitung Erwachsener.«

»Aber du bekommst einen schlechten Ruf!«

»Das sagst *du*? Warst du nicht bereits mit achtzehn die ›Nachtclub-Königin‹?«

Ihr Blick wurde vorwurfsvoll. »Aber ich habe meine Rechnungen selbst bezahlt!«

Noch immer mußte ich einmal in der Woche zu Dr. Wahl und mich bei den Bewährungshelfern melden. Gern und freiwillig besuchte ich Jim Discoe in seinem Haus in Pacific Palisades. Wir plauderten über dieses und jenes, und ich war glücklich, einen Freund zu haben, der mir zuhörte. Nach meinem Ausreißversuch sprach er sehr ernsthaft mit mir. »Du mußt durchhalten, Cheryl. Ein paar Monate noch. Dann hast du's überstanden, und kein Mensch kann sich mehr in dein Leben einmischen. Denke immer daran, bis es soweit ist, wirst du aufmerksam beobachtet. Was du auch tust ...«

»Aber ich *tue* doch gar nichts!«

»Ich weiß, ich weiß, aber ... das Gericht hat ein Auge auf dich, die Polizei, die Zeitungsleute, die Filmtypen, die deine Mutter mögen oder auch nicht mögen, die vielen Menschen, die glauben, man habe dich bei der Gerichtsverhandlung mit Glacéhandschuhen angefaßt ... Warum schließt du dich nicht einfach in deinem Zimmer ein und liest ein paar Bücher ...«

Ich vertraute Jim fast mehr als Dad. Gut, ich wollte mir Mühe geben – bis zum 25. Juli.

Einmal saß ich mit Freunden in einem ruhigen Teenager-Treffpunkt am Hollywood Boulevard. Um etwa neun Uhr entschuldigte ich mich, weil ich nach Hause fahren wollte. Beim Verlassen des Restaurants traf ich Gail, die ich aus El Retiro kannte. Sie war beschwipst. In ihrer Begleitung befand sich Rachael, die mit ihren kurzen Haaren, der Hose und dem Blazer aussah wie ein netter Junge. Unglücklicherweise war ich so neugierig auf Rachael, daß ich mit den beiden zusammenblieb. Nicht etwa in dem Club, in den sie mich verschleppen wollten, sondern in Grans Wohnung, zu der ich einen Schlüssel hatte. Meine Überlegung war einfach: Gran war nicht da, wir konnten dort also in aller Ruhe einen Plausch halten. Vor allem aber war die Wohnung zehn Minuten entfernt und noch vor zehn Uhr zu erreichen.

Ich gab den beiden Mädchen etwas zu trinken. Kaum hatte Gail den Wodka intus, begann sie zu tanzen und dabei schmutzige Lieder zu singen. Ich fand das alles andere als lustig. »Wie willst du sie in diesem Zustand nach Hause kriegen?« erkundigte ich mich bei Rachael. Plötzlich läutete es. Durch die zugezogenen Vorhänge spähend entdeckte ich auf der Straße vor dem Haus zwei Streifenwagen. »Kein Ton jetzt«, wies ich die beiden an und schubste sie in das hinterste Schlafzimmer. Dann öffnete ich.

»Man hat uns telefonisch verständigt, hier seien Vagabunden in der Gegend. Irgendwen gesehen?«

»Dies ist die Wohnung meiner Großmutter, und ich habe die Erlaubnis, sie zu benutzen. Ich bin allein hier.«

»Die Nachbarn meinten, sie hätten Jungs in diese Wohnung gehen sehen. Es ging hier offensichtlich recht laut zu. Wir müssen die Wohnung durchsuchen.«

Von einem Durchsuchungsbefehl hatte ich noch nie gehört – ich hatte wohl zu wenig Filme gesehen. Ich überlegte kurz, da erschien plötzlich Gail. »Was ist los?« lallte sie. Damit war alles klar. Sie fanden Rachael, die sich in einer Kammer versteckt hatte, und nahmen uns alle drei mit zum Polizeirevier. »Diesmal hast du dir selbst dein Grab geschaufelt«, bemerkte einer der Beamten fröhlich.

Ich wurde liederlichen Lebenswandels beschuldigt. Mutter weigerte sich zum Revier zu kommen, ich wurde daher in die Obhut meines Stiefvaters entlassen, den man anwies, am nächsten Tag mit mir bei der Polizei zu erscheinen, um meine Aussage vor Anderson und Männern vom Jugendamt zu machen.

Zu Hause ging ich sofort zu Bett. Was für eine Idiotin ich doch war, meinen Widersachern die Waffe in die Hand zu geben, mit der sie mich vernichten konnten! Jetzt konnten sie zeigen, wie erbarmungslos man mit Missetätern umsprang, auch wenn es sich um Lana Turners Tochter handelte. Wahrscheinlich würde ich nun endgültig nach Ventura kommen und dort bis zu meinem fünfundzwanzigsten Geburtstag bleiben. Ich mußte einen Ausweg finden. Bis zu meinem achtzehnten Geburtstag waren es nur noch vierundvierzig Tage. Und wenn ich mich bis dahin versteckte? Ich mußte abhauen, ohne eine Spur zu hinterlassen. Hatte ich das nicht in El Retiro gelernt?

Schnell kletterte ich aus dem Bett und packte eine Reisetasche. Für Mutter legte ich einen Zettel hin: »Ich muß nachdenken. Mach dir keine Sorgen um mich.«

Im Morgengrauen stoppte ich ein Auto auf dem Highway. Der Fahrer setzte mich in Nord-Hollywood ab. Ganz in der Nähe versteckte sich eine Ausreißerin, die ich kannte, bei ihrem Freund. Zu ihr ging ich. Ich durfte bleiben.

Ich verließ die Wohnung in den nächsten Tagen nur, um von einer Zelle aus Jim Discoe anzurufen. Ansonsten lag ich faul auf der Couch herum, sah fern, las und schlief viel. Keine Versuchungen – keine Eskapaden. Warum hatte ich nicht auf Jim Discoe gehört, der es doch gut mit mir meinte und mir dieses Verhalten von Anfang an empfohlen hatte?

Den Zeitungen entnahm ich, daß ich am Freitag, dem 23. Juni, vor dem Jugendgericht befragt werden sollte. Mutter und Dad appellierten öffentlich an meine Vernunft und beschworen mich, zurückzukommen. Einer der Bewährungshelfer schrieb: »Komm heim, bevor es zu spät ist!«

Jim Discoe beruhigte mich am Telefon: »Ich kann dir fast mein Wort geben, daß sie dich nicht nach Ventura schicken, wenn du jetzt nach Hause kommst. Also ... soll ich dich holen?«

»Ich rufe wieder an.«

Nach einer Woche merkte ich, daß meine Anwesenheit nicht mehr erwünscht war, obwohl ich für das Essen bezahlte. Meine Gastgeber wurden nervös. Ich schrieb einen sechs Seiten langen

Brief an Richter Lynch, in dem ich ihm meinen Fall darlegte. »Ich hoffe«, schloß ich, »daß Sie meine Darstellung der Dinge berücksichtigen, wenn ich zum Verhör erscheine.«

Die Tage vergingen sehr langsam. Am schlimmsten fühlte ich mich, wenn die Dämmerung nahte. Ich dachte an Mapletop und bekam davon Magenschmerzen. Wie früher, wenn ich mich einsam und verlassen fühlte. Aber wo sollte ich hin? Und zu wem? Nach Hause? Wo war ich denn zu Hause? Nach neun Tagen rief ich schließlich Gran an und bat sie, mich abzuholen. Vielleicht war ich auf der Ranch am besten aufgehoben. Jedenfalls lungerten dort keine Presseleute herum.

Jim Discoe arrangierte eine heimliche Familienzusammenkunft. Er wollte versuchen, mit dem Richter und der Polizei einen Handel zu schließen. Alle waren sich einig, daß ich die dreißig verbleibenden Tage bis zu meinem achtzehnten Geburtstag nicht in Los Angeles bleiben sollte. Worauf wollte er hinaus, fragte ich mich. »Es gibt da einen Platz, der mir geeignet erscheint ... in Hartford, Connecticut ... eine Nervenklinik ...«

»Eine Klinik, Jim, keine Nervenklinik ...« korrigierte Mutter.

»Wenn du dich freiwillig für einige Wochen dort einquartierst ... bis sich die Dinge hier beruhigt haben ... das heißt, bis du achtzehn bist ... dann besteht keine Möglichkeit, daß man dich woanders hinschickt ... verstehst du, was ich meine? ...«

Das Ganze klang einleuchtend. Außerdem war ich es leid, zu widersprechen.

Das Institut in Hartford war eines dieser luxuriösen Sanatorien, in denen jeder der dreihundert Patienten pro Tag ein paar hundert Dollar zahlte, ohne daß ihnen die Heilung ihrer emotionalen Probleme in Aussicht gestellt wurde. Ein altes Schloß bildete den Mittelpunkt der Anlage, zu der noch mehrere Häuser gehörten, in denen die Patienten untergebracht waren. Es gab Tennisplätze, einen Golfplatz und einen Swimmingpool. Die weitläufigen Rasenflächen waren mit einer Mauer umgeben, die nur durch das Pförtnerhäuschen und das Hauptportal unterbrochen war. Die ohnehin ungefährlichen Patienten wurden mit Tabletten bei guter Laune gehalten und durften in ihren sündhaft teuren Kleidern dem Nichtstun frönen. Die meisten waren zwischen dreißig und sechzig. Ich war der einzige Teenager, wurde aber wie eine Erwachsene behandelt, was mir nicht unbedingt mißfiel.

Die Patienten litten teils unter ernsthaften Depressionen, teils kapselten sie sich bewußt von der Außenwelt ab. Ihre Familien waren froh, daß sich jemand um sie kümmerte, auch wenn das recht kostspielig war. Eine entzückende alte Dame war wegen der Intrigen ihrer Verwandten schon seit dreißig Jahren hier. Sie hätte die Anstalt ohne weiteres verlassen können, doch offensichtlich gefiel es ihr in dem Sanatorium. Sie war eine leidenschaftliche Bridgespielerin.

Ich wurde in einem sonnigen Zimmer untergebracht, dessen Fensterscheiben facettenartig unterteilt waren. Mutter und Fred hatten mich hergebracht, bevor sie nach New York fuhren, um dort Ferien zu machen. Dad kam auf dem Weg nach Boston, wo er ein neues Restaurant eröffnete, vorbei und brachte mir mein Geburtstagsgeschenk, eine eierschalenfarbene Nerzstola. An diesem Abend durfte ich das Institut verlassen und mit ihm im besten Restaurant von Hartford zu Abend essen.

Bei gemütlichem Kerzenlicht erzählte er mir, daß er und Helen einen fünfjährigen Jungen adoptiert hatten, der aus einer kinderreichen, in ärmlichen Verhältnissen lebenden Familie stammte. Sie nannten ihn J. Stephen Crane IV. Noch vor ein paar Jahren hätte mich diese Neuigkeit schockiert und verletzt, und wahrscheinlich wäre es mir schwergefallen, eine gewisse Eifersucht zu unterdrücken, aber jetzt war ich nur von einem Gedanken beherrscht: In siebzehn Tagen bin ich frei!

Obwohl mein Verstand nur mechanisch funktionierte, nicht zuletzt wegen der dreimal am Tag verpaßten Thorazin-Spritzen, fragte ich Dad: »Und wie wird er reagieren, wenn ihn die Kinder in der Schule auf mich und – na, du weißt schon – ansprechen?«

»Liebling, darüber mach dir keine Sorgen. Wenn er etwas älter ist, werde ich ihm erklären, daß du deine Mutter beschützt hast ...«

»Aber Kinder können so grausam sein, Dad ...«

»Mach dir keine Gedanken darüber ...«

Ich erzählte ihm, daß ich nach meiner Entlassung versuchen wollte, in New York eine Arbeit zu finden. Seine Reaktion auf diese Mitteilung war dieselbe wie die von Mutter: ein trauriges Lächeln.

Nach kurzem paßte ich mich dem Alltag des Instituts an: Untersuchungen, Tests, Keramikkurse und Bridge. Das einzige Problem, mit dem ich konfrontiert wurde, war die Antipathie, die ich meinem zugeteilten Psychiater gegenüber empfand. Er war verhältnismäßig jung, kam aus Neu-England und sah mit seinen schwarzen Haaren sehr gut aus, und das wußte er auch sehr genau. Mir war er einfach zu selbstsicher. »Also, Miss Crane, am besten fangen wir mit dieser Stompanato-Sache an«, meinte er und legte lässig seine Beine auf den Schreibtisch. »Macht Ihnen das noch zu schaffen?«

»Absolut nicht. Ich werde auch nicht darüber sprechen.«

»So sicher wäre ich mir da nicht ... wir beide werden nämlich über alles reden!«

»Mit Ihnen unterhalte ich mich über gar nichts.«

»Zu dumm für Sie, Miss Crane ... Sie werden hierbleiben müssen, bis Sie anfangen zu reden ...«

»Auch recht, dann bleibe ich hier sitzen, bis ich achtzehn bin.«

Unsere Sitzungen verliefen immer gleich. Ich schüttelte den Kopf und starrte aus dem Fenster, während er Papierkram erledigte. »Wenn Sie etwas sagen möchten, höre ich zu.« Wenn er nur ein bißchen freundlicher gewesen wäre, hätte er vielleicht eine Chance gehabt.

Endlich kam der 25. Juli 1961 – mein achtzehnter Geburtstag! Die große Wende in meinem Leben. Als ich aufwachte, war ich so fröhlich und beschwingt wie lange nicht mehr. Ich war erwachsen! Und als Erwachsene konnte ich meine Entlassungspapiere selbst unterzeichnen. Ich bat eine Schwester, mir die Formulare zu bringen. Augenblicke später erschien mein Psychiater mit fliegendem weißen Mantel. »Miss Crane, Sie befinden sich keineswegs in einem Zustand, der Ihnen erlaubt, die Anstalt zu verlassen.«

»Das Gesetz ist auf meiner Seite, Doktor. Die Sache ist legal, verstehen Sie? Ich möchte also bitte die Formulare und meine Koffer.« Er sah mich verdutzt an und verließ eilig den Raum.

Dann rief Mutter an. Ich eilte in die Kabine in der Halle.

»Liebling ... wie soll ich dir das nur erklären ... du mußt noch dort bleiben ... Richter Lynch hat deiner Entlassung nicht zugestimmt ...«

»Das muß er ... ich bin schließlich achtzehn!«

»Nein, Liebling, das muß er nicht ... nicht, wenn er das Gefühl hat, daß du noch Hilfe brauchst ... und das Gericht hat seine Vormundschaft verlängert, weil du nicht mit deinem Arzt sprechen wolltest ... und Cheryl ... wenn du versuchst zu fliehen, schicken sie dich auf der Stelle nach Ventura ...«

»Mutter ... *du* willst, daß ich hierbleibe ...«

»Ich würde dich doch nicht anlügen ...«

»O doch, das würdest du. Sie können mich hier nicht festhalten ... das ist ungesetzlich ... ich rufe Jim Discoe an ...«

»Wenn du meinst, Liebling«, seufzte sie und hängte ein.

Ich erreichte Jim in seinem Büro. »Ich fürchte, es stimmt, Cheryl«, sagte er mit belegter Stimme. »Das Gericht übernimmt die Vormundschaft noch ein weiteres Jahr.«

»Was?«

»Es tut mir leid, aber deine Mutter hat recht ... warum sprichst du nicht mit deinen Ärzten? In einem Monat sehen die Dinge vielleicht anders aus ... dann reden wir wieder darüber ...«

»Mit dir rede ich nie wieder«, schrie ich und rannte in mein Zimmer. Mit den Fäusten bearbeitete ich den Spiegel. Blut lief mir über die Handgelenke. Ich rannte auf das Fenster zu. Glas splitterte. Das eiserne Gitter verhinderte meinen Sturz. Kräftige Hände rissen mich zurück. Ich spürte den Einstich einer Nadel und sackte wie leblos zusammen.

Als ich aufwachte, war ich am Bett festgebunden. Die Zeit wurde bedeutungslos. Beruhigungsspritzen versetzten mich in einen Dämmerzustand. Flüssige Nahrung tropfte in meine Venen. Menschen hoben mich in die Badewanne, verpaßten mir eine Zwangsjacke, stellten mich auf die Waage, setzten mich auf die Toilette. An der Decke hing eine Lampe, die immer brannte. Schwestern wechselten sich an meinem Bett ab. Selbstmordgefahr! Rund um die Uhr ließ man mich nicht aus den Augen. Ich dämmerte vor mich hin. Mit Drogen vollgepumpt. Wie lange? Ich wußte es nicht.

»Wenn Sie mir versprechen, nichts kaputt zu machen, binde ich Sie los«, sagte eines Tages die Schwester. Danach erschien mein Seelendoktor. »Ich habe hier ein Papier, das Sie unterzeichnen müssen.«

»Nein … ich unterzeichne nichts … lassen Sie mich in Ruhe.«

Etwas später erschien ein anderer Arzt. Dr. McCauley war ein in Tweed gekleideter Schotte mit riesigen Händen und einer sehr sanften Stimme. Er war etwa fünfzig Jahre alt. Er erklärte mir, daß er mich von nun an betreuen würde, da es mit dem anderen Arzt offensichtlich einige Probleme gegeben habe. »Ich nehme an, daß es Ihnen lieber ist, wenn er sich nicht mehr um Sie kümmert. Falls Sie irgendwann einmal Lust haben zu reden, nun, ich bin hier. Aber zuerst einmal werden Sie in ein gemütlicheres Zimmer verlegt. Okay?« Sein schottischer Akzent erinnerte mich an Nana. Ich vertraute ihm.

In den folgenden Monaten wurde ich von Abteilung zu Abteilung verlegt. Die erste erinnerte mich an Darstellungen von Hieronymus Bosch: schreiende, wild lachende Menschen, verzerrte Münder, Abgestumpfte mit seelenlosem Blick, speichelverschmiert. Szenen eines Alptraums. In unserer Etage, halb unter der Erde, gab es kein Tageslicht. Linoleumboden. Schlange stehen vor dem Zubettgehen. Blaue Flüssigkeit in Papierbechern. Zunge rausstrecken, als Beweis, daß wir die Medizin geschluckt hatten.

Ich bat McCauley, meine Medikamente zu reduzieren. Doch bei geringerer Thorazin-Dosis begann ich wieder zu zittern.

Monate schienen zu vergehen. Frühstück, Mittag-, Abendessen. Zwei Schwestern, die mich an den Armen festhielten, wenn ich irgendwohin wollte. Ich bekam keine Post, außer den Briefen von meiner Familie, die ich mich weigerte zu lesen. Ich sprach mit niemandem, nur mit McCauley. Endlich hatten sie mich soweit. Ich gab meinen Widerstand auf. Sollten sie doch mit mir tun, was sie wollten. Es interessierte mich nicht. Es machte mir nichts aus, eingesperrt zu sein. Ich wäre bereit gewesen, mir das Leben zu nehmen, wenn ich die Möglichkeit dazu gehabt hätte. Aber ich würde ohnehin sterben. Wenn sie mich zwangen, dieses Leben weiter zu ertragen. Leben? Es war kein Leben. Es war die Hölle.

Lange Zeit verging, bevor ich eine Andeutung meines früheren Kampfgeistes verspürte. McCauley tastete sich langsam und vorsichtig an das Thema Stompanato heran. Zentimeter für Zentimeter gab ich nach.

Im Spätherbst wurde ich in die gemischte, geschlossene Abteilung verlegt, in der sich die Patienten normaler Service-Leistungen erfreuten. Ich ließ mir vom Friseur die Haare schwarz färben. Beim Zeitungsstand versorgte ich mich mit Lektüre.

Eines Tages entdeckte ich im *Confidential*-Magazin ein Foto von mir, auf dem auch Gail und Rachael zu sehen waren. In dem dazugehörigen Artikel hieß es, daß ich die Gesellschaft von Frauen mit maskuliner Ausstrahlung bevorzuge. War Mutter schon immer Gegenstand des öffentlichen Interesses, nun war ich es auch. Es widerte mich an.

Das Institut in Hartford war besonders stolz darauf, prominente Patienten zu beherbergen. Die Schauspielerin Gene Tierney war zur Behandlung hier gewesen. Als ich in eine andere Abteilung verlegt wurde, lernte ich den Komödianten Jonathan Winters kennen.

Zwei Jahre zuvor hatte er wegen Überarbeitung einen Nervenzusammenbruch erlitten. Er sprach eines Abends während der Vorstellung wirres Zeug und sprang am nächsten Tag vom Mast eines Segelboots, weil er glaubte, er sei ein Mensch aus dem All. Sein Aufenthalt hier sollte ihm eine Ruhepause verschaffen, aber, zum Ärger der Ärzte, gab er weiterhin Privatvorstellungen, wenn es sein mußte, sogar vor einem einzigen Zuschauer.

»Hör zu, Mädchen, wir müssen zusammenhalten«, flüsterte er und legte seinen Arm um meine Schulter. »Wir kommen aus einer verrückten Welt, denn das ist Hollywood, aber weder du noch ich gehören in dieses Irrenhaus. Das ist nur ein schrecklicher Traum.« Er grinste. »Solange wir lachen, kriegen die uns nicht klein.«

Im Malkursus legte er ein Bild vor, auf dem ein riesiger Fisch viele kleine Fische schluckt. Etwas außerhalb sehen zwei Fische zu. Sagt der eine zum anderen: »Siehst du, Lamar Jean, so geht es den Konformisten.«

Jonathans Freundschaft war mir eine große Hilfe in meinem Kampf, mein Ego wiederzufinden. »Laß dir das nicht gefallen, Mädchen. Sieh zu, daß du auf dem schnellsten Weg wieder hier rauskommst!«

Weihnachten kamen Mutter und Gran zu Besuch. Ich erklärte ihnen, daß ich wirklich verrückt würde, wenn ich weiter bei diesen merkwürdigen Leuten bleiben müsse. Das Gericht, meinte Mutter, würde meiner Entlassung sofort zustimmen, wenn McCauley es für richtig hielt. Allerdings versprach sie mir, ihn um weitere Vergünstigungen zu bitten. Das »heilige Fest« feierten wir in Mutters Hotelsuite. Der Chauffeur hatte einen winzigen Baum besorgt. Wir waren nicht besonders fröhlich. Mutters Geschenk: ein Konto bei G. Fox, dem größten Warenhaus von Hartford. In der ersten Woche beliefen sich meine Ausgaben bereits auf dreitausend Dollar. Gran bekam von mir aus Ton gefertigte Schalen. Mutter ein Ölgemälde, das mich viel Mühe gekostet hatte: eine traumhaft schöne, doch Furcht einjagende Löwin, die in ihren Krallen ein winziges Baby hielt.

Mutter brachte Neuigkeiten aus der Welt mit, in der ich einst gelebt hatte. Sie waren alles andere als erfreulich. Zwischen ihr und Fred stand es nicht zum besten, darum hatte er sie auch nicht begleitet. Ich glaube, er war es leid, ständig mit L. T.-Auftritten konfrontiert zu werden.

Helen und Dad planten, sich scheiden zu lassen. Dad war

jedes Mittel recht, das Sorgerecht für Stephen IV zu bekommen. Die Adoption empfand Mutter als Affront gegen sich und mich.

Mutter war inzwischen bereit, der Familie von Stompanato, besser gesagt dem Sohn von John, zwanzigtausend Dollar zu zahlen. Ich war sehr wütend deswegen. Glaubte sie nicht an meine Unschuld? Zahlte sie deswegen?

Kurz nach Weihnachten kam ich, dank McCauley, in die Abteilung A. Das Leben dort war angenehm wie in einem exklusiven Club auf dem Lande. Innerhalb des Institutsgeländes durfte ich mich jetzt frei bewegen.

Aber ich wollte wirklich frei sein. »Weißt du, mir gefällt es unheimlich gut hier«, sagte ich zu Mutter. »Aber ich bin sicher, die behalten mich für immer da – du bezahlst ja sehr viel Geld dafür.«

Im April kam Mutter für eine Woche zu Besuch. Ich wohnte bei ihr im Hotel. Endlich gab sie meinem Drängen nach und leitete meine Entlassung in die Wege.

33

Am 8. April 1962 flogen wir nach Los Angeles. Genau eine Stunde vor unserer Landung gab Dad der Presse bekannt, daß er und Helen sich scheiden ließen. Helen befand sich bereits in Alabama, um dort die Scheidung zu beschleunigen, da sie Ronnie Burns, den Sohn von George Burns und Gracie Allen, heiraten wollte.

Fred und Mutter hatten sich wieder versöhnt, und ich lebte bei ihnen auf der Ranch. Ich wandte mich den freundlichen Seiten des Lebens zu: Fahrten in meinem Thunderbird, Ausritte mit der immer noch quietschvergnügten Rowena, ich nahm auch Kontakt zu den wenigen Freunden von früher auf, aber offensichtlich war es eine Schande, zehn Monate in einer Nervenklinik verbracht zu haben.

Eines Tages fuhr ich zu Jim Discoe. Ich wollte ihn zwingen, mir bestimmte Fragen zu beantworten. Warum hatte er es zugelassen, daß das Gericht die Vormundschaft über mich behielt, nachdem ich achtzehn geworden war?

»Jim, diese sieben Monate haben mich fast umgebracht. Entsprach das wirklich dem Gesetz? Und wenn, wie ist so etwas möglich?«

»Cheryl ... diese Sache hat mein Gewissen schwer belastet ... ich habe so was vorher noch nie getan ... hör zu, es tut mir von Herzen leid. Ich habe dich angelogen. Die Ärzte wollten dich dort behalten ... um deiner Mutter einen Gefallen zu tun, habe ich gesagt, daß das Gericht auf seiner Vormundschaft besteht ... In Wirklichkeit ... hättest du die Anstalt nur zu verlassen brauchen ...«

So viele Menschen hatten mich schon belogen – auch Jim. Ich konnte es einfach nicht fassen. Ich war unfähig zu reagieren. Zum Glück stand ich immer noch unter Beruhigungspillen. Sechs Jahre sprach ich mit Jim kein Wort.

Es dauerte nicht lange, und Mutter begann mich wieder zu gängeln. An allem hatte sie etwas auszusetzen, an meinen Kleidern, meinem Make-up, meinen Vergnügungen. L. T. war wieder »on stage«. Fred wurde fast wahnsinnig. Er konnte sich einfach nicht daran gewöhnen, daß eine Frau sechs Stunden brauchte, um sich für einen simplen Restaurantbesuch aufzutakeln. Mutter ihrerseits langweilte sich mit dem armen Fred. Im Oktober ließ sie sich von ihm scheiden. Meiner Meinung nach war er der beste Ehemann, den sie je hatte.

Junggeselle im Paradies (Bachelor in Paradise), die Komödie, die sie mit Bob Hope gedreht hatte, wurde kein Erfolg. Dementsprechend war ihre Laune. Im Augenblick drehte sie einen noch lausigeren Film mit Dean Martin, den sie eigentlich nicht ausstehen konnte.

Dad hingegen badete im Erfolg. Inzwischen gab es sechs Kon Tikis, und das vergrößerte Luau gehörte zu Hollywoods bestbesuchten Plätzen. Die seltsamsten Dinge passierten dort. Eartha Kitt zerschmetterte eine der teuren Lampen auf dem Kopf von irgendwem; Gordon Scott, ein Film-Tarzan, zog sich nackt aus und sprang in die Lagune; am Eingang stand eine fünfhundert Pfund schwere Skulptur – ein aus Stein gehauener samoanischer Kopf. USC-Fans stahlen ihn und stellten ihn vor dem großen Spiel gegen UCLA im Fußballstadion auf.

Dad war jetzt fünfundvierzig Jahre alt und auf dem Höhepunkt seiner Karriere. Sein Adoptivsohn lebte im Haus am Tower Grove. Ich mochte ihn sehr, und wir wurden in den folgenden Jahren gute Freunde.

Nach dieser schrecklichen Zeit in Hartford wußte ich nicht, wie ich mein zukünftiges Leben gestalten sollte. Mein ursprünglicher Plan, nach New York zu ziehen, flößte mir plötzlich Angst ein. Andererseits war mir klar, daß ich etwas tun mußte. Dad konnte mich nicht als Hosteß im Luau anstellen, weil ich noch nicht einundzwanzig war. Aber er hatte eine andere Idee. Er sprach mit Alfred Bloomingdale, dem Kaufhauserben, der in der Zwischenzeit den Diner's Club gegründet hatte. Alfred stellte mich ein. Zu meinem Job gehörte es, die Kunden anzurufen, die dem Club noch Geld schuldeten, und sie zu mahnen, ihre Rechnung zu bezahlen. Ich fiel auf jede Ausrede herein. Die Arbeit gefiel mir nicht. Nach einem Monat gab ich auf.

Ich wohnte in Grans Wohnung. Ohne Arbeit wurde es mir bald langweilig. Ich tat das, was man in einem solchen Fall in Hollywood tut: Ich ging einkaufen und ins La Scala zum Lunch und sonnte mich am Pool vom Beverly Hills Hotel. Bei diesen Ausflügen begleiteten mich Diane Lewis, eine einstige Zimmerkollegin aus der Klosterschule, und ihre Freundin Bobbie Gentry, die später mit dem Plattenhit *Ode to Billy Joe* berühmt wurde. In Dads Lincoln Continental fuhren wir den Strip auf und ab, während wir sein Autotelefon benutzten und gelangweilte Gesichter machten.

Eines Tages hatte Bobbie eine Idee. The Summit, ein Nachtclub am Strip, suchte Modelle für Modenschauen, die um die Mittagszeit stattfinden würden. Wir bewarben uns und wurden alle drei genommen.

Am Tag vor der Eröffnung erschienen wir gutgelaunt in dem großen, dunklen Club, dessen Wände mit einer schwarz-weißen Streifentapete beklebt waren. Der Laufsteg führte zwischen den Chromstühlen und Tischen hindurch. Der Manager erklärte uns, daß es sich um ein Lunch für Geschäftsleute handelte. Unsere Garderobe stammte von Frederick. Lachend schlüpften wir in die engen Badeanzüge, Satin-Shorts und Mini-Oberteile. Mit hocherhobenen Köpfen stolzierten wir den Laufsteg entlang. Aus dem Lautsprecher erklang »Mack the Knife«, gesungen von Bobby Darin. Die Probe verlief ohne Zwischenfälle. Plötzlich erschienen Reporter, Fotografen und TV-Leute. »Los, los, Mädels, macht weiter. Ein bißchen Werbung kann nicht schaden«, drängte der Manager.

Danach nahmen mich die Reporter beiseite, und ich erzählte ihnen, daß ich auf diesen Job, den ich ohne fremde Hilfe gefunden hatte, stolz war. Wußte Mutter von meinem neuen Betätigungsfeld? Ich lachte. »Bis jetzt spricht vieles gegen mich, das weiß ich, aber gebt mir doch eine Chance!«

Aufgeregt rief ich Dad an und bat ihn, sich die Abendnachrichten anzusehen. »Nein, ich sage dir nicht, warum. Es ist eine Überraschung.«

Um acht saßen wir beide vor dem Fernseher. Und plötzlich sahen wir mich – im schwarzen Badeanzug. »Cheryl Crane ist wieder aus der Versenkung aufgetaucht. Die achtzehnjährige Tochter von Lana Turner, die vor vier Jahren den Gangster und Liebhaber ihrer Mutter, Johnny Stompanato, umgebracht hat, arbeitet jetzt als Modell für Badeanzüge und Hot Pants in einem Nachtclub am Strip. Cheryl wurde vor kurzem aus einer psychiatrischen Anstalt entlassen, in der sie zehn Monate verbracht hat ...«

Geräuschvoll stellte Dad sein Glas auf den Tisch. »Verfluchte Hurenböcke! Ich kenne die Kerle, die dahinter stecken. Dieser sogenannte Nachtclub ist ein Aufreißladen. Aber mach dir keine Sorgen. Ich kriege dich da schon wieder raus.«

»Aber ich habe einen Vertrag unterzeichnet ...«

»Den werden die schnell vergessen ...«

Er beauftragte seinen Anwalt mit der Angelegenheit. Am nächsten Tag blieb der Club geschlossen.

Ich war wieder ein kleines Mädchen, ein Kind, das in Schwierigkeiten geriet und von seinem Daddy gerettet wurde. Er war weder wütend auf mich, noch stellte er Fragen – er tat, was seiner Meinung nach getan werden mußte. Meine Naivität stank zum Himmel: Ich hatte wirklich geglaubt, wir hätten den Job bekommen, weil wir talentiert waren und gut aussahen.

Wieder einmal bekam mein Selbstvertrauen einen Knacks. Das Nachtclub-Fiasko sollte mir eine Lehre sein – der letzte öffentliche Auftritt von Cheryl Crane. Ich mußte einen Weg finden, mich von meiner Familie emotional wie auch finanziell zu befreien. Auf ruhige und legale Weise.

Diana fiel mir ein, die einen Bungalow in einem Arbeiterviertel von Hollywood in der Hawthorne Street bewohnte. Sie arbeitete bei Stan's Drive-In gegenüber dem Olympia-Stadion. Ich hatte Diana durch Zufall kennengelernt, als sie mir einen Milch-Shake servierte. Wir unterhielten uns eine Weile und tauschten unsere Telefonnummern. Als ich sie jetzt anrief, bot sie mir an, bei ihr zu wohnen.

Seit dem Selbstmord ihres Vaters litt sie an Depressionen. Das Verhältnis zu ihrer Mutter, einer Krankenschwester in Beverly Hills, war kühl. Ich nehme an, sie war froh, daß ich bei ihr einzog. Zu zweit würden wir das Leben vielleicht besser meistern.

Ich packte meine Sachen in den Wagen und rief Gran an, um sie von meinem Umzug zu informieren. Ich versprach, ihr sobald als möglich meine neue Telefonnummer mitzuteilen.

»Gib mir doch wenigstens deine Adresse ...«

»Gran ... ich möchte nicht, daß jemand weiß, wo ich wohne. Mach dir keine Sorgen, alles ist okay.«

Nach einiger Zeit hatte ich bei Diana Schulden, daher nahm ich die Chance wahr, als bei Stan eine Stelle frei wurde. Ich bekam die übliche Uniform verpaßt und arbeitete dreimal in der Woche bis Mitternacht. Mit den Tabletts zu jonglieren war am Anfang nicht ganz leicht, aber mit der Zeit lernte ich es. Die Trinkgelder waren nicht zu verachten: bis zu sechzig Dollar pro Nacht.

An unseren Uniformjacken steckten kleine Schildchen mit unseren Namen. Zuerst war ich versucht, mich »Laura« zu nennen, aber dann überlegte ich es mir anders. Wer würde in dieser heruntergekommenen Gegend von Los Angeles vermuten, daß die Tochter eines Filmstars Hamburger servierte?

Telefonisch unterrichtete ich Mutter und Dad von meinem neuen Leben als »Kellnerin«. Natürlich war das nicht unbedingt das, was ich mir wünschte, aber es ging mir gut.

Im Oktober erschien ein Roman, der ziemlich schnell in die Bestsellerlisten kam. *Where Love Has Gone* von Harald Robbins war ein Schlüsselroman, in dem die Vorfälle des tragischen Karfreitag aufgegriffen wurden. Robbins war vorsichtig genug, verschiedene Details so zu verändern, daß er nicht in Gefahr lief, verklagt zu werden. Mutter wurde als weltbekannte Bildhauerin beschrieben, die ihren Liebhaber mit einem Meißel erstach. Ihre Tochter nahm die Schuld auf sich. Noch heute glauben viele, daß dies den Tatsachen entspricht.

Ich habe den Roman nicht gelesen, Mutter schon. Der Presse gegenüber verweigerte sie jeglichen Kommentar. Ich war für die Reporter unauffindbar. Mein Name erschien erst wieder im Zusammenhang mit Mutters Scheidung in den Zeitungen. Als Grund vermutete man Streitigkeiten zwischen mir und Fred, der diese Gerüchte ärgerlich dementierte – was für ein anständiger Mann!

In diesem Winter begann ich zu trinken. Ich glaube, ich tat es aus Angst vor der hereinbrechenden Dämmerung. In jenen Stunden hatte ich mich schon als Kind gefürchtet. Manchmal trank ich allein, manchmal mit Dianas Freunden. Es gab Nächte, in denen ich unfähig war, heimzufahren.

Mutter drohte mir, einen Detektiv zu engagieren, der meinen Aufenthaltsort ausfindig machen sollte. Also sagte ich ihr, wo ich wohnte. Zuerst war es nur ein Schock für sie, dann spielte sie die Gekränkte. Hatte sie deswegen so viel Geld für meine Erziehung ausgegeben? Und was war das Resultat? Ich lebte in der Gosse. Wie konnte ich nur so undankbar sein. Sie hat mich nicht einmal besucht.

Weihnachten befand sich Mutter in Korea, wo sie den Soldaten Mut zusprach. Dad versuchte mir seine Welt wieder schmackhaft zu machen, indem er mich am Neujahrstag zu einem Katerfrühstück in sein Haus am Tower Grove einlud.

Über hundert Gäste hatten die ganze Nacht durchgefeiert. Die meisten erschienen maskiert. Dad war, wie ein Spieler von einem Mississippi-Dampfer, in schwarzen Brokat gekleidet.

Nach der Party war ich außerordentlich deprimiert. Zum erstenmal war mir bewußt, welcher Kontrast zwischen seiner Glamour-Welt und meinem, wenn auch selbstgewählten, armseligen Leben in der Hawthorn Avenue bestand.

Eines Nachmittags arrangierte Diana eine kleine Fete, zu der einer der Eingeladenen mehrere Flaschen Absinth mitbrachte, die er in Paris gekauft und nach Amerika geschmuggelt hatte. Dieses gefährliche Getränk, dem man entsetzliche Auswirkungen auf das menschliche Gehirn nachsagte, war bei uns verboten. Da mir der Geschmack widerlich war, nippte ich nur an meinem Glas, während sich die anderen sinnlos betranken. Angeekelt betrachtete ich die Szenerie, die vollen Aschenbecher, die leeren Flaschen und umgefallenen Gläser, studierte die ausdruckslosen Gesichter der Anwesenden, aus deren Münder obszöne Laute quollen.

Ich versuchte Diana zu wecken, indem ich sie schüttelte, aber sie bewegte sich nicht. Ich tastete mich durch das Chaos zu meinem Zimmer. Überall Unordnung, Haufen schmutziger Wäsche, dazwischen Mausefallen mit verschimmeltem Käse. Ich wankte ins Badezimmer und betrachtete mein Gesicht im Spiegel. Hatte ich dafür zwei Jahre hinter Gittern verbracht? War das die ersehnte Freiheit? War ich wirklich frei – jetzt, da ich tun konnte, was ich wollte. Wofür hatte ich die besten Schulen besucht? Dafür? Im Luxus erzogen – und nun das?

Ich öffnete das Badezimmerschränkchen, entdeckte die Pakkungen mit Schlaftabletten. Warum eigentlich nicht? War das nicht besser als diese grauenvolle Einsamkeit? In der Küche ließ ich ein Glas voll Wasser laufen. Ich schluckte eine Handvoll Pillen. Ich spülte mit Wasser nach. Pillen. Wasser. Und wieder Pillen. Und wieder Wasser. Ich warf die leeren Packungen in den Mülleimer, spülte das Glas und stellte es zum Trocknen auf die Anrichte. In meinem Zimmer legte ich mich ins Bett, zog die Decke hoch, schloß die Augen und wartete. Wann würde ich endlich sterben?

Die Schmerzen waren grauenvoll. Meine Lider waren schwer, ich konnte sie nicht öffnen. Ich spürte Verbände. Dann die Stimme einer Frau: »Die Arme. Sie hat seit Tagen nichts gegessen. Darum riecht ihr Atem so schlecht.«

Ich lag im Krankenhaus in Beverly Hills. Dr. McDonald kümmerte sich um mich. Diana war die Nacht zuvor irgendwann aufgewacht. Als sie mich fand, lag ich fast im Koma. Voller Angst rief sie ihre Mutter an. Ohne daß die Polizei etwas davon erfuhr, schaffte Diana mich in ihrem Wagen in eine Privatklinik, wo mir der Magen ausgepumpt wurde. Immer noch bewußtlos, wurde ich dann ins Krankenhaus in Beverly Hills überführt.

Die Ärzte in der Aufnahme diagnostizierten eine ernsthafte Gastritis und wiesen mir ein Bett zu.

Ich weigerte mich, Besuch zu empfangen. Besonders Mutter wollte ich auf keinen Fall sehen. Ich war dankbar, am Leben zu sein, und schwor mir, neu anzufangen. Der Tod war keine Lösung, das sah ich jetzt sehr deutlich. Noch das Dahinvegetieren in einer Welt, in der ich, wie alle um mich herum, keinen Eigenwert besaß. Nein, die Lösung lag woanders. Warum sollte ich nicht meine Talente nutzen? Erwartete mich dann nicht ein besseres Leben?

Nach ungefähr einer Woche rief ich Mutter an. Seit ihrer Scheidung von Fred lebte sie in einem neuen Haus am Strand, das sie gekauft hatte. Es lag in einer Enklave, die als Malibu Colony bekannt war. Ich entschuldigte mich bei Mutter, weil sie meinetwegen solche Ängste hatte ausstehen müssen. Und dann vertraute ich mich ihr an, ohne Rücksicht darauf, daß ich mich dadurch völlig in ihre Hand begab. Die Behandlung mit Librium hatte mich stabilisiert, dennoch war ich unglücklich, und das zwang mich, über mich selbst nachzudenken. »Ich möchte ein neues Leben anfangen. Hilfst du mir dabei?«

»Aber natürlich, Liebling. Was kann ich für dich tun? Was brauchst du? Soll ich dich abholen?«

»Nein, danke. Ich will nicht mehr zu den Menschen zurück, mit denen ich mich in letzter Zeit umgeben habe ... aber ich möchte auch nicht zu dir zurück, verstehst du das? ... Was ich will, ist ein Job und eine eigene Wohnung. Ich muß allein sein, um zu mir selbst zu finden ... das Problem ist nur, ich habe fast kein Geld ... könntest du mir helfen, eine Wohnung zu finden? Ich hoffe, das ist meine letzte Bitte an dich ...«

Mutter erklärte sich einverstanden, einen Teil der Miete zu zahlen und die Wohnung zu möblieren. Sie hätte gern mehr für mich getan, aber das wollte ich nicht.

Der Abschied von Diana fiel mir nicht schwer, obwohl ich Mitleid mit ihr hatte. »Wir zwei sind nicht gut füreinander«, sagte ich ihr. »Wenn ich du wäre, bitte, verzeih mir meine Offenheit, würde ich versuchen, so schnell wie möglich hier herauszukommen.«

Später erfuhr ich, daß sie noch zwei Jahre bei ihrer Mutter lebte und dann Selbstmord beging.

Im Frühjahr bezog ich in der Stanley Street, West-Hollywood, eine Drei-Zimmer-Wohnung. Es war eine gute Therapie für mich, meinen kleinen Haushalt in Schuß zu halten. In meinen eigenen vier Wänden zu wohnen, gefiel mir von Tag zu Tag besser.

Unausbleiblich war natürlich, daß ich Strom- und sonstige Rechnungen bezahlen mußte. Als ich daher eine meiner früheren Kolleginnen von Diner's Club traf, die mir erzählte, daß gerade wieder eine Stelle frei war, nahm ich die Arbeit an. Der Job war genauso langweilig wie einst – genau das, was ich jetzt brauchte.

Die nächsten achtzehn Monate vergingen ohne besondere Vorkommnisse. Ich ignorierte zwar immer noch meine wahren Probleme, arbeitete aber fleißig an meiner sozialen Anpassung. Meine neuen Freunde hatten wenig oder gar nichts mit dem Film zu tun: Ärztinnen, Ladeninhaberinnen, Dekorateurinnen und solche, die aus der Modebranche oder dem Finanzwesen kamen. Es tat mir außerordentlich gut, junge Frauen in meinem Alter kennenzulernen, die einer geregelten Arbeit nachgingen und sich dementsprechend schöne Wohnungen leisten konnten.

Die Idee, mich als Innenarchitektin zu versuchen, kam daher

nicht von ungefähr. Ich arbeitete nebenbei manchmal als Mannequin für einen Modeladen am Rodeo Drive.

Da ich nie in meinem Leben mit jemandem über meine Probleme hatte reden können, sondern sie fast immer stillschweigend hinuntergeschluckt hatte, stand ich unter starkem seelischen Druck, den ich mit Librium und Schlaftabletten auszugleichen suchte. Außerdem nahm ich Appetithemmer. Kein Wunder, daß mein Körper sich wehrte: Ich wurde öfter ohnmächtig. Dr. McDonald unterzog mich verschiedenen Tests. Er empfahl mir, bei Schwindelanfällen in eine Papiertüte zu atmen. Von da an trug ich immer eine bei mir.

Je mehr Zeit verging, desto mehr dachte ich wieder an New York. Ich schickte der berühmten Ford-Modell-Agentur Modefotos von mir, und man bat mich vorzusprechen. Ich erzählte Dad davon. »Mal sehen, ob mir nicht etwas besseres einfällt«, lautete sein Kommentar.

Vielen muß es wie ein Wunder vorgekommen sein, daß ich es geschafft habe, bis zu meinem einundzwanzigsten Geburtstag zu überleben. Mutter arrangierte eine große Party für mich im Galaxy, einem Nachtclub am Strip. Zu meiner Freude kam sie in Begleitung von Fred May. Das Fest dauerte bis in die frühen Morgenstunden. »Seit Wochen bin ich mit den Vorbereitungen beschäftigt«, erzählte sie Reportern. »Sie wissen ja, wie das ist... ich möchte, daß jedes Detail stimmt, die Blumenarrangements, das Buffet, die Darbietungen... ich habe sogar jeden Gast persönlich eingeladen... Heute morgen bin ich aufgewacht und habe mich gefragt, ob ich nicht zu erschöpft bin, um an dem Fest teilzunehmen.«

Jim Discoe schenkte mir einen Pokal. »Für eine Gewinnerin. Du hast es bis zum Einundzwanzigsten geschafft. In Liebe, Jim«, hatte er eingravieren lassen. Frank Sinatra kam vorbei. Sein Geschenk war ein Medaillon aus Gold mit Diamanten besetzt, ein heiliger Christopherus. »Na, wie fühlt man sich als so altes Weibsbild?« fragte er lachend.

»Einfach wundervoll, Frank«, sagte ich. Immerhin hatte ich drei Anstalten, sieben Schulen, sechs Gouvernanten, vierzehn

Umzüge und fünf Stiefväter überstanden. Wenn das keine Leistung war!

Das schönste Geschenk machte mir Dad nach dem Fest. »Liebling, du bist ja jetzt alt genug ... möchtest du nicht bei mir im Luau arbeiten? Wenn es dir nicht gefällt, kannst du immer noch nach New York ziehen ... wie wäre es mit einer Probezeit von sechs Monaten?«

Ich blieb fünfzehn Jahre.

8
Josh

34

Meine Karriere begann seltsam genug. »Miss Crane wird Sie an Ihren Tisch begleiten«, meinte der Geschäftsführer im Luau, und ich kümmerte mich lächelnd um die Gäste.

Sobald ich meine anfängliche Schüchternheit überwunden hatte, machte mir der Job richtig Spaß. An New York dachte ich nur noch sehr selten. Im Luau waren etwa zweihundert Angestellte beschäftigt. Mich kannte man nicht etwa als die Tochter von Lana Turner, sondern als Tochter des Präsidenten der Stephen Crane GmbH, eine Gesellschaft, die mit Restaurants und Lizenzen circa zehn Millionen Dollar im Jahr umsetzte. Zum erstenmal wurde ich mehr mit meinem Vater in Verbindung gebracht als mit meiner Mutter. Ich empfand das als gerechten Ausgleich, nachdem man mich so lange nur als Tochter von Lana Turner angesehen hatte.

Nach einem Jahr übertrug mir Dad die Aufgabe, sein neueröffnetes italienisches Restaurant am Strip zu führen. Es hieß Stefanino. Die Arbeit machte mir immer mehr Spaß. Ein Restaurant zu führen ist, als ob man ein Theater leitet. Hinter der Bühne die Küchentechnik, ein Ensemble von Köchen und Kellnern, und vorn die Akteure und das Wichtigste: das Publikum. Natürlich kommt es auf die Qualität der zubereiteten Speisen an, aber auch die Details – Beleuchtung, Dekoration, Kleidung der Angestellten, Musik – müssen stimmen, damit sich der Gast so richtig wohl fühlt.

Um mich weiterzubilden, besuchte ich ein Jahr lang die bekannte Hotelfachschule der Cornell University und Managementkurse. Danach kehrte ich zu Dads Firma zurück, um mich gemeinsam mit ihm um die Expansion der Gesellschaft zu kümmern. Es dauerte nicht lang, dann besaßen wir neun Kon Tikis – in der Sheraton-Kette – und sechs weitere Restaurants in und außerhalb von Los Angeles. Im Lauf der Zeit wurde ich Dads rechte Hand und Vizepräsidentin der Gesellschaft. An den meisten Arbeitstagen saßen wir noch spät zusammen und plauderten über das Geschäft, während wir uns einen letzten Drink vor dem Zubettgehen genehmigten.

Mutter traf ich meist zufällig in einem der Clubs, manchmal verabredeten wir uns in einer Disco. Sie genoß es immer noch, in der Öffentlichkeit gesehen zu werden; über wichtige Dinge sprachen wir bei diesen Treffen nie. Ich war jetzt in der Lage, sie mit gewisser Distanz zu betrachten.

Im Frühjahr 1969 kaufte ich mir ein dreistöckiges, im spanischen Stil gebautes Haus im Calabasas Park, einem westlichen Vorort, mit einem Swimmingpool auf der Rückseite. Vor dem Haus lag ein künstlicher See, an dessen gegenüberliegendem Ufer sich unser neuestes Restaurant, *The Californian*, befand.

Dad heiratete zum sechsten Mal. Leslie Deeb war geschieden und sehr attraktiv. Mutter ließ sich von ihrem letzten Ehemann, einem zehn Jahre jüngeren Möchtegern-Filmproduzenten, scheiden und heiratete gleich darauf einen Nachtclub-Hypnotiseur, mit dem sie es aber nicht einmal ein Jahr aushielt.

Sie war jetzt Ende Vierzig, und ihre Karriere als Film-Diva schien, nach fünf erfolglosen Filmen, dem Ende zuzugehen. Als besonders positiv vermerkte ich, daß sie sich mit Dad jetzt besser verstand. In den sechziger und siebziger Jahren dinierte sie oft im Luau. Dad hieß sie als Gast des Hauses willkommen, und sie revanchierte sich dafür mit einem bühnenreifen Auftritt.

Ich arbeitete zwar sechzig Stunden pro Woche, trotzdem machte es mir Spaß, das Nachtleben zu genießen. Das Daisy, der Candy Store und das Whiskey a Go Go waren meine bevorzugten Plätze, wenn ich das Tanzbein schwingen wollte. Ich besuchte Parties oder gab selber welche. Jeder schien mich zu mögen. Wahrscheinlich lag das an meiner Ausstrahlung: Ich war stolz auf meine Arbeit und mit mir selbst zufrieden. Ich akzeptierte mich, wie ich war, und deshalb akzeptierten mich die anderen.

Der Weg, den ich eingeschlagen hatte, war nicht ganz einfach. Ich baute mir eine Karriere auf, erweiterte meine Interessen, lernte, mich wie ein mündiger Mensch zu verhalten, und entwickelte meinen eigenen Stil. Den größten Teil meiner Kindheit hatte ich gegen meine Eltern rebelliert. Ich wußte ziemlich genau, was ich *nicht* mochte – nämlich fast alles, was ihnen wichtig erschien. Mein Problem war lediglich, daß ich niemals intensiv darüber nachgedacht hatte, was ich mochte. Nun endlich gab ich mir selbst die Chance, es herauszufinden.

Es machte mir Spaß, mich zu amüsieren, Gastgeberin zu spielen – mit einer Vorliebe für feines Geschirr und echtes Silber –, mich modisch anzuziehen. Ich gab den Versuch auf, das genaue Gegenteil von L.T. darzustellen. Ich war zwar größer und dünner als sie, aber auch mir standen blonde Haare besser, daran bestand kein Zweifel. Wenn ich manchmal zu rasant Auto fuhr oder zuviel trank oder mich mit Tranquilizers dopte, dann tat ich das bewußt: Ich wollte es so.

Inzwischen stimmten die Umstände. Ich war etabliert und erfolgreich, aber dennoch unzufrieden in meinem Inneren, denn ich war allein. Was mir fehlte, war eine wirkliche Beziehung.

An einem Februarabend im Jahr 1968 besuchte ich eine Party meines Freundes Wally Cox. Wally spielte in der beliebten Serie *Mr. Peepers* einen gutmütigen Biologielehrer. Mit dieser Rolle war er schon sehr früh einer der bekanntesten Fernsehstars geworden.

Obwohl er häufig Schwächlinge darstellte, war er in Wirklichkeit ein zwar schlanker, aber kräftiger und muskulöser Mann. Gemeinsam mit Marlon Brando übte er sich im Gewichtheben. Um sich scharten die beiden Kumpels Freunde aus dem Showbusineß, die häufig in Wallys Ranch Haus im Laurel Canyon auftauchten.

Bei meiner Ankunft war die Party bereits in vollem Gange. Brando kauerte unter einem der Billardtische, wo er sich mit einem traumhaft hübschen Mädchen unterhielt. Als die beiden schließlich wieder zum Vorschein kamen, erkannte ich die schlanke schwarzhaarige Schönheit – es war ein bekanntes Modell, das mit John Derek und Ron Ely liiert gewesen war.

Nach allem, was man hörte, war sie nun die Freundin von Peter Lawford.

Obwohl wir uns schon begegnet waren, konnte ich mich nicht an ihren Namen erinnern. Josh, wie sie als Modell und von Freunden genannt wurde, hieß in Wirklichkeit Joyce Le Roy. In ihrem Jackenaufschlag steckte eine frische Gardenie – ihr Markenzeichen. Josh hatte einen wachen Verstand, war selbstbewußt und lachte gern. Als sie mich mit ihren hübschen Augen ansah, überkam mich ein merkwürdiges Gefühl. Wir unterhielten uns eine Weile, und ich gewann den Eindruck, daß sie mich mochte. Ich wußte, daß sie bisexuell war, aber ich wäre nicht auf die Idee gekommen, daß sie sich für mich interessierte.

In den folgenden zwei Jahren begegneten wir einander zufällig hier und dort. Im April 1970 – ich erholte mich von einer Operation, und Gran pflegte mich – kam Josh mit einem riesigen Picknickkorb voller Campell-Suppen vorbei. »Hühnersuppe hatten sie leider nicht«, lachte sie, als sie mir das Sortiment überreichte.

Der Nachmittag verging wie im Flug, weil wir uns so gut unterhielten. Von Peter Lawford hatte sie sich schon vor geraumer Zeit getrennt. Im Augenblick drehte sie verschiedene Werbespots und arbeitete als Mannequin in einem Kaufhaus in Beverly Hills. Gegen Abend verabschiedete sie sich. An der Tür drehte sie sich noch einmal um. »Weißt du, Cheryl, du kannst mich für verrückt halten, aber ... eines Tages kommen wir zwei zusammen«, erklärte sie lächelnd.

In jenem April sahen wir uns jeden Tag. Josh war wie ich ein Einzelkind mit einem ausgeprägten Willen. Sie liebte ihre Unabhängigkeit – wie ich auch. Meine Herkunft beeindruckte sie nicht, weil sie mit den Kindern von Bob Hope, John Wayne und Ronald Reagan zur Schule gegangen war. Im Gegensatz zu mir, die ich mit sechs Stiefvätern und vier Stiefmüttern konfrontiert worden war, stammte sie aus einer ganz normalen netten Familie. Josh war eine Realistin, die sich nicht scheute, eventuell auftauchende Probleme zu lösen, während ich es vorzog, unangenehme Dinge zu ignorieren, indem ich mir einredete, daß sie gar nicht existierten – ich muß das von Mutter und Gran geerbt haben.

Mit Josh passierte mir etwas sehr Merkwürdiges. Jahrelang hatte ich gewisse Dinge verdrängt: Stompanato, Lex, die schreckliche Zeit im Gefängnis, in der Besserungsanstalt, in der Nervenklinik. Nun plötzlich begann ich, mich mit meiner Vergangenheit auseinanderzusetzen. Wie würde Josh reagieren, wenn ich ihr die Vorkommnisse jenes entsetzlichen Karfreitags erzählte? Oder sollte ich ihr verheimlichen, daß ich jemanden umgebracht hatte? Um ihre Liebe nicht zu verlieren, war es wahrscheinlich am besten, wenn ich die Dinge etwas anders darstellte, als sie sich in Wirklichkeit abgespielt hatten.

Eines Abends Anfang Mai saßen wir, Martini trinkend, im Stefanino. Jetzt oder nie, dachte ich. Ich muß ihr die Sache mit Stompanato irgendwie beibringen.

»Ich habe es nicht getan …«, begann ich.

Josh reagierte nicht.

»Ich liebe dich, wie ich noch nie jemanden geliebt habe … ich möchte nicht, daß du glaubst, ich sei zu so etwas Schrecklichem fähig …«

Josh sah mich an. »Ich finde es sehr mutig und anständig, daß du deine Mutter verteidigt hast.«

Ich war überrascht. Kein Mensch hatte bisher so etwas zu mir gesagt. Mehr oder weniger galt ich als Monster, dessen Tat in keinster Weise zu entschuldigen war. All die Jahre lebte ich mit diesem grauenvollen Gefühl, eine große Schuld auf mich geladen zu haben, weil ich einen Menschen umgebracht hatte. Bestrebt, die Tat zu verdrängen, war ich außerstande, mich nach dem Wieso und Warum zu fragen.

»Tatsächlich denken unsere Freunde alle wie ich«, meinte Josh. »Es war ein tragischer Unfall … allerdings mußt du damit leben. Aber jetzt hast du jemanden gefunden, der dir dabei helfen kann.«

Von diesem Augenblick an änderte sich mein Leben.

In den folgenden Wochen ermutigte mich Josh, ihr alles zu erzählen: über Lex, über Mutter, vom Karfreitag, von Stompanato, dessen Namen ich inzwischen nennen konnte, ohne zu zittern. Ich begann meine Vergangenheit zu bewältigen. Die Falten in meinem Gesicht glätteten sich, mein Lächeln wurde aufrichtiger, körperliche Verspannungen verschwanden. Keine Alkoholexzesse mehr, kein Versuch, im Geschwindigkeitsrausch Vergessen zu suchen – einfach nur Lebenslust. Plötzlich glaubte ich an die Zukunft.

Nach ein paar Monaten bat ich Josh, zu mir zu ziehen. Für mich war das die natürlichste Sache der Welt, denn ich machte schon seit langem kein Geheimnis daraus, daß ich mich zu Frauen hingezogen fühlte. Josh zögerte ihre Entscheidung hinaus. Abgesehen von den Männern in ihrem Leben war sie auch mit Frauen befreundet gewesen, aber immer heimlich. Wenn sie zu mir zog, bekannte sie sich zum erstenmal offiziell zu ihrer Veranlagung, denn natürlich würde das Zusammenleben mit Cheryl Crane Aufsehen erregen. Falls es zwischen uns nicht klappen sollte, war es für Josh schwierig, in die »normale Gesellschaft« zurückzukehren. Das wußte sie.

Als ich 1964 im Luau zu arbeiten begann, war mir klar, daß mich dieser oder jener männliche Gast bitten würde, mit ihmauszugehen. Wie sollte ich mich dann verhalten? Die Welt, in der meine Eltern und ich lebten, tolerierte zwar die Existenz von Homosexuellen, erwartete jedoch von den Betroffenen strengste Diskretion, was ihre Neigung betraf. Aber ich hatte es satt, mich diesem System anzupassen – wie oft war ich in meiner Kindheit belogen worden, wie oft hatte ich meine wahren Gefühle nicht zeigen dürfen, wie oft war mir Brutalität zuteil geworden, ohne daß ich darüber sprechen konnte, und wie oft hatte ich mich dem Spiel der Erwachsenen angepaßt? Nein, ich hatte keine Lust mehr, meine Umwelt zu täuschen. Um meiner selbst willen mußte ich mit offenen Karten spielen.

Davon abgesehen – was war so entsetzlich daran, homosexuell zu sein? Manche Menschen sind es eben. Ich war dazu erzogen worden, die Menschen zu akzeptieren, wie sie sind. Meine Familie hatte nie Vorurteile. Weder Dad noch Gran und Mutter haben je einen Menschen aufgrund seiner Rasse, seiner Religion oder seiner sexuellen Veranlagung abgelehnt. Warum sollte ich mich selbst richten? Warum, vor allem, sollte ich mich selbst ablehnen?

Wie hatte Gran immer gesagt? »Kümmere dich nicht darum, was man über dich sagt oder schreibt … zeige ihnen die Stirn!«

In jener ersten Woche im Luau bat mich ein Gast, ein Schauspieler, den ich kannte, um ein Rendezvous. »Das ist lieb von dir«, sagte ich, »aber besser nicht.«

»Warum nicht? Hast du einen Freund?«

»Nein, ich treffe nur keine Verabredungen.«

»Was?« fragte er völlig verwirrt.

»Sieh mal, ich mag dich gern, und deine Freundschaft bedeutet viel für mich, aber … ich mag Frauen lieber.«

Mit einem skeptischen Kopfschütteln entfernte er sich. Nach einer Weile kam er zurück. »Danke für deine Ehrlichkeit!« sagte er ernst.

In etwa so spielte es sich meistens ab, wenn Männer sich mit mir verabreden wollten. Meine Offenheit überraschte sie. Dann fühlten sie sich geschmeichelt, daß ich ihnen die Wahrheit anvertraut hatte. Mit den meisten war ich befreundet.

Im Herbst 1970 entschloß Josh sich schließlich, mit mir zusammenzuziehen. Ich schwor mir, sie niemals zu enttäuschen.

Ein Jahr später bauten wir das Erdgeschoß in eine kleine private Wohnung um, damit die immer schwächer werdende Gran bei uns leben konnte.

Im gleichen Jahr startete Mutter ihre Theater-Karriere. Für fünfundzwanzigtausend Dollar in der Woche ging sie mit romantischen Komödien wie *Vierzig Karat* auf Tournee. Sie hatte unglaublichen Erfolg. Eine Tournee dauerte gewöhnlich zehn Wochen und bedeutete ein Leben aus dem Koffer – aus zwanzig Koffern, um präzise zu sein. Jeden Abend auf einer anderen Bühne, in einer neuen Stadt, jeden Abend hautnah von Fans umlagert zu sein, war nicht unbedingt das Leben, das ihr zusagte. Auch später sprach sie sehr selten über diese Zeit.

1978 trat ein iranisches Consortium an Dad heran und bot ihm vier Millionen Dollar für sein Luau. Der Rodeo Drive war inzwischen zu einer der vornehmsten Mode-Straßen der Welt geworden. Die Iraner wollten das Luau abreißen und an dessen Stelle ein zweistöckiges Gebäude errichten, in dem Boutiquen untergebracht werden sollten.

Dad war inzwischen einundsechzig und fest entschlossen, auf das Angebot einzugehen. Ausschlaggebend für seinen Entschluß waren, meiner Meinung nach, private Enttäuschungen. Die komplizierte Scheidung von Leslie Deeb wie auch der Tod eines sehr guten Freundes hatten ihn sehr mitgenommen. Mein Versuch, ihn umzustimmen, scheiterte. Im Januar 1979 wurde das Luau bis auf seine Grundmauern abgerissen.

Josh und ich flogen im April nach Honolulu, um dort ein neues Leben zu beginnen. Gran zog vorübergehend in ein Altersheim am Sunset Boulevard.

Wir kauften ein riesiges Haus im Kolonialstil inmitten eines Oahu-Regenwaldes, das sich in einem jämmerlichen Zustand befand. Uns war jedoch auf der Stelle klar, daß man damit Gewinn erzielen und mit Liebe und Fingerspitzengefühl ein Schmuckstück daraus machen konnte. Nach drei Monaten war das Haus renoviert. Voller Freude machten wir uns an die Einrichtung. Pflanzen, Bilder, Blumenarrangements, weiche Kissen und Sofas, in denen man versank. Es dauerte nicht einmal eine Woche, bis wir einen Käufer fanden.

Das nächste Haus war zweimal so groß und doppelt so teuer wie das erste. Und wieder verkauften wir mit Gewinn. Ende des Jahres bekamen wir unsere Lizenz als Immobilienhändler. Wir spezialisierten uns auf den Verkauf von traumhaft schönen, direkt am Strand gelegenen Anwesen und boten gleichzeitig unsere Dienste als Renovierungsteam an. Wir hatten Erfolg.

Die Gesellschaft von Oahu nahm uns mit offenen Armen auf. Niemand verlor ein Wort darüber, wenn wir auf Parties und Dinnereinladungen als »Pärchen« erschienen.

Thanksgiving machte Mutter ihren ersten Besuch bei uns. Nach einer entsetzlichen Auseinandersetzung sah sie sich gezwungen, ihre Privatsekretärin zu entlassen. Überdies litt sie an einer Trommelfellentzündung, die das Reisen beschwerlich machte, weil dadurch ihr Gleichgewichtssinn gestört war. Alles in allem befand sie sich in einem furchtbaren Zustand und reiste früher nach Los Angeles zurück, als ursprünglich geplant. Die nächsten achtzehn Monate hatten wir nur telefonisch Kontakt.

Im Frühjahr erfuhr ich, daß Mutter ihre Autobiographie schrieb. Gran hatte sich am Telefon verplappert. Ich war fassungslos. »Aber Gran, sie hat uns doch tausendmal dazu angehalten, unsere Geheimnisse für uns zu behalten. Unser Privatleben geht niemanden etwas an, wiederholte sie ständig. Kein Wort darüber zu Reportern. Und nun das?«

Ich gebe zu, daß die Nachricht mich irritierte. Was würde nach dem Erscheinen des Buches passieren? Gefährdete es mein neues Leben in diesem himmlischen Inselparadies? Meine Partnerschaft mit Josh, die ich liebte? Meine Arbeit, die man inzwischen schätzte? Ich wurde respektiert. Ich hatte Freunde. Wurde ich nun von der Vergangenheit eingeholt?

»Wie ich höre, schreibst du ein Buch«, sagte ich leichthin, als ich das nächste Mal mit Mutter telefonierte.

»Richtig.« Sie lachte. »Keine Angst, du kommst wundervoll dabei weg.«

Allem Anschein nach war der bekannte Filmkritiker Hollis Alpert mit der Bitte an sie herangetreten, ihm bei der Biographie zu helfen, die er gerade über sie schrieb. Nach etlichen endlosen Sitzungen entschied sie sich, das Buch selbst zu schreiben. Durfte Alpert mich interviewen? Nein, das durfte er nicht. Im Jahr darauf zogen Josh und ich in ein großes viktorianisches Haus in Kahala, nur wenige Meter vom Strand entfernt. Jetzt konnte Gran wieder bei uns leben. Sie brachte erfreuliche Neuigkeiten aus Los Angeles mit. Mutter ging es hervorragend. Mit der Hilfe eines Arztes war es ihr gelungen, von Alkohol und Pillen loszukommen.

Grans Optimismus steckte uns an, und wir luden Mutter zu meinem siebenunddreißigsten Geburtstag nach Hawaii ein. An einem Nachmittag im Juli stieg eine Lana Turner aus dem Flugzeug, die wir nicht kannten: gutgelaunt und unkompliziert wie nie zuvor.

In der von uns für sie gemieteten Hotelsuite entledigte sie sich sofort ihres schwarzen Lana-Turner-Kostüms, legte den

Schmuck beiseite und begann sich abzuschminken. Sie zog sich lediglich die Augenbrauen nach und verwendete etwas Lippenstift. Sie erinnerte kaum noch an die unausstehliche L. T. oder an die strenge Mutter von einst. Keine dramatischen Gesten, keine seelenvollen Blicke, keine effektvollen Pausen. Ihre Füße steckten in Holzpantinen. Ohne Rücksicht auf ihre gepflegten Hände mit den langen Nägeln à la Hollywood half sie beim Kartoffelschälen und beim Staubwischen. Ja, sie konnte sogar über sich selbst lachen. Ich kam aus dem Staunen nicht heraus.

Beim Abendessen erklärte sie uns ihre Wandlung, die sie zum großen Teil darauf zurückführte, daß sie nicht mehr trank und keine Pillen mehr schluckte, was wiederum dazu geführt hatte, daß sie dreizehn Pfund zugenommen hatte, die ihr gut zu Gesicht standen. Sie lebte das Leben einer Junggesellin und beschäftigte sich viel mit religiösen Dingen.

Was mich am meisten überraschte, war, daß sie nicht mehr abhängig zu sein schien von einem Troß von Begleitern, der sich um sie kümmerte. Während Josh und ich arbeiteten, ging sie allein zum Strand, um sich zu sonnen. Sie unterhielt sich mit Fans und Fremden, schloß Freundschaften und zog sogar mit einer lustigen Gruppe von Inselbewohnern herum.

Mutter und ich wurden endlich Freunde. Im Innersten meines Herzens hatte ich sie immer geliebt, aber nun war sie mir nah. In diesem Sommer bildeten wir eine richtige Familie: Mom, Gran, Josh und ich.

Mutter bat mich, ihr bei der Suche einer Wohnung in Honolulu zu helfen. Ich fand ein sehr hübsches Penthouse, das zum Colony Surf Hotel am Diamond Head Beach gehörte. Im Herbst zog sie ein. In den folgenden drei Jahren machte sie hin und wieder Ferien dort.

Gran brauchte inzwischen rund um die Uhr Pflege. Wie sollte ich ihr unseren Entschluß beibringen? Ich, die ihr versprochen hatte, sie niemals zu verlassen? Mutter bestand darauf, daß es ihre Pflicht war, Gran davon in Kenntnis zu setzen, daß wir sie in ein Pflegeheim bringen würden. Einerseits war ich erleichtert, ihr die unangenehme Sache überlassen zu können, andererseits fragte ich mich, ob das gutginge. Ich erinnerte mich an einen Kommentar, den Mutter vor ein paar Jahren abgab: »Ich wußte, daß sie mich liebte ... sie war eine geduldige und aufopfernde Mutter – aber ich fühlte mich ihr nie sehr nahe.«

Meine liebe Gran saß in ihrem Rollstuhl, als Mom ihr erklärte, das luxuriöse Pflegeheim in der Nähe sei das beste für sie. In diesem Augenblick liebte ich Mutter von ganzem Herzen. Sie meisterte diese delikate Aufgabe mit Bravour. Gran reagierte, wie vorauszusehen war: Sie war mißtrauisch und skeptisch, voller Zweifel und Eigensinn. Schließlich gab sie nach.

Vier Monate später starb Gran. Ich werde nie ihre letzten Worte vergessen: »Cheryl, paß gut auf deine Mutter auf.«

35

Seit Jahren träumte ich davon, ein eigenes Restaurant zu besitzen. Der Zeitpunkt war günstig, unsere Immobilien-Agentur florierte. Was in Oahu fehlte, war ein Top-Restaurant im spanisch-mexikanischen Stil. Dad hielt uns für verrückt. »Ihr habt so viel Erfolg mit eurer Agentur, verdammt noch mal, bleibt dabei!«

Im Juni 1982 eröffneten wir das Por Favor in einem renommierten Stadtteil von Honolulu. Es war ein Volltreffer.

Im Herbst erschien Mutters Buch: *Lana: The Lady, The Legend, The Truth*. Es wurde ein Bestseller. Die jüngeren Generationen waren plötzlich auf dem laufenden, was »einen der größten Skandale Hollywoods« betraf. Zum Glück ließen sich weder Freunde noch Geschäftspartner von dem beeinflussen, was in dem Buch aufgedeckt oder nicht aufgedeckt wurde – es war ihnen egal. Allerdings kümmerte sich die Presse wieder um mich. Ununterbrochen klingelte das Telefon. Weniger denn je war ich gewillt, mein Privatleben der Öffentlichkeit preiszugeben. Es gelang mir, die Reporter abzuwimmeln. Alle, bis auf einen. Der sehr charmante Engländer behauptete für eine europäische Zeitung über das Immobiliengeschäft in Hawaii zu recherchieren. Ich gab ihm ein Interview. Ein paar Wochen später erschien ein von ihm verfaßter Artikel im *National Enquirer*:

»Die Tochter von Lana Turner, die mit vierzehn den Liebhaber ihrer Mutter, einen bekannten Gangster, umgebracht hat, lebt heute als Multimillionärin und Geschäftsfrau in Hawaii.« In dem Bericht wurde ein Konkurrent von mir zitiert, der mich »zu den drei größten Agenten Hawaiis« zählte, mit »mindestens« zwei Millionen Dollar Nettoeinkommen, dank einer Klientel von Industriemagnaten und Hollywood-Stars. Tatsächlich hatten wir unter anderem für Dolly Parton und Barry Manilow gearbeitet, doch waren wir weder außergewöhnlich reich, noch suchten wir Publicity. Auf den Artikel hin bekam ich etwa tausendfünfhundert Briefe, in denen ich um Geld, um ein Autogramm oder um einen Rat gebeten wurde. Auch Liebesbriefe waren dabei. Ich bekam sogar einen riesigen Blumenstrauß.

Zum erstenmal war von außen jemand in mein Paradies eingedrungen. Das war ärgerlich, aber nicht zu ändern. Als mich jedoch Mutters Agent bat, für eine geplante Verfilmung von Lanas Leben meine Geschichte freizugeben, schaltete ich auf stur. Die Hollywood-Manier, Geschichten zu verfälschen, war mir hinreichend bekannt.

Da der Film nicht ohne mein Einverständnis gedreht werden konnte, rief Mom mich eines Tages an, um mich zu überreden. Ich hörte ihr lange schweigend zu, bevor ich sie fragte: »Möchtest du wirklich auf der Leinwand sehen, wie deine Tochter jemanden ersticht?«

Pause. »O Liebling«, seufzte sie dann, »verzeih mir, daran habe ich gar nicht gedacht. Bitte vergiß, daß ich dich gefragt habe.«

Zwei Monate später sah ich durch Zufall eine Sendung im Fernsehen, die unter dem Titel *Hollywood's Greatest Mysteries* angekündigt war. Im pseudo-dokumentarisch-dramatischen Stil beschäftigte sich die Sendung mit dem Selbstmord von Marilyn Monroe, dem ungelösten Mordfall des Stummfilm-Regisseurs William Desmond Taylor und dem Tod von Stompanato. Entsetzt beobachtete ich die Szene des tragischen Karfreitags, die von Schauspielern gestellt wurde. Und plötzlich wurde mir etwas sehr Wichtiges klar: Was in jener schrecklichen Nacht passiert war, passierte dem Kind, das ich damals war – und nicht der Erwachsenen, die ich schließlich geworden war.

Im Frühjahr 1983 schlossen wir das Por Favor, um es als Café Kahala wiederzueröffnen. Der Stil war eleganter, die Küche anspruchsvoller. Als Manager fungierte Dads alter Freund Patrick Terrail, der Mann, der für Hollywoods Restaurant Ma Maison verantwortlich war. Unter dem Vorwand, seines Rates zu bedürfen, rief ich Dad häufig an, in Wirklichkeit wollte ich ihm das Gefühl vermitteln, daß er gebraucht wurde. Nach der Schließung des Luau, vor nunmehr fünf Jahren, hatte er sich in einer Hotelsuite in Westwood verkrochen, in der einen Hand ein Buch, in der anderen eine Flasche Scotch. Der übermäßige Alkoholgenuß zerstörte seine Leber. Sein Arzt versuchte uns zu überreden, ihn in eine Klinik zu bringen.

Zum Glück nahm ihn seine Ex-Frau Helen bei sich auf. Seit ihrer Scheidung von ihrem dritten Mann, dem Schauspieler Doug McClure, arbeitete sie in der Nähe von San Diego in einem Indianer-Reservat. Helen kümmerte sich liebevoll um Dad, konnte aber nicht verhindern, daß er immer melancholischer wurde.

Dad wußte, daß seine glorreichen Tage vorüber waren. Die Filmstars von heute hielten Diät, tranken nicht und hatten nie von ihm gehört. Die Studios waren in den Besitz von Soft-Drink-Konglomeraten übergegangen, die Klatschspalten langweilig geworden. Wo früher das Luau gewesen war, befand sich nun ein neues Einkaufsparadies mit viel Chrom und Marmor, das »Rodeo Collection«.

Am 6. Februar 1985 starb Dad. Auf seinen Wunsch hin wurde er in Crawfordsville, Indiana, begraben. Obwohl in der Lokalzeitung eine Todesanzeige erschien, fanden sich nur sieben Menschen an seinem Grab ein. »Er ist uns fremd geworden«, erklärte Onkel Bill.

Dad hinterließ mir unter anderem eine Sammlung von Artikeln und Fotos, die ihn und Mom betrafen. Ich glaube, Mutter war die große Liebe seines Lebens.

Einen Monat später verkauften wir das Café Kahala. Josh und ich hatten die letzten zwanzig Jahre gearbeitet wie die Berserker. Es war an der Zeit, uns etwas Ruhe zu gönnen. Wir zogen nach San Francisco.

Hier leben wir immer noch. Unsere Wohnung ist ein Traum. Weiße Wände, große Räume und unendlich viele Blumen. Am Morgen erfreut uns der in Sonnenlicht getauchte Park, der Blick auf die Bucht. Ich arbeite gern im Garten, Josh genießt es, für unsere Gäste zu kochen. Wenn wir nicht auf Reisen sind, kümmern wir uns um unsere Investitionen.

Unser gesellschaftliches Leben ist interessant und abwechslungsreich, was ohne Zweifel auf Mutters Ruhm und meine »seltsame Berühmtheit« zurückzuführen ist. Viele Menschen wollen mich aus Neugierde kennenlernen. Für sie ist meine Vergangenheit das Interessanteste an mir. Ich kann es ihnen nicht einmal verübeln und habe mich damit abgefunden.

Mit Mutter telefoniere ich zweimal in der Woche. Alle sechs Wochen sehen wir uns. Mein Leben ist konventionell: Ich liebe mein Zuhause, und ich liebe, seit fast achtzehn Jahren, meine Lebensgefährtin. Mutters Leben war so ganz anders. Ich glaube, es macht ihr heute Spaß, ein wichtiger Teil meiner wohlgeordneten Existenz zu sein.

Ich habe dieses Buch geschrieben, weil ich feststellen mußte, daß über die Ereignisse jenes tragischen Karfreitags Unklarheiten herrschen, und nicht, weil meine Mutter dieses oder jenes getan oder nicht getan hat. Manche Menschen glauben, ich sei damals schuldig gesprochen worden, andere sind der Meinung, zwischen mir und Stompanato sei doch etwas gewesen, und wieder andere sind überzeugt davon, daß ich für ein Verbrechen, das in Wirklichkeit Mutter begangen hat, die Schuld auf mich genommen habe. Meine Geschichte wurde inzwischen bestimmt ein dutzendmal aufgegriffen, in Büchern und Filmen, verschlüsselt oder auch nicht, doch die ganze Wahrheit steht nur in diesem Buch.

Nie zuvor habe ich öffentlich dazu Stellung genommen, wie sehr ich als Kind unter den Vergewaltigungen – sexuellen und psychischen – gelitten habe. Es war für mich nicht einfach, mich mit meiner Vergangenheit auseinanderzusetzen und meine Erinnerungen zu Papier zu bringen. Aber ich bin heute in der Lage, ohne Bitterkeit an das Erlebte zurückzudenken, weil ich glücklich bin. Als ich vor ein paar Jahren von Lex Barkers Tod erfuhr, erfüllte mich diese Nachricht weder mit Freude noch mit Erleichterung – allerdings empfand ich auch kein Bedauern. Was er mir angetan hat, ist sehr, sehr lange her.

Wenn ich an jene unglückliche Episode meines Lebens denke, fällt mir ein, und diese Tatsache stimmt mich sehr traurig, wie oft mißhandelte Kinder, in dem Augenblick, in dem sie viel Liebe bräuchten, damit bestraft werden, daß man sie zurückstößt oder wegschickt. Warum wird einem solchen Kind gesagt, es soll die gemachte Erfahrung vergessen, anstatt es zu ermutigen, mit jemandem, den es liebt und dem es vertraut, darüber zu sprechen? Es ist eine Tatsache, daß aus solch einem Kind, dem man nicht die nötige Aufmerksamkeit und Zuwendung entgegengebracht hat, niemals ein wirklich glücklicher Erwachsener wird.

Mutter von dem Vorhaben, dieses Buch zu schreiben, zu unterrichten, war alles andere als einfach für mich. Es erforderte meinen ganzen Mut, das Resultat war jedoch sehr positiv: Es öffnete die Tür, die jahrelang zwischen uns geschlossen war. Als wir darauf zu sprechen kamen, erzählte ich ihr, worüber ich schreiben würde. Unter anderem erwähnte ich auch meine Beziehung zu Josh.

»Ich hoffe, ihr zwei wißt, worauf ihr euch einlaßt«, meinte Mom nachdenklich.

»Ja, wir haben lange darüber nachgedacht. Da ich vorhabe, absolut ehrlich zu sein, darf ich diese so wichtige Beziehung in meinem Leben nicht verschweigen. Warum auch? Seit meinem sechsten Lebensjahr weiß ich von meiner Veranlagung ...«

»Du wußtest es?«

»Ja. Und ich glaube, man kommt so auf die Welt.«

Mutter sah mich erstaunt an. »Es ist also nicht meine Schuld?«

»Aber nein!«

Sie schien so erleichtert, daß ich fast versucht war zu lachen.

»Hör zu«, sagte ich, »ich bin, wie ich bin, und selbst wenn ich es könnte – ich möchte gar nicht anders sein. Ich bin sehr glücklich, das weißt du.«

»Dann, mein Liebling, dann mußt du deine Geschichte erzählen. Vermutlich wird es nicht immer ganz leicht sein. Du kannst dich hundertprozentig auf mich verlassen.«

Wir hatten noch viele sehr ehrliche Gespräche miteinander. Endlich lernten wir uns richtig kennen. »Ach, so hast du das damals gemeint!« – »Das waren deine wahren Gefühle?«

Je mehr wir miteinander redeten, desto besser waren wir in der Lage, Verständnis füreinander aufzubringen. Als die Sprache auf Lex kam – ein Thema, das bisher ein absolutes Tabu gewesen war –, erkannte ich zum erstenmal, daß seine perverse Veranlagung für Mutter ein ebenso großer Schock gewesen war wie für mich.

Am Thanksgiving Day 1986 kam sie uns in San Francisco besuchen. Wir saßen gemütlich im Wohnzimmer bei einem Glas Champagner, während in der Küche der Truthahn brutzelte. Obwohl sie sich nicht traute zu fragen, wußte ich, wie neugierig sie war, etwas über mein Buch zu erfahren. Ich erzählte ihr den Inhalt der ersten Kapitel. In dem Augenblick, als ich begann, von den Ereignissen an jenem Karfreitag zu sprechen, unterbrach mich Josh: »Du kannst dir sicher vorstellen, Lana, wie außerordentlich schwierig es ist, zu beschreiben, wie man jemanden tötet. Ich habe Cheryl klargemacht, wie mutig ich es finde, daß sie ihre Mutter verteidigt hat. Du stimmst mir da doch zu?«

»Du lieber Himmel, natürlich!« Spontan nahm Mutter meine Hand. »Habe ich dir eigentlich je gesagt, wie dankbar ich dir bin? Du hast nicht nur mein Leben gerettet, auch das von Gran. Dank dir bin ich heute hier. Habe ich dir das denn nie gesagt?«

»Nein, das hast du nicht«, brachte ich mühsam hervor. »Ich wußte nie, ob ich etwas Schlechtes oder etwas Gutes getan hatte. Bis Josh kam.«

»Jetzt verstehe ich erst, was du empfunden haben mußt!« rief Mutter. »O Liebling, was haben wir dir angetan! Wie konnten wir nur!«

»Für Gran war das Thema tabu; Dad ließ sich auf kein Gespräch darüber ein; und du ... wir zwei haben ohnehin nie wirklich miteinander gesprochen ...«

Ich glaube, von all unseren Unterhaltungen war diese die wichtigste. Nun wußte ich, daß Mutter mir dankbar war. Bis zu dem Tag konnte ich es nur vermuten. Wir umarmten uns und weinten ungeniert. Dann umarmten wir uns wieder, und diesmal lachten wir.

Ich denke ohne Bedauern an meine Kindheit. Nichts passiert ohne Grund. Das glaube ich jedenfalls. Gerecht ist das Leben selten. Sicher, ich mußte einen entsetzlichen Umweg machen. Aber ich habe überlebt – ohne allzu große Narben.

Ich bin froh, daß es Mutter gibt. Ich bin froh, daß wir drei die glücklichste Zeit unseres Lebens noch vor uns haben.